Studien- und Seminarhinweise zur Entstehung und Entwicklung der DDR unter Führung der SED

2. Studienjahr

Parteilehrjahr der SED

Studien- und Seminarhinweise für Teilnehmer und Propagandisten der Seminare zur Entstehung und Entwicklung der DDR unter Führung der SED

2. Studienjahr

Dietz Verlag Berlin 1988

Die Studien- und Seminarhinweise wurden im Auftrag der Abteilung Propaganda des Zentralkomitees der SED von einem Autorenkollektiv des Instituts für Marxismus-Leninismus beim Zentralkomitee der SED unter Leitung der Genossen Ernst Diehl und Gerhard Roßmann ausgearbeitet.
Dem Autorenkollektiv gehören an: die Genossen Peter Erler, Achim Hilzheimer, Norbert Kaiser, Gerhard Naumann, Herbert Nicolaus, Lutz Prieß, Stefanie Schröder, Volker Steinke, Eckhard Trümpler.
Das Thema 1 wurde von einem Autorenkollektiv des Instituts für Marxismus-Leninismus beim ZK der SED unter Leitung der Genossen Ernst Diehl und Günther Hortzschansky ausgearbeitet. Die Zeittafel stellten die Genossen Peter Erler und Jürgen Lauschke zusammen.

Studien- und Seminarhinweise für Teilnehmer und Propagandisten
der Seminare zur Entstehung und Entwicklung der DDR
unter Führung der SED. – Berlin : Dietz Verl.
Studienjahr 2. – 1988. – 304 S. : 43 Abb.

ISBN 3-320-01086-7

43 Abbildungen
Bildnachweis: ADN-Zentralbild: Bartocha (2), Busch (1), Eicke (1), Franke (1), Gahlbeck (3), Haseloff (1), Häßler (1), Ihde (1), Kasper (1), Kluge (2), Kohls (1), Lehmann (1), Liebera (1), Link (4), Mittelstädt (1), Müller (1), Rother (1), Siebahn (1), Sturm (2), Zimmermann (1);
Dietz Verlag Berlin: 4
Reproduktionen: Renate und Horst Ewald
Grafische Darstellungen: Alfred Jakubowski (4)

Lizenznummer 1 · LSV 0299
Printed in the German Democratic Republic
Gesamtherstellung: (140) Druckerei Neues Deutschland, Berlin
Redaktionsschluß: 30. Mai 1988
Best.-Nr. 738 441 9

00240

Vorbemerkung

Entsprechend den Beschlüssen des Politbüros des ZK der SED vom 3. Juni 1986 »Aufgaben und Gestaltung des Parteilehrjahres in den Jahren 1986 bis 1991« und des Sekretariats des ZK der SED vom 20. Januar 1988 »Themenplan für das Parteilehrjahr 1988/89« beginnt im Herbst das zweite Studienjahr des Seminars »Entstehung und Entwicklung der DDR unter Führung der SED«. Die Aufgabe dieses Studienjahres besteht darin, die Teilnehmer systematisch mit den geschichtlichen Leistungen der SED seit dem VIII. Parteitag, der bisher erfolgreichsten Etappe in der Entwicklung unseres Landes, vertraut zu machen.

Studium und Diskussion sollen deutlich machen, wie die im Jahre 1971 eingeleitete Reformpolitik Früchte getragen hat und sie weiterhin trägt, daß der damals eingeschlagene Kurs der umfassenden Intensivierung der Volkswirtschaft, dessen Kernstück der wissenschaftlich-technische Fortschritt ist, sich als richtig erwiesen hat. Es soll gezeigt werden, daß die SED auf die neuen Herausforderungen entsprechend den konkreten nationalen und internationalen Bedingungen rechtzeitig und flexibel reagiert hat. Es ist nachzuweisen, wie die DDR seit 1971 ihren eigenständigen Beitrag zur Sicherung des Friedens leistete, wie sie im festen Bruderbund mit der Sowjetunion und den anderen sozialistischen Ländern, mit allen Kräften des Friedens, der Vernunft und des Realismus dafür wirkte und weiterhin wirkt, die Konfrontation durch die vertrauensvolle Zusammenarbeit der Staaten zu überwinden und die Lebensfrage der Menschheit, die Verhinderung eines nuklearen Infernos, zu lösen.

Es gilt, die Erkenntnis weiter zu vertiefen, daß unsere erfolgreiche Entwicklung möglich war, weil ihr die SED Richtung und Ziel gab, weil es ihr gelang, die Initiativen der Werktätigen breit zu entfalten und das Vertrauensverhältnis zwischen Partei und Volk weiter zu vertiefen.

Im Mittelpunkt des Studiums stehen die Werke von Marx, Engels und Lenin, das Programm der SED, die Beschlüsse des XI. Parteitages und des Zentralkomitees sowie die Reden und Aufsätze des Generalsekretärs des ZK der SED, Genossen Erich Honecker. Durch ein hohes Niveau der marxistisch-leninistischen Bildungs- und Erziehungsarbeit soll im Sinne der Forderung des Genossen Erich Honecker das Seminar dazu beitragen, »alle Kommunisten für die konsequente Durchführung der Parteibeschlüsse im Leben zu rüsten, die Kampfkraft der Grundorganisationen weiter zu festigen und eine wirksame politisch-ideologische Massenarbeit zu leisten«[1]. Als Grundlage für das Studium und die Vorbereitung auf die Seminare wird den Teilnehmern und den Propagandisten mit diesem Heft ein einheitliches Material in die Hand gegeben.

Wir wünschen allen Teilnehmern und Propagandisten im Parteilehrjahr 1988/89 viel Erfolg.

Abteilung Propaganda des ZK der SED

1 Erich Honecker: Mit dem Volk und für das Volk realisieren wir die Generallinie unserer Partei zum Wohle der Menschen. Aus dem Referat auf der Beratung des Sekretariats des Zentralkomitees der SED mit den 1. Sekretären der Kreisleitungen am 12. Februar 1988, Berlin 1988, S. 103.

THEMA 1

Die historische Bedeutung der Gründung der KPD im Feuer der Novemberrevolution in Deutschland. Die SED – Bewahrerin und Fortsetzerin der revolutionären Kampftraditionen der KPD

Gemeinsam mit allen Bürgern unseres Landes begeht unsere Partei an der Jahreswende 1988/89 den 70. Jahrestag der Gründung der Kommunistischen Partei Deutschlands (KPD). Unter dem Einfluß des Roten Oktober in den Klassenkämpfen der deutschen Novemberrevolution von Karl Liebknecht und Rosa Luxemburg geschaffen, unter der Führung Ernst Thälmanns als marxistisch-leninistische Massenpartei gestählt, bahnte die Partei der deutschen Kommunisten in schwerem, opferreichem Kampf unserem Volk den Weg zu seiner Befreiung von kapitalistischer Ausbeutung, von imperialistischer Knechtung und Kriegspolitik, zu Frieden, Demokratie und Sozialismus.

Die Kommunisten und alle Werktätigen der DDR würdigen das Entstehen der KPD vor 70 Jahren als Ereignis von großer geschichtlicher Tragweite. Sie begehen dieses bedeutsame Jubiläum mit dem Blick auf den 40. Jahrestag der Gründung der Deutschen Demokratischen Republik. Unter Führung der Sozialistischen Einheitspartei Deutschlands haben die Werktätigen mit der Schaffung des sozialistischen Arbeiter-und-Bauern-Staates auf deutschem Boden eine grundlegende Wende der deutschen Geschichte vollzogen, machten sie die revolutionären Kampfziele der Gründer der KPD zu gesellschaftlicher Realität. »Wofür die Spartakuskämpfer vor 70 Jahren ihr Leben einsetzten, wofür in der Nacht der Hitlertyrannei die antifaschistischen Widerstandskämpfer unermeßliche Opfer brachten, erfüllt sich in unserem Arbeiter-und-Bauern-Staat. In der Geschichte unserer Thälmannschen Partei finden wir lebendige Vorbilder von Heldentaten standhafter kommunistischer Revolutionäre. Ihr Mut und ihre Opferbereitschaft, ihr Wille und ihre feste Verbundenheit mit der KPdSU und dem Lande Lenins sowie mit den anderen Bruderparteien legten den Grundstein für den Sozialismus in unserem Land.«[1]

1 Erich Honecker: Mit dem Volk und für das Volk realisieren wir die Generallinie unserer Partei zum Wohle der Menschen. Aus dem Referat des Generalsekretärs des ZK der SED und Vor-

Das Wissen um die Geschichte, um die großen revolutionären Traditionen unseres Kampfes vermittelt den Kommunisten, allen Bürgern der DDR Stolz auf das von uns in harten Klassenauseinandersetzungen und unter großen gemeinsamen Anstrengungen Erreichte, Kraft und Zuversicht für die heute und künftig zu lösenden verantwortungsvollen Aufgaben.

Weshalb bedeutet die Gründung der KPD einen Wendepunkt in der Geschichte der deutschen Arbeiterbewegung?

Am 30. Dezember 1918, mitten im Feuer der deutschen Novemberrevolution, versammelten sich im Festsaal des preußischen Abgeordnetenhauses in Berlin 127 Delegierte des Spartakusbundes sowie anderer linker, revolutionärer Gruppen und faßten den historischen Beschluß, eine selbständige marxistische Partei der deutschen Arbeiterklasse, die Kommunistische Partei Deutschlands, zu schaffen. »Die revolutionäre Lage gebietet mehr als je klare Entscheidung, unzweideutige Haltung, Lossagung von allen lauen und opportunistischen Elementen, Zusammenschluß aller ehrlich und entschlossen proletarisch-revolutionären Kämpfer. Ein Länger-in-der-USP-Verweilen hieße die Pflichten gegen das Proletariat, den Sozialismus und die Revolution aufs schwerste verletzen«[2], begründeten die Delegierten ihr Anliegen in einer Resolution des Gründungsparteitages der KPD. Damit war eine Entscheidung von geschichtlicher Tragweite gefallen.

Die Gründer der KPD verkörperten die besten revolutionären Bestrebungen und Hoffnungen des deutschen Proletariats, des ganzen werktätigen Volkes. Viele von ihnen gehörten zu den deutschen Linken, die unter Führung Karl Liebknechts und Rosa Luxemburgs schon seit dem Jahrhundertbeginn am entschiedensten gegen Imperialismus und Militarismus, gegen den in der Sozialdemokratischen Partei sich ausbreitenden Opportunismus gekämpft hatten. Als die herrschenden imperialistischen Kräfte 1914 den ersten Weltkrieg entfesselten, als rechte sozialdemokratische Führer den Krediten für diesen Raubkrieg zustimmten und damit den Klassenkampf und den proletarischen Internationalismus offen preisgaben, nahmen die deutschen Linken, allen Verfolgungen und aller Hetze zum Trotz, unbeirrt und mutig den Kampf gegen das imperialistische Völker-

sitzenden des Staatsrates der DDR auf der Beratung des Sekretariats des Zentralkomitees der SED mit den 1. Sekretären der Kreisleitungen am 12. Februar 1988, Berlin 1988, S. 101.

2 Resolution über die Konstituierung der Kommunistischen Partei Deutschlands. In: Protokoll des Gründungsparteitages der Kommunistischen Partei Deutschlands (30. Dezember 1918–1. Januar 1919), Berlin 1985, S. 82/83.

der Herrschaft des Imperialismus, auf die Errichtung der Diktatur des Proletariats. Zum erstenmal seit Marx und Engels war im Programm der revolutionären Partei der deutschen Arbeiterklasse diese große Zielstellung enthalten. Der volksfeindlichen Diktatur einer kleinen, ausbeutenden Minderheit stellte die KPD damit das wirklich demokratische Prinzip der Machtausübung durch die Arbeiterklasse und ihre Verbündeten, durch die ungeheure Mehrzahl aller Werktätigen gegenüber. Rosa Luxemburg erklärte hierzu in dem von ihr ausgearbeiteten Parteiprogramm: »Der Kampf um den Sozialismus ist der gewaltigste Bürgerkrieg, den die Weltgeschichte gesehen, und die proletarische Revolution muß sich für diesen Bürgerkrieg das nötige Rüstzeug bereiten, sie muß lernen, es zu gebrauchen – zu Kämpfen und Siegen ... Nicht wo der Lohnsklave neben dem Kapitalisten, der Landproletarier neben dem Junker in verlogener Gleichheit sitzen, um über ihre Lebensfragen parlamentarisch zu debattieren: dort, wo die millionenköpfige Proletariermasse die ganze Staatsgewalt mit ihrer schwieligen Faust ergreift, um sie, wie der Gott Thor seinen Hammer, den herrschenden Klassen aufs Haupt zu schmettern: dort allein ist die Demokratie, die kein Volksbetrug ist.«[6]

Im Einklang mit den Lehren von Marx und Engels und den Erfahrungen der jungen Sowjetmacht gab der Gründungsparteitag der KPD klare, wissenschaftliche Antworten auf die Frage nach grundlegenden Merkmalen der sozialistischen Gesellschaft. Der Sozialismus ist, so stellten die Gründer der KPD fest, eine Ordnung, in der die politische Herrschaft den Werktätigen gehört, in der das Eigentum an den entscheidenden Produktionsmitteln in die Hände des Volkes übergegangen und die Ausbeutung des Menschen durch den Menschen für immer beseitigt ist. Das war zugleich eine Absage an alle opportunistischen Vorstellungen von einem Sozialismus ohne revolutionäre Beseitigung der kapitalistischen Macht- und Eigentumsverhältnisse.

Voller Siegeszuversicht stellte die KPD der Herrschaft des menschenfeindlichen Imperialismus und Militarismus die humanistische Alternative des Sozialismus gegenüber. Nur er »kann allen Arbeit und Brot verschaffen, ... kann der geschundenen Menschheit Frieden, Freiheit, wahre Kultur bringen«[7]. Der Sozialismus werde allen Arbeitenden ein menschenwürdiges Dasein und die freie Entfaltung ihrer Schöpferkräfte ermöglichen. Als eine Gesellschaft der befreiten Arbeit sei er zugleich die Ge-

6 Programm der Kommunistischen Partei Deutschlands. In: Dokumente zur Geschichte der SED, Bd. 1, 1847 bis 1945, Berlin 1988, S. 176.
7 Ebenda, S. 171.

währ für die Beseitigung imperialistischer Kriege, für Frieden und Freundschaft zwischen den Völkern.

Die deutschen Kommunisten wußten, daß der Weg zu diesen großen Zielen hart und schwer sein würde und nur mit der Kraft der ganzen Arbeiterklasse, aller Werktätigen erkämpft werden könne. Über ihren Platz in diesem Kampf sagte die KPD, die Partei sei »der zielbewußteste Teil des Proletariats, der die ganze breite Masse der Arbeiterschaft bei jedem Schritt auf ihre geschichtlichen Aufgaben hinweist, der in jedem Einzelstadium der Revolution das sozialistische Endziel und in allen nationalen Fragen die Interessen der proletarischen Weltrevolution vertritt«[8].

Die Gründung der KPD bedeutete einen Wendepunkt in der Geschichte der deutschen Arbeiterbewegung. Nun gab es in Deutschland wieder eine organisierte revolutionäre Vorhut mit einem klaren marxistischen Programm. Der entschiedene Bruch der Besten der deutschen Arbeiterklasse mit dem Opportunismus, ihr vorbehaltloses Bekenntnis zur Diktatur des Proletariats, zur wissenschaftlichen Lehre vom Sozialismus, zur festen Verbundenheit mit dem Sowjetland bezeugten die Treue der jungen Partei zu den Prinzipien des Marxismus. Sie verdeutlichten zugleich, daß mit der Konstituierung der KPD ein entscheidender Schritt zur Aneignung des Leninismus vollzogen wurde. Die Gründung der KPD widerspiegelte eine allgemeine Gesetzmäßigkeit der mit dem Roten Oktober begonnenen weltweiten Epoche des Übergangs vom Kapitalismus zum Sozialismus – die Formierung revolutionärer proletarischer Parteien neuen Typs, die fähig sind, die Arbeiterklasse im Kampf um die Verwirklichung ihrer historischen Mission zu führen.

Die Gründung der KPD war auch bedeutungsvoll für die Herausbildung der kommunistischen Weltbewegung. In einem großen imperialistischen Land mit einer traditionsreichen Arbeiterbewegung war eine kommunistische Partei geschaffen worden. Das war nach der Herausbildung und Festigung der Partei der Bolschewiki und deren siegreichem Kampf eine wichtige Voraussetzung für die revolutionäre Erneuerung der Internationale. W. I. Lenin wertete die Konstituierung der KPD als ein Ereignis, durch das »die *Gründung* einer wahrhaft proletarischen, wahrhaft internationalistischen, wahrhaft revolutionären III. Internationale, der *Kommunistischen Internationale, Tatsache* geworden«[9] war.

Die KPD knüpfte an das Wirken des Bundes der Kommunisten und der revolutionären deutschen Sozialdemokratie an und führte es unter wesentlich veränderten Kampfbedingungen weiter.

8 Ebenda, S. 180.
9 W. I. Lenin: Brief an die Arbeiter Europas und Amerikas. In: Werke, Bd. 28, S. 442.

Worin bestehen die historischen Leistungen der KPD?

Mit dem Entstehen und Erstarken der KPD besaßen die deutsche Arbeiterklasse, die deutschen Werktätigen das Wichtigste, was sie im Ringen um die Durchsetzung ihrer unmittelbaren wie ihrer Zukunftsinteressen brauchten – eine prinzipienfeste, zuverlässige Führerin im Kampf gegen ihre imperialistischen Todfeinde. In den Jahren der Weimarer Republik (1919 bis 1933) und in der schweren Zeit der faschistischen Diktatur über Deutschland (1933 bis 1945) waren es die deutschen Kommunisten, die, ohne zu schwanken, im Kampf für Frieden, Demokratie und Sozialismus vorangingen und sich als konsequente Verfechter der Freiheit und der Rechte des Volkes, als beste deutsche Patrioten und Internationalisten bewährten.

Wegen des konsequenten Einsatzes der Kommunisten für die Interessen der Werktätigen ging die imperialistische Reaktion immer wieder mit massivem Terror und maßlosen Verleumdungen gegen die KPD vor und suchte sie zu zerschlagen. Das erfuhr die KPD schon unmittelbar nach ihrer Gründung. Mit der heimtückischen Ermordung ihrer großen Führer Karl Liebknecht und Rosa Luxemburg sowie Hunderter weiterer Kommunisten zeigte die so viel gepriesene bürgerliche Demokratie ihr wahres Gesicht, ihre ganze Verlogenheit und Skrupellosigkeit. Durch Terrorurteile der bürgerlichen Klassenjustiz und andere Repressalien des reaktionären Staatsapparates, mit zügelloser antikommunistischer Hetze wollte die imperialistische Reaktion die junge KPD vernichten, bevor sie ihre Kraft zu entfalten vermochte. Konfrontiert mit einem starken und erfahrenen Klassenfeind wie dem deutschen Imperialismus, erlitt die Partei auch in der Folgezeit Rückschläge und bittere Niederlagen. Der Weg der Partei war hart und opferreich. In ihrem Ringen, eine richtige strategisch-taktische Orientierung, die besten Formen und Methoden des Klassenkampfes auch unter den kompliziertesten Bedingungen zu finden, bereicherte die KPD die Erkenntnisse der internationalen kommunistischen Bewegung, aber es gab hierbei auch Irrtümer und Umwege. Jedoch hielt die Partei stets über alle Wechselfälle hinweg an ihrem konsequenten Kampf gegen die imperialistische Reaktion und an ihrer Zielstellung fest, die deutsche Arbeiterklasse und ihre Verbündeten zur Macht und zum Sozialismus zu führen.

Ungeachtet der schweren Kampfbedingungen, behauptete sich die aus der Arbeiterklasse hervorgegangene und fest in ihr verwurzelte Partei und schritt voran. Wie alle jungen kommunistischen Parteien benötigte die KPD für ihre Festigung und Entwicklung, insbesondere für die Ausarbeitung einer der konkreten Lage im Lande entsprechenden Politik, wie für die Überwindung rechtsopportunistischer und linkssektiererischer Auffassungen in ihren Reihen die Unterstützung durch die Vermittlung der allgemeingültigen Erkenntnisse der erfahrensten und reifsten Partei, der Partei Lenins, wie auch die Verallgemeinerung der Erfahrungen der gesamten kommunistischen Bewegung und deren kollektive Beratung. Wertvolle Hilfe leisteten hierbei Reden, Schriften, Briefe und Beratungen W. I. Lenins sowie die Kongresse und die Tagungen der Leitungsgremien der im Frühjahr 1919 gegründeten Kommunistischen Internationale (KI). Damit wurde den einzelnen Abteilungen dieses internationalen Kampfbundes geholfen, sich die ideologischen, theoretischen, politischen und organisatorischen Grundsätze des Leninismus anzueignen, erhielten sie eine Grundlage für dessen schöpferische Anwendung auf die eigenen Kampfbedingungen.

Die Bildung des Thälmannschen Zentralkomitees im Sommer 1925 war der entscheidende Schritt der KPD in ihrer Entwicklung zu einer starken marxistisch-leninistischen Massenpartei, zu einer einflußreichen politischen Kraft in Deutschland. Mit der Herausbildung einer marxistisch-leninistischen Parteiführung wurden die Lehren Lenins systematisch und umfassend in die Partei und in die Arbeiterklasse getragen. Ernst Thälmann und seine Kampfgefährten festigten die Verbindungen der KPD zur Arbeiterklasse und zu den anderen Werktätigen und setzten sich mit aller Kraft dafür ein, die Partei zu stärken, Antworten auf die Fragen zu geben, die der Klassenkampf stellte und den Weg zum Sturz der Macht des Imperialismus in Deutschland zu bahnen.

In der historisch kurzen Zeitspanne von rund zweieinhalb Jahrzehnten ihres Wirkens vollbrachte die KPD Leistungen, mit denen sie entscheidende Fundamente für den künftigen Sieg der deutschen Arbeiterklasse und ihrer Verbündeten über Imperialismus und Militarismus, für die sozialistische Revolution auf deutschem Boden schuf:

- Als bewußte und organisierte Vorhut der Arbeiterklasse und der anderen Werktätigen sah die KPD in der Gewinnung der Massen die Kernfrage ihres Handelns. Sie wirkte für starke Gewerkschaften, die entschieden die Belange der Arbeiter verfochten, setzte sich für die wirkliche Gleichberechtigung der Frauen und für die Rechte der Jugend ein. Große Aufmerksamkeit widmete sie der Unterstützung des Kommunistischen Jugendverbandes Deutschlands.

Mit dem Roten Frontkämpferbund, der Roten Hilfe Deutschlands, der deutschen Sektion der Internationalen Arbeiterhilfe und anderen Massen-

Heute alles um 3 Uhr im Neuköllner Stadion! Aufmarschplan im Innern des Blattes

13. Jahrgang / Nr. 197 — 20 Pfennig

Heerschau des roten Berlin heute! Auch du marschierst auf für Liste 4

Berlin, Sonntag 24. August 1930

Die Rote Fahne

Zentralorgan der Kommunistischen Partei Deutschlands (Sektion der Kommunistischen Internationale)

Begründet von Karl Liebknecht und Rosa Luxemburg

Programmerklärung zur nationalen und sozialen Befreiung des deutschen Volkes

Das Zentralkomitee der Kommunistischen Partei Deutschlands beschloß auf Vorschlag des Genossen Ernst Thälmann die nachstehende Proklamation zur nationalen und sozialen Befreiung des deutschen Volkes. Diese Erklärung, die sich an alle Arbeitenden in ganz Deutschland wendet, hat eine, weit über den Rahmen der Tagespolitik hinausgehende, programmatische Bedeutung. Sie bildet ein historisches Dokument, das wegweisend für das gesamte werktätige deutsche Volk ist und zum erstenmal entscheidende Richtlinien für die Regierungspolitik der kommenden deutschen Sowjetmacht aufzeigt.

Während die Sozialdemokratie die bestehenden Jammerzustände aufrechterhalten und verewigen will, während die Hitlerpartei mit betrügerischen Phrasen ein nebelhaftes „Drittes Reich" ankündigt, das in Wirklichkeit noch schlimmer aussehen würde als das heutige Elend, sagen wir Kommunisten klar, was wir wollen. Wir verschweigen nichts. Wir versprechen nichts, was wir nicht unbedingt halten werden. Jeder Arbeiter, jede Arbeiterin, jeder Jungprolet, jeder Angestellte, jeder notleidende Mittelständler in den Städten, jeder werktätige Bauer auf dem Land, jeder ehrlich schaffende Mensch in Deutschland soll sich mit voller Klarheit von unserem Ziel überzeugen. Der einzige Ausweg aus der Katastrophe, die einzige Rettung Deutschlands, der einzige Weg zur nationalen Befreiung der Volksmassen — das ist Sowjetdeutschland.

Wir rufen in den jetzigen Wahlen alle Werktätigen in Stadt und Land auf, sich für Sowjetdeutschland zu entscheiden, indem sie für Liste 4, für die Liste der Kommunistischen Partei stimmen.

der Macht steht, die von ihm unterworfenen Völker (in Italien die Deutschen und Kroaten, in Polen die Ukrainer, Weißrussen und Deutschen, in Finnland die Schweden usw.). Die Führer der deutschen Faschisten, Hitler und seine Helfershelfer, aber erheben nicht ihre Stimme gegen die gewaltsame Angliederung Südtirols an das faschistische Italien. Hitler und die deutschen Nationalsozialisten schweigen über die Nöte der deutschen Bauernbevölkerung Südtirols, die unter dem Joch des italienischen Faschismus stöhnt. Hitler und seine Partei haben hinter dem Rücken des deutschen Volkes einen

schmutzigen Geheimvertrag mit der italienischen Faschistenregierung abgeschlossen,

auf Grund dessen sie die deutschen Gebiete Südtirols bedingungslos den ausländischen Eroberern ausliefern. Mit dieser schändlichen Tat haben Hitler und seine Partei die nationalen Interessen der werktätigen Massen Deutschlands in gleicher Weise an die Versailler Siegermächte verkauft, wie es die deutsche Sozialdemokratie seit

organisationen, die an spezifische Interessen werktätiger Schichten anknüpften, förderte die KPD ihre Verbindung zu den Werktätigen. Der Kampf um die dringendsten Lebensbedürfnisse der Werktätigen, um ihre sozialpolitischen Ziele wie ihre demokratischen Rechte, der Kampf gegen Militarismus, Kriegsvorbereitungen und faschistische Gefahr prägten die politische Massenarbeit der KPD. Dabei verband die Partei das Ringen um die Durchsetzung der Tagesforderungen mit dem Kampf um den Sozialismus. In vielen Massenaktionen konnten sich immer mehr Werktätige davon überzeugen, daß die Kommunisten als ihre konsequentesten Interessenvertreter handelten. Davon zeugten unter anderem die Niederwerfung des Kapp-Putsches 1920 und die Bewegung »Hände weg von Sowjetrußland« im gleichen Jahr, der Sturz der reaktionären Cuno-Regierung 1923, das Ringen um die entschädigungslose Enteignung der Fürsten 1926, das Eintreten gegen den Panzerkreuzerbau 1928, die Antifaschistische Aktion 1932, ebenso die zahlreichen Streikkämpfe, in denen die

Arbeitsbeschaffungsplan der KPD.

Gegen das Raubprogramm und die Katastrophenpolitik des Finanzkapitals — Arbeit und Brot für Millionen!

Was tut not? Die KPD. zeigt euch den Weg!

Viereinviertel Millionen Arbeiter in Stadt und Land leiden unter der Geißel der Erwerbslosigkeit, dem sichtbarsten Zeichen der kapitalistischen Krise. Alle Versprechungen der regierenden Minister auf Arbeitsbeschaffung sind nicht in Erfüllung gegangen. Der Herbst und Winter werden ein gewaltiges, neues Anschwellen der Erwerbslosigkeit bringen. Schon heute sprechen selbst kapitalistische Zeitungen von 6 bis 7 Millionen Erwerbslosen im kommenden Winter. Dazu tritt die steigende Kurzarbeit, die die Löhne teilweise auf die Hungerunterstützung der Erwerbslosen herabdrückt und bereits drei Millionen Arbeiter betrifft.

Die herrschenden Finanzkapitalisten und ihre politischen Vertrauensleute von der Sozialdemokratie bis zu den Nationalsozialisten haben ihre völlige Unfähigkeit bewiesen, die katastrophale Entwicklung der Erwerbslosigkeit zu verhindern. Das kapitalistische System trägt die Schuld an diesem millionenfachen Elend der Erwerbslosen und Kurzarbeiter. Die Brüningdiktatur mit ihrem Sparprogramm aber ist drauf und dran, durch eine neue Notverordnung die Aermsten der Armen noch tiefer in die unerträgliche Not zu stoßen.

Gegen die Katastrophenpolitik der herrschenden Klasse, gegen das Raubprogramm des Trust- und Finanzkapitals, gegen die Hungeraktion aller Volksfeinde setzt die Kommunistische Partei Deutschlands ihren Arbeitsbeschaffungsplan, der den Millionen Erwerbslosen Arbeit und Brot geben kann.

Die Kommunistische Partei Deutschlands fordert folgende Maßnahmen und ruft die Massen des werktätigen Volkes in Stadt und Land zum Kampf für diese Forderungen auf:

1. Ausnutzung der vorhandenen Arbeitsmöglichkeiten

zugt durch Wohnungen, die den Anforderungen der Hygiene entsprechen, ersetzt werden.

Ebenfalls ist die systematische Sanierung der Elendsquartiere in den Kommunen durch Beseitigung der Altstädte, der alten Häuser und Straßen zu betreiben. Eine Neuaufschließung dieser Stadtteile durch Neubauten einwandfreier

Heute Abend spricht der 581. „Hochverräter" Hermann Remmele

in der Kampfkundgebung der Roten Hilfe gegen das Leipziger Terrorurteil. Heute, Freitag, den 29. Mai, 19.30 Uhr, im Saalbau Friedrichshain!

Arbeiterwohnungen, Straßen, Kanalisierung, Grünflächen ist sofort in Angriff zu nehmen.

2. Sofortige Inangriffnahme der bisher immer wieder aufgeschobenen Erneuerungsarbeiten bei der Reichsbahn und den sonstigen öffentlichen Verkehrseinrichtungen. Durchführung der Elektrifizierung der Reichsbahn in den wichtigsten Industriebezirken, sofortige Inangriffnahme des Baues der Schnellbahn Köln—Dortmund.

Die Betriebssicherheit der Reichsbahn ist durch die Vernach-

Kommunisten in der ersten Reihe standen. Alternativen zur volksfeindlichen Politik des deutschen Imperialismus und Militarismus unterbreitete die KPD in so bedeutsamen Dokumenten wie dem »Offenen Brief« (1921), dem Aufruf »Das Gesicht dem Dorfe zu« (1926), der »Programmerklärung zur nationalen und sozialen Befreiung des deutschen Volkes« (1930), dem »Arbeitsbeschaffungsprogramm«, dem »Bauernhilfsprogramm« und Vorschlägen für andere Volksschichten (1931). Vom gleichen Geist war die Arbeit der Kommunisten im Reichstag, in den anderen Parlamenten und in der Kommunalpolitik geprägt. Die Partei Thälmanns wurde zu einer Massenpartei, die zu Beginn der dreißiger Jahre 360 000 Mitglieder zählte und 1932 die Stimmen von fast sechs Millionen Wählern erhielt. Daß die Partei nichts Höheres kennt als die Interessen der Werktätigen, als ihr Wohl, wurde zum Inhalt des Denkens und Handelns ungezählter deutscher Kommunisten.

- Unter der Führung Ernst Thälmanns löste die KPD die Aufgabe, sich immer gründlicher die Lehren Lenins anzueignen und sie schöpferisch auf ihre konkreten Kampfbedingungen anzuwenden. Die Erfahrungen des Klassenkampfes auch in einem so hochentwickelten kapitalistischen Land wie Deutschland bestätigten, daß die Arbeiterklasse mit dem Marxismus-Leninismus einen zuverlässigen Kompaß auf dem Wege der Erfüllung ihrer historischen Mission besitzt. Die KPD propagierte die Ideen von Marx, Engels und Lenin in offensiver Auseinandersetzung mit der bürgerlichen Ideologie. Es zählt zu ihren unvergänglichen Verdiensten, den Marxismus-Leninismus fest in der deutschen Arbeiterklasse verankert zu haben.
- Getreu dem proletarischen Internationalismus, bekannte sich die KPD in allen Situationen des Klassenkampfes vorbehaltlos zum Sowjetland und

zur Partei Lenins. Sie sah im ersten Arbeiter-und-Bauern-Staat der Welt das stärkste Bollwerk der Ausgebeuteten und Unterdrückten aller Länder im Kampf um Frieden, sozialen Fortschritt und nationale Befreiung, die Avantgarde im Ringen um die revolutionäre Erneuerung der Welt. Die KPD setzte sich für das Zusammenwirken der Arbeiter, der anderen Ausgebeuteten und Unterdrückten aller Länder, für die Unterstützung des antikolonialen Kampfes und der nationalen Befreiungsbewegung ein und verbreitete die Ideen der internationalen Solidarität im werktätigen deutschen Volk.

- Als einzige deutsche Partei warnte die KPD das deutsche Volk frühzeitig vor der heraufziehenden faschistischen Gefahr. Die Kommunisten wiesen nach, daß die reaktionärsten und aggressivsten Kräfte des deutschen Finanzkapitals Kurs darauf nahmen, die bürgerlich-parlamentarische Republik zu zerstören und ihre offene, faschistische Diktatur zu errichten. Während andere politische Parteien die faschistische Gefahr verharmlosten, charakterisierte die KPD die Nazipartei als den gefährlichsten Stoßtrupp des deutschen Imperialismus. Warnend erklärte die Partei 1932 »Wer Hitler wählt, wählt den Krieg!« Den Werktätigen die Wahrheit über die ihnen vom aggressiven Imperialismus drohende Gefahr gesagt und konsequent den Kampf gegen die faschistischen, militaristischen und revanchistischen Kräfte geführt zu haben, darin besteht ebenfalls ein historisches Verdienst der KPD.
- Die KPD unternahm am Beginn der dreißiger Jahre große Anstrengungen, um durch die Herstellung der Aktionseinheit der Arbeiterklasse und eines breiten Bündnisses aller antifaschistischen, demokratischen Kräfte den Faschisten den Weg zur Macht zu verlegen. Wiederholt schlug sie der SPD gemeinsames Handeln vor. Doch deren Führung lehnte alle diese Angebote ab und hielt im Banne ihrer illusionären, opportunistischen Konzeption vom »demokratischen Sozialismus« und antikommunistischer Vorstellungen an ihrer Politik fest, die auf die Zusammenarbeit mit großbürgerlichen Parteien gerichtet war und die Arbeiterklasse spaltete.

Wenn heute noch antikommunistische Ideologen in der BRD ausgerechnet der KPD die Verantwortung für den Untergang der Weimarer Republik anzulasten und von den dafür tatsächlich Verantwortlichen abzulenken suchen, stellen sie die Wahrheit auf den Kopf. Es gab keine andere Partei in Deutschland, die so entschlossen zum gemeinsamen Kampf gegen die imperialistischen Klassenkräfte aufrief, die den Weg zur Errichtung der faschistischen Diktatur, in einen neuen imperialistischen Krieg eingeschlagen hatten und damit schwerste Schuld auf sich luden. Wieviel

Ernst Thälmann spricht auf einer antifaschistischen Kundgebung
zur Reichspräsidentenwahl 1932 in Leipzig

Leid, Tränen und Opfer wären unserem Volk und vielen anderen Völkern erspart geblieben, wenn dieser Ruf der KPD zum gemeinsamen antifaschistischen Kampf bei allen, an die er erging, rechtzeitig positiven Widerhall gefunden hätte!

Nach der Errichtung der faschistischen Diktatur führte die KPD als einzige politische Partei in Deutschland organisiert, unter einheitlicher Führung und mit einem klaren Ziel den Kampf gegen den faschistischen deutschen Imperialismus, gegen dessen barbarischen Krieg, gegen seine verbrecherische Politik zur Vernichtung der sozialistischen Sowjetunion und zur Ausrottung ganzer Völker. Auf der Tagung des Zentralkomitees im Februar 1933 erklärte Ernst Thälmann: »Der Kampf, der vor uns liegt, ist der schwerste, den die Partei zu bestehen hat ... Wir müssen die Hitlerregierung vor den Massen als Regime des faschistischen Terrors, der kapitalistischen Aushungerung und des imperialistischen Krieges, als Regierung der Kapitalisten und Großgrundbesitzer entlarven ... Wir müssen den Kampf um die sozialdemokratischen Arbeiter zur Teilnahme an gemeinsamen Aktionen und Kämpfen gegen die faschistische Diktatur aufs stärkste steigern ... Wir müssen das Bündnis zwischen Stadt und Land, zwischen den kämpfenden Arbeitern und den werktätigen Bauern schmieden ...

Sächsische Arbeiter-Zeitung

Alarm für Liste 3

Antifaschistische Aktion

Tageszeitung der Kommunistischen Partei Deutschlands (Bezirk Sachsen) Verbreitungsgebiet Westsachsen

[illegible]

Leipzig
Montag, den 27. Februar 1933

[illegible]

Einzelpreis 10 Pf. [illegible] 13. Jahrgang / Nr. 46

Ernst Thälmann

ruft zur antifaschistischen Einheitsfront

Offener Brief an die sozialdemokratischen und christlichen Arbeiter Deutschlands

An die Kollegen der freien Gewerkschaften und die Reichsbannerkameraden

Klassengenossen! Genossinnen!

Die offene faschistische Diktatur ist über Deutschland aufgerichtet. Der Reichspräsident von Hindenburg, für den ihr auf Geheiß eurer Führer vor einem knappen Jahr mit dem Aufgebot aller eurer Kräfte den Wahlkampf führtet, weil man euch sagte, Hindenburgs Wahl sei ein Schutz vor dem Hitler-Faschismus, hat Adolf Hitler, Frick und Goering, Papen, Hugenberg und Seldte die Macht übergeben. Mit Terror und Verfolgung versucht die Bourgeoisie die Arbeiterklasse und ihre Organisationen niederzuwerfen. Faschistische Banditen verüben eine Kette von Meuchelmorden an sozialdemokratischen, parteilosen und kommunistischen Arbeitern.

Immer wieder hat die Kommunistische Partei ihre feste, unverbrüchliche Bereitschaft ausgesprochen, gemeinsam mit allen Arbeitern und jeder Organisation den Kampf gegen den Faschismus zu führen, die ihrerseits zum Kampf bereit sind.

Wie am 20. Juli des vergangenen Jahres, so richtete am 30. Januar dieses Jahres anläßlich der Machtergreifung Hitlers die KPD erneut ihr Angebot zum gemeinsamen Kampf an die Sozialdemokratie, an den ADGB und Afa-Bund, an die christlichen Gewerkschaften. Eure Führer sind auf diese Einheitsfrontvorschläge nicht eingegangen.

Im Namen der hunderttausenden Mitglieder der Kommunistischen Partei, im Namen der mehr als 6 Millionen Arbeiter, Arbeiterinnen und Jungarbeiter, die bei der letzten Reichstagswahl ihr Vertrauen zur Kommunistischen Partei bekundeten,

reiche ich euch, den Mitgliedern und Funktionären der SPD, der freien Gewerkschaften und darüber hinaus den Millionenmassen parteiloser Arbeiter, die Bruderhand zum gemeinsamen Kampfbündnis gegen den Faschismus.

Die faschistischen Meuchelmörder, die mit Dolchen, Revolvern und Bomben gegen Arbeiter wüten, machen keinen Unterschied, ob ihr das Mitgliedsbuch der KPD, der SPD oder der christlichen Gewerkschaften in der Tasche tragt. So darf auch im Freiheitskampf aller Antifaschisten die Parteizugehörigkeit kein Hindernis sein, gemeinsam zu marschieren, gemeinsam zu kämpfen.

Am Wahlsonntag oder einige Tage darauf sollen die Garden der SA und SS in das rote Berlin, das kämpferische Herz der deutschen Arbeiterklasse, einmarschieren. Marsch auf Berlin — diese Drohung der faschistischen Terrorformationen ist eine Kriegserklärung nicht nur gegen die Männer und Frauen und die Jugend des roten Berlin, sondern gegen die ganze deutsche Arbeiterklasse, gegen das ganze werktätige Volk!

Im Namen der Kommunistischen Partei Deutschlands rufe ich euch Klassengenossen und -genossinnen, die ihr noch nicht in unserem Lager steht, die ihr aber wie wir den Faschismus haßt und die Freiheit liebt, zur gemeinsamen Abwehr auf.

Wenn wir, die Arbeiter, Arbeiterinnen und Arbeiterjugend, deren Hände alle Werte erschaffen, Schulter an Schulter zusammenstehen, wenn wir gemeinsam kämpfen, sind wir unüberwindlich. Wenn wir gemeinsam kämpfen, werden wir Millionen von armen Bauern auf dem Lande, Millionen von Angestellten, Beamten, Mittelständlern in den Städten mit uns reißen in die gemeinsame Front des antifaschistischen Freiheitskampfes!

Nehmt in euren Organisationen zu diesem Einheitsfrontangebot der Kommunistischen Partei Deutschlands Stellung! Beratet gemeinsam mit euren kommunistischen Klassengenossen die notwendigen Kampfmaßnahmen! Bildet gemeinsam mit uns Kommunisten den Selbstschutz, die Kampffront der Betriebe und Stempelstellen. Schafft gemeinsam mit uns breite Massenorgane der proletarischen Einheitsfront, in denen kameradschaftlich und brüderlich Kommunisten und Sozialdemokraten, christliche Arbeiter und Freidenker, Organisierte und Unorganisierte zusammenarbeiten und gemeinsam den Kampf organisieren!

Es lebe die kämpfende proletarische Einheitsfront! Es lebe der antifaschistische Freiheitskampf!
Es lebe der gemeinsame Kampf für Arbeitermacht und Sozialismus!

Ernst Thälmann, Vorsitzender der Kommunistischen Partei Deutschlands

Gegen die chauvinistische Kriegshetze und imperialistische Kriegspolitik des Faschismus müssen wir die Massenpropaganda für den proletarischen Internationalismus, für unsere Freiheitspolitik entfalten ... Eiserner Kurs auf die Sicherung der Partei und ihre Fortführung trotz aller Anschläge des faschistischen Terrors!«.[10]

Die KPD stand an der Spitze des antifaschistischen Widerstandes. Ob in der Illegalität im Lande, in den faschistischen Haftanstalten und Konzentrationslagern, im Exil oder in den Reihen der Roten Armee und der Volksbefreiungsbewegungen in anderen Ländern – überall kämpften die Kommunisten in den ersten Reihen. Illegale Organisationen der KPD wurden während der Kriegsjahre zum Kern großer Widerstandsorganisationen. Vielfach handelten Kommunisten, Sozialdemokraten, Christen und andere Hitlergegner gemeinsam. Das auf Initiative der KPD gebildete Nationalkomitee »Freies Deutschland« wirkte als breites Bündnis deutscher Antifaschisten und Patrioten aus allen Volksschichten für den Sturz Hitlers und für ein neues, demokratisches Deutschland. Der Heldenmut der deutschen Kommunisten, die von ihnen gebrachten großen Opfer sicherten ihnen auch bei anderen Antifaschisten große Autorität und aufrichtiges Vertrauen. Gemeinsam mit den anderen Hitlergegnern verkörperten sie in der Nacht des Faschismus das wahre Deutschland des Friedens, der Demokratie und des gesellschaftlichen Fortschritts.

● Die KPD arbeitete im Kampf gegen die faschistische Diktatur ihre Vorstellungen über ein neues, demokratisches, sich zum Sozialismus entwikkelndes Deutschland weiter aus. Gestützt auf die bedeutsamen Beschlüsse des VII. Weltkongresses der Kommunistischen Internationale, orientierte sie auf der Brüsseler Parteikonferenz 1935 auf den Sturz des faschistischen Regimes und die Bildung einer Regierung der proletarischen Einheitsfront oder antifaschistischen Volksfront. Als zentrale Aufgabe bezeichnete die KPD die Herstellung der Einheitsfront der Arbeiterklasse und vor allem die Zusammenarbeit von Kommunisten und Sozialdemokraten. Die Brüsseler Konferenz half der KPD, einseitige und sektiererische Einschätzungen vor allem hinsichtlich ihres Verhältnisses zur SPD zu überwinden. Nach Meinung der Kommunisten ergab sich aus der neuen Lage die Möglichkeit, künftig eine Einheitspartei der Arbeiterklasse auf revolutionärer Grundlage zu schaffen.

Auf ihrer Berner Konferenz 1939 entwickelte die KPD angesichts des drohenden Krieges ihr antifaschistisches Kampfprogramm weiter. Sie erklärte, »daß der Kampf gegen den Krieg, für den Sturz des Kriegstreibers

10 Ernst Thälmann: Geschichte und Politik. Artikel und Reden 1925 bis 1933, Berlin 1973, S. 210, 225/226, 227, 228, 235.

Hitler, die höchste nationale Aufgabe aller Deutschen ist«[11], und orientierte auf die Errichtung einer neuen, antifaschistisch-demokratischen Republik als nächstes strategisches Kampfziel. Die Kommunisten präzisierten dieses Konzept bis zum Ende des zweiten Weltkrieges durch konkrete Programme für die einzelnen Bereiche des staatlichen und gesellschaftlichen Lebens. Es war eine bedeutende schöpferische Leistung der KPD, eine geschlossene Alternative zur faschistisch-imperialistischen Herrschaft entwickelt zu haben, deren Grundsätze sich unter den mit der Befreiung entstandenen veränderten Bedingungen als tragfähig erwiesen.

● Den Höhepunkt ihres Wirkens erreichte die KPD nach dem Sieg der Sowjetunion und der anderen Kräfte der Antihitlerkoalition über den faschistischen deutschen Imperialismus. Aus der Illegalität kommend, aus den faschistischen Konzentrationslagern und Zuchthäusern befreit sowie aus dem Exil heimkehrend, ergriffen die Kommunisten im Frühjahr 1945 gemeinsam mit Sozialdemokraten, Gewerkschaftern und anderen Antifaschisten überall die Initiative, um den schrecklichen Hinterlassenschaften von Faschismus und Krieg zu begegnen und elementare Grundlagen für das Leben der Menschen zu schaffen. Die KPD trat aus der Illegalität und begann die Parteiorganisation wieder aufzubauen.

Mit seinem Aufruf vom 11. Juni 1945 wies das Zentralkomitee der KPD den realen Weg zur Überwindung von Not und Verzweiflung, zur Ausrottung der sozialökonomischen, politischen und geistigen Wurzeln für Faschismus und Krieg, zur Beseitigung der Machtgrundlagen des deutschen Imperialismus und Militarismus. Der Aufruf berücksichtigte die historischen Erfahrungen des deutschen Volkes und forderte: »Keine Wiederholung der Fehler von 1918! Schluß mit der Spaltung des schaffenden Volkes! Keinerlei Nachsicht gegenüber dem Nazismus und der Reaktion! Nie wieder Hetze und Feindschaft gegenüber der Sowjetunion; denn wo diese Hetze auftaucht, da erhebt die imperialistische Reaktion ihr Haupt!« Die KPD knüpfte an die im Kampf gegen den Faschismus ausgearbeitete Strategie an, wandte sie auf die erheblich veränderten Bedingungen, auf die spezifische Lage in Deutschland an und betonte, daß der Weg, Deutschland ein Sowjetsystem aufzuzwingen, falsch wäre. Sie orientierte auf die *»Aufrichtung eines antifaschistischen, demokratischen Regimes, einer parlamentarisch-demokratischen Republik mit allen demokratischen Rechten und Freiheiten für das Volk«.*[12]

11 Der Weg zum Sturze Hitlers und der Kampf um die neue demokratische Republik. Resolution, angenommen auf der Berner Konferenz der KPD, 1. Februar 1939. In: Dokumente zur Geschichte der SED, Bd. 1, S. 329.

12 Aufruf des Zentralkomitees der Kommunistischen Partei Deutschlands, 11. Juni 1945. In: Dokumente zur Geschichte der SED, Bd. 2, 1945 bis 1971, Berlin 1988, S. 10, 11, 12.

Diese Ziele waren eine geeignete Plattform für die Herstellung der Einheit der Arbeiterklasse und förderten den Zusammenschluß aller antifaschistisch-demokratischen Kräfte. In seinem Aufruf vom 15. Juni 1945 erhob der Zentralausschuß der SPD Forderungen, die im wesentlichen mit dem Aktionsprogramm der KPD übereinstimmten.

Die KPD wurde zum Initiator der beginnenden antifaschistisch-demokratischen Umwälzung im Osten Deutschlands. Kommunisten übernahmen Aufgaben in den staatlichen Organen. Mit ersten revolutionären Reformen wurden die Machtgrundlagen der Schuldigen für Faschismus und Krieg beseitigt.

● Die KPD förderte alle Schritte zur Einigung der Arbeiterklasse und zum Zusammenschluß aller demokratischen Kräfte. Im Zusammengehen vor allem mit den Sozialdemokraten unterstützte sie das Entstehen einheitlicher antifaschistisch-demokratischer Massenorganisationen. Auf Initiative der KPD, aus ihrem Zusammenwirken mit der SPD und bürgerlich-demokratischen Kräften bildete sich der Block der antifaschistisch-demokratischen Parteien.

Im Ringen um die Weiterführung der antifaschistisch-demokratischen Umwälzung wurde die Bildung einer einheitlichen revolutionären Kampfpartei der Arbeiterklasse zur Schlüsselfrage. Durch die Aktionseinheit von KPD und SPD vorbereitet, erwuchs sie, wie Erich Honecker feststellte, »aus der wahrhaft demokratischen Willensbildung der klassenbewußten Arbeiter und der anderen Werktätigen«[13]. Auf dem Vereinigungsparteitag, der am 21. und 22. April 1946 in Berlin stattfand, beschlossen 507 Delegierte der KPD und 548 der SPD einstimmig den Zusammenschluß beider Parteien zur Sozialistischen Einheitspartei Deutschlands. Wilhelm Pieck und Otto Grotewohl wurden zu Parteivorsitzenden gewählt. Das ebenfalls einstimmig angenommene Programmdokument »Grundsätze und Ziele der SED« beruhte auf dem festen Fundament des wissenschaftlichen Sozialismus. Die Gründung der SED war das gemeinsame Werk der KPD und der SPD. Einen entscheidenden Anteil an der Erarbeitung der programmatischen und organisatorischen Grundlagen der SED leisteten die marxistisch-leninistischen Kader der KPD. Der Kampf, der von der KPD seit ihrer Gründung für die Herstellung der von Imperialismus und Opportunismus zerstörten Einheit der deutschen Arbeiterbewegung auf revolutionärer Grundlage geführt worden war, hatte zu einem geschichtlichen Erfolg geführt. Nunmehr hatte die Geschichte bestätigt, daß mit der Gründung der KPD die entscheidende Kraft geschaffen worden war, um die Spaltung der deutschen Arbeiterklasse zu überwinden.

13 Erich Honecker: Aus meinem Leben, Berlin 1988, S. 136.

Die Vereinigung von KPD und SPD war ein Ereignis von wahrhaft historischer Bedeutung. »Mit der Gründung der Sozialistischen Einheitspartei Deutschlands wurde die grundlegende Lehre aus der Geschichte der deutschen Arbeiterbewegung gezogen: Die Arbeiterklasse kann ihre historische Mission nur erfüllen, wenn sie die vom Imperialismus und Opportunismus verursachte Spaltung ihrer Reihen beseitigt, wenn sie ihre Einheit auf revolutionärer Grundlage herstellt und von einer zielklaren, geschlossenen, kampfgestählten marxistisch-leninistischen Partei geführt wird, die eng mit den Massen verbunden ist.«[14]

Die Gründung der Deutschen Demokratischen Republik

In dem Maße, wie die Arbeiterklasse unter Führung der SED im Osten Deutschlands entscheidende Machtpositionen eroberte, ihre Hegemonie durchsetzte und das Bündnis mit den anderen werktätigen Klassen und Schichten verwirklichte, gewannen hier die Volksmassen erstmals in der deutschen Geschichte das politische Übergewicht über die imperialistische Reaktion. In konsequenter Abrechnung mit dem Faschismus legten sie, von der sowjetischen Besatzungsmacht unterstützt und im Sinne der Potsdamer Beschlüsse, feste gesellschaftliche Grundlagen für Demokratie, gesicherten Frieden und Völkerfreundschaft.

Ganz anders verlief die Entwicklung in den westlichen Besatzungszonen. Die imperialistischen Besatzungsmächte und die Kräfte des deutschen Finanzkapitals taten alles, um die Beseitigung der gesellschaftlichen Wurzeln von Faschismus und Militarismus – wie sie auch hier von Kommunisten, einer breiten antifaschistischen Bewegung von Sozialdemokraten, bürgerlichen Demokraten und anderen angestrebt wurde – zu verhindern und schrittweise der Restauration des deutschen Imperialismus den Weg zu bereiten. Um der antifaschistisch-demokratischen Erneuerung im Osten Deutschlands entgegenzuwirken und nach der Losung »Lieber das halbe Deutschland ganz, als das ganze Deutschland halb« ging die imperialistische Reaktion zur Spaltung Deutschlands über. Hinter dem Rücken der Werktätigen, auf Befehl der imperialistischen Besatzungsmächte, unter Bruch des Potsdamer Abkommens und im Zeichen des von den aggressiven Kräften des USA-Imperialismus entfesselten kalten Krieges entstand am 7. September 1949 die Bundesrepublik Deutschland. Keinerlei Lügen, keine Verleumdungen können diese Tatsachen ver-

14 Programm der Sozialistischen Einheitspartei Deutschlands, Berlin 1988, S. 6.

Wilhelm Pieck leistet den Eid als erster Präsident
des Arbeiter-und-Bauern-Staates, 11. Oktober 1949

wischen und von der geschichtlichen Verantwortung des Imperialismus für die Spaltung Deutschlands ablenken.

Getragen vom demokratischen Willen breiter Massen, der in der Volkskongreßbewegung seinen sichtbarsten Ausdruck fand, als Ergebnis der antifaschistisch-demokratischen Umwälzung entstand am 7. Oktober 1949 die Deutsche Demokratische Republik. Unter Führung der SED errichtete die Arbeiterklasse zusammen mit ihren Verbündeten den sozialistischen deutschen Staat der Arbeiter und Bauern als eine Form der Diktatur des Proletariats.

Im Ergebnis der marxistisch-leninistischen Politik der SED war mit der DDR ein Staat geschaffen worden, dessen Werden und Wachsen dem Charakter und den Gesetzmäßigkeiten der von der Oktoberrevolution eingeleiteten Epoche des Übergangs vom Kapitalismus zum Sozialismus entsprach. Die Gründung der DDR widerspiegelte die Tatsache, daß sich nach dem Sieg der Sowjetunion und ihrer Verbündeten über den Faschismus das internationale Kräfteverhältnis grundlegend zugunsten der Kräfte der Demokratie, des Friedens und des Sozialismus verändert hatte. Die Schaffung des deutschen Arbeiter-und-Bauern-Staates war unlöslich mit der Herausbildung des sozialistischen Weltsystems verbunden und trug zu dessen Festigung bei. Die Geburt des ersten Arbeiter-und-Bauern-Staates auf deutschem Boden erfolgte zugleich im erbitterten Kampf gegen die Kräfte der Reaktion und bedeutete eine schwere Niederlage des Weltimperialismus. Mit der Gründung der DDR hatten sich die Chancen vergrößert, die aggressiven Kräfte des Imperialismus in Schranken zu halten und Europa in einen Kontinent des Friedens und der Sicherheit zu verwandeln.

Genosse Erich Honecker wertete die Gründung der DDR mit der Feststellung: »Generationen aufrechter Deutscher hatten von einem neuen, friedlichen, von Ausbeutung und Unterdrückung befreiten Deutschland geträumt, das allen Völkern freund ist. Dafür hatten sie gekämpft und ihr Leben eingesetzt. In der DDR wurde ihr Vermächtnis Wirklichkeit, verkörpert sich, wonach die besten Töchter und Söhne unseres Volkes strebten. Unser Staat nimmt unwiderruflich seinen Platz in der Welt des Sozialismus, der Welt wahrer Freiheit, Demokratie und Menschenwürde, ein. Für alle Zeiten ist er brüderlich mit der Sowjetunion verbunden und gehört als fester Bestandteil zur sozialistischen Gemeinschaft. Aktiv übt er antiimperialistische Solidarität. Wozu er sich schon in seiner Gründungsstunde bekannte und feierlich verpflichtete, danach hat er immer gehandelt: Nie wieder Faschismus! Nie wieder darf von deutschem Boden ein Krieg ausgehen!

So erhärten die Tatsachen selbst die Feststellung, daß die Gründung der Deutschen Demokratischen Republik ein Wendepunkt in der Geschichte unseres Volkes und Europas war.«[15]

Mit der Schaffung des deutschen Arbeiter-und-Bauern-Staates wurde Wirklichkeit, was die Gründer der KPD angestrebt hatten, wofür die Partei Ernst Thälmanns aufopferungsvoll kämpfte. Die Geschichte bestätigte ihre Voraussicht, daß auch auf deutschem Boden die Überwindung der Herrschaft des Imperialismus unvermeidlich, daß der Sieg der Arbeiterklasse und des Sozialismus gewiß ist. Aus der deutschen Geschichte kommend, in all ihren revolutionären, demokratischen, humanistischen und antifaschistischen Traditionen verwurzelt, erfüllt die sozialistische DDR das Vermächtnis der KPD, ihres Kampfes im Dienste des Volkes. Das Vorbild Karl Liebknechts, Rosa Luxemburgs, Ernst Thälmanns und ihrer Kampfgefährten ist hier lebendig.

Die SED – Fortsetzerin der Traditionen des Kampfes der KPD für Sozialismus, Demokratie und Freiheit

Ziel des Kampfes der KPD war stets die Befreiung der Menschen von Ausbeutung und Unterdrückung, von Elend und Krieg, waren die sozialistische Gesellschaft und eine Welt des Friedens und der Völkerfreundschaft. Immer ging es ihr um den werktätigen Menschen, darum, seine Existenz zu gewährleisten und die Bedingungen für sein Leben und seine Arbeit zu sichern und zu verbessern.

Dieses zutiefst humanistische, der historischen Mission der Arbeiterklasse entsprechende Grundanliegen wurde und wird von den Bürgern der DDR unter Führung unserer marxistisch-leninistischen Partei verwirklicht. Die Geschichte unseres Landes zeugt davon, daß die Partei in allen Etappen des Aufbaus der neuen Gesellschaft ihre Überlegungen und Taten darauf richtete, die Grundinteressen und -forderungen der Arbeiterklasse und der anderen Werktätigen Wirklichkeit werden zu lassen. Die Errichtung der Arbeiter-und-Bauern-Macht und die Gewährleistung ihres Schutzes, die Schaffung der materiell-technischen Basis des Sozialismus, der Sieg der sozialistischen Produktionsverhältnisse und die sozialistische Umwälzung auf dem Gebiet der Ideologie und Kultur – alle diese Aufgaben, die hohen Einsatz, manche Entbehrungen und auch Opfer verlang-

15 Erich Honecker: Unsere Republik – Staat des Friedens und des Sozialismus. In: Reden und Aufsätze, Bd. 10, Berlin 1986, S. 275/276.

ten, waren unerläßlich für das Wohl des Volkes, entsprachen seinen Interessen.

Zu Beginn der siebziger Jahre waren Bedingungen entstanden, die es möglich und zugleich notwendig machten, den Sinn des Sozialismus, alles zu tun für das Wohl der Arbeiterklasse, für das Glück des Volkes, deutlicher als zuvor in den Mittelpunkt des Wirkens der Partei und des Staates zu rücken. Das fand seinen Ausdruck in der vom VIII. Parteitag 1971 beschlossenen Politik zur Gestaltung der entwickelten sozialistischen Gesellschaft, mit der unsere Partei eine grundlegende Wende vollzog. Durch seine Entscheidungen und ihre konsequente Verwirklichung wurde der gesetzmäßige Zusammenhang zwischen der Produktion und der Befriedigung der materiellen und geistigen Bedürfnisse für jeden einzelnen unmittelbar und stärker wirksam. Der vom Parteitag beschlossene Kurs der Hauptaufgabe in ihrer Einheit von Wirtschafts- und Sozialpolitik verband den ökonomischen Fortschritt und die Verbesserung der materiellen und geistig-kulturellen Bedingungen auf qualitativ neue Weise miteinander. Der Parteitag orientierte auf die umfassende Intensivierung der Produktion, auf die Steigerung der Arbeitsproduktivität vor allem auf der Grundlage des wissenschaftlich-technischen Fortschritts, auf die Schaffung eines Systems der Planung, Leitung und wirtschaftlichen Rechnungsführung, das den Anforderungen der intensiv erweiterten Reproduktion entspricht.

Unsere Partei unternahm vor allem seit diesem Parteitag große Anstrengungen, daß die Arbeiterklasse und die anderen Werktätigen ihre schöpferischen Fähigkeiten und Talente immer besser entfalten konnten. Das entsprach der im Programm der KPD 1918 getroffenen Feststellung: »Das Wesen der sozialistischen Gesellschaft besteht darin, daß die große arbeitende Masse aufhört, eine regierte Masse zu sein, vielmehr das ganze politische und wirtschaftliche Leben selbst lebt und in bewußter freier Selbstbestimmung lenkt.«[16] Der IX. Parteitag analysierte die seit dem VIII. Parteitag gesammelten Erfahrungen bei der Gestaltung der entwickelten sozialistischen Gesellschaft und bestimmte den Kurs der Hauptaufgabe als langfristige Orientierung. In dem vom IX. Parteitag angenommenen Programm ist die Gestaltung der entwickelten sozialistischen Gesellschaft als ein historischer Prozeß tiefgreifender politischer, ökonomischer, sozialer und geistig-kultureller Wandlungen charakterisiert.

Im Ergebnis der konsequenten Verwirklichung dieses zu Beginn der siebziger Jahre ausgearbeiteten Kurses erstarkte die DDR als politisch stabiler und ökonomisch leistungsfähiger sozialistischer Staat, vollzogen sich

16 Programm der Kommunistischen Partei Deutschlands. In: Dokumente zur Geschichte der SED, Bd. 1, S. 172.

Proletarier aller Länder, vereinigt euch!

NEUES DEUTSCHLAND

ORGAN DES ZENTRALKOMITEES DER SOZIALISTISCHEN EINHEITSPARTEI DEUTSCHLANDS

27. Jahrgang / Nr. 117 — Berlin, Freitag, 28. April 1972 — B-Ausgabe / Einzelpreis 15 Pf

Neue Maßnahmen zur Verwirklichung des sozialpolitischen Programms des VIII. Parteitages der SED

Gemeinsamer Beschluß des ZK der SED, des FDGB-Bundesvorstandes und des Ministerrates der DDR

5. Tagung des Zentralkomitees der DDR

Tagung des Bundesvorstandes des FDGB

Ministerrat der DDR tagte

Auf gutem Wege weiter voran

Rede des Genossen Erich Honecker auf der 5. Tagung des Zentralkomitees der SED

Vor großer Initiative

in allen gesellschaftlichen Bereichen tiefe Wandlungen. Auf dem XI. Parteitag konnte, rückblickend auf die Jahre seit dem VIII. Parteitag, festgestellt werden, daß es nur wenige Länder in der Welt gab, »die über einen langen Zeitraum eine so solide und dynamische ökonomische Entwicklung nahmen und sie ständig in sozialen Fortschritt umsetzen konnten«[17], wie dies die DDR vermochte.

Von der Nutzung wirtschaftlichen Wachstums für höhere Lebensqualität zeugen vor allem die Erfolge bei der Verwirklichung des Wohnungsbauprogramms. Von 1971 bis 1987 entstanden 2,84 Millionen neugebaute und modernisierte Wohnungen. Damit verbesserten sich die Wohnbedingungen für 8,5 Millionen Menschen, das heißt für jeden zweiten Bürger unseres Landes. Mitte 1987 kamen 417 Wohnungen auf je 1 000 Einwohner. Die durchschnittliche Wohnfläche pro Person beträgt 27 Quadratmeter.

Diese Leistungen und Fortschritte fallen um so mehr ins Gewicht, wenn man sich bewußt macht, daß die Mieten auf unverändert niedrigem Ni-

17 XI. Parteitag der SED, Berlin, 17. bis 21. April 1986. Bericht des Zentralkomitees der Sozialistischen Einheitspartei Deutschlands an den XI. Parteitag der SED. Berichterstatter: Genosse Erich Honecker, Berlin 1987, S. 22.

Im neuen Schweriner Wohngebiet Großer Dreesch wird im Mai 1987 Erich Honecker, Generalsekretär des ZK der SED und Vorsitzender des Staatsrates der DDR, herzlich von Einwohnern begrüßt

veau blieben, die Aufwendungen des Staates für die Subventionierung der Mieten, für die Wohnungswirtschaft und für den Wohnungsneubau jedoch beträchtlich stiegen. Gleiches traf auch für andere Bereiche der Lebensbedingungen zu. So erhöhten sich die Ausgaben des Staatshaushaltes zur Beibehaltung stabiler Preise für Waren des Grundbedarfs und Tarife für die Bevölkerung von 50,16 Milliarden Mark in den Jahren 1971 bis 1975 auf 136,05 Milliarden Mark in den Jahren 1981 bis 1985.

Die Tatsache, daß die niedrigen Preise für Waren des Grundbedarfs sowie die Tarife für Verkehr und für Dienstleistungen beibehalten wurden, erweist sich angesichts der schwierigen außenwirtschaftlichen Bedingungen und höherer Aufwendungen auch für eigene Brenn- und Rohstoffe als eine der wertvollsten Errungenschaften des Volkes der DDR.

Ein hohes Niveau erreichte der Pro-Kopf-Verbrauch an Nahrungs- und Genußmitteln. Von beachtlichen Fortschritten zeugt auch die Ausstattung der Haushalte mit langlebigen technischen Konsumgütern.

	Ausstattung je 100 Haushalte 1970	1987
PKW	15,6	50
Farbfernsehgeräte	0,2	46
Waschmaschinen	53,6	97
Tiefkühlschränke	0,5	37

Bei Kühlschränken war bereits 1980 ein Versorgungsgrad von 99 pro 100 Haushalte erreicht.

Auf der Basis eines umfassenden Versicherungsschutzes werden die unentgeltliche medizinische Grund-, spezialisierte und hochspezialisierte Betreuung sowie die unentgeltliche Bereitstellung von Kuren, Arznei-, Heil- und Hilfsmitteln gewährt. Die Ausgaben des Staatshaushaltes für Sozialversicherung und Renten erhöhten sich von 95,72 Milliarden Mark in den Jahren 1971 bis 1975 auf 154,02 Milliarden Mark in den Jahren 1981 bis 1985, für Gesundheits- und Sozialwesen von 34,88 Milliarden Mark auf 56,28 Milliarden Mark. Besonderen Schutz und umfassende Fürsorge des sozialistischen Staates genießen in der DDR Mutter und Kind sowie die Familie. Das zeigt sich nicht zuletzt in der erneuten Erhöhung des Kindergeldes im Jahre 1987 und an der Möglichkeit für alle Mütter, bereits bei der Geburt des 1. Kindes bis zur Vollendung seines ersten Lebensjahres bezahlte Freistellung von der Arbeit in Anspruch zu nehmen.

Die entscheidende Ursache dieser Fortschritte, des allseitigen Erstarkens der DDR besteht letztlich darin, daß in ihr die Arbeiterklasse, geführt von ihrer marxistisch-leninistischen Partei, die politische und soziale Hauptkraft ist und im festen Bündnis mit den Genossenschaftsbauern und den anderen Werktätigen konsequent das Prinzip der Volkssouveränität verwirklicht.

Der Weg, den das Volk der DDR in den seit der Gründung seines Staates vergangenen fast vier Jahrzehnten zurückgelegt hat, ist nicht einfach gewesen. Viele Schwierigkeiten mußten überwunden werden. Insbesondere stellte die Auseinandersetzung mit dem Imperialismus der BRD, der nichts unversucht ließ, um die Herrschaft der Arbeiterklasse und ihrer Verbündeten zu schwächen und schließlich zu vernichten, an die DDR, an ihre Bürger hohe Anforderungen.

Doch entgegen allen Hoffnungen der Feinde des Sozialismus und des Friedens hat die DDR die Prüfungen der Geschichte bestanden. Aus Bewährungsproben, aus komplizierten Situationen ist sie gereift und gestärkt hervorgegangen. Das war vor allem deshalb so, weil in der DDR der von Karl Marx und Friedrich Engels entwickelte Grundsatz verwirklicht wurde, »daß der erste Schritt in der Arbeiterrevolution die Erhebung des Proletariats zur herrschenden Klasse, die Erkämpfung der Demokratie ist«[18]. In Gestalt der DDR entwickelte sich ein Staat, in dem sich die Forderung der KPD von 1918 bewahrheitete: Die »Ausrüstung der kompakten arbeitenden Volksmasse mit der ganzen politischen Macht für die Aufgaben der Revolution, das ist die Diktatur des Proletariats und deshalb die wahre Demokratie«[19].

Die DDR wäre nicht zu einem starken Bollwerk des Friedens und des Sozialismus an der Trennlinie der beiden gegensätzlichen Gesellschaftssysteme geworden, wenn es unsere Partei nicht vermocht hätte, die Massen für die Errichtung der neuen Gesellschaft zu mobilisieren, wenn die Arbeiterklasse und die anderen Werktätigen den Aufbau des Sozialismus nicht zu ihrem eigenen Anliegen gemacht hätten. Alle Erfahrungen erhärten die im Programm der KPD formulierte Erkenntnis, daß die sozialistische Revolution nicht dekretiert, sondern daß sie »nur von der Volksmasse selbst in Angriff genommen und durchgeführt werden«[20] kann. Diesem Drang der Massen nach Fortschritt wies unsere Partei als der fortgeschrittenste Teil der Volksmassen Richtung und Ziel. Darin besteht eine ihrer bedeutendsten Leistungen.

Die Tatsachen des Lebens in der DDR beweisen, daß Sozialismus, Demokratie und Menschenrechte zusammengehören. Unsere Erfahrungen bestätigen, daß eines ohne das andere nicht sein kann.

Die Kommunisten der DDR, die Fortsetzer der Traditionen der KPD, sind es, die das elementarste Recht des Menschen, das Recht auf Leben, konsequent verteidigen, indem sie unermüdlich die menschheitsgefährdenden Pläne derjenigen imperialistischen Kräfte aufdecken und zu vereiteln bemüht sind, die noch immer auf Konfrontation und Hochrüstung setzen. Wir realisieren unsere auf Frieden gerichtete Politik und haben daher das Recht, von Verwirklichung der Menschenrechte zu sprechen – nicht aber diejenigen, die erste Abrüstungsschritte durch Modernisierung bestehender und Entwicklung neuer Waffensysteme »kompensieren« wollen oder Friedensdemonstranten vor Gericht stellen.

Die sozialistische Gesellschaft garantiert das Grundrecht auf Arbeit durch Vollbeschäftigung. In der DDR wird der wissenschaftlich-technische und technologische Fortschritt in der Produktion mit den Werktätigen und zu deren Wohl realisiert. Wie läßt es sich dagegen mit den Men-

18 Karl Marx/Friedrich Engels: Manifest der Kommunistischen Partei. In: Karl Marx/Friedrich Engels: Werke (im folgenden MEW), Bd. 4, S. 481.

19 Programm der Kommunistischen Partei Deutschlands. In: Dokumente zur Geschichte der SED, Bd. 1, S. 176.

20 Ebenda, S. 172.

schenrechten vereinbaren, wenn in der BRD im März 1988 nach der offiziellen Statistik über 2,2 Millionen Menschen, tatsächlich sogar über 4 Millionen Menschen, von der Erwerbslosigkeit betroffen waren? Entspricht es etwa den Menschenrechten, wenn im mächtigsten imperialistischen Land, den USA, Anfang 1988 fast 19 Millionen Menschen, das waren 15,8 Prozent der erwerbsfähigen Bevölkerung, keine Beschäftigung hatten, wenn etwa 33 Millionen Bürger in Armut lebten und über drei Millionen Menschen obdachlos waren?

Wir gewährleisten das Recht des Menschen auf soziale Sicherheit und Geborgenheit. Wir lösen bis 1990 die Wohnungsfrage als soziales Problem und sichern und verbessern den Lebensstandard eines jeden Bürgers. Wir bieten allen Kindern gleiche Bildungschancen. Wir haben daher das Recht, von Verwirklichung der Menschenrechte zu sprechen, nicht aber diejenigen, in deren Herrschaftsbereich die Mieten unaufhörlich steigen, immer mehr Menschen gezwungen sind, ihre Wohnungen aufzugeben, der Anteil der Studenten aus der Arbeiterklasse wie in der BRD lediglich 18 Prozent beträgt und die Studenten ihnen gewährte Stipendien wie Darlehen zurückzuzahlen haben.

Geschichte und Gegenwart der kapitalistischen Gesellschaft vermitteln die Erkenntnis, daß die wichtigsten, die grundlegenden Menschenrechte im Imperialismus nicht garantiert und für die Mehrheit des Volkes nicht verwirklicht sind. Selbst die »demokratischste« bürgerliche Republik bleibt eine Diktatur der Großbourgeoisie, eben weil in ihr die kapitalistischen Macht- und Eigentumsverhältnisse fortbestehen. Deshalb bietet die bürgerliche Demokratie für die Werktätigen nur so viele Rechte und Freiheiten, wie die Arbeiterbewegung und andere Fortschrittskräfte erkämpfen und wie es die herrschenden großbourgeoisen Kreise zur Aufrechterhaltung ihres Systems für zweckmäßig halten.

Unsere Demokratie dagegen ist geprägt durch das Prinzip der Volkssouveränität, durch wissende und freie, bewußte und aktive Bürger. Wir weisen jeden Versuch zurück, uns mit der Elle der bürgerlichen Demokratie zu messen. Diese Art von Demokratie ist für uns bereits Vergangenheit. Sie ist in der DDR längst überwunden, und wir lassen keine Rückkehr zu ihr zu.

Bei uns üben die Bürger nicht nur ihr Wahlrecht aus – und das tun fast alle. Das Entscheidende der sozialistischen Demokratie besteht darin, daß das Volk auch zwischen den Wahlen seine Souveränität verwirklicht, daß die Werktätigen über ihre Parteien, Organisationen und jeder unmittelbar an seinem Arbeitsplatz und in seinem Wohngebiet über die gesellschaftlichen Angelegenheiten mitentscheiden, an ihrer Verwirklichung teilnehmen und die Kontrolle darüber ausüben können. In den Volksvertretungen wirken 268 502 Abgeordnete und Nachfolgekandidaten aus allen Klassen und Schichten des Volkes. In ihnen sind die SED, die DBD, die CDU, die LDPD, die NDPD, der FDGB, der DFD, die FDJ, der Kulturbund der DDR und die VdgB vertreten; in den Städten und Gemeinden sowie in den Kreisen stellen auch die Konsumgenossenschaften Abgeordnete. Den 19 400 Ausschüssen der Nationalen Front der DDR gehören 405 500 Mitglieder an. In den Arbeitsgruppen Handwerker und Gewerbetreibende der Nationalen Front sind über 6 000 Angehörige dieser Schichten tätig, in den Arbeitsgruppen Christliche Kreise 5 300 kirchliche Amtsträger. In den Leitungen von etwa 388 000 Haus- und Straßengemeinschaften wirken 1,3 Millionen Bürger für das Wohl ihrer Mitbürger.

In diesem Zusammenwirken äußert sich die in unserem Lande bereits Tradition gewordene Grunderfahrung, daß, wie es im Programm der KPD hieß, die sozialistische Revolution »die Aktion der großen Millionenmasse des Volkes«[21] ist, daß der Sozialismus von allen geschaffen wird, für alle

---

»Je wirksamer wir durch stabile Macht- und Eigentumsverhältnisse die Ideale der Arbeiterklasse, die Ideale von Frieden und Freiheit, von Demokratie und Menschenwürde praktisch zur Geltung brachten, desto mehr wurden sie für alle sozialen Kräfte zum Ziel der eigenen Mitarbeit, ihres Handelns bei der Stärkung der Deutschen Demokratischen Republik als des gemeinsamen Vaterlandes. In ihrem gesellschaftlichen Engagement für den Sozialismus sind von der ersten Stunde des antifaschistisch-demokratischen Neubeginns bis heute die Erfahrungen des revolutionären Kampfes der deutschen Bauern, Anliegen liberaler und bürgerlich-demokratischer Gesinnung ebenso bewahrt wie die Konsequenzen aus christlicher Ethik.

Die ständige Vervollkommnung der kameradschaftlichen und vertrauensvollen Beziehungen zwischen der Arbeiterklasse, der Klasse der Genossenschaftsbauern, den Angehörigen der Intelligenz und den anderen Werktätigen ist und bleibt ein Grundpfeiler der Gesellschaftsstrategie der SED. Jeder Bürger, gleich welcher sozialen Herkunft, unabhängig von Weltanschauung und Religion, hat alle Möglichkeiten für gute Arbeit und weiten Raum für demokratische Mitwirkung an unserer gemeinsamen Sache. So wird es auch in Zukunft sein.«

Erich Honecker in seiner Rede vor den 1. Sekretären der Kreisleitungen der SED am 12. Februar 1988, Berlin 1988, S. 80/81.

---

21 Ebenda, S. 174.

weite Betätigungsfelder und Möglichkeiten für die Entfaltung schöpferischer Aktivitäten bietet.

Es ist ein wichtiges Anliegen unserer Partei, daß dem Grundsatz »Arbeite mit, plane mit, regiere mit!« noch stärker Geltung verschafft wird, daß Hindernisse, die der Mitwirkung von immer mehr Bürgern im Wege stehen, beseitigt werden.

Die Gestaltung der entwickelten sozialistischen Gesellschaft ist ein hoher Anspruch, verlangt von jedem fleißige, gute Arbeit und Einsatz für das Gemeinwohl. Indem wir darüber Klarheit schaffen, handeln wir ganz im Sinne der von der KPD in ihrem Programm getroffenen Voraussage, daß es die Werktätigen nach der Errichtung ihrer Macht lernen müssen, »aus toten Maschinen, die der Kapitalist an den Produktionsprozeß stellt, zu denkenden, freien, selbsttätigen Lenkern dieses Prozesses zu werden. Sie müssen das Verantwortlichkeitsgefühl wirkender Glieder der Allgemeinheit erwerben, die Alleinbesitzerin alles gesellschaftlichen Reichtums ist. Sie müssen Fleiß ohne Unternehmerpeitsche, höchste Leistung ohne kapitalistische Antreiber, Disziplin ohne Joch und Ordnung ohne Herrschaft entfalten. Höchster Idealismus im Interesse der Allgemeinheit, straffste Selbstdisziplin, wahrer Bürgersinn der Massen sind für die sozialistische Gesellschaft die moralische Grundlage ...«[22]

Im Ringen um die Verwirklichung der Beschlüsse des XI. Parteitages der SED gilt es, diese sozialistischen Bürgertugenden noch mehr auszuprägen, verstärkt Engagement, Leistungsbereitschaft und Schöpferkraft zu entwickeln, auch im Sinne des im Programm der KPD formulierten Grundsatzes: »Ein menschenwürdiges Dasein jedem, der seine Pflicht gegen die Gesellschaft erfüllt.«[23]

Auf diese Weise werden die Vorzüge, die Werte und die Triebkräfte des Sozialismus weiter erschlossen und genutzt, gelingt es auch künftig, unter schwierigen internationalen Bedingungen die auf das Wohl des Volkes gerichtete Politik unserer Partei zur allseitigen Stärkung des Sozialismus und zur Festigung des Friedens zu verwirklichen. Dabei entfalten die Werktätigen ihre Schöpferkraft zur Realisierung der ökonomischen Strategie, bei der umfassenden Intensivierung der Volkswirtschaft, insbesondere bei der raschen Entwicklung und wirksameren ökonomischen Nutzung der Schlüsseltechnologien. Geführt von unserer Partei, stellen sie sich immer wieder neu erwachsenden Anforderungen, überwinden sie Hemmnisse und Schwierigkeiten, erweisen sie sich stets aufs neue als die Schöpfer der neuen Gesellschaft.

22 Ebenda, S. 173.
23 Ebenda, S. 171.

Die SED – Fortsetzerin der Traditionen des Kampfes der KPD für den Frieden

Von ihrer Gründung an erhob die KPD den unversöhnlichen Kampf gegen den imperialistischen Krieg zu ihrem Programm. Sie war der Gewißheit, daß erst im Sozialismus die Wurzeln von Völkerhaß und Knechtschaft beseitigt sind. »Erst wenn eine solche Gesellschaft verwirklicht ist, wird die Erde nicht mehr durch Menschenmord geschändet.«[24]

Damit von deutschem Boden nie wieder Krieg, sondern nur noch Frieden ausgehe, traten 1945 die KPD und die SPD dafür ein, die Herrschaft des Monopolkapitals und des Junkertums für immer zu beseitigen. Im Sinne auch dieses gemeinsamen Anliegens entstand die SED – ganz in den Traditionen der KPD und der revolutionären deutschen Sozialdemokratie – als eine Partei des Friedens.

Unablässig setzten die SED und die DDR ihre ganze Kraft für die Gewährleistung eines dauerhaften Friedens ein. Im Bündnis mit der UdSSR und den anderen Bruderländern schlug die DDR alle gegen sie gerichteten Anschläge des Imperialismus zurück, sicherte zuverlässig ihre Staatsgrenzen, schützte ihre sozialistischen Errungenschaften und vereitelte die aggressiven Pläne der revanchistischen Kräfte der BRD. Konstruktiv trug sie dazu bei, daß sich zu Beginn der siebziger Jahre in den internationalen Beziehungen eine Wende vom kalten Krieg zur Entspannung vollzog.

Dieser Entwicklung stemmten sich die aggressivsten und reaktionärsten imperialistischen Gruppierungen mit aller Macht entgegen. Mit ihrem Kurs auf Hochrüstung und Konfrontation wuchsen die Gefahren für die Menschheit ins Unermeßliche. Es wurde deutlich, daß es in einem Nuklearkrieg keine Sieger gäbe. Mit dem Blick auf diese neue Situation erklärte Erich Honecker auf der Internationalen Wissenschaftlichen Konferenz »Karl Marx und unsere Zeit – der Kampf um Frieden und sozialen Fortschritt« im April 1983 in Berlin, daß »die Gefahr eines Nuklearkrieges das Leben der Völker überschattet, eines Infernos, das im Falle seines Ausbruchs die Selbstvernichtung der Menschheit bedeuten würde. Das zu verhindern, einen sicheren Frieden zu gewährleisten, ist das Wichtigste in unserer Zeit. Nur dadurch werden der weitere soziale Fortschritt und die Lösung anderer gesellschaftlicher Probleme möglich, wird die Rettung der Zivilisation möglich.«[25]

24 Ebenda, S. 172.
25 Erich Honecker: Rede und Schlußwort auf der Internationalen Wissenschaftlichen Konferenz des Zentralkomitees der SED »Karl Marx und unsere Zeit – der Kampf um Frieden und sozialen Fortschritt«, Berlin, 11. bis 16. April 1983, Berlin 1987, S. 13.

Blick in den Tagungsraum der Internationalen Wissenschaftlichen Konferenz »Karl Marx und unsere Zeit – der Kampf um Frieden und sozialen Fortschritt«, die im April 1983 in Berlin mit Teilnehmern aus 111 Ländern stattfand

Geleitet von dieser Erkenntnis, orientierte unsere Partei auf den politischen Dialog und die Schaffung einer weltweiten Koalition der Vernunft und des Realismus, zu der sich alle politischen und gesellschaftlichen Kräfte zusammenschließen sollten, die den Frieden aufrichtig wollen, ungeachtet unterschiedlicher politischer Programme, weltanschaulicher Positionen und religiöser Bekenntnisse, über Klassenschranken, über Trennendes hinweg. Um wichtige Erfahrungen und Erkenntnisse aus ihrem Eintreten für Entspannung und Sicherheit in Europa bereichert, entwickelte die SED ihre Friedenspolitik entsprechend den neuen Bedingungen schöpferisch weiter.

Das konsequente Bemühen unserer Partei und unseres Staates, insbesondere von Genossen Erich Honecker persönlich, durch Schritte auf dem Wege zur Abrüstung und der beiderseitig vorteilhaften Zusammenarbeit zur Gesundung der internationalen Lage beizutragen, auf neue Weise an die internationalen Angelegenheiten heranzugehen, neue Formen und Verfahren in den Beziehungen zwischen den verschiedenen sozialen Systemen, Staaten und Regionen zu finden, fand weltweit Aufmerksamkeit, Anerkennung und zunehmend Unterstützung. Die initiativreiche Politik der UdSSR, die abgestimmten außenpolitischen Aktivitäten der Staaten der sozialistischen Gemeinschaft trugen zusammen mit dem aktiveren

Vorschlag zu „Internationalem Treffen für kernwaffenfreie Zonen" im Juni 1988 in Berlin

AUFRUF

Die Völker wünschen nichts dringlicher als den Frieden. Er ist das höchste Gut der Menschheit. Alles, was sie hervorgebracht hat, steht auf dem Spiel, wenn es zu einem thermonuklearen Konflikt kommt. Die Abrüstung, insbesondere die Beseitigung der Atomwaffen, ist der Schlüssel zur Lösung der globalen Menschheitsprobleme unserer Zeit.

Mit Genugtuung und Zuversicht wird daher von den Menschen der Einstieg in die nukleare Abrüstung aufgenommen, den das sowjetisch-amerikanische Abkommen über die Beseitigung der atomaren Raketen mittlerer und kürzerer Reichweite vom 8. Dezember 1987 und die beabsichtigte Halbierung der strategischen Raketenpotentiale ermöglichen.

Die Völker der Welt wollen weitere Schritte der nuklearen Abrüstung, denn die Gefahr eines nuklearen Infernos ist noch nicht gebannt. Jeder Weg in eine kernwaffenfreie, friedliche Welt sollte beschritten werden. Dazu gehört die Schaffung atomwaffenfreier Regionen, Zonen und Korridore. Kernwaffenfreie Zonen existieren und bewähren sich bereits in Lateinamerika und im Südpazifik. Überall in Nord und Süd, in Ost und West gewinnt die Idee kernwaffenfreier Zonen an Anziehungskraft.

Die DDR, die bekanntlich mit großem Engagement für einen atomwaffenfreien Korridor in Mitteleuropa und für die kontinentale und globale Beseitigung aller Kernwaffen eintritt, hält einen internationalen Meinungs- und Erfahrungsaustausch führender Repräsentanten von Staaten, Regierungen und Parlamenten, Parteien, Gewerkschaften, Jugend-, Sport- und Frauenorganisationen, Friedensbewegungen, Vereinigungen von Wissenschaftlern, Künstlern, von Kirchen und Religionsgemeinschaften und anderen interessierten Kreisen und Persönlichkeiten über kernwaffenfreie Zonen für höchst zeitgemäß.

Deshalb hat sich heute in Berlin, der Hauptstadt der DDR, ein Nationales Komitee zur Vorbereitung eines „Internationalen Treffens für kernwaffenfreie Zonen", das vom 20. bis 22. Juni 1988 in Berlin stattfinden wird, konstituiert.

Wir wenden uns an die Vertreter verschiedener politischer und religiöser Anschauungen, der verschiedensten Berufe und aller Generationen auf allen Kontinenten mit der Bitte, die Vorbereitung dieses Internationalen Treffens, auf dem ein sachlicher und offener Dialog für Frieden und Abrüstung geführt werden sollte, zu unterstützen.

Berlin, den 18. Februar 1988

E. Honecker
Generalsekretär des
Zentralkomitees der Sozialistischen Einheitspartei Deutschlands
und Vorsitzender des Staatsrates
der Deutschen Demokratischen Republik

Schirmherr
des Vorbereitungskomitees der DDR
für ein „Internationales Treffen für kernwaffenfreie Zonen"

Auftreten realistisch denkender Kreise in den Regierungen kapitalistischer Länder und der auf allen Kontinenten erstarkenden Friedensbewegung dazu bei, daß sich, wie Genosse Erich Honecker im Februar 1988 feststellen konnte, nach Jahren zunehmender Konfrontation, ständig gesteigerten Wettrüstens und wachsender Spannungen eine Wende zum Besseren abzuzeichnen begann. Die Bedingungen für den Kampf um den Frieden gestalteten sich günstiger.[26]

Die Friedenspolitik der SED begreifen die Werktätigen unseres Landes als ihre Politik. In der Massenbewegung »Mein Arbeitsplatz – mein Kampfplatz für den Frieden« setzen sie ihre ganze Kraft dafür ein, den Sozialismus zu stärken und damit den Frieden sichern zu helfen; denn vor allem durch die Stärkung des Sozialismus in der UdSSR, der DDR und den anderen Bruderstaaten wird das Gewicht der Kräfte des Friedens in der Welt erhöht. Das ergibt sich daraus, daß die Hauptkraft des sozialen Fortschritts, der Sozialismus, auch die Hauptkraft des Friedens ist. Dieses Friedensstreben des Sozialismus erwächst nicht allein aus den aktuellen Erfordernissen, sondern entspricht seinem Wesen, dem Grundanliegen der Arbeiterklasse.

Um sich als Mitglied unserer Partei in den Kämpfen unserer Zeit zu bewähren, braucht man Wissen und Verständnis für die Dialektik der internationalen Auseinandersetzung um Frieden oder Krieg. Genosse

26 Siehe Erich Honecker: Mit dem Volk und für das Volk realisieren wir die Generallinie unserer Partei zum Wohle der Menschen, S. 6.

Erich Honecker sagte dazu: »Die Härte des Kampfes um den Frieden erfordert in allen ideologischen Grundpositionen eine solche Prinzipienfestigkeit, die es uns ermöglicht, eine große Flexibilität und einen weiten Handlungsspielraum im Kampf um den Frieden und sozialen Fortschritt zu gewährleisten. Friedliche Koexistenz ist niemals ideologische Koexistenz.«[27]

Die SED – Fortsetzerin der Traditionen der KPD bei der Entwicklung der Kampfgemeinschaft mit der KPdSU und der Freundschaft zur Sowjetunion

Gemäß dem Thälmannschen Vermächtnis war und ist für unsere Partei »die Stellung zur Kommunistischen Partei der Sowjetunion und zur Union der Sozialistischen Sowjetrepubliken der Prüfstein für die Treue zum Marxismus-Leninismus, zur revolutionären Sache der Arbeiterklasse und ihrer historischen Mission«[28].

Die Geschichte des revolutionären Fortschritts auf deutschem Boden lehrt, daß Sozialismus und Frieden um so besser gedeihen, je enger die Freundschaft mit der Partei und dem Lande Lenins ist. Die Geschichte der DDR zeugt davon, daß die brüderliche Verbundenheit mit der KPdSU und der UdSSR die Grundlage unserer Erfolge und eine unserer großen revolutionären Errungenschaften ist. Im Vertrag über Freundschaft, Zusammenarbeit und gegenseitigen Beistand vom 7. Oktober 1975 sind bis über die Jahrtausendwende hinaus die Perspektiven unseres Miteinanders vorgezeichnet.

Die SED steht entschlossen in der Tradition des Kampfes der KPD gegen den verbrecherischen Antikommunismus. Antikommunistische und antisowjetische Kräfte versuchten und versuchen mit ihm und insbesondere mit der Lüge von der »Gefahr aus dem Osten« ihr eigenes Streben nach sozialer Revanche zu rechtfertigen. In der Gegenwart bedroht der Antisowjetismus, indem er zur ideologischen und politischen Grundlage atomarer Strategie geworden ist, nicht allein die UdSSR und die mit ihr verbündeten Staaten, sondern das Leben der Menschheit insgesamt. Darum entspricht der Kampf gegen den Antisowjetismus den Grundinteressen aller Menschen, die für Frieden und gedeihliche Zusammenarbeit der Völker eintreten.

Heute wirken unsere beiden Parteien und Staaten gemeinsam dafür, die

27 Ebenda, S. 93/94.
28 Programm der SED, S. 100.

Menschheit vor dem Untergang in einem nuklearen Inferno zu bewahren und das Gewicht des Sozialismus im Ringen um Frieden und sozialen Fortschritt zu erhöhen.

Wie Genosse Erich Honecker erklärte, gehen wir davon aus, »daß die Steigerung der eigenen Leistungsfähigkeit auch die Möglichkeiten der Zusammenarbeit erweitert. Zwischen unseren Ländern besteht volle Übereinstimmung, daß die konkreten Wege zur Mobilisierung der inneren Ressourcen von den Erfordernissen, Bedingungen und Erfahrungen des jeweiligen Landes ausgehen müssen. So unterstützen wir die Beschlüsse des XXVII. Parteitages der KPdSU, wie die sowjetische Bruderpartei ihrerseits den Kurs des XI. Parteitages der SED unterstützt. Der Erfolg eines Landes ist deshalb auch der des Freundeslandes und unserer gemeinsamen sozialistischen Sache.«[29]

Die Beschlüsse des XI. Parteitages verwirklichend, führt unsere Partei im festen Bündnis mit der Sowjetunion und in der Gemeinschaft der sozialistischen Staaten ihre auf die Sicherung des Friedens und die Stärkung des Sozialismus gerichtete Politik entschlossen weiter. Die Gestaltung der entwickelten sozialistischen Gesellschaft in der DDR zeugt davon, daß die neue Gesellschaft ihre Vorzüge und Werte immer deutlicher ausprägt. Indem jeder Kommunist seine Pflichten in der Arbeit, beim Lernen und beim Schutz unseres sozialistischen Vaterlandes vorbildlich erfüllt, trägt er die Traditionen aus sieben Jahrzehnten revolutionären Kampfes über die Schwelle des neuen Jahrtausends.

Literatur

▶ W. I. Lenin: Der »linke Radikalismus«, die Kinderkrankheit im Kommunismus, Berlin 1987, S. 93–99, oder in: Marx/Engels/Lenin: Über den Kampf um Frieden und sozialen Fortschritt, Berlin 1987, S. 294–298, oder in: Marx/Engels/Lenin: Über den revolutionären Weltprozeß, Berlin 1985, S. 332–335, oder in: W. I. Lenin: Ausgewählte Werke in drei Bänden, Bd. III, S. 459–464, oder in: Ausgewählte Werke in sechs Bänden, Bd. V., S. 545–551, oder in: Werke, Bd. 31, S. 78–83.

▶ IX. Parteitag der SED, Berlin, 18. bis 22. Mai 1976. Programm der Sozialistischen Einheitspartei Deutschlands, Berlin 1977, S. 5–9, oder in: Programm der Sozialistischen Einheitspartei Deutschlands, Berlin 1988, S. 5–10.

29 Erich Honecker: Getreu dem Vermächtnis des Roten Oktober auf dem Kurs unseres XI. Parteitages. In: Einheit, 1987, H. 10/11, S. 871.

- Erich Honecker: Mit dem Volk und für das Volk realisieren wir die Generallinie unserer Partei zum Wohle der Menschen. Aus dem Referat des Generalsekretärs des ZK der SED und Vorsitzenden des Staatsrates der DDR auf der Beratung des Sekretariats des Zentralkomitees der SED mit den 1. Sekretären der Kreisleitungen am 12. Februar 1988, Berlin 1988, S. 100–102.
- 70 Jahre Kampf für Sozialismus und Frieden, für das Wohl des Volkes. Thesen des Zentralkomitees der SED zum 70. Jahrestag der Gründung der Kommunistischen Partei Deutschlands, Berlin 1988.

Hinweise für den Propagandisten

Zielstellung

Studium und Diskussion zu diesem Thema haben das Ziel, die Überzeugung der Seminarteilnehmer zu vertiefen und zu festigen,
- daß die Gründung der KPD ein Wendepunkt in der Geschichte der deutschen Arbeiterbewegung war;
- daß die KPD als konsequenteste Kraft im Kampf gegen Imperialismus, Militarismus, Faschismus und Krieg historische Leistungen vollbrachte, mit denen sie entscheidende Voraussetzungen für den späteren Sieg des Sozialismus auf deutschem Boden schuf;
- daß unter Führung der SED mit der Gründung des ersten sozialistischen Staates auf deutschem Boden eine grundlegende Wende in der deutschen Geschichte vollzogen wurde;
- daß in der DDR die revolutionären Kampfziele der Gründer der KPD, Karl Liebknecht, Rosa Luxemburg und ihrer Mitstreiter, zu gesellschaftlicher Realität wurden und daß die auf das Wohl des Volkes und die Sicherung des Friedens gerichtete Politik der SED, wie sie der XI. Parteitag beschloß, voll und ganz in den revolutionären Kampftraditionen der KPD steht.

Ausgehend davon sollten die Propagandisten mit ihrer Parteileitung in Vorbereitung auf dieses Thema gemeinsam beraten, welche konkreten inhaltlichen Schwerpunkte und Aufgaben im Mittelpunkt des Seminars stehen und welche Schlußfolgerungen daraus für die Parteiarbeit im Verantwortungsbereich gezogen werden sollten.

Schwerpunkte

■ **Warum war die Gründung der KPD ein Wendepunkt in der Geschichte der deutschen Arbeiterbewegung?**
- Die Gründung der KPD bedeutete den entschiedenen Bruch der Besten der deutschen Arbeiterklasse mit dem Opportunismus. Die KPD bekannte sich vorbehaltlos zum revolutionären Sturz der Macht der Bourgeoisie und zur Errichtung der politischen Herrschaft der Arbeiter-

klasse. Sie stellte sich eindeutig auf die Positionen des wissenschaftlichen Sozialismus.

- Mit der KPD erhielt die deutsche Arbeiterklasse wieder eine revolutionäre Vorhut, die engstens mit dem Proletariat und den anderen Werktätigen verbunden war und am entschiedensten für deren Lebensinteressen kämpfte.
- Die KPD entstand als Partei neuen Typs, wie sie die Arbeiterklasse in der Epoche des Übergangs vom Kapitalismus zum Sozialismus braucht, um siegen zu können. Damit war die entscheidende Voraussetzung für die Herstellung der Einheit der deutschen Arbeiterbewegung auf marxistisch-leninistischer Grundlage geschaffen worden.
- Die KPD bekannte sich vorbehaltlos zur 1917 in Rußland errichteten Sowjetmacht. Mit ihrer Gründung wurde ein entscheidender Schritt zur Aneignung des Leninismus durch die revolutionäre deutsche Arbeiterbewegung vollzogen.
- Die KPD setzte die revolutionären Traditionen der deutschen Arbeiterbewegung fort. Sie knüpfte an das Wirken des Bundes der Kommunisten und der revolutionären deutschen Sozialdemokratie an und führte sie unter veränderten Kampfbedingungen weiter.

■ **Worin bestehen die historischen Leistungen der KPD?**

Die Diskussion zu diesem Schwerpunkt könnte mit einem **Kurzreferat** eröffnet werden.

In der Diskussion und im Referat sollten vor allem folgende historische Leistungen der KPD in den Mittelpunkt gestellt werden:

- Eine Kernfrage ihres Wirkens war die Gewinnung der Massen. Die KPD stand an der Spitze des Kampfes der Arbeiterklasse und der anderen Werktätigen für ihre Lebensinteressen, gegen die Macht des Monopolkapitals in Deutschland. Dabei verband sie stets das Ringen um die Durchsetzung von Tagesforderungen der Werktätigen mit dem Kampf um den Sozialismus.
- Die KPD propagierte die Lehren der Klassiker des Marxismus-Leninismus und wandte sie schöpferisch auf die konkret-historischen Bedingungen in Deutschland an. Sie führte eine offensive Auseinandersetzung mit den verschiedenen Spielarten der bürgerlichen Ideologie.
- Die KPD bekannte sich vorbehaltlos zur Sowjetunion sowie zur Partei Lenins und machte sich die Lehren ihres Kampfes zu eigen. Getreu den Ideen des proletarischen Internationalismus, setzte sie sich für das internationale Zusammenwirken aller Unterdrückten und Ausgebeuteten ein.

- Sie warnte als einzige Partei das deutsche Volk frühzeitig vor der heraufziehenden faschistischen Gefahr und führte konsequent den Kampf gegen Faschismus, Militarismus, Revanchismus und Chauvinismus.
- Die KPD unternahm große Anstrengungen, um durch die Schaffung der Einheitsfront der Arbeiterklasse und durch eine antifaschistische Volksfront die faschistische Gefahr abzuwenden. Nach der Errichtung der faschistischen Diktatur stand sie an der Spitze des antifaschistischen Widerstandskampfes.
- In dieser Zeit entwickelte die KPD ihre Vorstellungen für die demokratische Entwicklung Deutschlands nach dem Sturz der faschistischen Diktatur weiter. Sie orientierte auf die Errichtung einer antifaschistisch-demokratischen Republik als nächstes Kampfziel und auf die Schaffung einer einheitlichen Partei der Arbeiterklasse auf revolutionärer Grundlage.
- Mit ihrem Aufruf vom 11. Juni 1945 wies die KPD den realen Weg zur Überwindung der faschistischen Hinterlassenschaft und zur Schaffung antifaschistisch-demokratischer Verhältnisse in ganz Deutschland.
- Die KPD wirkte mit großer Entschlossenheit für die revolutionäre Einheit der Arbeiterklasse und für den Zusammenschluß aller demokratischen Kräfte.

■ Worin zeigt sich, daß die SED Bewahrerin und Fortsetzerin der revolutionären Kampftraditionen der KPD ist?

- Mit der Vereinigung von KPD und SPD zur SED wurde die grundlegende Lehre aus der Geschichte der deutschen Arbeiterbewegung gezogen und ein Hauptanliegen des Kampfes der KPD verwirklicht: Die verhängnisvolle Spaltung der deutschen Arbeiterbewegung wurde überwunden, ihre Einheit auf revolutionärer Grundlage geschaffen.
- Mit der Gründung der DDR wurde Wirklichkeit, was die Gründer der KPD anstrebten, wofür die Partei Ernst Thälmanns aufopferungsvoll gekämpft hatte. Es entstand ein sozialistischer Staat auf deutschem Boden.
- Indem in der Politik der SED das Wohl des Menschen im Mittelpunkt steht, wie das in der vom VIII. Parteitag beschlossenen Hauptaufgabe in ihrer Einheit von Wirtschafts- und Sozialpolitik seinen Ausdruck findet, wurde Realität, wofür die KPD unablässig gekämpft hatte, das Wohl des Volkes als oberstes Ziel sozialistischer Staatspolitik.
- Indem die Macht der Arbeiterklasse im Bündnis mit den Genossenschaftsbauern und den anderen Werktätigen ausgeübt wird, die sozialistische Demokratie sich immer umfassender entfaltet, wurde eine programmatische Zielstellung der KPD erfüllt.

– Die DDR trat den Beweis an, daß Sozialismus, Demokratie und Menschenrechte untrennbar zusammengehören. Die aktive gleichberechtigte Mitwirkung der Werktätigen – unabhängig von Geschlecht, Rasse und Weltanschauung – bei der Ausgestaltung eines Gesellschaftssystems, in dem Vollbeschäftigung, soziale Sicherheit und Geborgenheit, gleiche Bildungs- und Entwicklungschancen für alle garantiert sind, gehörte zu den grundlegenden Aufgaben, für die die KPD mit vollem Einsatz kämpfte.
– Die DDR entstand und entwickelte sich als Staat des Friedens und leistet heute einen weltweit anerkannten Beitrag zur Abwendung eines nuklearen Infernos. Der unversöhnliche Kampf der KPD gegen Imperialismus und Krieg wurde bei uns Staatspolitik.
– Unser fester Bruderbund mit der KPdSU und der UdSSR hat seine Wurzeln im Kampf der KPD. Unter sozialistischen Bedingungen hat das Verhältnis zur Sowjetunion eine völlig neue Dimension erreicht, ist Anliegen des ganzen Volkes der DDR.

So wurde in der DDR Wirklichkeit, wofür die besten Kräfte des deutschen Volkes, wofür die revolutionäre deutsche Arbeiterbewegung, die deutschen Kommunisten heldenhaft kämpften.

Im Seminar sollten die Teilnehmer konkrete Schlußfolgerungen ziehen, wie diese historischen Lehren und Erfahrungen in der politisch-ideologischen Arbeit zur Vorbereitung des 40. Jahrestages der DDR genutzt und wirksam gemacht werden.

Weitere Literatur für den Propagandisten

- W. I. Lenin: Der »linke Radikalismus«, die Kinderkrankheit im Kommunismus, Berlin 1987, S. 30–76, oder in: Ausgewählte Werke in drei Bänden, Bd. III, S. 410–446, oder in: Ausgewählte Werke in sechs Bänden, Bd. V, S. 487–530, oder in: Werke, Bd. 31, S. 24–63.
- W. I. Lenin: Brief an die deutschen Kommunisten. In: Ausgewählte Werke in sechs Bänden, Bd. VI, S. 342–354, oder in: Werke, Bd. 32, S. 537–548.
- Programm der Kommunistischen Partei Deutschlands. In: Dokumente zur Geschichte der SED, Bd. 1, 1847 bis 1945, Berlin 1988, S. 170–180.
- Programmerklärung der KPD zur nationalen und sozialen Befreiung des deutschen Volkes, 24. August 1930. In: Dokumente zur Geschichte der SED, Bd. 1, 1847 bis 1945, Berlin 1988, S. 246–255.

- Aufruf des ZK der KPD zur Antifaschistischen Aktion, 25. Mai 1932. In: Dokumente zur Geschichte der SED, Bd. 1, 1847 bis 1945, Berlin 1988, S. 270–273.
- Erich Honecker: Mit dem Volk und für das Volk realisieren wir die Generallinie unserer Partei zum Wohle der Menschen. Aus dem Referat des Generalsekretärs des ZK der SED und Vorsitzenden des Staatsrates der DDR auf der Beratung des Sekretariats des Zentralkomitees der SED mit den 1. Sekretären der Kreisleitungen am 12. Februar 1988, Berlin 1988, S. 14–30.
- Geschichte der Sozialistischen Einheitspartei Deutschlands. Abriß, Berlin 1978, S. 51–76, 80–88, 118–124.

THEMA 2

Der VIII. Parteitag der SED. Der Kurs auf die Gestaltung der entwickelten sozialistischen Gesellschaft in der DDR und der Kampf für eine Wende vom kalten Krieg zur Entspannung (1971–1973)

I. Die Politik der SED zur Gestaltung der entwickelten sozialistischen Gesellschaft

Neue Anforderungen an den Sozialismus

Ausgehend von den Entscheidungen der 14. Tagung des Zentralkomitees Mitte Dezember 1970, erläuterte die SED den Werktätigen, daß die allseitige Stärkung des Sozialismus in der DDR eine Grundvoraussetzung für ein Leben in Glück und Wohlstand darstellt, daß die sozialistische Gesellschaft mit den Menschen und für die Menschen erbaut wird. Sie schuf Klarheit darüber, daß die materielle Produktion die Grundlage des gesellschaftlichen Reichtums bildet, daß bei allen Vorhaben die ökonomische Rechnung und Effektivität vom Standpunkt eines minimalen Aufwandes an Mitteln den Maßstab darstellt und daß nur das verbraucht werden kann, was vorher produziert wurde.

Mit dem Ziel, das Nationaleinkommen gerechter zu verteilen und dabei vor allem die Leistungen der Arbeiterklasse stärker zu berücksichtigen, faßten das Zentralkomitee der SED, der Ministerrat der DDR und der Bundesvorstand des FDGB gemeinsam den Beschluß, ab 1. März 1971 für mehr als 1,7 Millionen Werktätige, insbesondere der unteren und mittleren Einkommensgruppen, die Löhne zu erhöhen. Die freiwillige Zusatzrentenversicherung und die sozialen Leistungen für die Werktätigen im Krankheitsfall wurden verbessert, die Mindestrenten heraufgesetzt. Um ungerechtfertigt hohe Einkünfte privater Unternehmer, Komplementäre halbstaatlicher Betriebe, Handwerker und Gewerbetreibender zu unterbinden, wurden neue differenzierte steuerpolitische Regelungen eingeführt. Maßnahmen wurden eingeleitet, um in Bereichen mit schwerer körperlicher Arbeit die Arbeitsbedingungen zu verbessern.

In Vorbereitung ihres für Juni 1971 einberufenen VIII. Parteitages stand die SED vor wichtigen, das Leben jedes Bürgers in starkem Maße beeinflussenden Entscheidungen über die künftige Innen- und Außenpolitik der DDR. Viele Parteiorganisationen verstärkten ihre politische Massenarbeit nach dem Grundsatz »Alle erreichen, jeden gewinnen, keinen zurücklassen«, denn komplizierte Entwicklungsprobleme und höhere Anforderungen mußten bewältigt werden.

Anfang der siebziger Jahre waren Bedingungen herangereift, die es möglich und notwendig machten, daß die sozialistischen Länder, in erster Linie die Mitglieder des RGW, ihre Zusammenarbeit weiterentwickelten. Es galt, die internationale sozialistische Arbeitsteilung zu vertiefen und effektiver zu gestalten, die sozialistische ökonomische Integration auf breiter Front und auf weite Sicht zu entwickeln.

In einigen sozialistischen Ländern, unter ihnen die DDR, waren günstigere Möglichkeiten geschaffen worden, um das Ziel des Sozialismus, die stetige Verbesserung der Lebensverhältnisse der Völker, umfassender zu verwirklichen. In der DDR war die materiell-technische Basis der Volkswirtschaft erheblich erweitert und zum Teil modernisiert worden. Der Wert der Grundmittel je Berufstätiger in den produzierenden Bereichen hatte sich von 1960 bis 1970 von 46 622 Mark auf 79 217 Mark erhöht. Die Arbeitsproduktivität stieg im gleichen Zeitraum auf 179 Prozent. In der Industrie war mit der Bildung von Kombinaten die Vervollkommnung der sozialistischen Produktionsverhältnisse eingeleitet worden. In der sozialistischen Landwirtschaft entwickelten sich vielfältige Kooperationsbeziehungen. Die fachliche Qualifikation der Werktätigen hatte sich beträchtlich erhöht. In der Volkswirtschaft und in anderen Bereichen waren wichtige Schritte getan worden, um für den wissenschaftlich-technischen Fortschritt günstigere Bedingungen zu schaffen. Die Arbeits- und Lebensbedingungen hatten weiter verbessert werden können.

Zugleich hielt es das Zentralkomitee der SED für erforderlich, aus den Erfahrungen, die beim sozialistischen Aufbau in der zweiten Hälfte der sechziger Jahre gewonnen worden waren, grundlegende Schlußfolgerungen zu ziehen. Sie bestanden hauptsächlich darin, die ökonomischen und die anderen Gesetzmäßigkeiten des Sozialismus konsequent zu beachten, stets von einer realistischen Einschätzung des erreichten Standes auszugehen und möglichst präzise die nächsten Schritte der gesellschaftlichen Entwicklung zu bestimmen. Die Ausgestaltung der materiell-technischen Basis und die in ihren Bereichen vorzunehmenden Veränderungen auf der Grundlage des Gesetzes der planmäßigen proportionalen Entwicklung der Volkswirtschaft erforderten gleichzeitig, unrealistische Vorstellungen vom möglichen Tempo der Meisterung und Nutzung der wissenschaftlich-technischen Revolution zu überwinden. Eine andere wesentliche Schlußfolgerung war, stets die Einheit von Politik und Ökonomie zu gewährleisten, das Vertrauen der Werktätigen zur SED zu stärken und die Verbindungen zwischen der Partei und der Arbeiterklasse zu festigen.[1]

Aus der Analyse aller Erfahrungen gelangte die Parteiführung zu der wichtigen Erkenntnis, daß nunmehr sowohl die Notwendigkeit als auch die Möglichkeit herangereift waren, den Sozialismus umfassend auszugestalten. Seine Vorzüge und Potenzen, seine Ideale und Werte konnten und mußten im Interesse und zum Wohle des ganzen Volkes entfaltet und für jeden deutlicher spürbar werden. Es galt, die Triebkräfte des Sozialismus immer besser zur Wirkung zu bringen und so zu nutzen, daß Fortschritte in Wirtschaft, Wissenschaft und Technik für jeden Bürger nicht erst in ferner Zukunft, sondern in der Gegenwart zu wesentlichen Verbesserungen der Arbeits- und Lebensbedingungen führten. Überall kam es darauf an, nach dem Grundsatz zu handeln, daß Wirtschaftswachstum und wissenschaftlich-technischer Fortschritt nicht um ihrer selbst willen voranzubringen sind, sondern daß sie vielmehr dem Menschen zu dienen haben. Das schloß ein, die materiellen und die geistig-kulturellen Bedingungen für die Formung und Ausprägung sozialistischer Persönlichkeiten und gesellschaftlicher Beziehungen, für die Entfaltung der schöpferischen Ideen, Fähigkeiten und Kräfte der Menschen grundlegend zu verbessern. In der DDR hatte der Sozialismus eine solche Stufe seiner Entwicklung erreicht, die es gestattete und zugleich erforderte, die wachsenden materiellen und kulturellen Bedürfnisse der Menschen in größerem Umfang und unmittelbarer als zuvor zu befriedigen. Das alles verlangte, in der Politik der Partei wesentliche Veränderungen vorzunehmen.

Erich Honecker zu Überlegungen vor dem VIII. Parteitag der SED
»Als wir den VIII. Parteitag der SED vorbereiteten, bewegte uns die Frage, wie man, gestützt auf die bisherigen guten Ergebnisse, den Sinn des Sozialismus, nämlich alles zu tun für das Wohl des Volkes, mit noch größerer Konsequenz in den Zielen der Wirtschafts- und Sozialpolitik verankern und verwirklichen kann. Natürlich wußten wir, daß es selbst bei bedeutenden wirtschaftlichen Erfolgen nicht möglich ist, allen Wünschen und Erwartungen zu entsprechen. Daher galt es, die Ziele der Wirtschafts-

1 Siehe Geschichte der Sozialistischen Einheitspartei Deutschlands. Abriß, Berlin 1978, S. 543–546.

und Sozialpolitik genau abzuwägen, sie zu den verfügbaren Mitteln und zum möglichen Leistungsanstieg der Volkswirtschaft ins Verhältnis zu setzen.«

Erich Honecker: Aus meinem Leben, Berlin 1988, S. 244.

Aus der Notwendigkeit der umfassenderen Realisierung des Sinns des Sozialismus und der weiteren allseitigen Stärkung der sozialistischen Gesellschaft erwuchsen neue Anforderungen an die Leistungskraft der Volkswirtschaft und an alle anderen Bereiche der sozialistischen Gesellschaft. Im Zusammenhang damit mußten Antworten auch auf folgende Fragen gefunden werden: Wie können im Interesse der Menschen die Errungenschaften der wissenschaftlich-technischen Revolution mit den Vorzügen der neuen Gesellschaft organisch verbunden werden? Auf welchem Wege und in welchen Hauptrichtungen soll sich die Volkswirtschaft der DDR entwickeln? Welche Verbesserungen der Arbeits- und Lebensbedingungen sind am dringlichsten? Wie werden sich die Klassen und Schichten sowie die Beziehungen zwischen ihnen künftig entwickeln?

Gravierende Veränderungen zeichneten sich auch in den Beziehungen zwischen den sozialistischen und den imperialistischen Staaten vor allem in Europa ab. Im Ergebnis jahrelangen harten Ringens der Staaten des Warschauer Vertrages eröffneten sich reale Möglichkeiten, den Übergang vom kalten Krieg zur Entspannung zu erkämpfen, die Prinzipien der friedlichen Koexistenz durchzusetzen. Das verlangte, daß die Staaten der sozialistischen Gemeinschaft ihre Einheit und Geschlossenheit stärkten, vor allem ihre außenpolitischen Aktivitäten enger koordinierten.

Deutlicher zeichnete sich die Möglichkeit ab, den Imperialismus an der Auslösung kriegerischer Akte gegen den Sozialismus zu hindern. Die Aussicht nahm zu, daß die Auseinandersetzung zwischen Sozialismus und Imperialismus unter Ausschluß militärischer Gewalt als friedlicher Wettstreit der beiden entgegengesetzten Gesellschaftssysteme fortgeführt werden könnte. Diese Perspektive verlangte das weitere rasche Voranschreiten der sozialistischen Gesellschaftsordnung, die Erhöhung ihrer Ausstrahlungskraft und ihres Einflusses auf die internationale Entwicklung.

Schließlich galt es, aus dem sich objektiv vollziehenden Prozeß zunehmender Gegensätzlichkeit der gesellschaftlichen Entwicklung in der sozialistischen DDR und der imperialistischen BRD Schlußfolgerungen für die künftige Gestaltung der Beziehungen zwischen beiden Staaten im Interesse von Frieden und Sicherheit im Zentrum Europas zu ziehen.

Bei der Suche nach den besten Antworten auf alle diese Fragen stützte sich die Führung der SED auf die von der Partei selbst gewonnenen Erfahrungen. Zugleich nutzte sie Erkenntnisse, zu denen Bruderparteien, insbesondere die KPdSU, gelangt waren.

Ein wichtiges Ereignis auf dem Wege zum VIII. Parteitag war die 16. Tagung des ZK der SED Anfang Mai 1971. Das Zentralkomitee entsprach der Bitte Walter Ulbrichts, ihn von der Funktion des Ersten Sekretärs des Zentralkomitees zu entbinden. Er erklärte, daß sein Alter und seine Verantwortung gegenüber dem Zentralkomitee, der gesamten Partei und dem Volk es ihm nicht länger gestatteten, eine solch anstrengende Tätigkeit auszuüben. Entsprechend dem vom Politbüro einmütig beschlossenen, von Walter Ulbricht unterbreiteten Vorschlag wurde einstimmig Erich Honecker zum Ersten Sekretär des Zentralkomitees gewählt.

Strategie zur Gestaltung der entwickelten sozialistischen Gesellschaft

Der VIII. Parteitag, der vom 15. bis 19. Juni 1971 stattfand, war geprägt durch ein neues Herangehen an die Verwirklichung des grundlegenden Anliegens der Partei, das Erich Honecker mit den Worten kennzeichnete: »alles zu tun für das Wohl des Menschen, für das Glück des Volkes, für die Interessen der Arbeiterklasse und aller Werktätigen. Das ist der Sinn des Sozialismus. Dafür arbeiten und kämpfen wir.«[2]

In ihrem Wirken für das Wohl der Bürger der DDR war und blieb für die SED das Wichtigste der Frieden. Er konnte nur im engsten Zusammenwirken mit der UdSSR und den anderen Staaten der sozialistischen Gemeinschaft gesichert werden. Die DDR noch fester in dieser Gemeinschaft zu verankern und insbesondere ihr Bündnis mit der Sowjetunion weiter allseitig auszugestalten bezeichnete das Zentralkomitee als Grundbedingung, um die Lebensinteressen der Arbeiterklasse und aller anderen Bürger der DDR zu verwirklichen. Werden und Wachsen der DDR bestätigten die grundlegende historische Lehre, daß das Verhältnis zur Sowjetunion der entscheidende Prüfstein für die Treue zum Marxismus-Leninismus, zum proletarischen Internationalismus ist. Die SED sah in der KPdSU die erfahrenste und kampferprobteste Partei, die Avantgarde der internationalen kommunistischen und Arbeiterbewegung.

Die SED erklärte, daß die DDR allen Vorschlägen und Ideen, die das

2 VIII. Parteitag der Sozialistischen Einheitspartei Deutschlands, Berlin, 15. bis 19. Juni 1971. Bericht des Zentralkomitees an den VIII. Parteitag der Sozialistischen Einheitspartei Deutschlands. Berichterstatter: Genosse Erich Honecker, Berlin 1975, S. 5.

Erich Honecker erstattet den Bericht des Zentralkomitees an den VIII. Parteitag der SED, 15. Juni 1971

friedliche Zusammenleben der europäischen Völker und Staaten förderten, aufgeschlossen gegenüberstehe – gleich, von welcher Seite sie vorgebracht würden. In Übereinstimmung mit dem Friedensprogramm, das der XXIV. Parteitag der KPdSU im März/April 1971 verabschiedet hatte, beschloß der Parteitag als Beitrag zur Sicherung des Friedens in Europa folgendes Konzept: Die DDR tritt für die baldmögliche Einberufung einer europäischen Sicherheitskonferenz ein und ist bereit, als gleichberechtigter Teilnehmer auf ihren Erfolg hinzuwirken; sie bekundet ihre Bereitschaft, Mitglied der UNO und ihrer Spezialorganisationen zu werden; die DDR erklärt ihre Bereitschaft, mit allen Staaten normale diplomatische Beziehungen aufzunehmen; sie tritt weiterhin für die Aufnahme normaler Beziehungen entsprechend den Regeln des Völkerrechts auch zur BRD ein; die DDR ist unverändert bereit zur Normalisierung des Verhältnisses gegenüber Westberlin, um damit zur Entspannung im Zentrum Europas beizutragen.

Der VIII. Parteitag wies die Behauptung der herrschenden Kreise der BRD zurück, daß die »Einheit der deutschen Nation« fortbestünde und zwischen beiden deutschen Staaten besondere »innerdeutsche Beziehungen« existierten. Das Zentralkomitee erinnerte daran, daß im Ergebnis des Raubkrieges des faschistischen deutschen Imperialismus das frühere Deutsche Reich in Feuer und Blut untergegangen war und daß das deutsche Monopolkapital im Verein mit den imperialistischen Besatzungsmächten Deutschland gespalten hatte. Aus Furcht vor der offenen Auseinandersetzung mit den demokratischen und fortschrittlichen Kräften des deutschen Volkes in einem einheitlichen deutschen Staat hatten die monopolkapitalistischen Kreise nach dem Motto »Lieber das halbe Deutschland ganz, als das ganze Deutschland halb!« die Einheit der deutschen Nation zerstört und auf Befehl der imperialistischen Besatzungsmächte seit dem Frühjahr 1948 systematisch die Bildung eines westdeutschen Separatstaates vorbereitet. In diesem im September 1949 konstituierten Staat restaurierten sie ihre politische, ökonomische und militärische Macht, gliederten ihn 1955 in die NATO ein und bauten ihn mit deren Hilfe zum Sprungbrett für die Revision der Niederlage im zweiten Weltkrieg und für die Beseitigung des sozialistischen deutschen Staates aus. So hatte die imperialistische Spaltungs- und Revanchepolitik unabänderliche historische Tatbestände geschaffen.

Das Zentralkomitee wies darauf hin, daß die sozialistische Revolution, die zur Erneuerung aller Existenzformen der menschlichen Gesellschaft führt, von Grund auf auch die Nation erneuert. Mit der Errichtung der Arbeiter-und-Bauern-Macht und dem Aufbau der sozialistischen Gesellschaft hatte in der DDR die Entwicklung der sozialistischen Nation begonnen. In der BRD dagegen bestand die durch den Klassenwiderspruch zwischen der Bourgeoisie und den werktätigen Massen zerrissene bürgerliche Nation fort. Der Parteitag erklärte, daß sich zwischen der sozialistischen DDR und der monopolkapitalistischen BRD, zwei voneinander unabhängigen Staaten, gesetzmäßig ein Prozeß der Abgrenzung vollziehe.

Zwischen ihnen konnte es daher nur Beziehungen der friedlichen Koexistenz auf der Grundlage des Völkerrechts geben.

Im Bericht an den VIII. Parteitag begründete das Zentralkomitee die Strategie zur Gestaltung der entwickelten sozialistischen Gesellschaft in der DDR und die dabei zu lösenden nächsten Aufgaben. Es erklärte, daß bis zur Vollendung des Sozialismus noch ein längerer Weg zurückgelegt werden müsse, daß dafür ein höheres Niveau der Produktivkräfte, der sozialistischen gesellschaftlichen Beziehungen und des sozialistischen Bewußtseins der Menschen erforderlich sei. Dieser Einschätzung lagen umfassende politische Erfahrungen und genauere Erkenntnisse über die Errichtung der sozialistischen Gesellschaft zugrunde. Insbesondere erwies sich, daß ein längerer Zeitraum notwendig ist, um diese so zu entwickeln, daß alle ihre Vorzüge und Triebkräfte, ihre Ideale und Werte, ihr sozialer und humanistischer Charakter voll zur Wirkung kamen.

Gestützt auf die gewachsenen materiellen und geistigen Potenzen des Sozialismus und geleitet von den Erfordernissen seiner weiteren Gestaltung, rückte der Parteitag die bessere Befriedigung der unmittelbaren Bedürfnisse und Interessen der Werktätigen und die Entwicklung der Menschen zu sozialistischen Persönlichkeiten an die erste Stelle des gesamten Wirkens der Partei und des Staates.

Dem entsprach die vom Parteitag für den Fünfjahrplan 1971 bis 1975 beschlossene Hauptaufgabe: weitere Erhöhung des materiellen und kulturellen Lebensniveaus des Volkes auf der Grundlage eines hohen Entwicklungstempos der sozialistischen Produktion, der Erhöhung der Effektivität, des wissenschaftlich-technischen Fortschritts und des Wachstums der Arbeitsproduktivität. Für den Fünfjahrplanzeitraum wurde beschlossen, eine stabile Versorgung der Bevölkerung vor allem mit Waren des Grundbedarfs zur gewährleisten, durch Neubau, Modernisierung, Um- und Ausbau von 500000 Wohnungen die Lebensbedingungen besonders der Arbeiterklasse zu verbessern, die Nettogeldeinnahmen in Übereinstimmung mit der Steigerung der Arbeitsproduktivität zu erhöhen, die Arbeitsbedingungen günstiger zu gestalten, die Leistungen und Zuwendungen aus den gesellschaftlichen Fonds für die Bevölkerung zu steigern sowie die Dienstleistungen zu erweitern. Das einheitliche sozialistische Bildungssystem war kontinuierlich weiterzuentwickeln. Umfangreiche Maßnahmen sollten durchgeführt werden, um die Gesundheit der Bürger zu erhalten beziehungsweise wiederherzustellen. Der Parteitag orientierte darauf, die natürliche Umwelt zu schützen und Voraussetzungen dafür zu schaffen, daß die Werktätigen ihre geistig-kulturellen Bedürfnisse besser befriedigen konnten.

Mit der Entscheidung über die Hauptaufgabe, die alle Seiten und Bereiche des gesellschaftlichen Lebens erfaßte, legte der Parteitag einen Kurs fest, der ökonomische Dynamik unmittelbar mit sozialem Fortschritt verband und damit eine entscheidende Grundlage für politische Stabilität gewährleisten sollte.

In seinem Bericht an den Parteitag begründete das Zentralkomitee, daß es notwendig war, sich für die Intensivierung der gesellschaftlichen Produktion als Hauptweg zu höherer Effektivität zu entscheiden. Die bis dahin vorherrschende Praxis, die materiell-technische Basis der Volkswirtschaft durch Errichtung neuer Produktionsstätten fortgesetzt extensiv zu entwickeln, geriet in Gegensatz zu den veränderten Bedingungen und widersprach dem Gebot ökonomischer Vernunft, mit dem Vorhandenen gut zu wirtschaften, aus ihm mehr herauszuholen. Sie verschärfte auch, wie die Erfahrungen lehrten, die Diskrepanz zwischen den Bauvorhaben und den tatsächlich vorhandenen Baukapazitäten. Außerdem mußte die Parteiführung in Rechnung stellen, daß die DDR in absehbarer Zukunft nicht über mehr Arbeitskräfte als zu Beginn der siebziger Jahre verfügen würde. Das weitere Beschreiten des Weges, immer neue Arbeitsplätze zu schaffen, ohne dafür andere einzusparen, hätte die wirtschaftlichen Schwierigkeiten noch vergrößert. Deshalb sprach sich der Parteitag für die Intensivierung der Produktion aus, dafür, »die Erzeugung zu steigern, indem wir die vorhandenen Produktionsanlagen und Gebäude besser nutzen und modernisieren, indem wir mit der gleichen Zahl von Arbeitskräften mehr produzieren«[3]. Ebenso war es notwendig, den spezifischen Energieverbrauch zu verringern, Roh- und Werkstoffe sowie Material sparsamer und effektiver einzusetzen, die Kosten zu senken und neue produktive Technologien und Verfahren zu entwickeln und anzuwenden.

In diesem Zusammenhang hob der Parteitag die großen Möglichkeiten der sozialistischen Rationalisierung sowie den entscheidenden Einfluß von Wissenschaft und Technik auf Wachstum, Struktur und Leistung der Volkswirtschaft hervor. Er forderte, die planmäßige proportionale Entwicklung der Volkswirtschaft zu gewährleisten und ihre Struktur entsprechend den ökonomischen, wissenschaftlich-technischen und sozialen Erfordernissen zu verändern. Festgelegt wurde, die energetische Basis zu stärken und die Produktion von Rohstoffen und Materialien, besonders durch die chemische Industrie, die Metallurgie, die Glas- und keramische Industrie sowie die Baumaterialienindustrie, zu erhöhen. Verstärkt sollten einheimische Rohstoffe gefördert und genutzt werden. Der Parteitag for-

3 Ebenda, S. 45.

derte, die Herstellung von hochproduktiven Maschinen und Anlagen, von Zuliefererzeugnissen, Ersatz- und Verschleißteilen erheblich zu steigern, alle Möglichkeiten zur Erhöhung der Produktion von Konsumgütern zu nutzen sowie die materiell-technische Basis des Bauwesens zu entwickeln. In der Landwirtschaft sollte die Intensivierung der Produktion durch zunehmende Anwendung industriemäßiger Methoden, Konzentration und Spezialisierung der Produktion, gute genossenschaftliche Arbeit und Ausbau der Kooperationsbeziehungen fortgesetzt werden.

Alles für die Verwirklichung des Sinns des Sozialismus, für das Wohl des Volkes

Die vom VIII. Parteitag beschlossene Politik war darauf gerichtet, die Arbeiterklasse in die Lage zu versetzen, ihre gesetzmäßig wachsende Rolle umfassend zu verwirklichen. Deshalb forderte das Zentralkomitee, den Arbeitern überall und jederzeit die ihnen gebührende Wertschätzung entgegenzubringen und ihren Gedanken und Vorschlägen, ihren Bedürfnissen und Interessen die entsprechende Aufmerksamkeit zu widmen. Zugleich betonte es, daß die Führung der sozialistischen Gesellschaft durch die Arbeiterklasse die Stellung und Leistung der anderen werktätigen Klassen und Schichten in keiner Weise mindert. »Im Gegenteil, die Arbeiterklasse bewies und beweist ihre Führungsqualitäten nicht zuletzt dadurch, daß sie mit ihrer Entwicklung auch allen anderen Werktätigen hilft und es ihnen ermöglicht, schöpferische Kräfte zu entfalten und einen eigenen bedeutenden Beitrag im Sozialismus zu leisten.«[4] Bekräftigt wurde, auch künftig jeden Schritt der Entwicklung gemeinsam mit den Bündnispartnern zu gehen und die bewährte Politik der kameradschaftlichen Zusammenarbeit mit den verbündeten Parteien sowie mit den Massenorganisationen im Demokratischen Block und in der Nationalen Front fortzusetzen.

Der Parteitag begründete die wachsende Rolle des sozialistischen Staates bei der Ausgestaltung der neuen Gesellschaft und unterstrich die Notwendigkeit, die sozialistische Demokratie zu entfalten. Es galt, das Leninsche Prinzip des demokratischen Zentralismus konsequent zu verwirklichen, indem die zentrale staatliche Leitung und Planung qualifiziert und mit der wachsenden schöpferischen Aktivität der Werktätigen enger verbunden wurde. Orientiert wurde darauf, die Wirksamkeit der Arbeit der

4 Ebenda, S. 60.

Volksvertretungen und die Autorität der Abgeordneten zu erhöhen. Überall im täglichen Leben sollten die Einhaltung des sozialistischen Rechts und bewußte Disziplin zur festen Gewohnheit der Menschen werden.

In den Dokumenten des Parteitages wurden die wachsenden Ansprüche an die Tätigkeit der SED bei der Gestaltung der entwickelten sozialistischen Gesellschaft umrissen. Geleitet von der Erkenntnis, »je umfassender der sozialistische Aufbau, je komplizierter die Aufgaben, desto größer die Rolle und Verantwortung der Partei«[5], forderte der Parteitag, die innerparteiliche Demokratie noch breiter zu entfalten, die Leninschen Normen des Parteilebens konsequent zu verwirklichen und solche Führungsprinzipien wie Wissenschaftlichkeit, Sachlichkeit, Kollektivität und Volksverbundenheit umfassend durchzusetzen. Das Wichtigste war, daß sich die Partei immer fester mit der Arbeiterklasse und dem gesamten Volk verband, daß unablässig daran gearbeitet wurde, die Verbindungen und das Vertrauensverhältnis zwischen der Partei und allen Bürgern der DDR zu festigen. Das Zentralkomitee betonte, daß die Partei die Massen lehrt und gleichzeitig von ihnen lernt. Es forderte die Mitglieder der Partei auf, »immer und überall aufmerksam auf die Stimme der Werktätigen zu hören und ihnen unsere Politik prinzipienfest und geduldig zugleich zu erläutern«[6].

Mit den Entscheidungen ihres VIII. Parteitages wandte sich die SED konsequent den Massen, der besseren Befriedigung der unmittelbaren, täglichen Interessen und Bedürfnisse der Arbeiterklasse und der anderen Werktätigen zu. Der Sinn des Sozialismus und das entscheidende Anliegen der Partei – alles zu tun für das Wohl der Arbeiterklasse, für das Glück des Volkes – wurde deutlicher denn je in den Mittelpunkt der Tätigkeit der Partei und des Staates gerückt. Der Parteitag markiert eine Wende in der Politik der Partei. Das betraf vor allem die Wirtschafts- und die Sozialpolitik, die auf qualitativ neue Weise miteinander verflochten, zu einer dialektischen Einheit verschmolzen wurden. Von großer Tragweite war die vom Parteitag begründete notwendige Wende zur Intensivierung der gesellschaftlichen Produktion, beruhend auf der wirksameren Verbindung der Vorzüge des Sozialismus mit den Ergebnissen des wissenschaftlich-technischen Fortschritts. Der VIII. Parteitag sicherte die Kontinuität der bewährten marxistisch-leninistischen Politik der SED, indem er diese entsprechend den neuen Erfordernissen weiterentwickelte. Die Verwirklichung seiner Beschlüsse leitete einen neuen Abschnitt der Gestaltung des Sozialismus in der DDR ein.

5 Ebenda, S. 82.
6 Ebenda, S. 85.

II. Festigung des Bündnisses mit den Staaten der sozialistischen Gemeinschaft

Vertiefung des Bruderbundes mit der Sowjetunion

Die SED und die KPdSU, die DDR und die UdSSR konzentrierten sich darauf, bei der Verwirklichung der Aufgaben zur Gestaltung der entwickelten sozialistischen Gesellschaft in beiden Ländern und im Kampf für Frieden und Sicherheit enger zusammenzuwirken. Dem diente die Intensivierung des Meinungs- und Erfahrungsaustausches zwischen den beiden Bruderparteien in zwei- und mehrseitigen Treffen der Generalsekretäre bzw. Ersten Sekretäre, Studiendelegationen der Zentralkomitees sowie Direktbeziehungen zwischen Bezirks- und Gebietsorganisationen der SED und der KPdSU. Das förderte und festigte die Freundschaftsbande zwischen beiden Ländern, gewährleistete die Koordinierung und Abstimmung ihrer Außen- und Verteidigungspolitik, vertiefte ihre wirtschaftliche und wissenschaftlich-technische Zusammenarbeit sowie ihre ideologischen und kulturellen Beziehungen. Dabei spielten die Gewerkschaften und die Jugendorganisationen beider Länder sowie die Gesellschaft für Deutsch-Sowjetische Freundschaft und die Freundschaftsgesellschaft UdSSR–DDR eine große Rolle. Millionen Bürger beider Länder spürten noch stärker als zuvor die positiven Ergebnisse des Zusammenwirkens. Verstärkt entwickelten sich zwischen Betrieben, Einrichtungen und Kollektiven direkte Arbeitskontakte. Zahlreiche Familien und einzelne Bürger beider Staaten verband eine enge Freundschaft.

Engere Zusammenarbeit mit den Ländern des RGW

Am Beginn der siebziger Jahre ergaben sich für die Länder des RGW neue, ihrem Wesen nach in vieler Hinsicht gleichartige Aufgaben. Vor allem war es notwendig, Intensität und Effektivität der Produktion zu steigern und dafür die Ergebnisse des wissenschaftlich-technischen Fortschritts wesentlich stärker zu nutzen. Zugleich galt es, den wachsenden Bedarf an Rohstoffen und Energie auf lange Sicht zu decken sowie den höheren Anforderungen, die ihnen aus der internationalen Klassenauseinandersetzung und dem Kampf für friedliche Koexistenz erwuchsen, gerecht zu werden.

Ende Juli 1971 beschloß die XXV. Tagung des RGW in Bukarest nach zweijähriger intensiver Vorbereitung das »Komplexprogramm für die weitere Vertiefung und Vervollkommnung der Zusammenarbeit und Entwicklung der sozialistischen ökonomischen Integration der Mitgliedsländer des RGW«. Es fixierte die Ziele, die Hauptrichtungen und die Methoden ihrer Zusammenarbeit auf wirtschaftlichem und wissenschaftlich-technischem Gebiet, in der Planung, im Außenhandel und bei der Vervollkommnung der Finanzbeziehungen sowie auf anderen Gebieten für einen Zeitraum von 15 bis 20 Jahren.

Damit trat die ökonomische Zusammenarbeit der sozialistischen Länder in eine neue Etappe ein. Sie war gekennzeichnet durch Anstrengungen zu langfristig geplanter enger Kooperation in Forschung und Produktion. In der schrittweisen Verwirklichung der sozialistischen ökonomischen Integration sah die DDR eine Aufgabe von prinzipiellem politischem Rang, deren Verwirklichung nachhaltig auch auf die Vertiefung der Zusammenarbeit der sozialistischen Bruderländer auf politischem und militärischem Gebiet, in Ideologie, Wissenschaft und Kultur sowie der Beziehungen zwischen den Menschen wirkte.

Die Realisierung des Komplexprogramms hing in hohem Maße davon ab, wie in den einzelnen Mitgliedsländern des RGW die dafür notwendigen Voraussetzungen geschaffen wurden. Dementsprechend sorgte das Zentralkomitee der SED dafür, daß die Aufgaben, die sich für die DDR aus dem Programm ergaben, in die Volkswirtschaftspläne aufgenommen und zum festen Bestandteil der Wirtschaftsleitung vom Ministerrat über die Ministerien bis zu den Kombinaten und Betrieben wurden.

Mit der Volksrepublik Polen und mit der ČSSR vereinbarte die DDR, ab Januar 1972 den paß- und visafreien Reiseverkehr einzuführen. Dieser Schritt erfolgte, um die Freundschaft der Bürger der DDR mit den Völkern dieser beiden Staaten durch unmittelbare Begegnungen zu festigen, das Bewußtsein von der grundlegenden Gemeinsamkeit ihrer Interessen zu stärken. Die SED berücksichtigte, daß auf Grund des unterschiedlichen Entwicklungsstandes bei der Verwirklichung dieser Vereinbarungen auch manche Schwierigkeit auftreten könnte. Der paß- und visafreie Reiseverkehr erleichterte Millionen Bürgern das gegenseitige Kennenlernen der sozialistischen Errungenschaften, der Traditionen und der Kultur der Nachbarvölker und förderte vielfältige persönliche Verbindungen. Im ersten Jahr der neuen Regelung besuchten mehr als 12,4 Millionen Bürger der DDR die Nachbarländer, und aus diesen kamen über 11,2 Millionen Menschen in die DDR.

In der Praxis erwies sich, daß die Annäherung der sozialistischen Staaten und dabei vor allem die sozialistische ökonomische Integration komplizierte Prozesse sind, die sich über einen sehr langen Zeitraum erstrekken. Die ökonomische Integration bedingt tiefgreifende Wandlungen in der Zusammenarbeit der Bruderstaaten sowie in der Struktur der Volkswirtschaft eines jeden einzelnen der beteiligten Länder. Die Lösung der Integrationsaufgaben bedarf bei allen Beteiligten entsprechender objektiver Bedingungen, fundierter wissenschaftlicher Erkenntnisse, umfangreicher praktischer Erfahrungen und grundsätzlicher Übereinstimmung im politischen und wirtschaftlichen Herangehen an die Bewältigung der in diesem Prozeß auftretenden Probleme. Das schließt die gründliche Erörterung der jeweils nächsten Schritte ein.

III. Erste Schritte und Erfolge auf dem Kurs der Hauptaufgabe

Stabilisierung der Volkswirtschaft und sozialpolitische Verbesserungen

Die Beschlüsse des VIII. Parteitages beantworteten viele Arbeiter, Genossenschaftsbauern, Angehörige der Intelligenz und anderer Schichten mit neuen Initiativen zur Stärkung der DDR. So wie die Werktätigen des VEB Stahlgießerei »Elstertal« Silbitz, die unter der Losung »Planmäßig produzieren – klug rationalisieren – uns allen zum Nutzen!« den Plan kontinuierlich erfüllten und überboten, handelten zahlreiche Kollektive, vor allem in der Zuliefer- und der Konsumgüterindustrie, in der Energiewirtschaft und in einigen Zweigen, die vorrangig für den Export produzierten. In der Landwirtschaft gab die LPG »Weltfrieden« in Tucheim, Greis Genthin, den Auftakt zum Wettbewerb.

Die SED setzte sich dafür ein, daß allerorts das enge Wechselverhältnis von Wirtschaftswachstum und sozialem Fortschritt verstanden wurde. Sie schuf darüber Klarheit, daß die Hauptaufgabe ein verändertes Herangehen an die Produktion und an die Versorgung der Bevölkerung verlangte. Die Bedürfnisse der Menschen, so forderte die SED, mußten der entscheidende Ausgangspunkt für die Planung der Volkswirtschaft sein. Zugleich erläuterte die Partei, daß eine bessere Befriedigung der materiellen und geistig-kulturellen Bedürfnisse nicht im Selbstlauf zustande kommen konnte. Die Erhöhung des Lebensniveaus erforderte umfangreiche Mittel, die nur durch große Anstrengungen, durch gute, fleißige Arbeit erwirtschaftet werden konnten. Die Hauptaufgabe zu erfüllen war ein hoher Anspruch an Engagement und Schöpferkraft, an Sachkunde und Verantwortungsgefühl jedes Werktätigen. Die Partei erläuterte, daß die Hauptaufgabe keine zeitweilige, sondern eine langfristige, aus dem ökonomischen Grundgesetz des Sozialismus abgeleitete Orientierung ist.

Die Leitungen der SED, die Staatsorgane und die Wirtschaftsfunktionäre konzentrierten sich darauf, volkswirtschaftliche Disproportionen zu überwinden und eine größere Planmäßigkeit, Kontinuität und Stabilität der Wachstumsraten, des Produktionsprozesses und der Versorgung zu erreichen. Dank den Anstrengungen und Leistungen vieler Werktätiger konnten dabei Fortschritte erzielt werden. Ende November 1971 beschloß die Partei- und Staatsführung ganz im Sinne der Orientierung des VIII. Parteitages, daß die Verbraucherpreise für Konsumgüter bis 1975 nicht erhöht werden durften. Ebenso blieben die niedrigen Verkehrstarife und Preise für Dienstleistungen bestehen. Das Politbüro des ZK der SED und der Ministerrat der DDR forderten, die Versorgung der Bevölkerung mit Waren in den unteren und mittleren Preisgruppen in den entsprechenden Mengen, Sortimenten und Qualitäten zu gewährleisten und als Voraussetzung hierfür die Produktion von Konsumgütern ständig zu steigern und zugleich die Herstellungskosten zu senken.

Im März 1972 beschlossen das Politbüro des ZK der SED, der Bundesvorstand des FDGB und der Ministerrat der DDR, durch den Neubau und die Modernisierung von Ferienheimen sowie durch die Nutzung von Plätzen in Interhotels und anderen Hotels die Zahl der jährlich vom Feriendienst der Gewerkschaften und von den Betrieben vergebenen Erholungsreisen bis 1975 auf zwei Millionen zu steigern. Gemäß diesem Beschluß wurden in größerer Zahl Familien mit mehreren Kindern Urlaubsreisen angeboten. Der Anteil von Arbeitern an Heil- und prophylaktischen Kuren stieg. Für Arbeiterinnen und Arbeiter, die zwei- oder dreischichtig bzw. unter schweren Bedingungen arbeiteten, sowie für werktätige Frauen mit Kindern wurden mehr Kurplätze bereitgestellt.

Entsprechend einem weiteren gemeinsamen Beschluß vom 28. April 1972 traten ab 1. September für 3,9 Millionen Bürger eine beträchtliche Erhöhung der Renten, eine Verbesserung der freiwilligen Zusatzrentenversicherung sowie von Leistungen der Sozialfürsorge in Kraft. Am 1. Juli 1972 wurden Maßnahmen zur Förderung der berufstätigen Mütter, der jungen Ehen und der Geburtenentwicklung wirksam. Für alle vollbeschäftigten Mütter mit drei und mehr Kindern bis zu 16 Jahren wurde die 40-Stunden-Arbeitswoche ohne Lohnminderung eingeführt und der Mindesturlaub auf 21 Werktage – im Mehrschichtsystem auf 24 Werktage – heraufgesetzt. Der Wochenurlaub wurde von 8 auf 12 Wochen und damit die bezahlte Freistellung von der Arbeit bei Geburt eines Kindes auf insgesamt 18 Wochen verlängert. Künftig erhielten Mütter eine Geburtenbeihilfe ab erstem Kind einheitlich in Höhe von 1 000 Mark. Junge Eheleute bis zu 26 Jahren mit einem gemeinsamen monatlichen Bruttoeinkommen bis zu 1 400 Mark konnten zu günstigen Bedingungen Kredite für den Bau, den Ausbau und die Ausstattung von Wohnraum aufnehmen.

Für 291 000 nach dem 1. Januar 1967 bezogene Neubauwohnungen, in denen Arbeiter, Angestellte und Genossenschaftsbauern mit einem monatlichen Brutto-Familieneinkommen bis zu 2 000 Mark lebten, wurden die Mieten gesenkt. Sie wurden einheitlich für die Hauptstadt der DDR, Berlin, auf 1,– bis 1,25 Mark und für alle Bezirke auf 0,80 bis 0,90 Mark je Quadratmeter Wohnfläche monatlich festgesetzt. Die niedrigen Mieten für Altbauwohnungen und für Neubauwohnungen, die bis 1966 bezogen worden waren, blieben unverändert. Mindestens 60 Prozent der Neubauwohnungen sollten Produktionsarbeitern angeboten werden.

Höhere Verantwortung der Gewerkschaften

Der VIII. Parteitag hatte die geschichtliche Erfahrung bekräftigt, daß der Sozialismus nur mit starken und aktiven Gewerkschaften erbaut werden kann. Bei der Gestaltung der entwickelten sozialistischen Gesellschaft erhöht sich ihre gesellschaftliche Stellung und Verantwortung erheblich. Ihr aktives Mitwirken in Staat, Wirtschaft und allen anderen gesellschaftlichen Bereichen ist unerläßlich für das weitere Vorankommen auf dem Wege des Sozialismus, insbesondere für die Verwirklichung der Hauptaufgabe. Deshalb setzte sich die SED dafür ein, daß die Gewerkschaften ihre Rechte und Befugnisse konsequent wahrnahmen. Zugleich wirkte sie darauf hin, daß der FDGB stärker auf alle grundlegenden gesellschaftlichen Entscheidungen und Prozesse Einfluß nehmen konnte und neue Möglichkeiten für die Entfaltung der Aktivität seiner Mitglieder geschaffen wurden. Sie half den Gewerkschaften, die Bewegung der sozialistischen Brigaden und Arbeitsgemeinschaften und den sozialistischen Wettbewerb voranzubringen und wirksamer die Interessen der Arbeiter und anderen Werktätigen zu vertreten.

Für die Entfaltung der Masseninitiativen schufen die sozialpolitischen Maßnahmen günstige Bedingungen. Dabei beachtete die Partei, daß die Verbesserung der Leitung und Planung der Volkswirtschaft und soziale Fortschritte nicht automatisch sozialistisches Bewußtsein hervorbringen, daß sie nicht von selbst und nicht allein die Menschen zu höheren Leistungen anspornen, sondern daß es dafür vielmehr unerläßlich ist, das Hauptanliegen der Politik der Partei, alles zu tun für das Wohl des Volkes,

Die Gewerkschaftsgruppen des Kabelwerkes Nord in Schwerin beschließen ihre Wettbewerbsvorhaben für 1972, 5. Dezember 1971

überzeugend zu erläutern, die Wege zur immer besseren Verwirklichung des Sinns des Sozialismus konkret zu veranschaulichen und die Fragen der Menschen verständlich zu beantworten.

Im Ergebnis des Wirkens der SED, des FDGB und der FDJ verpflichteten sich viele Werktätige und Kollektive, die Planziele zu überbieten. Dazu wollten sie den wissenschaftlich-technischen Fortschritt beschleunigen und ihn rascher in der Produktion nutzen. Zahlreiche Partei- und Gewerkschaftsorganisationen rückten die sozialistische Rationalisierung stärker in das Zentrum ihrer Tätigkeit. Auf Betriebskonferenzen erarbeiteten sie Programme für die sozialistische Rationalisierung auf längere Sicht. Bewährte und wirksame Formen der Teilnahme der Werktätigen an der Entscheidung über ökonomische, technische und soziale Entwicklungen im Betrieb blieben Vertrauensleutevollversammlungen der Gewerkschaften, Produktionsberatungen, die Neuerer- und Rationalisatorenbewegung, FDJ-Kontrollposten, Jugendobjekte und die »Messen der Meister von morgen«.

Im Frühjahr 1972 begannen die Mitglieder der SED Horst Franke und Gerd Pfeiffer, beide Dreher im VEB Elbtalwerk Heidenau, nach persönlichen Plänen zur Steigerung der Arbeitsproduktivität zu arbeiten. Voraussetzung dafür war, daß die betrieblichen Planziele auf jeden Arbeitsplatz aufgeschlüsselt wurden. Das förderte die Bereitschaft, an jedem Arbeitstag neue Reserven zur Steigerung der Produktivität aufzudecken und zu nutzen. Die Partei- und Gewerkschaftsorganisationen wirkten darauf hin, daß sich die Werktätigen ihrer Betriebe dieser Initiative anschlossen.

Ausdehnung und Vervollkommnung der sozialistischen Produktionsverhältnisse in Industrie und Bauwesen

Ende der sechziger/Anfang der siebziger Jahre trat der Widerspruch zwischen der zunehmenden Vergesellschaftung der Produktion, der Entwicklung der sozialistischen Produktionsverhältnisse und der Arbeitsproduktivität in den sozialistischen Bereichen der Volkswirtschaft einerseits und den Eigentumsverhältnissen sowie den Schranken für die Steigerung der Produktion und der Produktivität in den Privatbetrieben, den Betrieben mit staatlicher Beteiligung und den industriell produzierenden PGH andererseits immer deutlicher zutage. Notwendig wurde, die führende Rolle der Arbeiterklasse auch in diesen Bereichen der Volkswirtschaft zu stärken, die Potenzen dieser Betriebe voll und ganz für die Verwirklichung der Hauptaufgabe einzusetzen, die Arbeitsbedingungen denen in den volkseigenen Betrieben anzugleichen und den Werktätigen zu ermöglichen, wie dort im sozialistischen Wettbewerb ihre schöpferischen Initiativen zu entfalten.

Im Februar 1972 beschlossen deshalb die Führung der SED und der Ministerrat der DDR nach Absprache mit den befreundeten Parteien, die Betriebe mit staatlicher Beteiligung und die Betriebe privater Unternehmer auf dem Wege des Aufkaufs durch den Staat in volkseigene Betriebe umzuwandeln. Ebenso sollte mit den PGH verfahren werden, deren handwerkspezifischer Charakter durch Industrieproduktion faktisch nicht mehr bestand.

Die Umwandlung führten staatliche Arbeitsgruppen durch, die beim Ministerrat, bei den Räten der Bezirke und der Kreise geschaffen wurden. In ihnen wirkten Zehntausende Mitglieder der SED, des FDGB, der FDJ, der LDPD, der NDPD und der CDU und andere Kräfte der Nationalen Front. Vor allem dank der langjährigen schöpferischen Bündnispolitik der Partei der Arbeiterklasse, ihrem konstruktiven Zusammenwirken mit den befreundeten Parteien im Demokratischen Block, in den Volksvertretungen, staatlichen Organen vom Staats- und Ministerrat bis zu den Gemeinderäten gelang es, diese Aktion innerhalb weniger Monate ohne wesentliche Störungen in der Produktion durchzuführen. Bis Mitte 1972 wurden 11 300 neue volkseigene Betriebe gebildet. In ihnen waren 585 000 Werktätige beschäftigt. Mehr als 85 Prozent der ehemaligen Komplementäre und Unternehmer wurden in den neuen VEB als Betriebsleiter oder in anderen verantwortlichen Funktionen eingesetzt. Damit bewiesen die SED und die sozialistische Staatsmacht, daß sie – entgegen antikommunistischen Verleumdungen – diesen Menschen nicht die Grundlagen ihrer Existenz entzogen. Vielmehr wurden sie für ihr Eigentum entschädigt und erhielten die Möglichkeit, ihre Fähigkeiten noch besser für das eigene Wohl und im Interesse der sozialistischen Gesellschaft einzusetzen.

Der 1956 eingeleitete Prozeß, private Betriebe durch Beteiligung des sozialistischen Staates und durch Kooperation mit volkseigenen Betrieben schrittweise in die sozialistische Umgestaltung einzubeziehen, hatte damit seinen Abschluß gefunden. Die sozialistischen Produktionsverhältnisse wurden gefestigt, das staatliche sozialistische Eigentum beträchtlich erweitert. Die völlige Durchsetzung der sozialistischen Produktionsverhältnisse in der Industrie stärkte die führende Rolle der Arbeiterklasse, verbesserte die Bedingungen für die Verwirklichung der Hauptaufgabe sowie für die Entwicklung der politisch-moralischen Einheit des Volkes der DDR.

Ausdruck der ökonomischen Gesetzmäßigkeit zur Konzentration der Produktion war der Zusammenschluß von volkseigenen Betrieben zu leistungsfähigen Kombinaten, mit dem 1967 begonnen worden war. 1971 gab es in der volkseigenen Industrie 37 Kombinate. Sie erzeugten über ein Drittel der industriellen Warenproduktion und fast die Hälfte der Exportgüter der zentralgeleiteten Industrie. Entsprechend den Beschlüssen des VIII. Parteitages gelang es, ihre ökonomische Leistungskraft zu erhöhen. Geleitet von einem Stammbetrieb, dem in der Regel wirtschaftsstärksten im Kombinat, wurden zwischen diesen Betrieben durch Kooperation und Spezialisierung die Arbeitsteilung vertieft, das Zusammenwirken im Reproduktionsprozeß verbessert und die für Forschung, Entwicklung, Konstruktion und Rationalisierung vorhandenen Mittel effektiver eingesetzt. Die Kombinate entwickelten sich zu einem Hauptbestandteil des gesamten Leitungsaufbaus in der Industrie, im Bau- und im Verkehrswesen.

IV. Fortschritte im Kampf für Entspannung und Sicherheit

Zunehmende Entspannungstendenzen

Zu Beginn der siebziger Jahre war das sozialistische Weltsystem weiter erstarkt. Dank den gewaltigen ökonomischen, wissenschaftlich-technischen und militärischen Anstrengungen der Sowjetunion war zwischen ihr und den USA, zwischen den Staaten des Warschauer Vertrages und der NATO ein annäherndes militärstrategisches Gleichgewicht entstanden. Diese historische Leistung verkörpert eine für die Erhaltung des Friedens und die Verteidigung der Lebensinteressen der Völker unerläßliche Errungenschaft des Sozialismus. Die Staaten der sozialistischen Gemeinschaft hatten den ausschlaggebenden Beitrag geleistet, um einen neuen Weltkrieg abzuwenden, und viele Pläne der aggressiven imperialistischen Kräfte vereitelt. Dem Imperialismus war es nicht gelungen, das Voranschreiten des Sozialismus aufzuhalten, die zunehmend engere und umfassendere Zusammenarbeit der Staaten der sozialistischen Gemeinschaft zu behindern, und schon gar nicht, ihr Bündnis mit der Sowjetunion zu zerstören. Im Kampf gegen die konterrevolutionären Umtriebe imperialistischer Kräfte hatten sich die Freundschaft und Geschlossenheit der verbündeten sozialistischen Länder gefestigt.

Die aus Vertretern der SPD und der FDP bestehende Regierung der BRD und regierende Kreise in anderen imperialistischen Hauptländern gelangten mehr und mehr zu realistischeren Beurteilungen grundlegender internationaler Probleme. Sie verfochten zwar weiter ihre auf Schwächung und Beseitigung des Sozialismus gerichteten Konzepte, rangen sich aber zugleich dazu durch, einige ohnehin unhaltbar gewordene Positionen aus der Zeit des kalten Krieges aufzugeben. Sie hatten sich bereit gefunden, über die von der Sowjetunion und den anderen Staaten des Warschauer Vertrages unterbreiteten Vorschläge zur Normalisierung der Beziehungen, für Sicherheit und Zusammenarbeit in Europa zu verhandeln. Erste bedeutsame Resultate auf diesem Wege waren die Verträge, die zwischen der UdSSR und der BRD im August 1970 in Moskau und zwischen der VR Polen und der BRD im Dezember 1970 in Warschau unterzeichnet worden waren. In der internationalen Arena, vor allem auf dem europäischen Kontinent, zeichnete sich eine Wende vom kalten Krieg zur Entspannung ab.

Zusammen mit der UdSSR und den anderen sozialistischen Bruderländern trat die DDR für die Durchsetzung der Prinzipien der friedlichen Koexistenz in den Beziehungen zwischen Staaten unterschiedlicher Gesellschaftsordnungen ein. Zu den kompliziertesten Problemen, die im Interesse von Frieden und Entspannung in Europa gelöst werden mußten, zählte die Regelung der Westberlin betreffenden Fragen. Dort hielten die USA, Großbritannien und Frankreich das 1945 von ihnen errichtete Besatzungsregime aufrecht, obwohl sie die Voraussetzungen hierfür, den Alliierten Kontrollrat, 1948 gesprengt und damit die gemeinsame Verantwortung der vier Siegermächte für die Entmilitarisierung und Demokratisierung Deutschlands zerstört hatten. Seitdem mißbrauchten imperialistische und revanchistische Kräfte die Stadt als Brückenkopf des kalten Krieges, als konterrevolutionäres Diversions- und Störzentrum gegen die sozialistische Staatengemeinschaft, hauptsächlich gegen die DDR. Die herrschenden Kreise der BRD strebten danach, Westberlin der BRD einzuverleiben und es weiter als »Pfahl im Fleisch« für ihre antisozialistischen, revanchistischen und nationalistischen Provokationen gegen die DDR zu benutzen.

Auf Initiative der UdSSR hatten im März 1970 Verhandlungen zur Regelung dieses konfliktgeladenen, den Frieden bedrohenden internationalen Problems begonnen. Am 3. September 1971 unterzeichneten die UdSSR, Großbritannien, die USA und Frankreich nach mehr als 150 Verhandlungsrunden das Vierseitige Abkommen über Berlin (West). Darin verpflichteten sich die vier Mächte, die Beseitigung von Spannungen und die Verhütung von Komplikationen in dem betreffenden Gebiet zu fördern. Sie stimmten darin überein, daß in diesem Gebiet keine Anwendung oder Androhung von Gewalt erfolgt und Streitigkeiten ausschließlich mit friedlichen Mitteln beizulegen sind. Den Kern des Abkommens bildet die Erklärung, daß die Westsektoren Berlins kein Bestandteil der BRD sind und auch weiterhin nicht von ihr regiert werden. Damit wurde den von der UdSSR, der DDR und anderen sozialistischen Staaten jederzeit vertretenen politischen und völkerrechtlichen Gegebenheiten entsprochen, daß Westberlin eine Stadt mit einem besonderen politischen Status ist, niemals zur BRD gehörte und nie zu ihr gehören wird.

Mit dem Vierseitigen Abkommen unterzeichneten Großbritannien, die USA und Frankreich erstmals ein völkerrechtlich gültiges Dokument, in dem die DDR als souveräner Staat, ihre Grenzen und ihr Territorium als unbestreitbare Realität respektiert wurden. Bei voller Wahrung und Stärkung der souveränen Rechte und legitimen Interessen der DDR war eine Regelung der Westberlin betreffenden Fragen gefunden worden, die für alle Beteiligten Nutzen bringt.

Zum erfolgreichen Abschluß der schwierigen Verhandlungen hatte die DDR in ständiger Konsultation mit der UdSSR durch Kompromißbereitschaft und eigene Initiativen beigetragen. Sie setzte sich beharrlich dafür ein, in Verhandlungen mit der Regierung der BRD und mit dem Senat von Berlin (West) zu Vereinbarungen in den Fragen zu kommen, die sich aus dem Vierseitigen Abkommen ergaben und mit seinem Inkrafttreten verbunden waren.

Auf der Grundlage von Vorschlägen der Regierung der DDR wurde im Dezember 1971 mit der BRD ein Abkommen unterzeichnet, das den Transitverkehr von zivilen Personen und Gütern auf Straßen, Schienen- und Wasserwegen zwischen der BRD und Berlin (West) durch das Hoheitsgebiet der DDR regelt. Zum ersten Mal mußte eine Regierung der BRD in völkerrechtlich verbindlicher Form die Existenz der DDR, ihre Souveränität und ihre Grenzen anerkennen. Ebenfalls im Dezember 1971 unterzeichneten die Regierung der DDR und der Senat von Berlin (West) Vereinbarungen vor allem über Erleichterungen und Verbesserungen des Reise- und Besucherverkehrs. Das waren erste Schritte, um die Beziehungen zwischen der Regierung der DDR und dem Senat von Berlin (West) zu normalisieren.

Der Vertrag über die Grundlagen der Beziehungen zwischen der DDR und der BRD

Die entspannungsfeindlichen Kräfte in der BRD, die vor allem in der CDU und CSU wirkten, waren bestrebt, das auf dem Wege der Entspannung Erreichte rückgängig zu machen und neue Fortschritte zu blockieren. So unternahmen sie große Anstrengungen, um die Ratifizierung der 1970 mit der UdSSR und der VR Polen geschlossenen Verträge zu verhindern. Nach wie vor weigerten sie sich, die im Ergebnis des zweiten Weltkrieges entstandenen Grenzen anzuerkennen. Insbesondere eiferten sie gegen die Herstellung normaler völkerrechtlicher Beziehungen zur DDR.

Ganz im Gegensatz dazu handelte die DDR. Geleitet von dem Grundsatz, daß von deutschem Boden kein neuer Krieg ausgehen darf und Spannungen auf friedlichem Wege beseitigt werden müssen, tat sie alles in ihren Kräften Stehende, damit die Beziehungen zwischen den beiden deutschen Staaten normalisiert wurden. Die Regelung dieser Frage berührte nicht nur die Interessen der Bürger der DDR und der BRD; sie war auch wesentlich dafür, das politische Klima in Europa zu verbessern und den Entspannungsprozeß zu fördern.

Am 18. April 1972 erklärte Erich Honecker die Bereitschaft der DDR, nach der Ratifizierung der Verträge der UdSSR und der Volksrepublik Polen mit der BRD in einen Meinungsaustausch über die Herstellung normaler Beziehungen zwischen beiden deutschen Staaten einzutreten und die hierfür erforderlichen völkerrechtsmäßigen Vereinbarungen zu treffen. »Es könnte eine Entwicklung eingeleitet werden ..., die zu einem friedlichen Nebeneinander zwischen der DDR und der BRD führt, zu normalen gutnachbarlichen Beziehungen mit dem Ausblick zu einem Miteinander im Interesse des Friedens, im Interesse der Bürger beider Staaten.«[7]

Am 17. Mai 1972 stimmte im Bundestag der BRD eine knappe Mehrheit der Abgeordneten den Verträgen mit der UdSSR und mit der VR Polen zu. Eine weitere Niederlage mußten die Entspannungsgegner hinnehmen, als am 26. Mai 1972 zwischen der DDR und der BRD der Vertrag über Fragen des Verkehrs unterzeichnet wurde. Das war der erste Staatsvertrag zwischen beiden deutschen Staaten. Er beruhte auf den Grundsätzen des Völkerrechts, besonders der gegenseitigen Achtung der souveränen Gleichheit und der territorialen Integrität. Beide Staaten verpflichteten sich, den Verkehr in und durch ihre Hoheitsgebiete entsprechend der üblichen internationalen Praxis auf der Grundlage der Gegenseitigkeit und der Nichtdiskriminierung zu gewähren, zu erleichtern und möglichst zweckmäßig zu regeln.

Starken Einfluß auf die Verbesserung der internationalen Beziehungen übte das Gipfeltreffen zwischen der UdSSR und den USA Ende Mai 1972 in Moskau aus. Die DDR wertete den abgeschlossenen Vertrag über eine Begrenzung der Raketenabwehrsysteme (ABM) und das Zeitweilige Abkommen über einige Maßnahmen bei der Begrenzung der strategischen Offensivwaffen (SALT I) als einen wichtigen Beitrag zur Eindämmung des Wettrüstens und zur Sicherung des Friedens.

Anfang Juni 1972 traten die Verträge zwischen der UdSSR und der BRD, zwischen der VR Polen und der BRD, das Vierseitige Abkommen, das Transitabkommen sowie die Vereinbarungen zwischen der DDR und Westberlin in Kraft. Dieses Vertragswerk diente der politischen Entspannung, war der Vorbereitung einer europäischen Sicherheitskonferenz förderlich und bildete eine entscheidende Voraussetzung für die Aufnahme

7 Erich Honecker: Günstige Bedingungen für Frieden in Europa. In: Reden und Aufsätze, Bd. 1, Berlin 1977, S. 503.

von Verhandlungen über die Normalisierung der Beziehungen zwischen beiden deutschen Staaten.

Mitte Juni 1972 nahmen auf Vorschlag der DDR Vertreter der Regierungen der DDR und der BRD einen Meinungsaustausch über die Herstellung normaler Beziehungen zwischen beiden Staaten auf. Diese Initiative ebnete den Weg zu offiziellen Verhandlungen. In deren Verlauf mußte sich die DDR mit Versuchen der BRD, zwischen beiden Staaten Beziehungen »besonderer Art« zu konstruieren, sowie mit solchen unrealistischen Positionen wie dem »Fortbestehen« der »Viermächteverantwortung für Berlin und Deutschland als Ganzes«, der Forderung nach dem Abschluß eines Friedensvertrages und der Einbeziehung Westberlins in vertragliche Regelungen zwischen beiden Staaten auseinandersetzen. Damit versuchte die Regierung der BRD, dem auszuarbeitenden Vertrag jeglichen völkerrechtlichen Charakter zu nehmen, bereits geschlossene Verträge und Abkommen auszuhöhlen, die Grundsatzvereinbarung zwischen der DDR und der BRD zu einem unverbindlichen Provisorium zu degradieren.

Dank der prinzipiellen und zugleich elastischen Haltung der DDR konnte der Vertrag über die Grundlagen der Beziehungen zwischen der DDR und der BRD am 21. Dezember 1972 in Berlin unterzeichnet werden. In ihm bekräftigten beide Staaten, normale gutnachbarliche Beziehungen zueinander auf der Grundlage der Gleichberechtigung zu entwickeln. Sie erklärten, sich von den Zielen und Prinzipien leiten zu lassen, die in der Charta der Vereinten Nationen niedergelegt sind, insbesondere der souveränen Gleichheit aller Staaten, der Achtung der Unabhängigkeit, Selbständigkeit und territorialen Integrität, dem Selbstbestimmungsrecht, der Wahrung der Menschenrechte und der Nichtdiskriminierung.

Aus dem Vertrag über die Grundlagen der Beziehungen zwischen der Deutschen Demokratischen Republik und der Bundesrepublik Deutschland vom 21. Dezember 1972

»Entsprechend der Charta der Vereinten Nationen werden die Deutsche Demokratische Republik und die Bundesrepublik Deutschland ihre Streitfragen ausschließlich mit friedlichen Mitteln lösen und sich der Drohung mit Gewalt oder der Anwendung von Gewalt enthalten.

Sie bekräftigen die Unverletzlichkeit der zwischen ihnen bestehenden Grenze jetzt und in der Zukunft und verpflichten sich zur uneingeschränkten Achtung ihrer territorialen Integrität. ... Die Deutsche Demokratische Republik und die Bundesrepublik Deutschland gehen davon aus, daß keiner der beiden Staaten den anderen international vertreten oder in seinem Namen handeln kann. ...

Die Deutsche Demokratische Republik und die Bundesrepublik Deutschland werden mit dem Ziel einer allgemeinen und vollständigen Abrüstung unter wirksamer internationaler Kontrolle der internationalen Sicherheit dienende Bemühungen um Rüstungsbegrenzung und Abrüstung, insbesondere auf dem Gebiet der Kernwaffen und anderen Massenvernichtungswaffen, unterstützen. ...

Die Deutsche Demokratische Republik und die Bundesrepublik Deutschland gehen von dem Grundsatz aus, daß die Hoheitsgewalt jedes der beiden Staaten sich auf sein Staatsgebiet beschränkt. Sie respektieren die Unabhängigkeit und Selbständigkeit jedes der beiden Staaten in seinen inneren und äußeren Angelegenheiten.«

Dokumente zur Außenpolitik der Deutschen Demokratischen Republik 1972, Bd. XX, 2. Halbbd., Berlin 1975, S. 892, 893.

Mit diesem Vertrag, der am 21. Juni 1973 in Kraft trat, war die völkerrechtliche Grundlage geschaffen, um die Beziehungen zwischen der DDR und der BRD gemäß den Prinzipien der friedlichen Koexistenz zu entwickeln. Er zeugte vom Scheitern der von den Regierungen und anderen politischen Kräften der BRD über zwei Jahrzehnte hinweg verfolgten aggressiven Politik der Alleinvertretungsanmaßung gegenüber der DDR, die eine ernste Gefahr für den europäischen Frieden darstellte. Er war eine schwere Niederlage der Entspannungsgegner. Der Vertrag war ein großer Erfolg der prinzipienfesten und beweglichen, zu gegenseitig annehmbaren Kompromissen bereiten Politik der SED, des langjährigen beharrlichen Kampfes der Werktätigen der DDR, ihren sozialistischen Staat zu stärken, ihn entschlossen gegen alle imperialistischen Anschläge zu verteidigen, sowie der koordinierten Außenpolitik der Staaten der sozialistischen Gemeinschaft.

Der Grundlagenvertrag fügte sich in das System internationaler Verträge ein, die auf Initiative der Staaten des Warschauer Vertrages seit 1970 abgeschlossen worden waren. Dieses Vertragswerk bedeutete die Anerkennung der im Ergebnis des zweiten Weltkrieges und der Nachkriegsentwicklung in Europa entstandenen Realitäten und verbesserte die äußeren Bedingungen für den weiteren Aufbau des Sozialismus in den Staaten der sozialistischen Gemeinschaft. Es legte das Fundament für eine neue Etappe des friedlichen Zusammenlebens der Völker und Staaten Europas.

Sportler der DDR bei den Olympischen Sommerspielen 1972 in München. Renate Stecher bei ihrem Sieg über 200 m, 7. September 1972

Weltweite völkerrechtliche Anerkennung der DDR

Die durch die Veränderung des Kräfteverhältnisses zugunsten des Sozialismus und des Friedens bewirkten Wandlungen in den internationalen Beziehungen schufen günstigere Möglichkeiten, die völkerrechtliche Anerkennung der DDR – und damit auch ihrer Grenzen – sowie ihre gleichberechtigte Teilnahme am internationalen Leben durchzusetzen. Dies war zu einer Schlüsselfrage für den Fortgang des Entspannungsprozesses geworden. Dafür traten in mehr als 50 Ländern nationale Freundschaftsgesellschaften und Komitees ein. In den Regierungen zahlreicher kapitalistischer Staaten gewann die Einsicht an Boden, daß die Herstellung diplomatischer Beziehungen zur DDR auch ihren eigenen Interessen entsprach und nicht länger aufgeschoben werden sollte.

Anfang Oktober 1972 nahm die Republik Indien, mit der die DDR schon viele Jahre freundschaftlich verbunden war, volle diplomatische Beziehungen zum sozialistischen deutschen Staat auf. Die gleiche Entscheidung trafen 1972 weitere 23 Staaten. Das waren vor allem Länder Asiens, Afrikas und Lateinamerikas, aber auch kapitalistische Staaten Europas wie Österreich, Schweden, die Schweiz und – als erster Mitgliedstaat der NATO – Belgien.

Angesichts dieser Entwicklung konnten die Regierungen der USA,

Großbritanniens und Frankreichs der DDR ihren Platz in der UNO und in deren Spezialorganisationen nicht länger verweigern. Im November 1972 erklärten sie sich bereit, die Aufnahme der beiden deutschen Staaten in die UNO zu unterstützen. Ende November wurde die DDR Mitglied der Organisation der Vereinten Nationen für Erziehung, Wissenschaft und Kultur (UNESCO). Zur gleichen Zeit erfolgte die Akkreditierung eines Ständigen Beobachters der DDR beim Hauptquartier der UNO in New York und beim Sitz der Vereinten Nationen in Genf. Damit war nun auch in der UNO und ihren Spezialorganisationen die von den imperialistischen Mächten gegen die DDR errichtete Barriere durchbrochen; sie hatte auf diesem Gebiet die gleiche Stellung erlangt wie die BRD.

1973 stellten 46 Staaten diplomatische Beziehungen mit der DDR her. Dazu gehörten auch die Mitgliedstaaten der NATO Frankreich, Großbritannien, Italien, die Niederlande, Dänemark und Norwegen; die Regierung der USA zögerte diesen Schritt bis Herbst 1974 hinaus. Während 1970 erst 26 Länder diplomatische Beziehungen zur DDR unterhielten, waren es Ende 1973 bereits 100 Staaten.

Am 18. September 1973 beschloß die XXVIII. Tagung der UN-Vollversammlung, die DDR als 133. Mitglied in die Organisation der Vereinten Nationen aufzunehmen. Die BRD wurde als 134. Staat Mitglied.

Aus der Rede von Otto Winzer, Minister für Auswärtige Angelegenheiten der DDR, auf der XXVIII. Tagung der Vollversammlung der UNO am 19. September 1973

»Die Charta der Vereinten Nationen sieht als erstes und höchstes Ziel vor, den Weltfrieden und die internationale Sicherheit aufrechtzuerhalten. Die gesellschaftlichen und politischen Umwälzungen in der Deutschen Demokratischen Republik, der Aufbau einer sozialistischen Gesellschaft, sind die dauerhafte Bürgschaft dafür, daß die Deutsche Demokratische Republik diesem höchsten Ziel der Vereinten Nationen die Treue halten und wie bisher auch weiterhin eine aktive Politik des Friedens und der Völkerverständigung, der friedlichen Koexistenz und der gleichberechtigten Zusammenarbeit der Staaten und Völker betreiben wird. Eine solche Friedenspolitik ist eine Politik höchster Menschlichkeit.«

Dokumente zur Außenpolitik der Deutschen Demokratischen Republik 1973, Bd. XXI, 2. Halbbd., Berlin 1976, S. 927.

Die Aufnahme der DDR in die UNO krönte den schweren und langwierigen Kampf für die weltweite völkerrechtliche Anerkennung des sozialistischen deutschen Staates. Damit war die von den Westmächten unter entscheidender Mitwirkung der BRD gegen die DDR seit ihrer Gründung 1949 verhängte politische und diplomatische Blockade vollständig und unwiderruflich zusammengebrochen. Den Plänen und Machenschaften der aggressiven Kreise des Imperialismus, das Erstarken des Sozialismus auf deutschem Boden zu verhindern und die DDR zu vernichten, war eine historische Niederlage bereitet worden. Stets hatten die SED und die DDR eine auf Frieden und Sicherheit, gegenseitige Anerkennung und sachliche Zusammenarbeit gerichtete Außenpolitik verfochten. Die von ihnen in diesem Sinne unterbreiteten Vorschläge waren immer wieder ignoriert bzw. zurückgewiesen worden. Lange Zeit schienen deshalb nicht wenigen Bürgern diese Anstrengungen der SED und der DDR ohne Aussicht auf Erfolg zu sein. Nunmehr, nach fast zweieinhalb Jahrzehnten, trug diese Politik für jedermann sichtbar ihre Früchte.

Die weltweite völkerrechtliche Anerkennung der DDR war Ergebnis des gemeinsamen Kampfes und der koordinierten Außenpolitik der Staaten der sozialistischen Gemeinschaft. An der Seite der DDR standen dabei auch die kommunistischen und Arbeiterparteien, national befreite Staaten, Friedensbewegungen, Gewerkschaftsorganisationen, Jugendverbände und andere Vereinigungen, zahlreiche Persönlichkeiten des öffentlichen Lebens auf allen Kontinenten.

Die gleichberechtigte Teilnahme am internationalen Leben eröffnete der DDR vor allem neue Möglichkeiten, ihre Beziehungen mit den kapitalistischen Ländern zu entwickeln und noch wirksamer zur Realisierung der abgestimmten außenpolitischen Ziele der sozialistischen Gemeinschaft beizutragen.

Literatur

- W. I. Lenin: Die nächsten Aufgaben der Sowjetmacht, Berlin 1987, S. 74–82, oder in: Marx/Engels/Lenin: Über den sozialistischen Aufbau, Berlin 1985, S. 217–222, oder in: Marx/Engels/Lenin: Über den Sozialismus, Berlin 1987, S. 255–260, oder in: Lenin: Ausgewählte Werke in drei Bänden, Bd. II, S. 751–757, oder in: Ausgewählte Werke in sechs Bänden, Bd. IV, S. 348–355, oder in: Werke, Bd. 27, S. 247–253.
- VIII. Parteitag der Sozialistischen Einheitspartei Deutschlands, Berlin, 15. bis 19. Juni 1971. Bericht des Zentralkomitees an den VIII. Parteitag der Sozialistischen Einheitspartei Deutschlands. Berichterstatter: Genosse Erich Honecker, Berlin 1975, S. 5–8, 25–39, 45–52, 81/82, oder

in: Protokoll der Verhandlungen des VIII. Parteitages der Sozialistischen Einheitspartei Deutschlands, 15. bis 19. Juni 1971 in der Werner-Seelenbinder-Halle zu Berlin, Bd. 1, Berlin 1971, S. 34–36, 50–62, 68–74, 99/100, oder in: Erich Honecker: Reden und Aufsätze, Bd. 1, Berlin 1977, S. 134–136, 151–176, 202/203, oder in: Dokumente zur Geschichte der SED, Bd. 3, 1971 bis 1986, Berlin 1988, S. 7–33.

- Geschichte der SED. Abriß, Berlin 1978, S. 542–548, 552–598.
- 70 Jahre Kampf für Sozialismus und Frieden, für das Wohl des Volkes. Thesen des Zentralkomitees der SED zum 70. Jahrestag der Gründung der Kommunistischen Partei Deutschlands, V., Thesen 30, 31, Berlin 1988, S. 75–81.

Hinweise für den Propagandisten

Zielstellung

Studium und Diskussion sollen bei den Teilnehmern

- das Wissen über den VIII. Parteitag der SED festigen und die Erkenntnis über seinen Platz in der Geschichte der DDR vertiefen,
- sie mit ersten wesentlichen Erfahrungen des Kampfes der SED für die Durchsetzung des Kurses der Hauptaufgabe vertraut machen,
- das Wissen über den Kampf der Staaten der sozialistischen Gemeinschaft für Frieden und Sicherheit erweitern und festigen.

Schwerpunkte

■ **Was war der Hauptinhalt der Beschlüsse des VIII. Parteitages der SED, und worin besteht seine historische Bedeutung?**

- Der Parteitag gab konstruktive Antworten auf veränderte äußere und innere Bedingungen und wies die Wege zur Bewältigung herangereifter Anforderungen und Probleme. Er beschloß die Strategie zur Gestaltung der entwickelten sozialistischen Gesellschaft in der DDR.
- Die vom Parteitag festgelegte Generallinie war geprägt durch ein neues Herangehen an die Verwirklichung des Sinns des Sozialismus und durch die konsequente Hinwendung zu den unmittelbaren Bedürfnissen und Interessen der Menschen.
- Der Parteitag leitete einen neuen Abschnitt der Gestaltung des Sozialismus in der DDR ein.

■ **Worin bestanden die ersten Ergebnisse des Kampfes um die Verwirklichung des Kurses der Hauptaufgabe?**

- Im Ringen um größere Planmäßigkeit, Kontinuität und Stabilität der Produktion, der Produktivität, der Versorgung und der Preise konnten beträchtliche Fortschritte erzielt und die Arbeits- und Lebensbedingungen verbessert werden.
- In Industrie und Bauwesen wurden die sozialistischen Produktionsverhältnisse durch die Umwandlung der Betriebe mit staatlicher Beteiligung, der Privatbetriebe und der industriell produzierenden PGH in volkseigene Betriebe im 1. Halbjahr 1972 ausgedehnt und durch die Bildung weiterer Kombinate vervollkommnet.

■ **Welchen Beitrag leisteten die SED und die DDR im Kampf für die**

Durchsetzung der Prinzipien der friedlichen Koexistenz, für Entspannung und Sicherheit?

- Die DDR förderte das Zustandekommen des Vierseitigen Abkommens über Berlin (West) im September 1971.
- Auf der Grundlage von Vorschlägen der DDR wurden im Dezember 1971 mit der BRD ein Transitabkommen und mit dem Senat von Westberlin Vereinbarungen über Erleichterungen und Verbesserungen des Reise- und Besucherverkehrs sowie im Mai 1972 mit der BRD ein Vertrag über Fragen des Verkehrs unterzeichnet.
- Auf Initiative der DDR konnte im Dezember 1972 mit der BRD ein Vertrag über die Grundlagen der Beziehungen zwischen beiden Staaten geschlossen werden. Dieser Vertrag war Bestandteil des seit 1970 auf Initiative der UdSSR, der Volksrepublik Polen und der DDR geschaffenen Vertragswerkes. Es beinhaltete die Anerkennung der im Ergebnis des zweiten Weltkrieges und der Nachkriegsentwicklung in Europa entstandenen Realitäten und schuf die Grundlage für das friedliche Zusammenleben der Völker und Staaten Europas.
- Im September 1973 wurde die DDR als Mitglied in die UNO aufgenommen, und Ende 1973 unterhielt die DDR mit 100 Staaten diplomatische Beziehungen. Damit war die von den Westmächten unter entscheidender Mitwirkung der BRD gegen die DDR seit ihrer Gründung verhängte politische und diplomatische Blockade zusammengebrochen. Der DDR boten sich neue Möglichkeiten, ihre mit den anderen Staaten der sozialistischen Gemeinschaft abgestimmte Außenpolitik zu verwirklichen.

Weitere Literatur für den Propagandisten

- Entschließung des VIII. Parteitages der Sozialistischen Einheitspartei Deutschlands zum Bericht des Zentralkomitees. In: VIII. Parteitag der Sozialistischen Einheitspartei Deutschlands, Berlin, 15. bis 19. Juni 1971. Dokumente des VIII. Parteitages der Sozialistischen Einheitspartei Deutschlands, Berlin 1974, S. 11–41, oder in: Protokoll der Verhandlungen des VIII. Parteitages der Sozialistischen Einheitspartei Deutschlands, 15. bis 19. Juni 1971 in der Werner-Seelenbinder-Halle zu Berlin, Bd. 2, Berlin 1971, S. 288–315, oder in: Dokumente zur Geschichte der SED, Bd. 3, 1971 bis 1986, Berlin 1988, S. 34–67.
- Erich Honecker: Aus meinem Leben, Berlin 1988, S. 241–250, oder Berlin 1982, S. 348–362.

Zusätzliche Materialien

- Zum Wohle des Volkes. Die Verwirklichung des sozialpolitischen Programms der SED, 1971–1978. Dokumentation, Berlin 1980.
- Verträge im Dienste der europäischen Sicherheit. Vom Moskauer bis zum Berliner Vertrag, Berlin 1973.

THEMA 3

Ergebnisse und neue Anforderungen im Kampf um die Verwirklichung der Hauptaufgabe in ihrer Einheit von Wirtschafts- und Sozialpolitik. Der Beitrag der DDR für Frieden und Sicherheit in Europa (1973–1975)

I. Für ein rasches Wachstum der Volkswirtschaft und die weitere Verbesserung der Lebenslage des Volkes

Komplexe sozialistische Rationalisierung durch wissenschaftlich-technischen Fortschritt

Bei der Verwirklichung der Beschlüsse des VIII. Parteitages der SED wurden bis Ende 1972 erhebliche Fortschritte erzielt. Die Anstrengungen der Werktätigen führten zur Minderung von Disproportionen, zu mehr Kontinuität und Stabilität der ökonomischen Prozesse. Nachdem somit günstigere Bedingungen für eine planmäßige proportionale Entwicklung der Volkswirtschaft entstanden waren, orientierte die SED darauf, auf lange Sicht höhere Wachstumsraten zu gewährleisten. Dazu wurde es erforderlich, die Intensivierung der Produktion vor allem durch sozialistische Rationalisierung voranzubringen. Auf diesem Wege sollten hochproduktive Maschinen und Anlagen durch Schichtarbeit gründlicher genutzt, in der gesamten Volkswirtschaft vorhandene Anlagen und Ausrüstungen modernisiert und damit gleichzeitig die Arbeitsbedingungen der Werktätigen verbessert werden.

Wie die Erfahrungen zeigten, war es nur durch wissenschaftlich-technischen Fortschritt möglich, die Anforderungen an die komplexe Rationalisierung zu meistern und den vorgesehenen Leistungszuwachs zu erzielen. Dieser grundlegenden Erkenntnis wurde allerdings in einigen Bereichen der Volkswirtschaft nur zögernd und schleppend Rechnung getragen. Viele Betriebe wiesen Rückstände bei der Erfüllung des Planes Wissenschaft und Technik, im wissenschaftlich-technischen Niveau der Produktion und teils erhebliche Mängel in der Qualität ihrer Erzeugnisse auf.

Weit verbreitet waren noch immer Vorstellungen von einem Wirtschaftswachstum auf extensivem Weg.

Die Partei- und Staatsführung traf deshalb 1973 und 1974 weitere Festlegungen, die darauf gerichtet waren, die Arbeit an für den ökonomischen Fortschritt ausschlaggebenden wissenschaftlich-technischen Problemen schneller voranzubringen und Forschungsergebnisse, Neu- und Weiterentwicklungen rascher in die Produktion zu überführen. Viele Parteiorganisationen stellten die Verwirklichung der Pläne Wissenschaft und Technik unter Parteikontrolle. Gemeinsam mit den Gewerkschafts- und FDJ-Organisationen der Betriebe setzten sie durch, daß die Arbeiter bereits bei der Diskussion der Direktive für den Volkswirtschaftsplan auch zu den Aufgaben des Planes Wissenschaft und Technik Stellung nehmen konnten und daß ihre Vorschläge und kritischen Hinweise sorgfältiger beachtet wurden.

Die wachsende Bereitschaft vieler Werktätiger, höhere Verantwortung zu übernehmen, äußerte sich in der verstärkten Arbeit nach persönlich-schöpferischen und kollektiv-schöpferischen Plänen, im Aufstellen von Gegenplänen zur Überbietung des Staatsplanes sowie im Streben nach hoher Qualität unter der Losung »Meine Hand für mein Produkt«. Erstmals beteiligten sich 1973 mehr als 200 000 Produktionskollektive am Wettbewerb um den Titel »Kollektiv der sozialistischen Arbeit«. Auch durch die verstärkte Anwendung sowjetischer Arbeitsmethoden, so der »Leningrader Erfahrungen«, nach denen die Arbeitsproduktivität der Besten zum Ziel des ganzen Kollektivs wurden, oder des »Saratower Systems der fehlerfreien Arbeit« gelang es vielen Arbeitskollektiven, bessere Arbeitsergebnisse zu erzielen. Bereits 1972 entstanden, anknüpfend an eigene und an sowjetische Erfahrungen, in den Betrieben der DDR »Schulen der sozialistischen Arbeit«, die von den Gewerkschaften organisiert wurden. Darin machten sich Hunderttausende Werktätige mit Grundfragen der internationalen Klassenauseinandersetzung, der Politik der SED, der Verwirklichung der Hauptaufgabe in der Einheit von Wirtschafts- und Sozialpolitik sowie der Teilnahme an der Ausübung der politischen Macht der Arbeiterklasse und an der sozialistischen Demokratie näher vertraut.

Eine wichtige Rolle bei der Erarbeitung effektiver wissenschaftlich-technischer Lösungen spielten die Bewegungen der Neuerer, der Rationalisatoren und der von der FDJ organisierten Messen der Meister von morgen. Neue Impulse erhielten diese durch die Förderung des kollektiven Neuerertums und des schöpferischen Zusammenwirkens von Arbeitern, Ökonomen, Ingenieuren und Technikern.

Von der Gründung der DDR im Oktober 1949 bis Mitte 1973 waren fast 1,5 Millionen Wohnungen geschaffen und die Wohnverhältnisse für etwa 4,75 Millionen Bürger verbessert worden. Doch waren die Folgen der am Profit orientierten jahrzehntelang herrschenden kapitalistischen Wohnungswirtschaft und die Zerstörungen des zweiten Weltkrieges noch sehr stark spürbar. Zudem war der Wohnungsbau seit Anfang der sechziger Jahre zurückgegangen und stagnierte bis 1970. Insgesamt bestand die Gefahr, daß sich die Kluft zwischen den berechtigten Ansprüchen der Menschen nach angemessenen Wohnbedingungen und deren Befriedigung vergrößerte. Von den vorhandenen rund 6,46 Millionen Wohnungen wiesen über 900 000 Wohnungen schwere Schäden auf, mußten aber trotzdem noch für Wohnzwecke genutzt werden. Über 50 Prozent aller Wohnungen befanden sich in Häusern, die vor 1918 gebaut worden waren. Erst jeder dritte Haushalt verfügte über eine Wohnung, die mit Bad und Innentoilette ausgestattet war.

Jedoch nicht nur wegen des bedrückenden kapitalistischen Erbes rückten Partei, Regierung und Gewerkschaften die Lösung des Wohnungsproblems in das Zentrum aller sozialpolitischen Überlegungen. Vor allem ging es ihnen um die Verwirklichung eines alten Zieles der revolutionären Arbeiterbewegung und um die Bewältigung einer grundlegenden Aufgabe bei der Gestaltung der entwickelten sozialistischen Gesellschaft. Nunmehr waren die Bedingungen entstanden, entscheidende Schritte zur Entfaltung aller Vorzüge des Sozialismus in der DDR zu gehen. Von erheblichem Gewicht waren und bleiben gute Wohnbedingungen für das Gedeihen der Familien, für eine glückliche Zukunft der heranwachsenden Generationen, für aktives Handeln im Arbeitsprozeß, für die wirkungsvolle Teilnahme am gesellschaftlichen Leben und für ein reiches geistig-kulturelles Leben. Deshalb beschloß das Zentralkomitee der SED im Jahre 1973 weit in die Zukunft weisende Aufgaben für die grundlegende Verbesserung der Wohnverhältnisse breitester Teile der Bevölkerung, vor allem der Arbeiterklasse.

Am 27. März 1973 verabschiedeten das Politbüro des ZK der SED und der Ministerrat der DDR einen Beschluß über die Entwicklung des komplexen Wohnungsbaus in der Hauptstadt der DDR, Berlin, für die Jahre 1976 bis 1980. Er sah vor, in diesem Zeitraum 75 000 bis 80 000 Wohnungen zu schaffen. Im Frühjahr des gleichen Jahres erörterte das Politbüro die Möglichkeiten, in der DDR im nächsten Fünfjahrplan 700 000 bis 800 000 Wohnungen und bis 1990 insgesamt 2,8 bis 3 Millionen Wohnun-

Zur Verwirklichung des Wohnungsbauprogramms
entstehen überall in der Republik Neubaugebiete wie in Gera-Lusan

gen neu zu bauen bzw. zu modernisieren. Damit waren die Eckpunkte für die Ausarbeitung eines sich über mehrere Planjahrfünfte erstreckenden Wohnungsbauprogramms abgesteckt.

Gestützt auf die wachsende wirtschaftliche Leistungskraft der DDR, konnte die Partei damit die Aufgabe stellen, die historisch entstandenen sozialen und territorialen Unterschiede in den Wohnverhältnissen Schritt um Schritt zu verringern und bis 1990 die Wohnungsfrage als soziales Problem zu lösen. Mit dem Bau von Wohnungen und dazugehörigen gesellschaftlichen Einrichtungen – wie Kinderkrippen und -gärten, Schulen und Einkaufsstätten, Einrichtungen für Dienstleistungen, für gesundheitliche Betreuung und für die Gestaltung der Freizeit, einschließlich Körperkultur und Sport – sowie mit einer soliden städtebaulich-architektonischen Qualität sollten entscheidende materielle Voraussetzungen für die Entfaltung der sozialistischen Lebensweise und die Förderung der Familien geschaffen werden.

Zur Verwirklichung des Wohnungsbauprogramms wurde die materiell-technische Basis des Bauwesens modernisiert und erweitert, um die Me-

Wohnungsbau

Jahr	Fertiggestellte Wohnungen insgesamt	Neubau	Modernisierung	Aufgewendete Mittel für fertiggestellte Wohnungen (in Mill. Mark)
1960	80 489	71 857	8 632	3 854
1965	68 162	58 303	9 859	3 898
1966	65 278	53 366	11 912	4 204
1967	76 318	59 107	17 211	4 254
1968	75 987	61 863	14 124	4 606
1969	70 311	56 547	13 764	4 741
1970	76 088	65 786	10 302	5 102
1971	86 777	65 021	21 756	5 386
1972	117 026	69 552	47 474	6 586
1973	125 769	80 725	45 044	7 476
1974	138 301	88 312	49 989	8 091
1975	140 793	95 976	44 817	8 646

chanisierung und Industrialisierung des Bauens zu beschleunigen. Es galt, die Arbeitsproduktivität, die Qualität und Effektivität des Bauens zu erhöhen, die Produktion von Baumaterialien und Baumaschinen sowie die Vorfertigung schnell zu steigern und den rasch wachsenden Bedarf an Zuliefererzeugnissen und Produkten aus anderen Zweigen der Volkswirtschaft, vor allem aus der Möbel-, Textil-, Elektro- und Leichtindustrie, besser zu befriedigen. Weiterhin stellte die Realisierung des komplexen Wohnungsbaus hohe Anforderungen an die Sicherung des wachsenden Bedarfs an Elektroenergie, Fernwärme, Gas, Wasser sowie an das Leistungsvermögen des Fernmeldewesens, der Abwasserwirtschaft, des Verkehrswesens und des Straßenbaus.

Das Wohnungsbauprogramm wurde zum Kernstück des sozialpolitischen Programms der SED. Es ist der sichtbare Beweis dafür, daß sich die SED bei der Festlegung konkreter Ziele der sozialen Entwicklung stets auf jene Aufgaben konzentrierte, die bei der Gestaltung der sozialistischen Gesellschaft objektiv heranreiften und zugleich von der Bevölkerung als die dringendsten und sie unmittelbar berührenden Interessen empfunden wurden.

Sozialpolitische Fortschritte

Die positive Entwicklung der Volkswirtschaft ermöglichte dem Zentralkomitee der SED, dem Ministerrat der DDR und dem Bundesvorstand des FDGB im September 1973, umfangreiche Maßnahmen zur Verbesserung der medizinischen Betreuung der Bevölkerung sowie der Arbeits- und Lebensbedingungen der Mitarbeiter des Gesundheits- und Sozialwesens einzuleiten. Die materiell-technische Basis des Gesundheitswesens wurde ausgebaut und das Netz der medizinischen Betreuung erweitert. So entstanden von 1973 bis 1975 neben 28 Polikliniken und Ambulatorien in industriellen Ballungsgebieten 11 neue Krankenhäuser.

Für mehr als 400 000 Lehrlinge erhöhten sich ab 1. März 1974 die Lehrlingsentgelte. Ab 1. Januar 1975 wurde für mehr als 1,5 Millionen Werktä-

Zuwendungen des Staates aus gesellschaftlichen Fonds

Zuwendungen bzw. Leistungen	Gesamter Aufwand 1966–1970	1971–1975	Erfüllung des Fünfjahrplans 1971–1975
	Md. Mark		Prozent
Insgesamt	110,0	161,1	108,9
für die Wohnungswirtschaft und zur Beibehaltung niedriger Mieten	9,8	15,0	108,7
zur Beibehaltung stabiler Verbraucherpreise und Tarife	36,2	50,1	
für das Bildungswesen	22,5	33,6	102,4
für das Gesundheits- und Sozialwesen	12,6	14,0	102,9
für die Sozialversicherung	25,1	41,0	112,6
für die Entwicklung des kulturellen Lebens, des Sports, des Erholungswesens usw.	3,7	7,4	142,3

Warenbereitstellung bei wichtigen Industriewaren 1975
(1970 = 100)

Fernsehgeräte	178	Teppiche und Läufer	192
Waschmaschinen	121	Tülle und Gardinen	121
Kühlschränke	115	Porzellan	219
Möbel und Polsterwaren	157	Tapeten	196

tige der Mindesturlaub von 15 auf 18 Tage verlängert, für Werktätige im Drei- und durchgehenden Schichtsystem auf 21 Tage. Für einige Beschäftigtengruppen wurden die Löhne und Gehälter angehoben.

Fortschritte konnten auch bei der Versorgung der Bevölkerung mit Konsumgütern erzielt werden. Doch waren auf diesem Gebiet noch große Anstrengungen erforderlich. Deshalb orientierte das Zentralkomitee der SED darauf, alle Initiativen zu nutzen und Reserven zu erschließen, um auf diesem Gebiet rasch weitere Verbesserungen herbeizuführen. Darüber hinaus erwies es sich als unumgänglich, die Leistungsfähigkeit der Konsumgüterindustrie langfristig zu erhöhen. Anders konnten auf die Dauer Versorgungslücken nicht geschlossen, der rasch zunehmende Bedarf der Bevölkerung nicht gedeckt und die Exportkraft der DDR nicht gestärkt werden. In Verwirklichung entsprechender, von der Führung der SED beschlossener Maßnahmen begann die Produktion von Konsumgütern in der Struktur der Volkswirtschaft einen größeren Raum einzunehmen.

Fortschritte in Wissenschaft, Bildung und Kultur

Zielstrebig festigte die SED das Bündnis zwischen Arbeiterklasse und Intelligenz. Viel wurde getan, um das wissenschaftlich-technische Potential der Gesellschaft zu stärken und besser zu nutzen. Besondere Anstrengungen richteten Partei und Regierung darauf, die Grundlagenforschung zu entwickeln und deren Resultate schneller in die Praxis zu überführen. Verstärkt wurde daran gearbeitet, neue Werkstoffe, Technologien und andere Ergebnisse von Wissenschaft und Technik in allen Bereichen der Volkswirtschaft, im Gesundheitswesen, in der Volksbildung und in der Kultur, nicht zuletzt auch für den Schutz der natürlichen Umwelt, anzuwenden.

In der Volksbildung wurde der Aufbau der zehnklassigen polytechnischen Oberschule im wesentlichen abgeschlossen. 1972 konnte die 1968 in Angriff genommene Einführung eines neuen Lehrplanwerkes beendet werden. Das für 1975 gestellte Ziel, 90 Prozent aller Schüler, die die 8. Klasse erfolgreich beendeten, in die 9. Klasse aufzunehmen, wurde bereits 1973 erreicht.

An den 54 Universitäten und Hochschulen sowie rund 250 Fachschulen der DDR trugen die Einführung neuer oder die Präzisierung bestehender Lehrpläne und Studienprogramme dazu bei, die Qualität der Ausbildung zu verbessern. Fortschritte gab es auch in der beruflichen Aus- und Weiterbildung der Werktätigen.

Die SED unterstrich, daß ein hohes Niveau der Bildung und Kultur unerläßlich für die entwickelte sozialistische Gesellschaft ist. Sie ließ sich davon leiten, daß die Entwicklung sozialistischer Persönlichkeiten maßgeblich von der Gestaltung der Gesamtheit der Arbeits- und Lebensbedingungen, der weiteren Ausprägung der materiellen, kulturellen und geistigen Werte des Sozialismus bestimmt wird. Alle kulturellen Aufgaben behandelte die Partei als festen Bestandteil ihrer Gesamtpolitik, in untrennbarem Zusammenhang mit dem Kurs der Hauptaufgabe.

Neue Züge gewann das geistig-kulturelle Leben im sozialistischen Wettbewerb, in der Bildungsarbeit und der kulturellen Betätigung vieler Brigaden der sozialistischen Arbeit, in den Arbeiter-, den Betriebs- und den Dorffestspielen, in der Singebewegung der FDJ, im Wettstreit der Studenten und jungen Wissenschaftler sowie im Volkskunstschaffen. Die geistig-kulturellen Interessen und Bedürfnisse wuchsen, ihre Vielfalt und Differenziertheit prägten sich weiter aus. Das äußerte sich auch in der zunehmenden Beteiligung am kulturellen Leben. Von 1970 bis 1975 verdreifachte sich die Zahl der Werktätigen, die an ökonomisch-kulturellen Leistungsvergleichen teilnahmen. Fanden 1970 rund 340 Betriebsfestspiele mit über einer Million Mitwirkenden und Zuschauern statt, so waren es 1975 bereits 2 941 Betriebs-, Dorf- und Kooperationsfestspiele mit 7,6 Millionen Teilnehmern. Etwa 1,3 Millionen Bürger betätigten sich in ihrer Freizeit künstlerisch. Die Zahl der Besucher von Museen stieg von 19,8 Millionen 1970 auf 30,3 Millionen 1975.

Bereits 1972 hatte das Zentralkomitee der SED erklärt, daß die Prinzipien des sozialistisch-realistischen Kunstschaffens – fester sozialistischer Standpunkt, Parteilichkeit, Lebensnähe und Volksverbundenheit – eine sichere Grundlage sind, um vielfältige Themen, Inhalte, Stile, Formen und Gestaltungsweisen zu erschließen. Die Partei ermunterte die Schriftsteller und Künstler, in ihren Arbeiten darzustellen, wie Konflikte im Vorwärtsschreiten gelöst, wie für den gesellschaftlichen Fortschritt Partei genommen wird.

Zwischen den Ländern der sozialistischen Gemeinschaft wurde der Austausch künstlerischer Werke beträchtlich erweitert. Die Aufnahme vieler Schöpfungen humanistischer internationaler Kultur und Kunst zeugte von der Progressivität und Weltoffenheit der sozialistischen Gesellschaft in der DDR.

Viele Schriftsteller und Künstler der DDR schufen neue Werke, die von den Ideen des sozialistischen Patriotismus und des proletarischen Internationalismus geprägt waren und sich durch Lebensnähe auszeichneten. Jedoch war die Zahl der literarischen Arbeiten, die Probleme der Gegenwart auf hohem weltanschaulichem und künstlerischem Niveau behandelten, noch gering. Auch reichten die materiellen Voraussetzungen oft nicht aus, um allen kulturellen Bedürfnissen der Bürger gerecht werden zu können. So blieben vielerorts die Möglichkeiten, die Freizeit interessant und kulturvoll zu verbringen, insbesondere für die Jugend, hinter den Ansprüchen zurück. Auch zeigte sich, daß weiterhin große Anstrengungen notwendig waren, um bei allen Werktätigen das Streben nach Bildung und Wissen, nach Aneignung geistig-kultureller Werte sowie nach eigener schöpferischer Betätigung stärker auszuprägen, zum Bestandteil ihres Alltags zu machen.

Ausgestaltung der sozialistischen Staats- und Rechtsordnung in der DDR

Bei der Realisierung der Generallinie des VIII. Parteitages der SED widmeten das Zentralkomitee der SED, die Volkskammer, der Staatsrat und der Ministerrat der DDR der Entwicklung des sozialistischen Staates in all seinen Bereichen große Aufmerksamkeit. Umfangreiche gesetzgeberische Initiativen waren auf die weitere Entfaltung der sozialistischen Demokratie gerichtet. Sie trugen dazu bei, daß die zentrale staatliche Leitung und Planung wirkungsvoller mit der schöpferischen Aktivität der Werktätigen

Wichtige Gesetze und Verordnungen in der ersten Hälfte der siebziger Jahre

1972	
16. Oktober	Gesetz über den Ministerrat der Deutschen Demokratischen Republik
1973	
28. März	Verordnung über die Aufgaben, Rechte und Pflichten der volkseigenen Betriebe, Kombinate und VVB
12. Juli	Gesetz über die örtlichen Volksvertretungen und ihre Organe in der Deutschen Demokratischen Republik
1974	
28. Januar	Gesetz über die Teilnahme der Jugend an der Gestaltung der entwickelten sozialistischen Gesellschaft und über ihre allseitige Förderung in der Deutschen Demokratischen Republik (Jugendgesetz der DDR)

27. September	Gesetz zur Änderung und Ergänzung der Verfassung der Deutschen Demokratischen Republik
19. Dezember	Gesetz zur Änderung des Strafgesetzbuches, des Anpassungsgesetzes und des Gesetzes zur Bekämpfung von Ordnungswidrigkeiten
1975	
19. Juni	Zivilgesetzbuch der Deutschen Demokratischen Republik
19. Juni	Gesetz über das gerichtliche Verfahren in Zivil-, Familien- und Arbeitsrechtssachen (Zivilprozeßordnung)

und der eigenverantwortlichen Tätigkeit der Betriebe und Genossenschaften sowie der örtlichen Staatsorgane verbunden wurde.

Einen wichtigen Platz in diesem Gesetzeswerk nahm das neue Jugendgesetz der DDR ein. An der öffentlichen Diskussion des Gesetzentwurfes beteiligten sich 5,4 Millionen junge Menschen und ältere Bürger aus allen Klassen und Schichten. Der gemeinsamen Kommission des Ministerrates der DDR und des Zentralrates der FDJ gingen 4821 Vorschläge zu, auf deren Grundlage 200 Veränderungen im Entwurf vorgenommen wurden.

Das Gesetz war darauf gerichtet, die Jugendlichen zu sozialistischen Persönlichkeiten zu erziehen und die Initiative der werktätigen, der lernenden und der studierenden Jugend zu fördern. Es räumte der FDJ weitergehende Rechte ein. Die Leiter der Staats- und Wirtschaftsorgane wurden verpflichtet, die Beschlüsse der FDJ zu berücksichtigen. In alles, was zur Veränderung des Lebens diskutiert, geplant und zum Gesetz erhoben wurde, sollten die Ideen und Vorschläge der FDJ Eingang finden.

Den tiefgreifenden Wandlungen, die sich in der DDR sowie in ihrer internationalen Stellung seit der Annahme der sozialistischen Verfassung im Jahre 1968 vollzogen hatten, trug das von allen Fraktionen der Volkskammer beschlossene Gesetz zur Ergänzung der Verfassung Rechnung. Dieses grundlegende staatsrechtliche Dokument trat am 7. Oktober 1974, dem 25. Geburtstag der DDR, in Kraft.

In der neuen Präambel der Verfassung wird erklärt, daß, in Fortsetzung der revolutionären Traditionen der deutschen Arbeiterklasse und gestützt auf die Befreiung vom Faschismus, das Volk der DDR in Übereinstimmung mit den Prozessen unserer Epoche sein Recht auf sozialökonomische, staatliche und nationale Selbstbestimmung verwirklicht hat und die entwickelte sozialistische Gesellschaft gestaltet. Die DDR wird als sozialistischer Staat der Arbeiter und Bauern und als politische Organisation der Werktätigen in Stadt und Land unter Führung der Arbeiterklasse und ihrer

Eröffnung der X. Weltfestspiele der Jugend und Studenten in Berlin, 28. Juli 1973

marxistisch-leninistischen Partei charakterisiert. Verfassungsrechtlich fixiert wurde, daß die DDR für immer und unwiderruflich mit der UdSSR verbündet und untrennbarer Bestandteil der sozialistischen Staatengemeinschaft ist. Die vom VIII. Parteitag beschlossene Hauptaufgabe wurde nunmehr auch in der Verfassung zum wichtigsten Anliegen der Gestaltung der entwickelten sozialistischen Gesellschaft bestimmt.

Die Verfassung verankerte die Ergebnisse, die bei der Vervollkommnung der sozialistischen Produktionsverhältnisse, bei der Stärkung der sozialistischen Staatsmacht und der Entfaltung der sozialistischen Demokratie erzielt worden waren. Berücksichtigung fand, daß alle Industriebetriebe volkseigen geworden waren. Festgelegt wurde die staatliche Förderung der auf überwiegend persönlicher Arbeit beruhenden kleinen Handwerks- und anderen Gewerbebetriebe bei der Wahrnehmung ihrer Verantwortung für die sozialistische Gesellschaft. Die Verfassung bestimmte, daß die Regierung im Auftrage der Volkskammer die einheitliche Durchführung der Staatspolitik und alle gesellschaftlichen Bereiche leitet; sie ist der Volkskammer verantwortlich und rechenschaftspflichtig.

Mit dem neuen Zivilgesetzbuch wurde Anfang 1976 der letzte größere

Teil bürgerlicher Rechtsnormen, die in Gestalt der Bürgerlichen Gesetzbuches von 1896 noch bestanden hatten, außer Kraft gesetzt. Seitdem werden alle zivilrechtlichen Fragen in der DDR ausschließlich nach den Prinzipien der sozialistischen Rechtspflege behandelt. Die Regelungen im sozialistischen Zivilgesetzbuch gingen von der qualitativ neuen Stellung des Bürgers in der sozialistischen Gesellschaft aus, der bewußt seine Rechte und Pflichten in der Verbindung von eigener Verantwortung und gesellschaftlicher Verantwortung wahrnimmt.

II. Neue Anforderungen für die Realisierung der Hauptaufgabe

Veränderte außenwirtschaftliche Bedingungen

Durch die gemeinsamen Anstrengungen aller Werktätigen hatte sich die Dynamik der Volkswirtschaft erhöht. Doch nicht in jedem Fall entsprachen die Ergebnisse bereits den Planzielen und den Anforderungen.

Zudem wurde deutlich, daß sich die außenwirtschaftlichen Bedingungen der DDR erheblich veränderten. Während in den sechziger Jahren

Index der Preise ausgewählter Warengruppen auf kapitalistischen Märkten (nach dem Preisindex der UNO auf der Basis des US-Dollars)

1970 = 100

Jahr	Alle Handelswaren	Industrielle Fertigerzeugnisse	Rohstoffe insges.	darunter Industrierohstoffe			Nahrungsgüterrohstoffe
				mineralischen Ursprungs	darunter Energieträger	landwirtschaftlichen Ursprungs	
1965	91	88	95	94	96	102	93
1971	105	105	110	119	121	104	106
1972	114	113	125	131	140	122	122
1973	142	133	180	173	189	196	175
1974	199	162	308	473	577	224	232
1975	214	182	302	494	588	196	219

die Preise auf dem kapitalistischen Weltmarkt nur geringfügig gestiegen waren, setzte 1973 eine unvorhergesehene, explosionsartige Erhöhung der Preise besonders für Brenn- und Rohstoffe ein. Im Unterschied zu den nun notwendigen, teils vielfachen finanziellen Aufwendungen für den Import solcher Produkte waren die Preise für Fertigerzeugnisse, die zu einem großen Teil den Export der DDR ausmachten, in weit geringerem Maße gestiegen.

Ein grundlegend verändertes Niveau der Preise auf den kapitalistischen Märkten war entstanden. Das ergab sich zum einen daraus, daß es der Organisation erdölexportierender Länder (OPEC) auf Grund des veränderten internationalen Kräfteverhältnisses gelungen war, ihren Einfluß auf die Festlegung des Erdölpreises zu erhöhen. Die 13 Mitgliedstaaten dieser Organisation, Entwicklungsländer in Afrika, Asien und Lateinamerika, beabsichtigten dadurch, für die Entwicklung ihrer nationalen Wirtschaften und die Festigung ihrer ökonomischen Unabhängigkeit von den imperialistischen Staaten größere Erlöse für Rohstoffexporte zu erzielen. Die entscheidende Ursache für die Preisexplosion war jedoch das Streben der kapitalistischen Konzerne nach Maximalprofit. Ihre beherrschende Stellung bei der Förderung, der Verarbeitung, dem Transport und dem Vertrieb der Rohstoffe versetzte die Monopole nach wie vor in die Lage, auch die Endverbraucherpreise zu diktieren.

Die Preisexplosion konfrontierte die DDR, ein Land mit entwickelter verarbeitender Industrie, das weitgehend auf Rohstoffimporte angewiesen war und blieb, mit komplizierten Problemen, die bei der Entscheidung über den laufenden Fünfjahrplan nicht hatten vorausgesehen werden können. Für Roh-, Brennstoff- sowie Nahrungs- und Genußmittelimporte benötigte die DDR von 1973 bis 1976 zusätzliche Aufwendungen von rund 14 Milliarden Valuta-Mark. Im gleichen Zeitraum zahlte der Staat zur Stützung der Industriepreise 7 Milliarden Mark an Subventionen. Um die Verwirklichung des Fünfjahrplanes zu sichern, standen die Außenwirtschaftsorgane vor der schwierigen Aufgabe, die Exporte in das nichtsozialistische Wirtschaftsgebiet überdurchschnittlich zu steigern und dafür höhere Devisenerlöse zu erzielen.

Bereits Ende 1974 ging die Führung der SED davon aus, daß die Preisexplosion auf dem kapitalistischen Weltmarkt nicht eine vorübergehende, zeitweilige Erscheinung darstellte; vielmehr würden die Preise für Rohstoffe und Materialien nicht wieder auf den Stand zu Beginn der siebziger Jahre zurückgehen. Sie beschloß Maßnahmen zur Einsparung von Treibstoffen und Heizöl in der Volkswirtschaft sowie zur Ablösung von Importen aus kapitalistischen Staaten.

Die Mitgliedsländer des RGW waren bestrebt, die Auswirkungen der spekulativen und konjunkturellen Schwankungen auf den kapitalistischen Märkten auf ihre Volkswirtschaften sowie auf ihre Zusammenarbeit so gering wie möglich zu halten. Sie mußten aber den Einfluß der steigenden Weltmarktpreise auf die Preise in ihrem gegenseitigen Warenaustausch in Rechnung stellen. Außerdem erforderten auch in den sozialistischen Ländern die Erkundung, die Erschließung, die Förderung und der Transport von Roh- und Brennstoffen rasch steigende Aufwendungen. Deshalb vereinbarten die Länder des RGW ab 1975, die Preise im gegenseitigen Warenaustausch auf der Basis der durchschnittlichen Weltmarktpreise aus den vorangegangenen fünf Jahren für jedes Jahr neu festzulegen. Während bis dahin die Preise für jeweils fünf Jahre bestimmt worden waren, ergab sich nunmehr für jedes Jahr eine veränderte Situation.

Diese neue Lage und der steigende Bedarf an Roh- und Brennstoffen waren für das Zentralkomitee der SED und den Ministerrat der DDR Anlaß, die Orientierung des VIII. Parteitages auf die stärkere Nutzung der einheimischen Naturressourcen mit größerer Konsequenz zu verwirklichen.

Initiativen zur Intensivierung in Industrie und Landwirtschaft

Die sich verändernden Reproduktionsbedingungen machten es unumgänglich, die Fragen der sozialistischen Intensivierung in allen Bereichen der Wirtschaft mit neuer Schärfe zu stellen. Für die weitere erfolgreiche Verwirklichung der Hauptaufgabe mußten die Arbeitsproduktivität wesentlich erhöht und die Effektivität der Volkswirtschaft grundlegend verbessert werden. Das Zentralkomitee der SED entwickelte eine langfristige Konzeption zur Durchsetzung der Intensivierung, für die umfassende und komplexe Nutzung der qualitativen Faktoren der sozialistischen Produktion. Dringlicher als zuvor bestand das Kernproblem darin, den wissenschaftlich-technischen Fortschritt zu beschleunigen und seine Ergebnisse besser zu nutzen. Besonders kam es darauf an, mit Hilfe von Wissenschaft und Technik hohe Steigerungsraten in der Arbeitsproduktivität zu erreichen.

Besonders große Anstrengungen der Werktätigen erforderten eine sparsame Verwendung und die höhere Veredlung von Rohstoffen, Material und Energie. Das Vorhaben der Belegschaft des Mansfeld Kombinates, die Produktion wichtiger Rohstoffe über den Plan hinaus zu steigern und dabei gleichzeitig den spezifischen Verbrauch an Rohstoffen, Material und Energie zu senken, wurde 1975 zu einem charakteristischen Merkmal des sozialistischen Wettbewerbs vieler Betriebskollektive. Den Wettbewerb unter der Losung von 1974 »Aus jeder Mark, jeder Stunde Arbeitszeit, jedem Gramm Material einen größeren Nutzeffekt« weiterführend, rangen sie verstärkt darum, die geplante Steigerung der Arbeitsproduktivität, die beabsichtigte Senkung der Kosten und eine bessere Qualität der Erzeugnisse hauptsächlich mit wissenschaftlich-technischen Lösungen zu erreichen. Dabei bewährten sich auf Initiative der Parteiorganisationen in Betrieben und Kombinaten ausgearbeitete Intensivierungskonzeptionen. Sie enthielten Maßnahmen zur umfassenden Einführung einer wissenschaftlichen Arbeitsorganisation und zur Veränderung von Arbeitsnormen auf der Grundlage neuer Technik und Technologie.

Ein wirkungsvolles Mittel, um zusätzliche Reserven in der Produktion aufzudecken und zu nutzen, stellten Betriebskonferenzen zur Steigerung der Arbeitsproduktivität dar. Durch eine solche Konferenz zu Überlegungen angeregt, wie man Maschinen und Arbeitszeit besser ausnutzen kann, schrieb Karl-Heinz Hübner, Maschinenführer im VEB Reifenwerk Fürstenwalde, im Dezember 1974 »Notizen zum Plan«. Diese Initiative, die bald in vielen Betrieben der DDR angewandt wurde, die Bewegung, einen Tag im Monat oder im Quartal mit eingespartem Material zu arbeiten und die Entwicklung anderer neuer sowie die Weiterführung bewährter Wettbewerbsformen, zeugten davon, daß sich viele Werktätige den wesentlich höheren Anforderungen bewußt stellten. Sie trugen maßgeblich dazu bei, Reserven in der Volkswirtschaft zu erschließen.

Grundlage für die Intensivierung und den schrittweisen Übergang zu industriemäßigen Produktionsmethoden in der Landwirtschaft bildete die allseitige Festigung und Entwicklung der kooperativen Abteilungen Pflanzenproduktion (KAP). Sie erwiesen sich als geeignet, bei steigender Produktion und Arbeitsproduktivität längerfristig alle Bedingungen herauszubilden, um planmäßig zur Schaffung von spezialisierten Einrichtungen der Pflanzen- beziehungsweise der Tierproduktion übergehen zu können. Die SED, die staatlichen Organe und die Demokratische Bauernpartei Deutschlands förderten und leiteten diese Entwicklung. Die Zahl der KAP stieg von 283 im Jahre 1971 auf 1 210 im Jahre 1975. Sie bewirtschafteten 85 Prozent und die aus den KAP bereits entstandenen LPG und VEG Pflanzenproduktion weitere 5 Prozent der landwirtschaftlichen Nutzfläche der sozialistischen Betriebe. Kooperationsräte organisierten das Zusammenwirken der genossenschaftlichen und volkseigenen Betriebe der Pflanzen- und der Tierproduktion.

Auf Grund der Anwendung neuester wissenschaftlicher Erkenntnisse, durch Chemisierung, Mechanisierung und Melioration, sowie durch Züchtung ertragreicher Pflanzensorten und Tierbestände gelang es, die landwirtschaftliche Produktion zu erhöhen. Die Industrie leistete einen größeren Beitrag zum Ausbau der materiell-technischen Basis der Landwirtschaft, zu einer höheren Nahrungsmittelproduktion.

Auf dem Wege der sozialistischen ökonomischen Integration

Erste Resultate und Erfahrungen bei der Realisierung des Komplexprogramms des RGW zeigten, daß die sozialistische ökonomische Integration noch nicht in dem Tempo vorankam, wie es die Erfordernisse der Volkswirtschaften der sozialistischen Länder und die Klassenauseinandersetzung zwischen Sozialismus und Imperialismus verlangten. Dieser Umstand war hauptsächlich bedingt durch die Kompliziertheit und Neuartigkeit der im Programm festgelegten über 200 Maßnahmen zur Verwirklichung des Programms. Es mußten erst solche Formen der Zusammenarbeit entwickelt, erprobt und eingeführt werden, die auf ausgewählten Gebieten ein effektiveres Zusammenwirken der Mitgliedsländer des RGW ermöglichten und förderten.

Die bestehenden Probleme konnten nur durch die Erhöhung der Verantwortung aller Bruderländer für die Erfüllung der eingegangenen internationalen Verpflichtungen bewältigt werden. Das mußte als vorrangige politische Aufgabe verstanden werden. Dazu waren eine hohe Disziplin der Vertragspartner und die weitere Vertiefung des internationalistischen Denkens und Handelns der Werktätigen unerläßlich. Die SED nahm durch ihre massenpolitische Arbeit darauf Einfluß, daß in der Volkswirtschaft und in der gesellschaftlichen Entwicklung insgesamt bei allen Entscheidungen über die DDR hinaus gedacht und von den Anforderungen der sozialistischen Staatengemeinschaft, vom Beitrag der DDR zu deren Stärkung ausgegangen wurde. Der Ministerrat der DDR nahm ab 1974 wichtige Integrationsmaßnahmen und -vorhaben in den Volkswirtschaftsplan auf und faßte sie in einem gesonderten Planteil sozialistische ökonomische Integration zusammen.

Im Interesse der gesamten sozialistischen Gemeinschaft und der Versorgung der nationalen Volkswirtschaften mit Rohstoffen und Energie wirkte die DDR verstärkt an der gemeinsamen Erschließung neuer Rohstoffvorkommen vor allem in der UdSSR mit. Allein für 1975 stellte sie dafür eine Investitionsbeteiligung in Höhe von 1,1 Milliarden Mark bereit.

Auf Vorschlag des Politbüros des ZK der SED übernahm die FDJ 1974 den Bau des von der DDR zu errichtenden 550 Kilometer langen Abschnitts der Erdgasleitung »Sojus« von Orenburg bis zur Westgrenze der UdSSR als Zentrales Jugendobjekt »Drushba-Trasse«. Dafür lieferte die DDR 400 000 Tonnen Stahlrohre, 120 000 Tonnen Beton und Stahlbeton sowie 3 000 Tonnen Isolationsmaterial. Etwa 5 800 Arbeitskräfte aus der DDR beteiligten sich an der Bewältigung der komplizierten Aufgaben beim Bau der Erdgasleitung. Aktiv nahm die DDR an der Arbeit neugegründeter internationaler Wirtschaftsvereinigungen und an weiteren Formen der multilateralen Kooperation der Länder des RGW teil.

Die Verwirklichung der Beschlüsse des Komplexprogramms förderte den gegenseitigen Außenhandelsumsatz der Länder des RGW, zu denen seit 1972 auch Kuba gehört. Im Zeitraum von 1970 bis 1975 verdoppelte er sich.

Umsatz mit den RGW-Ländern
(in Preisen des jeweiligen Jahres in Mill. Rubel)

Land	1960	1965	1970	1975
Bulgarien	872	1 547	2 570	5 551
DDR	2 679	3 672	5 709	10 550
Kuba	192	855	1 355	3 070
Mongolei	–	–	–	336
Polen	1 437	2 489	4 067	8 485
Rumänien	821	1 189	1 689	3 022
Tschechoslowakei	2 150	3 284	4 329	8 036
UdSSR	5 343	8 474	12 284	26 248
Ungarn	1 037	1 762	2 670	5 714
RGW-Länder insgesamt	14 339	22 417	33 318	71 012

Besonders eng gestaltete die DDR die Zusammenarbeit mit ihrem größten Wirtschaftspartner, der UdSSR. Der Warenaustausch zwischen beiden Ländern stieg von 1971 bis 1975 gegenüber dem vorangegangenen Planjahrfünft um 50 Prozent. Dabei wuchs der Anteil der spezialisierten Erzeugnisse am Export der DDR in die UdSSR von 0,7 Prozent im Jahre 1970 auf 27 Prozent im Jahre 1975. In der ersten Hälfte der siebziger Jahre bearbeiteten etwa 300 Forschungseinrichtungen und Betriebe der DDR und über 400 der UdSSR gemeinsam über 800 Forschungsthemen.

Erste positive Erfahrungen sammelten beide Staaten bei der gemeinsamen Rekonstruktion und Rationalisierung ausgewählter Betriebe. So stieg im Armaturenwerk »Karl Marx« Magdeburg nach Abschluß der Rekonstruktion die Arbeitsproduktivität auf das 1,8- bis 2,1fache. Mitte Juni 1973 gründeten die DDR und die UdSSR auf dem Gebiet der Fotochemie die gemeinsame Wirtschaftsorganisation »Assofoto«. Damit wurde erstmals Kurs darauf genommen, für einen ganzen Produktionsbereich in beiden Staaten die Forschungs- und Produktionskapazitäten konzentriert und abgestimmt zu entwickeln. 1974 folgte »Domochim«, eine gemeinsame Organisation zur Produktion von Erzeugnissen der Haushaltchemie.

Erfolgreich gestaltete sich auch die bilaterale Zusammenarbeit mit der Volksrepublik Polen, der ČSSR und anderen RGW-Ländern. Davon zeugte auch die Aufnahme des Dauerbetriebes der gemeinsamen Baumwollspinnerei der DDR und der VR Polen »Freundschaft« in Zawiercie und die Inbetriebnahme einer 138 Kilometer langen Äthylenleitung für den gemeinsamen Olefinkomplex zwischen den Petrolchemischen Werken in Böhlen, DDR, und dem Chemiekombinat in Záluží, ČSSR.

III. Erfolge im Kampf für Frieden und europäische Sicherheit, für die Stärkung des Sozialismus

Solidarität mit den Kräften des Friedens, der nationalen und sozialen Befreiung

Im Ringen für Frieden, internationale Sicherheit und Entspannung unterstützten die Werktätigen der DDR das vietnamesische Brudervolk in seinem Widerstand gegen die imperialistische Aggression der USA. Sein heldenhafter Kampf, die Solidarität der sozialistischen Staaten und der gesamten fortschrittlichen Menschheit zwangen die USA, wieder an den Verhandlungstisch zurückzukehren. Im Pariser Abkommen vom 27. Januar 1973 verpflichteten sie sich, ihre Truppen vollständig aus Vietnam abzuziehen und dessen Unabhängigkeit, Souveränität, Einheit und territoriale Integrität zu respektieren.

Volksaufstände im Süden des Landes und eine allgemeine Offensive der revolutionären Streitkräfte führten im Frühjahr 1975 schließlich zum Sturz des von den USA ausgehaltenen Saigoner Regimes und zur Befreiung von ganz Vietnam. 1975 beseitigten die Befreiungskräfte in Laos und Kambodscha die reaktionären Regierungen in ihren Ländern.

Nach dem Sieg des vietnamesischen Volkes verstärkten die Bürger der DDR ihre Solidaritätsaktionen, um bei der Überwindung der Kriegsfolgen und beim Aufbau des Sozialismus zu helfen. Die Arbeiter, Genossenschaftsbauern, Wissenschaftler und Kulturschaffenden, Angehörige der bewaffneten Kräfte, Handwerker sowie kirchliche Gemeinschaften, alte und junge Menschen spendeten bis zum Sommer 1975 für das schwer zerstörte Land 480 Millionen Mark.

Der endgültige Sieg der Völker Indochinas über die Aggression des USA-Imperialismus und dessen einheimische Helfershelfer war von historischer und internationaler Tragweite. Er brachte die größte militärische Gegenoffensive des Imperialismus gegen die revolutionären Kräfte nach dem zweiten Weltkrieg endgültig zum Scheitern. Die Beendigung des Krieges in Südostasien ermutigte die friedliebenden und fortschrittlichen Menschen in ihrem antiimperialistischen Kampf und war ein gewichtiger Beitrag zur internationalen Sicherheit.

Einflußreiche imperialistische Kreise in den USA und anderen kapitalistischen Staaten widersetzten sich hartnäckig den Tendenzen der internationalen Entspannung. Sie provozierten in Krisengebieten militärische Konflikte und unterstützten extrem reaktionäre, militaristische und faschistische Kräfte. Damit hofften die Entspannungsgegner zugleich, den revolutionären Weltprozeß aufhalten zu können.

Am 11. September 1973 war in Chile durch einen konterrevolutionären Militärputsch die verfassungsmäßige Regierung der Unidad Popular gestürzt worden. Die Militärs ermordeten den Präsidenten der Republik, Salvador Allende, und errichteten eine faschistische Diktatur. Tausende Mitglieder und Anhänger der Volksfrontregierung wurden ermordet, eingekerkert, verbannt und in die Emigration getrieben. In der DDR entwickelte sich in vielfältigen Formen eine breite Bewegung zur Unterstützung des Kampfes der chilenischen Antifaschisten. Vor allem junge Menschen sandten an den eingekerkerten Generalsekretär der Kommunistischen Partei Chiles, Luis Corvalán, und an die UNO fast 15 Millionen Postkarten mit Solidaritätserklärungen und der Forderung nach der Befreiung der chilenischen Patrioten. Die Koordinierung der Solidaritätsaktionen aller gesellschaftlichen Kräfte in der DDR übernahm das Mitte Oktober 1973 geschaffene Solidaritätszentrum für Chile. Viele Chilenen, die vor der Militärdiktatur flüchten mußten, fanden in der DDR eine neue Heimat.

Ihren Protest gegen die Konterrevolution in Chile verbanden viele Werktätige der DDR mit dem Bekenntnis zur Arbeiter-und-Bauern-Macht, mit neuen Verpflichtungen, den Sozialismus auf deutschem Boden und die ganze sozialistische Staatengemeinschaft stärken zu helfen.

Scharf verurteilten Partei und Regierung im Namen des Volkes der DDR eine erneute Aggression Israels gegen Syrien, Ägypten und Libanon

Erich Honecker unterzeichnet für die DDR die Schlußakte der Konferenz über Sicherheit und Zusammenarbeit in Europa in Helsinki, 1. August 1975

Am 1. August 1975 unterzeichneten die höchsten Repräsentanten von 33 europäischen Staaten, der USA und Kanadas in Helsinki die Schlußakte der Konferenz für Sicherheit und Zusammenarbeit in Europa (KSZE). Erich Honecker, der im Namen des Volkes der DDR seinen Namenszug unter dieses historische Dokument setzte, schrieb in seiner Autobiographie darüber: »Nur das Surren der Kameras und das Klicken der Fotoapparate war zu hören. Das Protokoll wollte es, daß ich zwischen dem Bundeskanzler der BRD, Helmut Schmidt, und dem Präsidenten der USA, Gerald Ford, saß. So hatte ich das Dokument als zweiter zu unterzeichnen. Jugoslawiens Präsident Josip Broz Tito unterschrieb als letzter. Kaum hatte er es getan, brandete lang anhaltender Beifall auf. Keiner der Anwesenden konnte sich der Größe des historischen Aktes entziehen.«[1]

Im 30. Jahr nach dem Sieg der Staaten und Völker der Antihitlerkoalition über den Faschismus bestätigten die Konferenzteilnehmer mit ihrer Unterschrift nunmehr auch multilateral die Ergebnisse des zweiten Weltkrieges und der Nachkriegsentwicklung in Europa, die bereits in zweiseitigen Verträgen fixiert worden waren. Damit bekräftigten sie die Wende vom kalten Krieg zur Entspannung.

1 Erich Honecker: Aus meinem Leben, Berlin 1988, S. 377.

Zum ersten Mal in der Geschichte war es gelungen, einen Kodex für die Anwendung der Prinzipien der friedlichen Koexistenz in den Beziehungen zwischen den Staaten unterschiedlicher Gesellschaftsordnung in Europa zu vereinbaren. Von größter Tragweite für die zwischenstaatlichen Beziehungen sind die folgenden Prinzipien: souveräne Gleichheit, Verzicht auf Androhung oder Anwendung von Gewalt, Unverletzlichkeit der Grenzen, Achtung der territorialen Integrität der Staaten, friedliche Regelung von Streitfällen, Nichteinmischung in die Angelegenheiten anderer Staaten, Achtung der Menschenrechte und Grundfreiheiten, Gleichberechtigung und Selbstbestimmungsrecht der Völker, Zusammenarbeit zwischen den Staaten, Erfüllung völkerrechtlicher Verpflichtungen nach Treu und Glauben.

Aus der Gemeinsamen Erklärung des Politbüros des Zentralkomitees der SED, des Staatsrates und des Ministerrates der DDR zum Verlauf und zu den Ergebnissen der Konferenz über Sicherheit und Zusammenarbeit in Europa vom 7. August 1975

»Das herausragende Ergebnis dieser Konferenz ist die einmütige Annahme eines Kodex der konkreten Anwendung der Prinzipien der friedlichen Koexistenz von Staaten unterschiedlicher Gesellschaftsordnung zwischen 33 europäischen Staaten, den USA und Kanada für die Gegenwart und Zukunft. Das ist von weltweiter Bedeutung, da es sich um Staaten handelt, die über gewaltige politische, ökonomische, militärische und kulturelle Potenzen verfügen. Für die Gestaltung des Verhältnisses zwischen diesen Staaten sind nunmehr jene Prinzipien der friedlichen Koexistenz festgelegt, die W. I. Lenin an der Wiege des Sowjetstaates begründet hat und für deren Verwirklichung seither vielfältige Anstrengungen unternommen worden sind. ...

Mit der Konferenz wird ein neuer Abschnitt im Kampf um Frieden und Sicherheit in Europa eingeleitet. Ihre Festlegungen sind unter Berücksichtigung der geschichtlichen Erfahrungen der Völker auf die Zukunft gerichtet. Sie eröffnen neue Möglichkeiten, den Entspannungsprozeß unumkehrbar zu machen und auszudehnen. Damit wird zugleich ein Beispiel für andere Regionen der Welt gegeben. Die Konferenz von Helsinki kann neue Impulse auslösen, um bestehende Spannungsherde zu beseitigen und Konflikte friedlich zu lösen.«

Dokumente zur Außenpolitik der Deutschen Demokratischen Republik 1975, Bd. XXIII, 2. Halbbd., Berlin 1979, S. 760, 762.

Für die DDR, unmittelbar an der Trennlinie zwischen Sozialismus und Imperialismus in Europa gelegen und durch ihre fast 1400 Kilometer lange Grenze zur BRD direkt mit dem aggressiven NATO-Pakt konfrontiert, besaß gerade die Anerkennung dieser Prinzipien außerordentliches Gewicht. Die Resultate von Helsinki waren für alle Beteiligten vorteilhaft und nützlich. Sie demonstrierten eindrucksvoll die Kompromißfähigkeit beider Systeme, verwischten aber auch nicht die Gegensätzlichkeit in der Ideologie und in der Gesellschaftsordnung. Gleichzeitig widerspiegelte die Schlußakte der Konferenz das reale internationale Kräfteverhältnis und stellte somit eine erneute schwere Niederlage der reaktionärsten und aggressivsten, gegen die Entspannung wirkenden Kräfte des Imperialismus dar. Die Regierungen der imperialistischen Staaten anerkannten mit ihrer Unterschrift unter die Schlußakte erstmals in dieser umfassenden Form den politischen und territorialen Bestand der sozialistischen Staaten in Europa und das Recht jedes Staates, »sein politisches, soziales, wirtschaftliches und kulturelles System frei zu wählen und zu entwickeln, sowie sein Recht, seine Gesetze und Verordnungen zu bestimmen«[2].

In Helsinki veranschaulichten die 24 Begegnungen Erich Honeckers mit Leitern von Delegationen kapitalistischer Länder, daß die DDR in eine neue Etappe ihrer internationalen Beziehungen, insbesondere zu den kapitalistischen Industriestaaten, eingetreten war. Erstmals führte er Gespräche mit führenden Repräsentanten dieser Länder, so mit dem Präsidenten der USA, Gerald Ford, dem Bundeskanzler der BRD, Helmut Schmidt, dem Premierminister Kanadas, Pierre Trudeau.

Insgesamt war mit dem erfolgreichen Abschluß der Konferenz in Helsinki eine wesentliche Aufgabe im Kampf um Frieden und Sicherheit in Europa, die die sozialistischen Staaten in den sechziger Jahren in Angriff genommen hatten, gelöst und ein wichtiges Ziel des Friedenskonzepts des VIII. Parteitages der SED, des gemeinsamen außenpolitischen Kurses der kommunistischen und Arbeiterparteien der Staaten des Warschauer Vertrages erreicht.

Freundschaftsvertrag DDR–UdSSR

Mitte der siebziger Jahre waren die Bedingungen herangereift, die vertraglichen Grundlagen für das brüderliche Bündnis zwischen der DDR und der UdSSR weiterzuentwickeln. Notwendig und möglich machten das

2 Dokumente zur Außenpolitik der Deutschen Demokratischen Republik 1975, Bd. XXIII, 2. Halbbd., Berlin 1979, S. 683.

der Stand der gesellschaftlichen Entwicklung in beiden Ländern, die zunehmenden Dimensionen ihrer gegenseitigen Beziehungen, die neue internationale Stellung der DDR, die Wandlungen in Europa und in der Welt, insbesondere im Zusammenhang mit der Konferenz von Helsinki.

All diese Veränderungen fanden ihre Widerspiegelung im Vertrag über Freundschaft, Zusammenarbeit und gegenseitigen Beistand zwischen der DDR und der UdSSR vom 7. Oktober 1975. Das in Moskau von den führenden Repräsentanten beider Länder unterzeichnete Dokument beinhaltete die Hauptrichtungen des komplexen Zusammenwirkens beider Staaten für einen Zeitraum von mindestens 25 Jahren.

Aus dem Vertrag über Freundschaft, Zusammenarbeit und gegenseitigen Beistand zwischen der Deutschen Demokratischen Republik und der Union der Sozialistischen Sowjetrepubliken vom 7. Oktober 1975

»Artikel 2

Die Hohen Vertragschließenden Seiten werden die Anstrengungen zur effektiven Nutzung der materiellen und geistigen Potenzen ihrer Völker und Staaten für die Errichtung der sozialistischen und kommunistischen Gesellschaft und die Festigung der sozialistischen Gemeinschaft vereinen.

In Übereinstimmung mit den Grundsätzen und Zielen der sozialistischen ökonomischen Integration und um die materiellen und kulturellen Bedürfnisse ihrer Völker besser zu befriedigen, werden sie die gegenseitig vorteilhafte zwei- und mehrseitige wirtschaftliche und wissenschaftlich-technische Zusammenarbeit, einschließlich der Zusammenarbeit im Rahmen des Rates für Gegenseitige Wirtschaftshilfe, festigen und erweitern.

Beide Seiten werden die langfristige Koordinierung und Abstimmung der Volkswirtschaftspläne fortführen, die Spezialisierung und Kooperation in Produktion und Forschung erweitern, Perspektivmaßnahmen zur Entwicklung der wichtigsten Zweige von Wirtschaft, Wissenschaft und Technik abstimmen, die bei der Errichtung des Sozialismus und Kommunismus gesammelten Erkenntnisse und Erfahrungen austauschen und im Interesse der Erhöhung der Effektivität der gesellschaftlichen Produktion ein immer engeres Zusammenwirken der nationalen Wirtschaften beider Staaten sichern. ...

Artikel 5

Die Hohen Vertragschließenden Seiten werden auch künftig alle von ihnen abhängenden Maßnahmen zur konsequenten Verwirklichung der Prinzipien der friedlichen Koexistenz von Staaten mit unterschiedlicher Gesellschaftsordnung, zur Erweiterung und Vertiefung des Entspannungsprozesses in den internationalen Beziehungen ergreifen und danach streben, den Krieg endgültig aus dem Leben der Völker zu verbannen. Sie werden alles daransetzen, um den internationalen Frieden und die Sicherheit der Völker gegen Anschläge aggressiver Kräfte des Imperialismus und der Reaktion zu schützen, das Wettrüsten einzustellen, zur allgemeinen und vollständigen Abrüstung beizutragen, den Kolonialismus in all seinen Formen und Erscheinungen endgültig zu beseitigen und die von kolonialer Unterdrückung befreiten Staaten bei der Stärkung ihrer nationalen Unabhängigkeit und Souveränität zu unterstützen.«

Dokumente zur Außenpolitik der Deutschen Demokratischen Republik 1975, Bd. XXIII, 1. Halbbd., Berlin 1979, S. 396/397.

Ausgehend von den Prinzipien des sozialistischen Internationalismus, beschlossen die beiden Vertragspartner, auch künftig die Beziehungen der unzerstörbaren Freundschaft und der brüderlichen gegenseitigen Hilfe auf allen Gebieten zu festigen. Der Vertrag hatte die weitere Annäherung der Völker der DDR und der UdSSR zum Ziel. Ausdrücklich wurde in ihm verankert, die Zusammenarbeit zwischen den Organen der Staatsmacht und der gesellschaftlichen Organisationen, die direkten Kontakte und Begegnungen zwischen Werktätigen, vor allem der Jugend, zu fördern und zu entwickeln.

Er bekundete die feste Absicht der DDR und der UdSSR, auch weiterhin alle von ihnen abhängenden Maßnahmen zur konsequenten Verwirklichung der Prinzipien der friedlichen Koexistenz von Staaten unterschiedlicher Gesellschaftsordnung und zur Erweiterung und Vertiefung des Entspannungsprozesses zu ergreifen. Gleichzeitig verpflichteten sich beide Staaten, die notwendigen Maßnahmen zum Schutz und zur Verteidigung der historischen Errungenschaften beider Länder zu treffen und gemeinsam mit den anderen Staaten des Warschauer Vertrages die Unantastbarkeit ihrer Grenzen, einschließlich der Grenzen zwischen der DDR und der BRD, zu gewährleisten.

Der Vertrag zog die Bilanz des zurückgelegten Weges, verallgemeinerte die gemeinsam gesammelten Erfahrungen und leitete einen neuen Abschnitt in den Beziehungen beider Parteien, Staaten und Völker ein. Er festigte die internationale Position der DDR. Von ihm gingen wesentliche Impulse für die Erneuerung der Freundschaftsverträge zwischen der DDR und anderen Ländern der sozialistischen Gemeinschaft in der zweiten Hälfte der siebziger Jahre aus.

Die historisch weitgespannten Vereinbarungen mit der Sowjetunion vom Oktober 1975 gehörten zu den stabilen Fundamenten, auf denen die SED ihre Politik zur weiteren Gestaltung der entwickelten sozialistischen Gesellschaft ausarbeiten konnte.

Literatur

- W. I. Lenin: Die nächsten Aufgaben der Sowjetmacht, Berlin 1987, S. 78–82, oder in: Marx/Engels/Lenin: Über den sozialistischen Aufbau, Berlin 1985, S. 219–222, oder in: Marx/Engels/Lenin: Über den Sozialismus, Berlin 1987, S. 257–260, oder in: Lenin: Ausgewählte Werke in drei Bänden, Bd. II, S. 754–757, oder in: Ausgewählte Werke in sechs Bänden, Bd. IV, S. 351–355, oder in: Werke, Bd. 27, S. 250–253.
- Geschichte der SED. Abriß, Berlin 1978, S. 595–606, 613–628.
- 70 Jahre Kampf für Sozialismus und Frieden, für das Wohl des Volkes. Thesen des Zentralkomitees der SED zum 70. Jahrestag der Gründung der Kommunistischen Partei Deutschlands, V., These 33, Berlin 1988, S. 83–85.

Weitere Literatur

- 13. Tagung des ZK der SED, 12.–14. Dezember 1974. Aus dem Bericht des Politbüros an die 13. Tagung des ZK der SED. Berichterstatter: Genosse Erich Honecker, Berlin 1974, S. 25–28, 30–32, 33/34, 44, oder in: Erich Honecker: Reden und Aufsätze, Bd. 3, Berlin 1978, S. 269–271, 273–275, 276, 285/286, oder in: Zum Wohle des Volkes. Die Verwirklichung des sozialpolitischen Programms der SED, 1971–1978. Dokumentation, Berlin 1980, S. 157–163.
- Erich Honecker: Über die Vorbereitung des IX. Parteitages. Aus der Rede auf der Beratung des Sekretariats des Zentralkomitees der SED mit den 1. Sekretären der Kreisleitungen, 27. Oktober 1975. In: Reden und Aufsätze, Bd. 4, Berlin 1977, S. 115–132.

Hinweise für den Propagandisten

Zielstellung

Studium und Diskussion sollen
- Kenntnisse darüber vermitteln, wie sich die vom VIII. Parteitag der SED beschlossene Strategie bewährte, daß ihre konsequente Realisierung auf politischem, ökonomischem und geistig-kulturellem Gebiet zu tiefgreifenden positiven Wandlungen im Leben des Volkes der DDR führte;
- verdeutlichen, wie der volkswirtschaftliche Aufschwung der DDR durch die Vertiefung und Ausgestaltung der Zusammenarbeit mit der Sowjetunion und den anderen sozialistischen Bruderländern vor allem auf der Grundlage des Komplexprogramms der sozialistischen ökonomischen Integration wesentlich beeinflußt wurde;
- zeigen, wie die Partei den Kampf gegen die feindliche Diversion, gegen Aktionen des Gegners organisierte;
- die Überzeugung festigen, daß die Ergebnisse der Entspannung nur durch den entschiedenen Kampf, durch das gemeinsame Handeln der sozialistischen Staatengemeinschaft und aller am Frieden interessierten Kräfte, gegen den Widerstand der Entspannungsfeinde errungen werden konnten und von großer aktueller Bedeutung für den Kampf gegen die imperialistische Konfrontations- und Hochrüstungspolitik sind.

Schwerpunkte

■ **Wodurch war das Ringen der Werktätigen um höhere Effektivität der Volkswirtschaft und um die weitere Verwirklichung der Hauptaufgabe in ihrer Einheit von Wirtschafts- und Sozialpolitik gekennzeichnet?**
- Um ein stabiles wirtschaftliches Wachstum zu erreichen, orientierte die Partei mit größerer Konsequenz auf die Durchsetzung des wissenschaftlich-technischen Fortschritts.
- Der sozialistische Wettbewerb und die Initiativen der Werktätigen wurden darauf gerichtet, die sozialistische Intensivierung durch die komplexe Rationalisierung voranzubringen.
- Die gestiegene wirtschaftliche Leistungskraft ermöglichte weitere soziale Verbesserungen. Das Wohnungsbauprogramm entwickelte sich zum Kernstück des sozialpolitischen Programms der SED.

– Die Realisierung der Hauptaufgabe erforderte gleichzeitig weiterführende Maßnahmen im geistig-kulturellen Bereich und bei der Vervollkommnung der politischen Organisation der sozialistischen Gesellschaft.
– Infolge der veränderten außenwirtschaftlichen Bedingungen erwuchsen höhere Anforderungen an die Werktätigen, um Reserven in neuen Dimensionen zu erschließen.
– Wachsende Bedeutung für die Stabilität und Dynamik der Volkswirtschaft erlangte die Ausgestaltung der ökonomischen und wissenschaftlich-technischen Zusammenarbeit mit den Mitgliedsländern des RGW. Der Vertrag über Freundschaft, Zusammenarbeit und gegenseitigen Beistand vom 7. Oktober 1975 leitete eine neue Etappe der Beziehungen zur UdSSR ein.

■ **Worin besteht die historische Bedeutung der Konferenz über Sicherheit und Zusammenarbeit in Europa?**

Zu diesem Schwerpunkt könnte ein **Kurzreferat** vorbereitet werden.
– Die Einberufung der europäischen Sicherheitskonferenz war das Ergebnis des langjährigen Ringens der Sowjetunion und der anderen Staaten der sozialistischen Gemeinschaft um Frieden und Sicherheit.
– Die aggressivsten Kräfte des Imperialismus widersetzten sich hartnäkkig dem Prozeß der internationalen Entspannung.
– Mit der Schlußakte der Konferenz von Helsinki wurden die Ergebnisse des zweiten Weltkrieges in Europa nun auch multilateral bestätigt und die Wende vom kalten Krieg zur Entspannung bekräftigt.
– Zum ersten Mal in der Geschichte Europas war es gelungen, einen Kodex für die Anwendung der Prinzipien der friedlichen Koexistenz in den Beziehungen zwischen den Staaten unterschiedlicher Gesellschaftsordnung zu vereinbaren.

Weitere Literatur für den Propagandisten

▶ W. I. Lenin: IX. Gesamtrussischer Sowjetkongreß, 23.–28. Dezember 1921. In: Lenin: Über die Politik der friedlichen Koexistenz, Berlin 1977, S. 140–144, oder in: Ausgewählte Werke in sechs Bänden, Bd. VI, S. 448–453, oder in: Werke, Bd. 33, S. 133–138.

▶ W. I. Lenin: XI. Parteitag der KPR(B), 27. März–2. April 1922. In: Lenin: Über die Politik der friedlichen Koexistenz, Berlin 1977, S. 174/175, oder in: Ausgewählte Werke in drei Bänden, Bd. III, S. 767/768, oder in: Ausgewählte Werke in sechs Bänden, Bd. VI, S. 516/517, oder in: Werke, Bd. 33, S. 250/251.

- W. I. Lenin: Unterredung mit dem Korrespondenten der amerikanischen Zeitung »The World«, Lincoln Eyre. In: Marx/Engels/Lenin: Über den revolutionären Weltprozeß, Berlin 1985, S. 327/328, oder in: Lenin: Ausgewählte Werke in sechs Bänden, Bd. V, S. 409, oder in: Werke, Ergänzungsband, Oktober 1917–März 1923, S. 165/166.
- Erich Honecker: Aus meinem Leben, Berlin 1988, S. 261/262, 304–314, 363–369, 378–386, oder Berlin 1982, S. 374/375, 430–444, 509–525, 537–549.

Zusätzliche Materialien

- Zum Wohle des Volkes. Die Verwirklichung des sozialpolitischen Programms der SED, 1971–1978. Dokumentation, Berlin 1980, S. 119–152, 164–165.

THEMA 4

Das vom IX. Parteitag beschlossene Programm der SED – Grundlage unserer wissenschaftlichen Gesellschaftsstrategie. Die Wechselwirkung von starkem Sozialismus und sicherem Frieden (1976)

I. Der IX. Parteitag der SED

Volksaussprache in Vorbereitung des Parteitages

Die Politik des VIII. Parteitages der SED zur Gestaltung der entwickelten sozialistischen Gesellschaft in der DDR hatte tiefgreifende Veränderungen in allen gesellschaftlichen Bereichen und in der internationalen Stellung des ersten Arbeiter-und-Bauern-Staates auf deutschem Boden bewirkt. Ein neuer Entwicklungsabschnitt in der Geschichte der DDR war eingeleitet worden. Die weitreichenden Entscheidungen des VIII. Parteitages für die Innen- und Außenpolitik der DDR, die bei der Realisierung seiner Beschlüsse gewonnenen Erfahrungen und errungenen Erfolge machten ein neues Parteiprogramm erforderlich.

Die SED bereitete ihr neues Programm langfristig vor. Bereits 1972 hatte das Zentralkomitee den Auftrag erteilt, das Parteiprogramm und das Parteistatut im Lichte der Beschlüsse des VIII. Parteitages der SED zu überarbeiten.[1] Die dafür eingesetzten Kommissionen unter der Leitung von Erich Honecker (Programmkommission) und Paul Verner (Statutenkommission) bewältigten in den folgenden Jahren eine umfangreiche Arbeit. Die Entwürfe des neuen Programms und des überarbeiteten Statuts wurden zusammen mit dem Entwurf der Direktive zur Entwicklung der Volkswirtschaft in den Jahren 1976 bis 1980 Mitte Januar 1976 in Vorbereitung des IX. Parteitages veröffentlicht und zur Diskussion gestellt.

Damit schuf die SED die Voraussetzungen für eine breite demokratische Volksaussprache. Die Partei forderte alle Bürger der DDR, unabhän-

1 Siehe Dokumente der Sozialistischen Einheitspartei Deutschlands, Bd. XIV, Berlin 1977, S. 159, 161.

gig von ihrer Parteizugehörigkeit, politischen Überzeugung, Klassenzugehörigkeit oder weltanschaulichen Bindung, auf, ihre Meinung zu den grundlegenden Dokumenten der führenden Kraft der Gesellschaft zu äußern. Sie erhielten die Möglichkeit, ihre Gedanken und konstruktiven Vorschläge in die Diskussion über die Generallinie der SED einzubringen.

Das vorrangige Interesse der Parteimitglieder und vieler anderer Bürger galt dem Entwurf des neuen Parteiprogramms, steckte es doch die Wege und Ziele für die weitere Entwicklung des Sozialismus in der DDR ab, für seine Gestaltung und Vervollkommnung in einem längeren historischen Abschnitt.

In der Volksaussprache begrüßten viele Werktätige die in den Dokumentenentwürfen bekundete Absicht der Partei, die volksverbundene, auf die Verbesserung der materiellen und kulturellen Lebensbedingungen der Bürger gerichtete Politik des VIII. Parteitages auf lange Sicht fortzusetzen. Sie erklärten ihre Zustimmung zum Kurs der Hauptaufgabe und bekundeten ihre Bereitschaft, ihn auch künftig tatkräftig verwirklichen zu helfen.

Die umfassende Darlegung der Aufgaben bei der Gestaltung der entwickelten sozialistischen Gesellschaft und ihrer Perspektiven regte viele Bürger aller Klassen und Schichten an, sich mit Hinweisen und Vorschlägen für Veränderungen, Ergänzungen oder Präzisierungen an das Zentralkomitee der SED zu wenden. Vor allem Arbeiter, Techniker und Ingenieure sprachen sich dafür aus, das Prinzip »Jeder nach seinen Fähigkeiten, jedem nach seiner Leistung« konsequenter durchzusetzen. Andere regten an, die Aufgaben der Intelligenz im Bündnis mit der Arbeiterklasse, der Klasse der Genossenschaftsbauern und den anderen Werktätigen präziser zu fassen und ihre schöpferischen Potenzen stärker zu würdigen. Zahlreiche Vorschläge wurden zur Förderung von Handwerk und Gewerbe und ihren Perspektiven im Sozialismus unterbreitet. Viele Zuschriften galten Fragen der politischen Organisation der entwickelten sozialistischen Gesellschaft und der weiteren Entfaltung der sozialistischen Demokratie. Die befreundeten Parteien – DBD, CDU, LDPD und NDPD – erarbeiteten Studien, aus denen sie konkrete Vorschläge und weiterführende Anregungen ableiteten.

Die Vorbereitung des IX. Parteitages der SED, besonders die freimütige Diskussion der Entwürfe für die zu beschließenden Dokumente, bestätigte, daß sich die SED wie stets von dem bewährten Grundprinzip ihrer marxistisch-leninistischen Politik leiten ließ, alle wichtigen Fragen der gesellschaftlichen Entwicklung mit allen Bürgern, mit den befreundeten Parteien, den Massenorganisationen und der Nationalen Front in demokratischer Aussprache zu beraten. Im Ergebnis der Parteiwahlen und der brei-

Beginn der Aussprache zu den Entwürfen der Dokumente zum IX. Parteitag der SED. Agitatoren aus dem VEB Kühlautomat Berlin, Januar 1976

ten Volksaussprache gingen dem Zentralkomitee 7145 Anträge, Vorschläge, Hinweise und Anregungen zu. Sie schlugen sich in zahlreichen Veränderungen und Ergänzungen der Dokumente vor ihrer Bestätigung durch den IX. Parteitag nieder. Insgesamt erhielt das Zentralkomitee vor und während des IX. Parteitages 1 186 000 Zuschriften, Vorschläge und Stellungnahmen, einbegriffen die persönlichen und kollektiven Verpflichtungen von Werktätigen. Diese vielen Gedanken und Anregungen trugen maßgeblich dazu bei, die Beratungen und Beschlüsse des IX. Parteitages auf den soliden Erfahrungsschatz von Millionen Werktätigen der DDR zu gründen. Eindrucksvoll zeugten sie von der Massenverbundenheit und dem zutiefst demokratischen Charakter der SED.

Fortsetzung des bewährten Kurses

Der IX. Parteitag fand vom 18. bis 22. Mai 1976 in Berlin statt. Im von Erich Honecker erstatteten Bericht konnte das Zentralkomitee feststellen: »Die Ergebnisse unserer Innen- und Außenpolitik beweisen: Was der VIII. Parteitag beschloß, ist Wirklichkeit. Wir sind einen guten, richtigen Weg gegangen. Der Kurs des VIII. Parteitages hat sich voll und ganz bewährt. Mit Recht kann gesagt werden: Die Partei hat ihr Wort eingelöst. Die Arbeit hat sich gelohnt.«[2]

Im Ergebnis der Politik der SED, durch den Fleiß der Werktätigen, durch Veränderungen in der Leitung, Planung und wirtschaftlichen Rechnungsführung sowie durch erste Schritte auf dem Weg der sozialistischen Intensivierung waren die Produktion, die Produktivität und die Effektivität der Volkswirtschaft beträchtlich gestiegen. Es war gelungen, eine Reihe komplizierter Probleme zu lösen, eine größere Planmäßigkeit und Stabilität zu gewährleisten sowie der ökonomischen und sozialen Entwicklung zunehmende Dynamik zu verleihen.

Das vom VIII. Parteitag gestellte Ziel, durch Neubau und Modernisierung 500 000 Wohnungen zu schaffen, wurde um 109 000 Wohnungen überboten. Auch alle weiteren Vorhaben des sozialpolitischen Programms wurden realisiert. Noch nie in der Geschichte der DDR trat der Zusammenhang von wirtschaftlichem und sozialem Fortschritt so unmittelbar spürbar zutage, hatten sich die materiellen und kulturellen Lebensbedingungen von Millionen Werktätigen in solchem Umfang und solchem Tempo verbessert wie seit 1971. Damit waren unter Führung der Partei neue gesellschaftliche Triebkräfte freigesetzt worden.

Die gute Bilanz der Verwirklichung der Beschlüsse des VIII. Parteitages warf nicht nur die Frage nach der kontinuierlichen Fortsetzung dieser Politik und den nächsten Schritten hierbei auf, vielmehr ermöglichte und erforderte sie zugleich Entscheidungen über die langfristige gesellschaftliche Entwicklung in der DDR.

Die SED hatte eine intensive theoretische Arbeit geleistet. Sie hatte die wesentlichen Entwicklungstendenzen des revolutionären Weltprozesses, der Politik des Imperialismus, des Kampfes für Frieden und Sicherheit analysiert. Vor allem waren von ihr die Ergebnisse und Erfahrungen des sozialistischen Aufbaus in der DDR, insbesondere seit 1971, untersucht und verallgemeinert worden. Zugleich hatte sie Erfahrungen der KPdSU und der Bruderparteien anderer sozialistischer Länder studiert. Gestützt auf den Marxismus-Leninismus, auf die eigenen Erfahrungen und die der Bruderparteien, vermochte die SED auf die herangereiften Grundfragen der gesellschaftlichen Entwicklung der DDR unter Beachtung der veränderten inneren und äußeren Bedingungen rechtzeitig schöpferische Ant-

2 IX. Parteitag der SED, Berlin, 18. bis 22. Mai 1976. Bericht des Zentralkomitees der Sozialistischen Einheitspartei Deutschlands an den IX. Parteitag der SED. Berichterstatter: Genosse Erich Honecker, Berlin 1976, S. 5/6.

worten zu geben, die sich seither in der gesellschaftlichen Praxis vollauf bewährten.

Ausgehend von den Resultaten und Erfahrungen ihrer Tätigkeit, den daraus gewonnenen Erkenntnissen und verallgemeinerten Schlußfolgerungen, nach gründlichen Diskussionen in ihren eigenen Reihen und mit den Werktätigen, bestimmte die Partei ihre marxistisch-leninistische Generallinie für den neuen Entwicklungsabschnitt der DDR. Einmütig und unter dem begeisterten Beifall der Delegierten beschloß der IX. Parteitag: »Ausgehend von den geschichtlichen Errungenschaften, die die Arbeiterklasse und alle anderen Werktätigen unter Führung der Sozialistischen Einheitspartei Deutschlands erkämpft haben, und entsprechend den neuen gesellschaftlichen Anforderungen, stellt sich die Sozialistische Einheitspartei Deutschlands für die kommende Periode das Ziel, in der Deutschen Demokratischen Republik weiterhin die entwickelte sozialistische Gesellschaft zu gestalten und so grundlegende Voraussetzungen für den allmählichen Übergang zum Kommunismus zu schaffen.«[3]

Diese Entscheidung von großer Tragweite bestimmte alle vom IX. Parteitag beschlossenen langfristigen Ziele. Umfassend wurden sie im Programm der SED dargelegt, das der Parteitag ebenso wie das Statut der SED und die Direktive zum Fünfjahrplan für die Entwicklung der Volkswirtschaft der DDR in den Jahren 1976 bis 1980 einstimmig beschloß.

Der IX. Parteitag verband seine Entscheidung über die Generallinie der SED mit der Festlegung der unmittelbar nächsten wie der weiterreichenden, künftigen Schritte zu ihrer Verwirklichung. Als Hauptrichtungen des Fünfjahrplanes bestimmte die Direktive die Stärkung der materiell-technischen Basis der Volkswirtschaft, die schnelle Entwicklung der Konsumgüterproduktion und die wesentliche Vertiefung der sozialistischen ökonomischen Integration. Dazu war es erforderlich, dem wissenschaftlich-technischen Fortschritt und seiner Wirksamkeit in der Volkswirtschaft eine neue Qualität zu verleihen, Maschinen, Anlagen und Ausrüstungen für die Produktion wesentlich effektiver zu nutzen, auf diese Weise die Arbeitsproduktivität erheblich zu steigern, eine hohe Qualität der Erzeugnisse zu gewährleisten, die Materialökonomie zu verbessern, den Export zu erhöhen und daraus gute wirtschaftliche Erlöse zu erzielen. Die Direktive orientierte darauf, überall und auf allen Gebieten mit niedrigstem Aufwand höchste Ergebnisse zu erreichen.

In Erwartung steigender Leistungen und zunehmender Effektivität der Volkswirtschaft beschloß der Parteitag wichtige Schritte zur weiteren Erhöhung des materiellen und kulturellen Lebensniveaus der Bevölkerung.

3 Programm der Sozialistischen Einheitspartei Deutschlands, Berlin 1988, S. 10.

Für etwa 2,2 Millionen Bürger sollten sich die Wohnverhältnisse verbessern. Umfangreiche Maßnahmen waren zur Entfaltung des geistig-kulturellen Lebens und zur besseren medizinischen und sozialen Betreuung der Bevölkerung vorgesehen. Andere wichtige Vorhaben waren auf die Verbesserung der Arbeits- und Lebensbedingungen der Werktätigen in den Betrieben sowie der Fürsorge für die älteren Bürger gerichtet.

II. Das neue Parteiprogramm

Gestaltung der entwickelten sozialistischen Gesellschaft – Prozeß tiefgreifender Wandlungen

In ihrem Programm legte die SED ihre grundsätzlichen Ziele, ihre Gesellschaftsstrategie für einen längeren Entwicklungsabschnitt fest. Ausgehend vom Erreichten, von den insgesamt günstigeren inneren und äußeren Positionen der DDR und den wachsenden gesellschaftlichen Anforderungen nahm die Partei neue, höhere Aufgaben in Angriff.

»Die Sozialistische Einheitspartei Deutschlands ist der bewußte und organisierte Vortrupp der Arbeiterklasse und des werktätigen Volkes der sozialistischen Deutschen Demokratischen Republik. Sie verwirklicht die von Marx, Engels und Lenin begründeten Aufgaben und Ziele der revolutionären Arbeiterbewegung. In ihrem Wirken läßt sie sich stets davon leiten, alles zu tun für das Wohl des Volkes, für die Interessen der Arbeiterklasse und aller anderen Werktätigen. Sie sieht ihre Aufgabe darin, die entwickelte sozialistische Gesellschaft weiter zu gestalten. Ihr Ziel ist es, die kommunistische Gesellschaft zu errichten.«

Programm der SED, Berlin 1988, S. 5.

Die vor allem seit dem VIII. Parteitag gewonnenen Erfahrungen verallgemeinernd, charakterisierte das Programm die Gestaltung der entwickelten sozialistischen Gesellschaft als historischen »Prozeß tiefgreifender politischer, ökonomischer, sozialer und geistig-kultureller Wandlungen«[4]. Die Gestaltung der entwickelten sozialistischen Gesellschaft erfordert, alle Vorzüge und Triebkräfte, alle Seiten und Bereiche des gesellschaftli-

4 Ebenda, S. 25.

PROGRAMM
der Sozialistischen
Einheitspartei
Deutschlands

chen Lebens, die Produktivkräfte und Produktionsverhältnisse, die sozialen und politischen Beziehungen, die Wissenschaft und das Bildungswesen, die sozialistische Ideologie und Kultur, die Gesamtheit der Arbeits- und Lebensbedingungen sowie die Landesverteidigung planmäßig auf hohem Niveau zu entwickeln. Im Programm wurde betont, daß die entwikkelte sozialistische Gesellschaft die ungeteilte Herrschaft der sozialistischen Produktionsverhältnisse voraussetzt.

Die SED ließ sich davon leiten, daß – gerade auch unter den Bedingungen der weltweiten Klassenauseinandersetzung mit dem Imperialismus und angesichts der Dynamik der wissenschaftlich-technischen Revolution – der Aufbau und die Vervollkommnung des Sozialismus einen längeren Zeitraum beanspruchen. Nach der Übergangsperiode vom Kapitalismus zum Sozialismus ist ein längerer historischer Abschnitt unerläßlich, in dem die sozialistische Gesellschaft zur vollen Reife gelangt, in dem alle Triebkräfte, Vorzüge, Potenzen, Ideale und Möglichkeiten des Sozialismus voll zur Wirkung gebracht werden.

Davon ausgehend, umriß das Programm der SED in zehn Merkmalen wesentliche Grundsätze und Kriterien der entwickelten sozialistischen Gesellschaft. Zum ersten und wichtigsten Merkmal der Gestaltung des entwickelten Sozialismus bestimmte die SED, »alle materiellen, sozialökonomischen und politisch-ideologischen Voraussetzungen zu schaffen, damit der Sinn des Sozialismus, alles zu tun für das Wohl des Volkes, für die Interessen der Arbeiterklasse, der Genossenschaftsbauern, der Intelligenz und der anderen Werktätigen, auf ständig höherer Stufe verwirklicht wird«[5].

Darin äußert sich zugleich die Auffassung der SED, daß der Sozialismus nichts Starres, ein für allemal Gegebenes ist, sondern eine ständig dynamisch voranschreitende Gesellschaft. Er entwickelt sich in enger Wechselwirkung aller gesellschaftlichen Bereiche unter sich ständig verändernden inneren wie äußeren Bedingungen.

In diesem Sinne unterstrich Erich Honecker auf der Beratung des Sekretariats des Zentralkomitees der SED mit den 1. Sekretären der Kreisleitungen im Februar 1988 in Berlin: »Alle bisherigen Erfahrungen der sozialistischen Staaten haben gezeigt, daß der Aufbau des Sozialismus ein ständiger Prozeß der schöpferischen Suche nach den jeweils besseren Wegen zur Lösung neuer Aufgaben und Probleme ist. Natürlich kommt es darauf an, daß jedes Land auf die neuen Herausforderungen entsprechend den konkreten nationalen und internationalen Bedingungen rechtzeitig und flexibel reagiert. Was die DDR betrifft, so wurde die Ausarbeitung unseres strategischen Konzepts für die weitere Gestaltung der entwickelten sozialistischen Gesellschaft zu keiner Zeit als abgeschlossen betrachtet. Vielmehr gehen wir davon aus, daß dies, wie es im Programm der SED heißt, ein Prozeß tiefgreifender politischer, sozialer und geistig-kultureller Wandlungen ist. Das erfordert, entsprechend unseren nationa-

5 Ebenda.

len Bedingungen immer wieder neue Antworten auf die Fragen zu finden, die das Leben stellt, um unseren gesellschaftspolitischen Kurs ... kontinuierlich weiterzuführen.«[6]

Einheit von Wirtschafts- und Sozialpolitik – langfristiges strategisches Konzept

In ihr Programm nahm die SED die Erkenntnisse des VIII. Parteitages über den Sinn des Sozialismus und die Hauptaufgabe auf: »Entsprechend dem ökonomischen Grundgesetz des Sozialismus besteht die Hauptaufgabe bei der Gestaltung der entwickelten sozialistischen Gesellschaft in der weiteren Erhöhung des materiellen und kulturellen Lebensniveaus des Volkes auf der Grundlage eines hohen Entwicklungstempos der sozialistischen Produktion, der Erhöhung der Effektivität, des wissenschaftlich-technischen Fortschritts und des Wachstums der Arbeitsproduktivität.«[7]

Die Hauptaufgabe in ihrer Einheit von Wirtschafts- und Sozialpolitik leitet sich aus dem humanistischen Wesen des Sozialismus ab. Sie beruht auf der Tatsache, daß – im tiefen Gegensatz zur profitorientierten kapitalistischen Ausbeuterordnung – im Sozialismus der Mensch mit seinen Bedürfnissen und Interessen, seinen Fähigkeiten und Neigungen, seiner Arbeit zum Wohle aller und seiner selbst im Mittelpunkt allen Geschehens steht. Die Einheit von Wirtschafts- und Sozialpolitik setzt jene Triebkräfte frei, die erforderlich sind, um erfolgreich die entwickelte sozialistische Gesellschaft zu gestalten, den Einfluß des Sozialismus auf den revolutionären Weltprozeß zu erhöhen und seine historische Überlegenheit in der Klassenauseinandersetzung mit dem Imperialismus immer wirksamer zur Geltung zu bringen. Sie ist das Fundament für die politische, ökonomische und soziale Stabilität des Sozialismus, für die feste Verbundenheit von Partei und Volk.

In ihrem Programm legte die SED die Hauptrichtungen ihrer Sozialpolitik dar. Deren Kernstück ist das Wohnungsbauprogramm mit seinem Ziel, bis 1990 die Wohnungsfrage als soziales Problem zu lösen.

Das Programm bekräftigte, daß das Leistungsprinzip Grundprinzip der Verteilung im Sozialismus und konsequent durchzusetzen ist. Die Erhöhung des materiellen und kulturellen Lebensniveaus der Werktätigen wird

6 Erich Honecker: Mit dem Volk und für das Volk realisieren wir die Generallinie unserer Partei zum Wohle der Menschen. Aus dem Referat auf der Beratung des Sekretariats des Zentralkomitees der SED mit den 1. Sekretären der Kreisleitungen am 12. Februar 1988, Berlin 1988, S. 15/16.

7 Programm der SED, S. 25/26.

sich auch künftig hauptsächlich über das Arbeitseinkommen als wichtigste Einkommensquelle vollziehen. Festgestellt wurde, daß an der Erhöhung des Realeinkommens zugleich die gesellschaftlichen Fonds einen zunehmenden Anteil haben.

Die Partei orientierte auf die planmäßige Gestaltung der Arbeitsbedingungen sowie auf weitere Schritte zur Erholung und Freizeitgestaltung der Werktätigen. Der Förderung der Familie, der Fürsorge für Mutter und Kind sowie der Unterstützung kinderreicher Familien und junger Ehen sollte stets große Aufmerksamkeit gewidmet werden. Die Versorgung und Betreuung der Werktätigen bei Krankheit und Invalidität sowie die kulturelle, soziale und medizinische Betreuung der Veteranen der Arbeit und aller älteren Bürger galt es schrittweise auszugestalten.

Wie im Programm festgestellt wurde, erfordert die schrittweise Verbesserung des Lebensniveaus aller Werktätigen die erfolgreiche Entwicklung aller gesellschaftlichen Bereiche, insbesondere hohe Leistungen in der sozialistischen Produktion. Der IX. Parteitag begründete die Notwendigkeit, die materiell-technische Basis der Volkswirtschaft der DDR so auszubauen, daß ein planmäßiges dynamisches Wirtschaftswachstum, eine hohe Arbeitsproduktivität und Effektivität der gesellschaftlichen Arbeit gewährleistet werden. Die seit dem VIII. Parteitag gewonnenen Erfahrungen verallgemeinernd, erklärte das Programm die Intensivierung der gesellschaftlichen Produktion zum Hauptweg der wirtschaftlichen Entwicklung der DDR. Damit unterstrich die Partei, daß die Intensivierung keine zeitweilige Orientierung darstellt. Sie gehört zum Wesen der Wirtschaft der entwickelten sozialistischen Gesellschaft und besitzt wie die Politik der Hauptaufgabe als Ganzes langfristigen, strategischen Charakter.

Im Programm kennzeichnete die SED entscheidende Aufgaben der Intensivierung, so die sozialistische Rationalisierung, die Entwicklung und rationelle Nutzung des gesellschaftlichen Arbeitsvermögens, den verstärkten Einsatz einheimischer Energieträger und Rohstoffe, einschließlich der Sekundärrohstoffe, sowie eine entschiedene Senkung des spezifischen Aufwands an Energie, Rohstoffen und Material. Dazu gehören auch eine immer höhere Qualität der Arbeit und der Erzeugnisse, die Verbesserung der Grundfondsökonomie und ein höherer Nutzeffekt der Investitionen.

Das Parteiprogramm bezeichnete den wissenschaftlich-technischen Fortschritt als Hauptfaktor der sozialistischen Intensivierung und die organische Verbindung der Errungenschaften der wissenschaftlich-technischen Revolution mit den Vorzügen des Sozialismus als entscheidend für den wirtschaftlichen und sozialen Fortschritt. Daraus leitete die Partei die

Notwendigkeit ab, den erforderlichen wissenschaftlichen Vorlauf zu sichern, in möglichst kurzen Fristen in Forschung und Entwicklung Ergebnisse von hohem Niveau zu erzielen und diese rasch und in großem Umfang anzuwenden.

Mit all dem gab die Partei rechtzeitig grundlegende Antworten auf die Herausforderungen der wissenschaftlich-technischen Revolution und deren Konsequenzen für die sozialistische DDR. Auf diesen programmatischen Fundamenten beruhen die vom XI. Parteitag beschlossene Wirtschaftsstrategie und seine anderen Entscheidungen, mit denen die SED auf Grund inzwischen gewonnener Erfahrungen und entsprechend den sich rasch weiter verändernden Erfordernissen der Gegenwart und Zukunft ihre Generallinie konkretisierte und weiterentwickelte.

»Wir haben nicht den geringsten Grund, unsere Erfolge bei der sozialpolitischen Entwicklung der DDR und der Festigung ihrer internationalen Position zu verschweigen. Wir brauchen uns wegen unserer Erfolge auf sozialem, wirtschaftlichem, wissenschaftlich-technischem Gebiet, auf dem Gebiet der Demokratie vor niemandem zu entschuldigen. Unsere seit 1971 eingeleitete Reformpolitik hat Früchte getragen und trägt sie weiter. Der damals eingeschlagene Kurs der umfassenden Intensivierung der Volkswirtschaft, dessen Kernstück der wissenschaftlich-technische Fortschritt ist, hat sich als richtig erwiesen und bewährt. Jährlich verzeichnen wir ein hohes Wachstum des Nationaleinkommens. Wir kennen keine Arbeitslosigkeit, sondern Vollbeschäftigung. Wir verwirklichen ein Wohnungsbauprogramm sowie viele weitere sozialpolitische Maßnahmen, die Millionen Bürgern bessere Lebensbedingungen ermöglichen. Im Bildungs-, Gesundheits- und Sozialwesen, auf den Gebieten von Kultur, Körperkultur und Sport und in anderen gesellschaftlichen Bereichen wurden Leistungen erzielt, die auch international Beachtung finden.«

Erich Honecker in seiner Rede vor den 1. Sekretären der Kreisleitungen am 12. Februar 1988, Berlin 1988, S. 94.

Wachsende Rolle der Arbeiterklasse und engere Bündnisbeziehungen

Mit der Gestaltung der entwickelten sozialistischen Gesellschaft wachsen die Rolle der Arbeiterklasse und ihrer marxistisch-leninistischen Partei als führende Kraft der Gesellschaft. Im Programm heißt es: »Die Arbeiterklasse ist die politische und soziale Hauptkraft des gesellschaftlichen Fortschritts und die zahlenmäßig stärkste Klasse. Sie ist Träger der politischen Macht, sie ist eng mit dem sozialistischen Volkseigentum verbunden, sie produziert den größten Teil des materiellen Reichtums der ganzen Gesellschaft. Ihre Interessen bringen zugleich die Grundinteressen des ganzen Volkes zum Ausdruck. Ihre Stellung in der gesellschaftlichen Produktion, ihre Führung durch die marxistisch-leninistische Partei befähigen die Arbeiterklasse als die am höchsten organisierte, disziplinierte und bewußte Klasse, den Kampf aller Werktätigen für den gesellschaftlichen Fortschritt zu leiten. Sie kann ihre historische Mission erfüllen, weil der Marxismus-Leninismus, die einzige wissenschaftliche Weltanschauung, Grundlage ihres Handelns ist.«[8]

Die Arbeiterklasse entwickelt sich vor allem im Ringen um steigende Arbeitsproduktivität, um die Bewältigung der Herausforderungen der wissenschaftlich-technischen Revolution, im sozialistischen Wettbewerb, in der Neuererbewegung, in der direkten Teilnahme an der Leitung und Planung und an der Vervollkommnung der sozialistischen Demokratie. Dabei prägen sich Schöpfertum, Initiative, Kollektivität, Drang nach Bildung und Qualifizierung, gesellschaftliches Verantwortungsbewußtsein, kameradschaftliche Hilfe und kulturvolle Lebensweise immer stärker aus. Die SED stellte im Programm das Ziel, das politisch-ideologische Niveau der Arbeiterklasse, die politische und berufliche Qualifikation der Werktätigen systematisch zu erhöhen. Das trägt dazu bei, die wesentlichen Unterschiede zwischen körperlicher und geistiger Arbeit schrittweise zu überwinden.

Das Bündnis der Arbeiterklasse mit der Klasse der Genossenschaftsbauern bezeichnet die Partei in ihrem Programm als die politische Grundlage der sozialistischen Gesellschaft. Es wird sich mit der Einführung industriemäßiger Produktionsmethoden und der Vervollkommnung der sozialistischen Produktionsverhältnisse in der Landwirtschaft stetig vertiefen.

Im Programm wurde hervorgehoben, daß die Intelligenz durch ihre Herkunft und ihre Tätigkeit mit allen anderen Werktätigen in der sozialistischen Gesellschaft unlösbar verbunden ist. Aus dem ständig zunehmenden Beitrag, den Wissenschaft, Technik, Bildungs- und Gesundheitswesen und Kultur zum gesellschaftlichen Fortschritt leisten, erwachsen der Intelligenz große Aufgaben, die ihr Schöpfertum anregen.

Die sozialistische Gesellschaft bietet den Handwerkern und Gewerbetreibenden vielfältige Möglichkeiten, ihre Kräfte und Fähigkeiten im Interesse und zum Nutzen des Volkes einzusetzen. Vor allem bei der Siche-

8 Ebenda, S. 50.

rung und Erweiterung der Reparaturen und Dienstleistungen erwachsen ihnen verantwortungsvolle Aufgaben.

Das Programm der SED geht davon aus, daß die Gestaltung der entwickelten sozialistischen Gesellschaft allen Klassen und Schichten Möglichkeiten schafft, ihre Potenzen zu entfalten; sie eröffnet ihrem schöpferischen Wirken zum Wohle des Volkes weite Perspektiven. Damit trug die Partei der Tatsache Rechnung, daß beim weiteren Aufbau des Sozialismus und im Kampf um den Frieden die grundlegenden Interessen aller Klassen und Schichten übereinstimmen und daß sie zugleich spezifische Interessen besitzen. Im Programm wurde erklärt, daß die soziale Annäherung der Klassen und Schichten in einem gesetzmäßigen und langwierigen historischen Prozeß erfolgt und sich unter Führung der Partei auf dem Boden der marxistisch-leninistischen Weltanschauung und der Ideale der Arbeiterklasse vollzieht.

Große Aufmerksamkeit, so wurde im Programm erklärt, widmet die Partei der Förderung der Frauen. Sie wird alles tun, um überall solche Bedingungen zu schaffen, damit die Frauen ihrer gleichberechtigten Stellung in der Gesellschaft immer besser gerecht werden können. Aufnahme ins Programm fand auch der bewährte Grundsatz der Partei, der Jugend volles Vertrauen entgegenzubringen und ihr große Verantwortung bei der Gestaltung der entwickelten sozialistischen Gesellschaft und bei der Schaffung von Voraussetzungen für den allmählichen Übergang zum Kommunismus zu übertragen. Die Partei vermittelt der Jugend die revolutionären Kampf- und Arbeitserfahrungen der Arbeiterklasse und setzt sich dafür ein, daß die Jugendlichen sich grundlegendes marxistisch-leninistisches Wissen, umfassende berufliche Kenntnisse sowie die politischen und moralischen Eigenschaften revolutionärer Kämpfer aneignen.

Entfaltung der sozialistischen Demokratie – Hauptrichtung der Ausgestaltung der sozialistischen Staatsmacht

Die SED bekräftigte im Programm, daß ihre Politik auch künftig auf die allseitige Stärkung des sozialistischen Staates der Arbeiter und Bauern als einer Form der Diktatur des Proletariats, die die Interessen des ganzen Volkes der DDR vertritt, gerichtet ist. Er bildet das Hauptinstrument der von der Arbeiterklasse geführten Werktätigen bei der Gestaltung der entwickelten sozialistischen Gesellschaft und auf dem Weg zum Kommunismus. Das Leninsche Prinzip des demokratischen Zentralismus bleibt die unverzichtbare Grundlage für den Aufbau, das Zusammenwirken und die Tätigkeit aller Organe der Staatsmacht. Die Partei orientierte darauf, die sozialistische Staats- und Rechtsordnung zu festigen.

»Die Hauptrichtung, in der sich die sozialistische Staatsmacht entwikkelt, ist die weitere Entfaltung und Vervollkommnung der sozialistischen Demokratie.«[9] Die umfassende gesellschaftliche Aktivität der Bürger, ihre mit hoher Verantwortung und Sachkenntnis erfolgende Mitwirkung an der Leitung und Planung der gesellschaftlichen Entwicklung ist ein charakteristisches Merkmal des entwickelten Sozialismus. Der sozialistische Staat garantiert allen Bürgern die politischen Freiheiten und sozialen Rechte, die Gleichberechtigung unabhängig von rassischer und nationaler Zugehörigkeit, von Weltanschauung, religiösen Bekenntnissen und sozialer Stellung. Er gewährleistet gleiche Rechte für Frauen und Männer in allen Bereichen des staatlichen, wirtschaftlichen und kulturellen Lebens.

Das Programm bezeichnete es als Aufgabe der Partei, die Bereitschaft der Werktätigen zu fördern, sich für die Lösung der staatlichen und gesellschaftlichen Aufgaben einzusetzen und dafür Verantwortung zu übernehmen. Die Verantwortung der Volksvertretungen als der gewählten Machtorgane erhöht sich.

Eine große Rolle bei der Entfaltung der sozialistischen Demokratie kommt den gesellschaftlichen Organisationen der Werktätigen zu. Im Programm wurden die Gewerkschaften als umfassendste Klassenorganisation der Arbeiterklasse sowie die Freie Deutsche Jugend als aktiver Helfer und Kampfreserve der Partei hervorgehoben. Die SED bekräftigte, daß das bewährte Zusammenwirken mit den befreundeten Parteien und Massenorganisationen im Demokratischen Block und in der Nationalen Front der DDR ein unumstößliches Prinzip ihrer Bündnispolitik bleibt.

Das Programm der SED stellte fest, daß es zu den Wesensmerkmalen der entwickelten sozialistischen Gesellschaft gehört, den Schutz des Friedens und der sozialistischen Errungenschaften jederzeit zuverlässig zu gewährleisten. Die DDR erbringt dazu auch künftig im festen Bündnis mit der UdSSR und den anderen sozialistischen Staaten, in unerschütterlicher Waffenbrüderschaft mit der Sowjetarmee und den anderen Bruderarmeen ihren Beitrag. Der Schutz des Friedens und des sozialistischen Vaterlandes und seiner Errungenschaften sowie die Verteidigung der DDR bezeichnet das Programm als Recht und Ehrenpflicht eines jeden Bürgers des Arbeiter-und-Bauern-Staates.

9 Ebenda, S. 56.

Herausbildung der sozialistischen deutschen Nation

Erstmals enthielt ein Programm der SED einen Abschnitt über die Entwicklung der sozialistischen deutschen Nation. In ihm wird festgestellt, daß sich mit der sozialistischen Revolution und der Gestaltung der sozialistischen Gesellschaft in der DDR auch die Grundlagen, der Inhalt und die Formen des nationalen Lebens qualitativ verändern und sich die sozialistische deutsche Nation herausbildet.

»In der Deutschen Demokratischen Republik entwickelt sich die sozialistische deutsche Nation. Ihre Wesenszüge prägt die Arbeiterklasse. Als die führende Kraft der sozialistischen Gesellschaft steht sie zugleich an der Spitze der sozialistischen Nation. Die sozialistische Nation ist eine von antagonistischen Widersprüchen freie, stabile Gemeinschaft freundschaftlich verbundener Klassen und Schichten, die von der Arbeiterklasse und ihrer marxistisch-leninistischen Partei geführt wird. Sie umfaßt das Volk der Deutschen Demokratischen Republik und ist gekennzeichnet durch den souveränen sozialistischen Staat auf deren Territorium. Ihre ökonomische Grundlage ist die sich auf dem gesellschaftlichen Eigentum an den Produktionsmitteln entfaltende sozialistische Volkswirtschaft. Der Marxismus-Leninismus ist die herrschende Ideologie.«

Programm der SED, Berlin 1988, S. 77/78.

In der DDR prägen sich die sozialistische Nationalkultur und die sozialistische Lebensweise weiter aus, wächst ein sozialistisches Nationalbewußtsein, in dem sich sozialistischer Patriotismus und proletarischer Internationalismus organisch verbinden. Die sozialistische Nation in der DDR ist historisch in dem jahrhundertelangen Ringen des deutschen Volkes um den gesellschaftlichen Fortschritt, insbesondere im Kampf der revolutionären deutschen Arbeiterklasse um die Befreiung von kapitalistischer Ausbeutung, verwurzelt.

Die SED geht davon aus, daß die Herausbildung der sozialistischen Nation in der DDR ein langfristiger Prozeß ist, der reiche Entfaltungsmöglichkeiten bietet. Er vollzieht sich in ständiger Auseinandersetzung mit denjenigen imperialistischen Kräften in der BRD, die mit ihrer verhängnisvollen Politik der Spaltung und der Errichtung eines westdeutschen Separatstaates, der Revision der Ergebnisse des zweiten Weltkrieges, mit der blinden Feindschaft und dem maßlosen Haß gegen den sozialistischen deutschen

Staat sowie den wütenden konterrevolutionären Attacken zu seiner Beseitigung die Einheit der deutschen Nation zerstörten.

Zu den Realitäten unserer Zeit gehört, daß es im Zentrum Europas nicht nur zwei deutsche Staaten entgegengesetzter Gesellschaftsordnung gibt, sondern im Zusammenhang damit zwei Nationen existieren, die sozialistische deutsche Nation in der DDR und die kapitalistische deutsche Nation in der BRD. Grundlegend voneinander unterschieden, können sie ebensowenig miteinander vereinigt werden wie am Wohle der Menschen orientierter Sozialismus und am Profit orientierter Kapitalismus. Diesen unumstößlichen Gegebenheiten gemäß erteilt unsere Partei allen insbesondere in der BRD verbreiteten ebenso abenteuerlichen wie illusionären Losungen von einer »offenen deutschen Frage«, von einer »Wiederherstellung des Deutschen Reiches in den Grenzen von 1937« die gebührende Abfuhr und mißt, wie im Parteiprogramm festgestellt wird, dem konsequenten Kampf gegen bürgerlich-nationalistische Konzeptionen aller Art große Bedeutung bei. Der Prozeß der weiteren Entwicklung der sozialistischen Nation in der DDR, ihres Aufblühens auf den gesellschaftlichen Grundlagen des Sozialismus und ihrer allmählichen Annäherung an die anderen sozialistischen Nationen ist unumkehrbar. Er ist mit allen gesellschaftlichen Prozessen bei der Gestaltung der entwickelten sozialistischen Gesellschaft verbunden und wird von der Partei planmäßig geleitet.

Weitere Gestaltung der entwickelten sozialistischen Gesellschaft und Schaffung grundlegender Voraussetzungen für den allmählichen Übergang zum Kommunismus

In ihrem Programm erschloß die SED, gestützt auf die grundlegenden Erkenntnisse von Marx, Engels und Lenin, umfassender und tiefgründiger die Dialektik von Sozialismus und Kommunismus für die gesellschaftlichen Bedingungen der DDR. Die Partei ging von der Erfahrung aus, daß nach dem Sieg der sozialistischen Produktionsverhältnisse der Sozialismus auf seinen eigenen Grundlagen umfassend aufgebaut werden mußte und in diesem Prozeß die objektiven Bedingungen für die Gestaltung der entwickelten sozialistischen Gesellschaft heranreiften. Die gesellschaftliche Entwicklung verdeutlichte, daß die Ausgestaltung des Sozialismus und die Entfaltung seiner Triebkräfte, Vorzüge und Werte in längeren Zeiträumen erfolgt.

Zugleich ließ sich die SED von der Erkenntnis leiten, daß zwischen beiden Phasen der einheitlichen kommunistischen Gesellschaftsformation, zwischen Sozialismus und Kommunismus, keine starre Trennlinie existiert. Die volle Entfaltung und Ausprägung aller Wesenszüge des entwickelten Sozialismus ist jener Prozeß, in dem zugleich grundlegende Voraussetzungen für den allmählichen Übergang zur höheren, kommunistischen Phase entstehen, in dem die Fundamente des Kommunismus gelegt werden. Die Schaffung der materiell-technischen Basis des Kommunismus, die Umwandlung der sozialistischen in kommunistische gesellschaftliche Verhältnisse und die Herausbildung des kommunistischen Bewußtseins werden durch die Gestaltung der entwickelten sozialistischen Gesellschaft vorbereitet. Das Tempo der Errichtung der entwickelten sozialistischen Gesellschaft wird durch die Arbeit, die Bewußtheit, die schöpferische Initiative und das organisierte Handeln der Werktätigen bestimmt. So entstehen die grundlegenden Voraussetzungen für den Eintritt in die höchste Phase der gesellschaftlichen Entwicklung, in den Kommunismus, »die Welt des Friedens, der Arbeit, der Freiheit, der Gleichheit und Brüderlichkeit«[10].

III. Untrennbarer Zusammenhang von starkem Sozialismus und sicherem Frieden

Unverbrüchlicher Freundschaftsbund mit der UdSSR und feste Verankerung in der Gemeinschaft sozialistischer Staaten

Zum Inhalt, zu den Aufgaben und den Zielen, für die sich die SED einsetzt, erklärte sie im Programm,

»– gemeinsam mit der Sowjetunion und den anderen sozialistischen Staaten die günstigsten internationalen Bedingungen für den sozialistischen und kommunistischen Aufbau zu sichern,
– die Einheit, Geschlossenheit und allseitige Zusammenarbeit der sozialistischen Staaten zu festigen, ihre Freundschaft und weitere Annäherung zu fördern,
– den Kampf der Arbeiterklasse und ihrer kommunistischen und Arbeiterparteien in den kapitalistischen Ländern zu unterstützen und die Beziehungen zu diesen Parteien weiter zu festigen,
– die sozialen und nationalen Befreiungsbewegungen in der Welt soli-

10 Ebenda, S. 109.

darisch zu unterstützen und eng mit den national befreiten Staaten zusammenzuarbeiten,
- die Politik der friedlichen Koexistenz in den Beziehungen zu den kapitalistischen Ländern durchzusetzen,
- den aggressiven Kräften des Imperialismus eine entschiedene Abfuhr zu erteilen, die Menschheit vor einem neuen Weltkrieg zu bewahren und den Frieden dauerhaft zu sichern«[11].

Die SED ließ sich davon leiten, daß die Lebensinteressen der DDR als sozialistischer Staat der Arbeiter und Bauern mit den Interessen der UdSSR und der anderen Staaten der sozialistischen Gemeinschaft übereinstimmen. Sie erklärte, daß die DDR ihre historischen Aufgaben nur im Zusammenwirken mit der Sowjetunion und den anderen sozialistischen Bruderländern lösen kann. Gemeinsam mit den Bruderparteien trägt die SED dazu bei, die Organisation des Warschauer Vertrages zu stärken und auszugestalten.

Die enge Zusammenarbeit und der Erfahrungsaustausch der kommunistischen und Arbeiterparteien bildeten schon immer die wichtigste Grundlage für das Voranschreiten der sozialistischen Staatengemeinschaft. Bei der Ausgestaltung und Vervollkommnung des Sozialismus kommt ihnen eine noch größere Rolle zu, vor allem, um der dynamischen Entwicklung aller Bereiche der Gesellschaft eine den Bedingungen der Zeit entsprechende wesentlich höhere Qualität zu verleihen, um die Ausstrahlungskraft des Sozialismus zu verstärken und um die von den aggressivsten Kreisen des Imperialismus ausgehende tödliche Gefahr für die Fortexistenz der Menschheit abzuwenden.

Der Erfahrungsschatz der Leninschen Partei in der siegreichen Oktoberrevolution und beim Aufbau des Sozialismus ist eine unersetzliche Errungenschaft und ein unversiegbarer Kraftquell der internationalen Arbeiterbewegung und hat für die SED grundsätzliche Bedeutung. Für sie war, ist und bleibt die Stellung zur KPdSU und zur UdSSR der Prüfstein für die Treue zum Marxismus-Leninismus, zur revolutionären Sache der Arbeiterklasse und zu ihrer historischen Mission.

Immer mehr konnte ihrerseits auch die SED zum internationalen Erfahrungsschatz beitragen. Ihren entscheidenden Beitrag zum Erstarken und zur Festigung des Bündnisses der sozialistischen Bruderstaaten erbringen die Werktätigen der DDR durch die weitere Gestaltung der entwickelten sozialistischen Gesellschaft.

11 Ebenda, S. 83.

In ihrem Programm bekräftigte die SED ihre zielklare Politik des Friedens: »Die Sozialistische Einheitspartei Deutschlands setzt sich mit aller Konsequenz für die Erhaltung des Friedens und die Festigung der internationalen Sicherheit ein, denn der Weltfrieden ist eine Grundbedingung für den erfolgreichen Aufbau der sozialistischen und kommunistischen Gesellschaft; seine Erhaltung ist eine Lebensfrage für die gesamte Menschheit.«[12]

Diese Friedenspolitik beruht auf prinzipiellen Fundamenten und ergibt sich aus dem humanistischen Wesen der Arbeiterklasse und des Sozialismus. Mit der Eroberung der Macht der Arbeiterklasse und ihrer Verbündeten, mit dem Übergang der entscheidenden Produktionsmittel in die Hände des Volkes werden die im Kapitalismus liegenden Wurzeln für Ausbeutung und Kriege beseitigt und dauerhafte gesellschaftliche Grundlagen für den Frieden geschaffen. Die Begründer der wissenschaftlichen Weltanschauung der Arbeiterklasse sagten dazu vorausschauend, »daß, im Gegensatz zur alten Gesellschaft mit ihrem ökonomischen Elend und ihrem politischen Wahnwitz, eine neue Gesellschaft entsteht, deren internationales Prinzip der *Friede* sein wird, weil bei jeder Nation dasselbe Prinzip herrscht – die *Arbeit*!«[13]. Das bestätigt sich im entschlossenen Wirken der Sowjetunion, der DDR und aller sozialistischen Bruderstaaten gegen imperialistische Aggressoren, für den Frieden, das völlig mit den Interessen der ganzen Menschheit übereinstimmt. In diesem Sinne erklärte Erich Honecker im Bericht des Zentralkomitees an den IX. Parteitag: »Im Kampf um den Frieden werden wir uns von niemandem übertreffen lassen. Damit folgen wir in unserer Zeit dem schon immer verfochtenen Ziel der revolutionären Arbeiterbewegung, die Menschheit von der Geißel des Krieges zu befreien.«[14]

Die Arbeiterklasse wirkt im Kampf um den Frieden mit allen zusammen, die, aus welchen Gründen auch immer, aktiv für Frieden und Sicherheit eintreten. In ihrem Programm versicherte die SED, »alle Kräfte, die realistisch an die Grundfragen der internationalen Politik herangehen und eine gleichberechtigte Zusammenarbeit befürworten«[15], zu unterstützen. Im Interesse des gemeinsamen Kampfes für den Frieden und die Sicherheit der Völker erstrebt sie die Zusammenarbeit mit allen demokratischen Or-

12 Ebenda, S. 85.

13 Karl Marx: Erste Adresse des Generalrats über den Deutsch-Französischen Krieg. In: MEW, Bd. 17, S. 7.

14 IX. Parteitag der SED. Bericht des ZK der SED, S. 15.

15 Programm der SED, S. 86.

ganisationen und Bewegungen, gemeinsame Initiativen mit sozialistischen und sozialdemokratischen Parteien. Diese programmatischen Grundsätze ihres Friedenskampfes hat unsere Partei seit dem Übergang zu den achtziger Jahren weiterentwickelt und auf eine qualitativ neue Stufe gehoben. Davon zeugen ihr Wirken an der Seite der UdSSR und der anderen sozialistischen Staaten zur Durchkreuzung der vom aggressiven Imperialismus heraufbeschworenen Gefahren für das Überleben der Menschheit, ihr Eintreten für eine weltweite Koalition der Vernunft und des Realismus.

Für die Durchsetzung der friedlichen Koexistenz

Wie die SED auch in ihrem Programm bekundete, tritt sie dafür ein, daß die friedliche Koexistenz zum gültigen Prinzip der Beziehungen zwischen Staaten unterschiedlicher sozialer Ordnung wird. Gegen in kapitalistischen Ländern verbreitete Entstellungen und Verfälschungen gewandt, betonte sie, daß dieses Anliegen nicht taktischer Natur ist, sondern den Grundinteressen des Sozialismus entspricht und zugleich der Sicherheit und dem friedlichen Zusammenleben aller Völker dient. Die von Lenin konzipierte Politik der friedlichen Koexistenz ist die einzige humanistische Alternative zu der von aggressiven imperialistischen Kräften betriebenen Politik der Zuspitzung der internationalen Lage, des Schürens von globalen und regionalen Spannungen, des Anheizens des Wettrüstens und der Entfesselung antikommunistischer, antisowjetischer Kampagnen. Mit dieser konstruktiven Politik geben die Kommunisten Antwort auf die Frage, welchen Charakter die Beziehungen zwischen den auf der Erde existierenden Staaten mit einander entgegengesetzter Gesellschaftsordnung haben sollten. »Unsere Antwort lautet: Bei Anerkennung der völkerrechtlichen Prinzipien der Unantastbarkeit der Grenzen, der Souveränität und territorialen Integrität sowie der Nichteinmischung in die inneren Angelegenheiten können und sollen es normale Beziehungen, Beziehungen der Zusammenarbeit zum gegenseitigen Vorteil sein.«[16]

Die SED geht, so wurde auf dem IX. Parteitag erklärt, an die Verwirklichung der Politik friedlicher Koexistenz ohne Illusionen heran. Diese Politik ändert nichts am Klassenantagonismus von Ausbeutern und Ausgebeuteten, von Sozialismus und Kapitalismus und ist unvereinbar mit ideologischer Koexistenz.

Die größer werdenden Möglichkeiten, auf dem Weg der friedlichen Koexistenz voranzukommen, ließ die SED das gefährliche Treiben der ag-

16 IX. Parteitag der SED. Bericht des ZK der SED, S. 16.

Honecker unterstrich, daß sich die SED stets ihrer Verantwortung vor dem eigenen Volk ebenso wie vor der internationalen Arbeiterklasse bewußt sei. Alles, was die Partei für den Aufbau der sozialistischen Gesellschaft in der DDR tue, betrachte sie zugleich als ihren Beitrag zur Stärkung der sozialistischen Staatengemeinschaft und der revolutionären Weltbewegung, zum Frieden und zur Sicherheit der Völker.

IV. Die Partei – führende Kraft bei der Gestaltung der entwickelten sozialistischen Gesellschaft

Die führende Rolle der Partei wächst

Das Programm charakterisiert die marxistisch-leninistische Partei als den wichtigsten Faktor der erfolgreichen Gestaltung der entwickelten sozialistischen Gesellschaft. »Je weitreichender und komplizierter die Aufgaben der Leitung und Planung aller Seiten und Formen der gesellschaftlichen Prozesse werden, desto mehr erhöht sich die Rolle der politischen Führung der Gesellschaft durch die marxistisch-leninistische Partei.«[17]

Im ebenfalls vom IX. Parteitag angenommenen überarbeiteten Statut wurde die SED als der »bewußte und organisierte Vortrupp der Arbeiterklasse und des werktätigen Volkes der sozialistischen Deutschen Demokratischen Republik« bezeichnet. »Als freiwilliger Kampfbund Gleichgesinnter vereinigt sie in ihren Reihen die fortschrittlichsten Angehörigen der Arbeiterklasse, der Klasse der Genossenschaftsbauern, der Intelligenz und der anderen Werktätigen«.[18]

Das Programm nennt es die Aufgabe der Partei, die gesellschaftliche Entwicklung in der DDR auf der Grundlage einer wissenschaftlich fundierten Strategie und Taktik politisch zu leiten. Es betont die Pflicht der marxistisch-leninistischen Partei, die objektiven Erfordernisse der gesellschaftlichen Entwicklung in jeder ihrer Etappen zu analysieren, daraus die erforderlichen Schlußfolgerungen abzuleiten und diese in ihrer praktischen Politik umzusetzen. Dazu muß die SED die Arbeiterklasse und alle anderen Werktätigen mit den Ideen des Marxismus-Leninismus ausrüsten, ihre Tatkraft, ihre Initiative und ihr Schöpfertum für die Lösung der nächsten wie der zukünftigen Aufgaben mobilisieren und sie gegen alle Einflüsse der imperialistischen Ideologie wappnen. Nur so kann die Partei ihrer Verantwortung gerecht werden.

17 Programm der SED, S. 93.
18 Statut der Sozialistischen Einheitspartei Deutschlands, Berlin 1988,S. 5.

Die Partei stellt hohe Anforderungen an die politisch-moralischen Eigenschaften des Kommunisten. »Wo immer ein Kommunist arbeitet und lebt – er wird den Marxismus-Leninismus als Anleitung bewußten Handelns für die Interessen der Arbeiterklasse und aller anderen Werktätigen verbreiten und verfechten, er wird die Überlegenheit des Sozialismus, seiner Werte und Errungenschaften nachweisen«[19], fordert das Programm. Das setzt voraus, daß jedes Parteimitglied eine vorbildliche sozialistische Einstellung zur Arbeit und zum gesellschaftlichen Eigentum beweist, Bahnbrecher des Neuen ist und seine gesellschaftlichen Pflichten beispielhaft erfüllt. Getreu der Losung der SED »Wo ein Genosse ist, da ist die Partei!« zu handeln verlangt, den Massen stets den Sinn der Politik und der Beschlüsse der Partei zu erläutern, sie von der Richtigkeit der Politik der Partei zu überzeugen und sie für deren Durchführung zu gewinnen.

In die Einleitung des Parteistatuts wurde die vom VIII. Parteitag beschlossene und im Programm bekräftigte Hauptaufgabe aufgenommen. Daraus abgeleitet, wurden die Pflichten und Rechte der Parteimitglieder durch jene Aufgaben ergänzt, ohne deren Lösung ein höheres materielles und kulturelles Lebensniveau nicht erreichbar ist: Sie sind verpflichtet,

19 Programm der SED, S. 94.

»für ein hohes Entwicklungstempo der sozialistischen Produktion, die Erhöhung der Effektivität, den wissenschaftlich-technischen Fortschritt und das Wachstum der Arbeitsproduktivität zu wirken«[20].

Der IX. Parteitag führte die durch die Praxis bestätigte Politik des VIII. Parteitages auf einem fortgeschrittenen Stand der gesellschaftlichen Entwicklung weiter. Seine historische Bedeutung besteht vor allem darin, daß er mit dem von ihm beschlossenen Programm der SED über die Generallinie für die weitere Gestaltung der entwickelten sozialistischen Gesellschaft in der DDR entschied. Damit verfügt unsere Partei über eine wissenschaftlich begründete, realistische und langfristige Gesellschaftsstrategie, die sich seither im Leben voll und ganz bewährt hat und weit in die Zukunft weist.

Literatur

- Karl Marx: Randglossen zum Programm der deutschen Arbeiterpartei. In: Marx/Engels: Kritik des Gothaer Programms, Berlin 1986, S. 26–32, oder in: Ausgewählte Schriften in zwei Bänden, Bd. II, S. 13–18, oder in: Ausgewählte Werke in sechs Bänden, Bd. IV, S. 384–390, oder in: Werke, Bd. 19, S. 18–22.
- IX. Parteitag der SED, Berlin, 18. bis 22. Mai 1976. Programm der Sozialistischen Einheitspartei Deutschlands, Berlin 1976, oder: Programm der Sozialistischen Einheitspartei Deutschlands, Berlin 1988, oder in: Protokoll der Verhandlungen des IX. Parteitages der Sozialistischen Einheitspartei Deutschlands im Palast der Republik in Berlin, 18. bis 22. Mai 1976, Bd. 2, Berlin 1976, S. 209–266, oder in: Dokumente zur Geschichte der SED, Bd. 3, 1971 bis 1986, Berlin 1988, S. 98–169.
- Geschichte der Sozialistischen Einheitspartei Deutschlands. Abriß, Berlin 1978, S. 652–672.
- 70 Jahre Kampf für Sozialismus und Frieden, für das Wohl des Volkes. Thesen des Zentralkomitees der SED zum 70. Jahrestag der Gründung der Kommunistischen Partei Deutschlands, V., Thesen 30, 32, Berlin 1988, S. 75–78, 81–83.

20 Statut der SED, S. 12/13.

Hinweise für den Propagandisten

Zielstellung

Studium und Diskussion sollen bei den Teilnehmern
- die Kenntnisse über den Inhalt und den theoretischen Reichtum des vom IX. Parteitag beschlossenen Programms der SED vertiefen,
- das Wissen darüber festigen, daß das Programm der SED die Grundlage der wissenschaftlich fundierten Gesellschaftsstrategie der Partei ist, daß es sich seit seiner Annahme durch den IX. Parteitag bei der weiteren Gestaltung der entwickelten sozialistischen Gesellschaft voll bewährt,
- die Überzeugung vertiefen, daß auf seiner Grundlage die vom VIII. Parteitag eingeleiteten Reformen fortgesetzt wurden, Früchte getragen haben und weiterhin tragen,
- die Einsicht festigen, daß das Programm die Politik der Partei auf weite Sicht bestimmt,
- die Kenntnisse über solche inhaltlichen Schwerpunkte des Programms festigen, wie den Sinn des Sozialismus, die Merkmale der entwickelten sozialistischen Gesellschaft, die Einheit von Wirtschafts- und Sozialpolitik, die Entfaltung der sozialistischen Demokratie, die Dialektik von Sozialismus und Kommunismus, die feste Verankerung der DDR in der sozialistischen Staatengemeinschaft, den Zusammenhang von Sozialismus und Frieden sowie die führende Rolle der Partei.

Schwerpunkte

■ **Wie bewährt sich das Programm der SED als Grundlage unserer wissenschaftlichen Gesellschaftsstrategie?**

Einleitend sollte der Propagandist kurz herausarbeiten, warum ein neues Parteiprogramm und ein neues Statut erforderlich wurden. Die entscheidenden Gründe waren:
· veränderte innere und äußere Bedingungen,
· wachsende Führungsrolle der Partei bei der weiteren Gestaltung der entwickelten sozialistischen Gesellschaft,
· höhere Anforderungen an jeden Kommunisten.

- Das Programm der SED faßt die bisherigen Ergebnisse und Erfahrungen beim Aufbau des Sozialismus in der DDR, insbesondere nach dem VIII. Parteitag 1971, zusammen und leitet daraus das strategische Ziel der SED, die weitere Gestaltung der entwickelten sozialistischen Gesellschaft in der DDR und die Sicherung des Friedens, ab.

– Das Programm zeugt davon, daß die schöpferische Suche nach den jeweils besten Wegen zur Lösung der neuen Aufgaben bei der Gestaltung der entwickelten sozialistischen Gesellschaft entsprechend den konkreten historischen nationalen und internationalen Bedingungen ein ständiger Grundzug der theoretischen und praktischen Tätigkeit der SED ist.
– In zehn Merkmalen charakterisiert das Programm die Kriterien und Maßstäbe der entwickelten sozialistischen Gesellschaft und damit die Anforderungen an ihre Gestaltung.
– Das Programm bereichert mit seinem theoretischen Gehalt die wissenschaftliche Konzeption von der Gestaltung der entwickelten sozialistischen Gesellschaft.
– Die vom VIII. Parteitag eingeleitete, im Programm verankerte und weiterentwickelte Politik der SED, der Kurs auf die Intensivierung der Volkswirtschaft auf der Grundlage des wissenschaftlich-technischen Fortschritts haben sich als richtig erwiesen und bewähren sich weiter. Ausdruck dafür sind die Erfolge der DDR auf sozialem, wirtschaftlichem, wissenschaftlich-technischem Gebiet sowie bei der weiteren Entfaltung der sozialistischen Demokratie.

■ **Welche Anforderungen stellt das Programm der SED an jeden Kommunisten?**

– Die führende Rolle der marxistisch-leninistischen Partei ist der wichtigste Faktor für die Errichtung und die Vervollkommnung der sozialistischen Gesellschaft.
– Die wichtigste Grundlage der erfolgreichen Tätigkeit der Partei und aller Kommunisten sind vertrauensvolle Beziehungen zur Arbeiterklasse und zu allen anderen Werktätigen.
– Ein Kommunist zeichnet sich durch eine vorbildliche sozialistische Einstellung zur Arbeit und zum gesellschaftlichen Eigentum aus, ist Bahnbrecher des Neuen und erfüllt seine gesellschaftlichen Pflichten beispielhaft.
– Jeder Kommunist beweist sich als proletarischer Internationalist und ist ein treuer Freund und Verbündeter der Sowjetunion und der anderen sozialistischen Länder.

Weitere Literatur für den Propagandisten

- IX. Parteitag der SED, Berlin, 18. bis 22. Mai 1976. Bericht des Zentralkomitees der Sozialistischen Einheitspartei Deutschlands an den IX. Parteitag der SED. Berichterstatter: Genosse Erich Honecker, Berlin 1976, S. 5–21, oder in: Protokoll der Verhandlungen des IX. Parteitages der Sozialistischen Einheitspartei Deutschlands im Palast der Republik in Berlin, 18. bis 22. Mai 1976, Bd. 1, Berlin 1976, S. 31–45, oder in: Erich Honecker: Reden und Aufsätze, Bd. 4, Berlin 1977, S. 360–375.
- IX. Parteitag der SED, Berlin, 18. bis 22. Mai 1976. Statut der Sozialistischen Einheitspartei Deutschlands, Berlin 1976, oder: Statut der Sozialistischen Einheitspartei Deutschlands, Berlin 1988, oder in: Protokoll der Verhandlungen des IX. Parteitages der Sozialistischen Einheitspartei Deutschlands im Palast der Republik in Berlin, 18. bis 22. Mai 1976, Bd. 2, Berlin 1976, S. 267–298, oder in: Dokumente zur Geschichte der SED, Bd. 3, 1971 bis 1986, Berlin 1988, S. 170–208.
- Erich Honecker: Aus meinem Leben, Berlin 1988, S. 247–249, oder Berlin 1982, S. 356–361.
- Geschichte der Sozialistischen Einheitspartei Deutschlands. Abriß, Berlin 1978, S. 638–652.

THEMA 5

Das Ringen um die Entfaltung aller Potenzen des Sozialismus und um die Vertiefung des Entspannungsprozesses (1976–1979)

I. Für die allseitige Stärkung der DDR

Höhere Leistungen und neue sozialpolitische Maßnahmen

Initiativreich setzten sich Werktätige aller gesellschaftlichen Bereiche für die Verwirklichung der Beschlüsse des IX. Parteitages ein. Im sozialistischen Wettbewerb gingen die Kollektive des Berliner Wohnungsbaukombinates, des Kombinates VEB Elektro-Apparate-Werke Berlin-Treptow, der KAP Groß Rosenburg und der LPG Gressow, die Jugendbrigaden »Iskra« und »Technische Revolution« aus dem VEB Schrauben- und Normteilwerk Hildburghausen voran. Immer mehr Werktätige arbeiteten nach bewährten Initiativen, ergänzten diese durch weitergehende Gedanken, entwickelten neue. So rangen die Horizontalbohrer des VEB Werkzeugmaschinenkombinat »Fritz Heckert« Karl-Marx-Stadt unter dem Motto »Stets hohe Leistungen, gute Qualität und täglich nach den Erfahrungen der Besten!« um die Beseitigung von Engpässen in ihrem Produktionsbereich. Die Chemiearbeiter der Aromatenanlage des VEB Petrolchemisches Kombinat Schwedt wetteiferten um die Einsparung von Material und Energie und verbuchten die dafür nicht in Anspruch genommenen Mittel auf ein »Materialkonto«. Die Zahl der Werktätigen wuchs, die wissenschaftlich-technische Neuerungen entwickelten und einführten. Wesentliches trug dazu auch die von der FDJ initiierte Bewegung der Messen der Meister von morgen bei. Die Zahl der von den Teilnehmern gelösten wissenschaftlich-technischen Aufgaben erhöhte sich von 128 300 im Jahr 1970 auf 524 900 im Jahr 1975 und auf 740 300 im Jahr 1980.

Damit bestätigte sich, daß im sozialistischen Wettbewerb viele Werktätige an der Erschließung und Nutzung der qualitativen Faktoren des wirtschaftlichen Wachstums ideenreich mitarbeiteten. In das Zentrum ihrer Anstrengungen rückten sie, den wissenschaftlich-technischen Fortschritt

Nutzen aus der Neuererbewegung	1971–1975	1976–1980
Anzahl der in Benutzung genommenen Neuerungen (in Mill.)	2,4	2,8
Jahresnutzen aus in Benutzung genommenen Neuerungen (in Md. Mark)	16,7	21,1
– darunter aus Neuerervereinbarungen (in Md. Mark)	6,5	8,4
Jahresnutzen aus der Nachnutzung überbetrieblich verbreiteter Neuerungen (in Md. Mark)	0,5	1,0

zu beschleunigen und bei ausschlaggebenden Produkten und Technologien zur Weltspitze vorzustoßen.

Dank dem Wirken der SED, des FDGB, der FDJ und der anderen politischen Kräfte gelang es, Reserven zu erschließen und manche Aufgabe schneller als ursprünglich vorgesehen zu bewältigen. Stimulierend wirkten darauf die von der SED, dem FDGB und dem Ministerrat am 27. Mai 1976 beschlossenen Maßnahmen zur weiteren planmäßigen Verbesserung der Arbeits- und Lebensbedingungen der Werktätigen ein. Mit ihnen setzten Partei, Regierung und Gewerkschaften das langfristig konzipierte sozialpolitische Programm zielstrebig weiter in die Tat um. Viele Vorschläge, die in der Volksaussprache zum IX. Parteitag unterbreitet worden waren, fanden in diesen neuen Maßnahmen ihren Niederschlag. Neben Lohnerhöhungen gehörten dazu die Maßnahmen zur weiteren Verbesserung der Renten, der freiwilligen Zusatzrentenversicherung und der Sozialfürsorgeleistungen. Ausgehend von Untersuchungen über die Arbeits- und Lebensbedingungen der Frauen, die mehr als die Hälfte aller Berufstätigen ausmachten, wurden weitergehende Schritte zur Förderung der berufstätigen Mütter beschlossen. Andere Festlegungen galten der schrittweisen Einführung der 40-Stunden-Arbeitswoche für weitere Berufstätige und der Verlängerung des Erholungsurlaubes für sämtliche Werktätigen. Alle Maßnahmen zielten darauf, die soziale Sicherheit zu erhöhen, das Leistungsprinzip wirksamer durchzusetzen und soziale Unterschiede schrittweise zu vermindern. Einige Regelungen wurden bereits 1976, andere 1977 und 1978 wirksam.

Die Bürger der DDR begrüßten diesen Beschluß. Viele Werktätige übernahmen neue Verpflichtungen, um mit guter Arbeit die zur Verwirklichung dieser Maßnahmen notwendigen Mittel erwirtschaften zu helfen. Durch die sozialpolitischen Verbesserungen verringerte sich der gesamtgesellschaftliche Arbeitszeitfonds. Um die Probleme zu meistern, die sich

Finanzielle Aufwendungen für die 1976 bis 1980 wirksam werdenden sozialpolitischen Maßnahmen

● Förderung berufstätiger Mütter und der Geburtenentwicklung	2,2 Milliarden Mark
● Verbesserung der Renten und Sozialfürsorgeleistungen	9,0 Milliarden Mark
● Erhöhung der Mindestlöhne und Verwirklichung einer leistungsorientierten Lohnpolitik	6,7 Milliarden Mark
insgesamt	17,9 Milliarden Mark

daraus für nicht wenige Betriebe ergaben, waren beträchtliche Anstrengungen notwendig.

Die Werktätigen des Bauwesens und der anderen Bereiche der Volkswirtschaft arbeiteten zielstrebig an der Verwirklichung des Wohnungsbauprogramms. Mit großem Einsatz arbeitete auch die FDJ an der Bewältigung dieser Aufgabe mit. Sie übernahm verstärkt Jugendobjekte und bildete neue Jugendbrigaden. Nachdem das Politbüro des Zentralkomitees der SED am 3. Februar 1976 einen Beschluß zur Entwicklung der Hauptstadt der DDR angenommen hatte, rief der Jugendverband zur »FDJ-Initiative Berlin« auf. Am 22. September 1976 gingen die ersten Jugendbrigaden aus allen Bezirken der DDR mit viel Elan auf Berliner Baustellen und in Berliner Betrieben an die Arbeit. Seither halfen Tausende Jugendliche aus der ganzen Republik an der Seite der Bauarbeiter und der anderen Werktätigen mit, die Hauptstadt der DDR als politisches, wirtschaftliches und geistig-kulturelles Zentrum der DDR auszugestalten und bis 1990 in Berlin unter anderem 200 000 bis 230 000 Wohnungen neu zu bauen sowie rund 100 000 Wohnungen zu modernisieren.

Umfangreiche Wohnungsbauvorhaben verwirklichten die Bauarbeiter auch in den Arbeiterzentren Leipzig und Dresden, für deren Entwicklung 1977 und 1978 ebenfalls Programme bis 1990 beschlossen wurden. In Leipzig ging es um den Neubau und die Modernisierung von 140 000 bis 145 000 und in Dresden von 134 000 bis 140 000 Wohnungen. Daneben arbeiteten viele Städte und Gemeinden auf der Grundlage langfristiger Konzeptionen daran, Schritt für Schritt die Wohnungsfrage in ihrem Bereich zu lösen. Diese Konzeptionen waren in Tausenden Beratungen zwischen den Volksvertretungen, den Ausschüssen der Nationalen Front und den Bürgern entstanden und wurden nun mit ihrer tatkräftigen Hilfe im »Mach

Auftakt zur »FDJ-Initiative Berlin«, 22. September 1976

mit!«-Wettbewerb verwirklicht. Am 6. Juli 1978 übergaben Bauarbeiter im größten Neubaugebiet der DDR, in Berlin-Marzahn, die einmillionste seit dem VIII. Parteitag fertiggestellte Wohnung. Damit hatten sich seit 1971 für über 3,3 Millionen Menschen die Wohnbedingungen verbessert.

Sozialistische Demokratie in Aktion

Die Wahlen zur Volkskammer, zu den Bezirkstagen und zur Stadtverordnetenversammlung von Berlin am 17. Oktober 1976 wurden erstmals nach dem von der Volkskammer der DDR am 24. Juni 1976 verabschiedeten neuen Wahlgesetz vorbereitet und durchgeführt. Es legte die Dauer der Wahlperioden aller Volksvertretungen einheitlich auf fünf Jahre fest. In die Volkskammer konnte nun jeder Bürger der DDR gewählt werden, der am Wahltag das 18. Lebensjahr vollendet hatte. Künftig waren die von den Parteien und Massenorganisationen aufzustellenden Kandidaten vorher bereits von ihren Arbeitskollektiven zu bestätigen. Das erweiterte die unmittelbare Teilnahme dieser Kollektive an der Auswahl der Kandidaten für die Volksvertretungen und förderte ihre Bereitschaft, die aus ihren Reihen kommenden Abgeordneten zu unterstützen.

Die Ausschüsse der Nationalen Front berieten und beschlossen unter Teilnahme von Vertretern der Wähler in öffentlichen Tagungen die Wahlvorschläge und die Reihenfolge der Kandidaten. Mehr als 11,2 Millionen Bürger nahmen während der Vorbereitung der Wahlen an Versammlungen, Foren und Gesprächen teil. Die Wahlen gestalteten sich zu einem überzeugenden Bekenntnis der Bürger der DDR zu den Beschlüssen des IX. Parteitages.

Auf der konstituierenden Sitzung der Volkskammer am 29. Oktober 1976 wählten die 500 Abgeordneten Horst Sindermann zum Präsidenten der Volkskammer, Erich Honecker zum Vorsitzenden des Staatsrates und Willi Stoph zum Vorsitzenden des Ministerrates der DDR.

Wachsende Aktivitäten der Gewerkschaften

Im engen Zusammenwirken mit den Parteiorganisationen der SED hatten die Gewerkschaften viel getan, um ihre Mitglieder mit den Beschlüssen des IX. Parteitages der SED vertraut zu machen und sie für deren Verwirklichung zu mobilisieren. Der FDGB konnte dabei seinen Einfluß in der Gesellschaft, insbesondere in der materiellen Produktion, erhöhen. Davon zeugten zahlreiche Initiativen im sozialistischen Wettbewerb und die dabei erzielten Ergebnisse. Großen Anteil hatten die Gewerkschaften am Aufschwung der Neuererbewegung sowie an der Verbesserung der Arbeits- und Lebensbedingungen der Werktätigen.

Für das Wirken der Gewerkschaften in allen gesellschaftlichen Bereichen, für die effektivere Wahrnehmung ihrer Rechte auf Mitsprache, Mitentscheidung und Mitarbeit schuf das neue Arbeitsgesetzbuch der DDR günstigere Grundlagen. Seit Januar 1977 war der Gesetzentwurf in einer breiten demokratischen Aussprache in Tausenden von Arbeitskollektiven und Gewerkschaftsversammlungen diskutiert worden. 5,8 Millionen Werktätige hatten sich daran beteiligt und 147 806 Vorschläge, Hinweise und Anfragen unterbreitet. 39 533 Änderungsvorschläge führten zu 90 inhaltlichen und 144 redaktionellen Änderungen.

Im Mai 1977 bestätigte der 9. Kongreß des FDGB den Entwurf des Arbeitsgesetzbuches und übergab ihn in Ausübung seines Verfassungsrechts auf Gesetzesinitiative der Volkskammer zur Beratung und Beschlußfassung. Nach seiner Annahme durch die Volkskammer im Juni

1977 trat es mit Beginn des Jahres 1978 an die Stelle des Gesetzbuches der Arbeit, das über 15 Jahre gültig gewesen war.

Das Arbeitsgesetzbuch brachte das Arbeitsrecht mit den gravierenden gesellschaftlichen Veränderungen in Übereinstimmung, die sich insbesondere seit dem VIII. Parteitag der SED vollzogen hatten. Es wurde von der führenden Rolle der Arbeiterklasse und ihrer marxistisch-leninistischen Partei geprägt. In ihm sind alle rechtlichen Bestimmungen enthalten, die es der Arbeiterklasse vor allem über ihre umfassendste Klassenorganisation, die Gewerkschaften, ermöglichen, ihre wachsende Verantwortung wahrzunehmen und alle Beziehungen im Arbeitsprozeß so zu gestalten, daß sowohl die Produktivität der Arbeit als auch die Entwicklung sozialistischer Persönlichkeiten und die Ausprägung der sozialistischen Lebensweise gefördert werden. Es bekräftigt das Recht auf Arbeit als die bedeutendste soziale Errungenschaft und als fundamentales Menschenrecht.

Das Arbeitsgesetzbuch regelte erstmals grundlegende arbeitsrechtliche Fragen der sozialistischen Rationalisierung. Es fixierte in geschlossener Form die Rechte und Pflichten der Betriebe und der Werktätigen, die Rechte der Gewerkschaften bei der Mitwirkung an einer effektiven Organisation des Arbeitsprozesses sowie die Bestimmungen für den Abschluß, die Änderung und die Auflösung des Arbeitsvertrages, über die Arbeitsorganisation und die sozialistische Arbeitsdisziplin. Verankert wurden solche entscheidenden Grundrechte wie das Recht auf Lohn nach Qualität und Quantität der Arbeit, auf Aus- und Weiterbildung, auf Freizeit und Erholung, auf Schutz der Gesundheit und der Arbeitskraft, auf Teilnahme am geistig-kulturellen Leben, auf soziale Betreuung, auf Fürsorge im Alter und bei Invalidität sowie auf materielle Sicherheit bei Krankheit und Unfällen.

Somit garantiert das Arbeitsgesetzbuch den Werktätigen umfassende soziale Sicherheit im Berufsleben und nach dem Ausscheiden aus dem Arbeitsprozeß. Es bringt die großen Errungenschaften der Arbeiterklasse zum Ausdruck und gewährleistet hohe Rechtssicherheit. Mit ihm wurden die in der Verfassung festgelegten Rechte der Gewerkschaften und der Werktätigen in Staat, Wirtschaft und Gesellschaft ausgestaltet. Es stellte einen weiteren Schritt dar, das sozialistische Recht noch wirksamer auf die Erfüllung der Hauptaufgabe in ihrer Einheit von Wirtschafts- und Sozialpolitik zu richten.

Förderung von Handwerk und Gewerbe

Auch in der ersten Hälfte der siebziger Jahre war die Zahl der Betriebe der privaten Handwerker und Gewerbetreibenden und der in ihnen Beschäftigten zurückgegangen. Das wirkte sich ungünstig auf Dienst-, Reparatur- und unmittelbare Versorgungsleistungen für die Bevölkerung aus. Es war notwendig, diese Tendenz umzukehren. Deshalb beschlossen das Politbüro des ZK der SED und der Ministerrat der DDR im Februar 1976 Maßnahmen zur Förderung privater Einzelhandelsgeschäfte, Gaststätten und Handwerksbetriebe für Dienstleistungen im Interesse der weiteren Verbesserung der Versorgung der Bevölkerung. Die Räte der Bezirke wurden verpflichtet, für die Jahre bis 1980 staatliche Konzeptionen zur Entwicklung wichtiger Dienstleistungs- und Reparaturarten auszuarbeiten und mit den jährlichen Volkswirtschaftsplänen zu verwirklichen.

Im Ringen um die Durchführung der Fördermaßnahmen vertieften sich die Beziehungen der konstruktiven Zusammenarbeit und das Vertrauen zwischen der SED, dem sozialistischen Staat und vielen privaten Handwerkern und Gewerbetreibenden. Auf dieser Grundlage konnten die Handwerker und Gewerbetreibenden – insgesamt, einschließlich der von ihnen beschäftigten Angestellten, über 500 000 Werktätige – wirksamer zur Versorgung der Bevölkerung und damit zur Erfüllung der Hauptaufgabe beitragen. Genossenschaftliche und private Handwerker erbrachten an der Wende zu den achtziger Jahren zwei Drittel aller Reparatur- und Dienstleistungen für die Bevölkerung; die privaten Gaststätten leisteten einen spezifischen Beitrag zur Befriedigung der Bedürfnisse der Menschen.

Vertrauensvolle Beziehungen zwischen Arbeiterklasse und Kultur- und Kunstschaffenden

Die Partei- und Staatsorgane widmeten der Erhöhung des kulturellen Lebensniveaus der Werktätigen als unverzichtbarem Bestandteil der Hauptaufgabe große Aufmerksamkeit. Ohne allseitige Entwicklung der sozialistischen Kultur und ihre feste Verankerung im Volke, ohne Bereicherung des geistig-kulturellen Lebens waren die Entwicklung sozialistischer Persönlichkeiten, die Entfaltung ihrer Schöpferkraft und die Ausprägung sozialistischer gesellschaftlicher Beziehungen ebensowenig möglich wie das Voranschreiten der sozialistischen Gesellschaft.

Gemäß der bewußtseinsbildenden und persönlichkeitsfördernden Rolle von Kunst und Kultur ging es darum, den sozialistischen Ideengehalt von

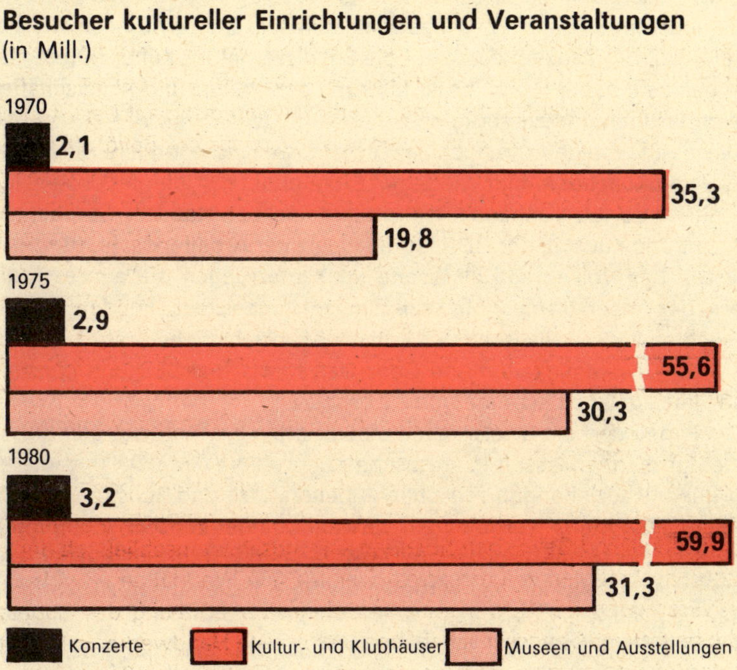
Besucher kultureller Einrichtungen und Veranstaltungen
(in Mill.)
1970
2,1
35,3
19,8
1975
2,9
55,6
30,3
1980
3,2
59,9
31,3
Konzerte
Kultur- und Klubhäuser
Museen und Ausstellungen

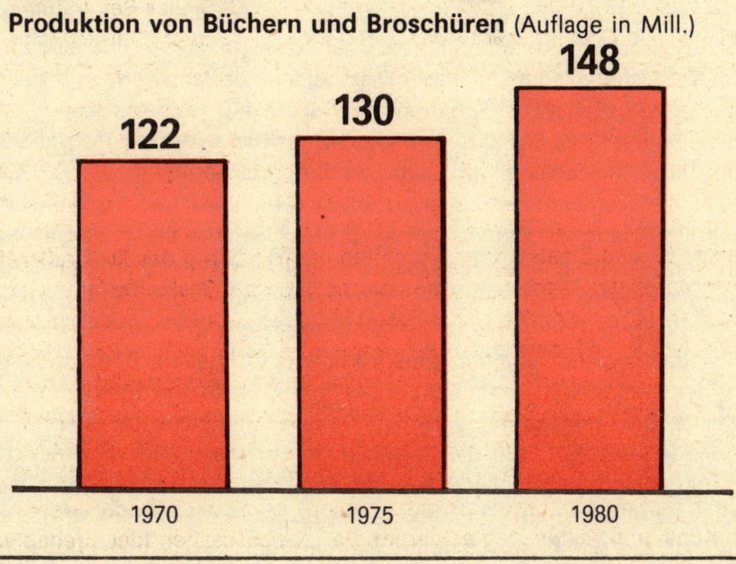
Produktion von Büchern und Broschüren (Auflage in Mill.)
122
130
148
1970
1975
1980

Literatur und Kunst zu vertiefen und die ideologische Wirkung des geistig-kulturellen Lebens zu erhöhen. Im Vordergrund stand nach wie vor, den Einfluß der Arbeiterklasse auf die Entwicklung der Kultur in ihrer Gesamtheit zu erweitern und ihr Bündnis mit den Kultur- und Kunstschaffenden zu festigen und zu vertiefen.

Diese Aufgabe gewann noch an Gewicht, weil insbesondere die Schriftsteller und Künstler immer wieder im Brennpunkt der internationalen Auseinandersetzung zwischen Fortschritt und Reaktion standen. Gerade, weil Literatur und Kunst in der DDR für die Ideale der Arbeiterklasse, für die Interessen des Volkes und als Waffe im Kampf gegen die aggressivsten Kreise des Imperialismus, für Sozialismus, Humanismus, Frieden wirkten, versuchten antisozialistische und entspannungsfeindliche Kräfte vor allem der BRD, Unstimmigkeiten und Gegensätze zwischen SED und künstlerischer Intelligenz zu erzeugen und zu schüren.

Die Partei- und die Staatsorgane mobilisierten alle Kräfte gegen die Angriffe auf die marxistisch-leninistische Kulturpolitik der DDR und die engen Bündnisbeziehungen zwischen Arbeiterklasse und künstlerischer Intelligenz. Viel Mühe wurde darauf verwandt, in der künstlerischen Intelligenz das Wissen um die Gesetzmäßigkeiten und Erfordernisse der gesellschaftlichen Entwicklung zu vertiefen und ihre Beziehungen zur sozialistischen Wirklichkeit zu festigen.

Treffen leitender Partei- und Staatsfunktionäre – des Politbüros, des Ministerrates, der Bezirke und der Kreise – mit Literatur- und Kunstschaffenden, Aussprachen, Foren und Kurzlehrgänge halfen, diesen Prozeß zu fördern. Das Hauptanliegen all dieser Diskussionen bestand darin, klarzustellen, daß künstlerisches Schaffen im Sozialismus Verantwortung und Parteinahme für den Sozialismus bedeutet. Von tiefer Wirkung war die Beratung Erich Honeckers mit Kultur- und Kunstschaffenden am 22. Juni 1979. Sie dokumentierte das enge Bündnis der SED und der künstlerischen Intelligenz, die Einheit von Macht und Geist in der sozialistischen DDR. Parteilichkeit, Volksverbundenheit und sozialistischer Ideengehalt blieben in der Breite und Vielfalt der Ausdrucksweisen die wichtigsten Kriterien künstlerischen Wirkens. Zugleich bekräftigte die Partei, daß in der DDR jeder Künstler, der mit seinem Werk dem Frieden, dem Humanismus, der Demokratie, der antiimperialistischen Solidarität und dem realen Sozialismus verpflichtet ist, vielfältige Schaffensmöglichkeiten hat.

Eingedenk dessen, daß die Befriedigung der materiellen und der geistig-kulturellen Bedürfnisse im Kurs der Hauptaufgabe eine Einheit bildet, rangen die Partei- und Staatsorgane mit großer Entschiedenheit um ein hohes Niveau der Kultur im umfassenden Sinne des Wortes. Dabei bewährten sich die seit 1973 von Bezirks- und Kreisleitungen sowie von den Räten der Bezirke, Kreise und Gemeinden erarbeiteten Konzeptionen zur Entwicklung des geistig-kulturellen Lebens im Territorium. Viel wurde getan, um vor allem in ländlichen Gegenden noch vorhandene Unterschiede im Niveau des geistig-kulturellen Lebens und in den Möglichkeiten für seine Entfaltung zu überwinden. Große Aufmerksamkeit galt den kulturellen Bedürfnissen und der kulturellen Betätigung der Jugend. Neue Jugendklubs entstanden; immer mehr Kulturhäuser und Gaststätten in den Städten und Dörfern veranstalteten regelmäßig Diskos und Rockkonzerte, Foren und Gespräche über Kultur und Kunst für Jugendliche. Stärker gefördert wurde die Unterhaltungskunst, deren Rolle bei der differenzierten Befriedigung realer Bedürfnisse der verschiedenen Bevölkerungsschichten zunehmend besser verstanden und genutzt wurde. Viele künstlerische und literarische Werke stießen auf großes Interesse und förderten die Diskussion darüber, was Kultur und Kunst vermögen, um sozialistische Verhaltensweisen ausprägen zu helfen.

Konstruktives Miteinander von Staat und Kirchen

Auf der Grundlage der Verfassung der DDR von 1974 konnten die Beziehungen zwischen Staat und Kirchen in den siebziger Jahren weiter ausgestaltet werden. Sie gewannen an Offenheit und Verständnis, es wuchs die Bereitschaft zu konstruktiven Regelungen. Mitte der siebziger Jahre übten in der DDR acht evangelische Landeskirchen, die katholische Kirche, etwa 30 selbständige Freikirchen sowie weitere Religionsgemeinschaften und der Verband Jüdischer Gemeinden der DDR ihre Tätigkeit aus.

Mit dem Grundanliegen des Sozialismus, dem Wohle der Menschen zu dienen, stimmte das diakonisch-karitative Engagement der Kirchen überein. Hilfswerk und innere Mission der evangelischen Kirchen verfügten 1978 über 50 Krankenhäuser und Heilstätten, 89 Heime für Behinderte, Feierabend- und Pflegeheime, Säuglings- und Kinderheime, Diakonieanstalten und andere Einrichtungen. Die katholische Kirche unterhielt 34 Krankenhäuser. Sie und auch die Freikirchen und die Jüdischen Gemeinden besaßen zahlreiche karitative Anstalten. Für die Arbeit all dieser Einrichtungen stellte der sozialistische Staat jährlich umfangreiche finanzielle Mittel zur Verfügung. Außerdem gewährte er Zuschüsse für Pfarrergehälter, jährlich über 10 Millionen Mark. Zugleich unterstützten die staatlichen Organe den Bau neuer Kirchen und Gemeindezentren.

Ein wichtiger Schritt, um die Beziehungen zwischen dem sozialistischen

Staat und den Kirchen auf der Grundlage des Prinzips der Trennung von Staat und Kirche weiterzuentwickeln, war das Treffen von Erich Honecker mit dem Vorstand der Konferenz der Evangelischen Kirchenleitungen in der DDR unter Leitung seines Vorsitzenden, Bischof D. Dr. Albrecht Schönherr, am 6. März 1978. Erich Honecker erläuterte die auf Frieden, Sicherheit und Entspannung gerichtete Politik der DDR. Er würdigte das Friedensengagement der Kirchen, ihr Eintreten für Entspannung und Völkerverständigung, für die Beendigung des Wettrüstens, für das Verbot der Massenvernichtungsmittel und äußerte seine Wertschätzung für die humanitäre Hilfe der Kirchen in der DDR an notleidende und um ihre Befreiung kämpfende Völker sowie für die diakonische Arbeit. Bischof Schönherr erklärte, »daß der Christ seine Existenz als Staatsbürger nicht nur so versteht, daß er die bestehenden Gesetze rein formal beachtet, sondern daß er sich von seinem Glauben her mitverantwortlich sowohl für das Ganze als auch für den einzelnen und für dessen Verhältnis zum Ganzen weiß«[1].

Das Treffen gab dem Mitwirken der Kirchen an den zutiefst humanistischen Zielen der Politik der DDR zum Wohle des Volkes und zur Sicherung des Friedens einen starken Impuls. Die Bereitschaft religiös gebundener Bürger wuchs, in allen gesellschaftlichen Bereichen tatkräftig am sozialistischen Aufbau mitzuwirken. Pfarrer und Universitätstheologen wirkten als gewählte Abgeordnete in den Volksvertretungen – von den Gemeindevertretungen bis zur Volkskammer – und als Mitglieder in den Arbeitsgruppen Christliche Kreise der Nationalen Front verantwortlich an der Gestaltung der sozialistischen Gesellschaft mit.

II. Ringen um die Fortsetzung der Entspannung

Für die Festigung der Aktionseinheit der kommunistischen und Arbeiterparteien Europas

Nach umfassender demokratischer Vorbereitung fand am 29. und 30. Juni 1976 in Berlin eine Konferenz kommunistischer und Arbeiterparteien Europas zum Thema »Für Frieden, Sicherheit, Zusammenarbeit und sozialen Fortschritt in Europa« statt. Die Teilnehmer unterbreiteten konkrete Vorschläge zur Vertiefung des Entspannungsprozesses durch Maßnahmen zur Abrüstung und zur Stärkung der Sicherheit in Europa sowie für die

1 Neues Deutschland (B), 7. März 1978.

Entfaltung einer gegenseitig vorteilhaften Zusammenarbeit der europäischen Staaten.

In dem von der Konferenz verabschiedeten gemeinsamen Schlußdokument wird betont, »daß ein Europa des Fortschritts und des Friedens nur das Ergebnis vielfältiger Anstrengungen, das Ergebnis der Annäherung, Verständigung und Zusammenarbeit breitester politischer und gesellschaftlicher Kräfte sein kann«[2].

Die SED bekräftigte ihre Bereitschaft, im Kampf für den Frieden und das Glück der Menschen mit allen dazu bereiten Kräften zusammenzuarbeiten, unabhängig von unterschiedlichen weltanschaulichen Positionen. Es ginge darum, wie Genosse Erich Honecker in seiner Rede betonte, »der Front der Entspannungsgegner eine breite Bewegung demokratischer und friedliebender Kräfte«[3] entgegenzustellen.

Die Konferenz bewies, daß unterschiedliche Wirkungsbedingungen der Parteien und verschiedene Auffassungen in einigen Fragen kein Hindernis für das enge Zusammenwirken der Bruderparteien im Kampf für gemeinsame grundlegende Ziele waren.

Entsprechend den Prinzipien des proletarischen Internationalismus verstärkte die SED ihre Beziehungen zu den anderen kommunistischen und Arbeiterparteien, gestaltete die Zusammenarbeit mit ihnen enger.

Neue Schritte zur Normalisierung der Beziehungen zwischen der DDR und der BRD

Bei der Gestaltung der Beziehungen zur BRD ging die DDR davon aus, diese gemäß den abgeschlossenen Verträgen und den Prinzipien des Völkerrechts zu entwickeln und so zugleich zum europäischen Friedenswerk beizutragen. Sie berücksichtigte, daß grundsätzliche Meinungsunterschiede zwischen dem sozialistischen und dem kapitalistischen deutschen Staat fortbestanden. Jedoch sollten Differenzen, die aus den gegensätzlichen Gesellschafts- und Bündnissystemen beider Staaten und der darauf beruhenden Politik herrührten, nicht den Normalisierungsprozeß zum beiderseitigen Nutzen stören, denn die Gestaltung der Beziehungen beider deutscher Staaten hatte wesentlichen Einfluß auf Frieden und Sicherheit in Europa, in der Welt.

Trotz dieses konstruktiven Herangehens seitens der DDR blieb die Hal-

2 Konferenz der kommunistischen und Arbeiterparteien Europas, Berlin, 29. und 30. Juni 1976. Dokumente und Reden, Berlin 1976, S. 25.
3 Ebenda, S. 218.

tung einflußreicher imperialistischer Kreise der BRD voller Widersprüche. Diese verstärkten ihre Versuche, die geltenden Verträge zu unterlaufen. Provokationen und Anschläge gegen die Staatsgrenze der DDR häuften sich. Die Transitwege wurden mißbraucht. Versuche mehrten sich, Westberlin als Land der BRD zu behandeln. Revanchistische, entspannungsfeindliche Kräfte steigerten ihre Hetz- und Verleumdungskampagne gegen die DDR. Unverändert verfochten führende Politiker der BRD die revanchistische These, daß die Grenze zwischen beiden deutschen Staaten keine Grenze zwischen zwei souveränen Staaten sei, sondern eine »innerdeutsche Grenze« gleich denen zwischen Ländern der BRD. Nach wie vor maßte sich die Regierung der BRD an, Rechtshoheit gegenüber Bürgern der DDR auszuüben.

Die Partei- und Staatsführung der DDR wandte sich entschieden gegen diese realitätsfremden, revanchistischen und nationalistischen Handlungen. Zugleich erklärte sie, daß die DDR auf alle Schritte der BRD positiv reagieren würde, die vom Streben nach Frieden und einem vernünftigen Verhalten gegenüber der DDR geprägt waren.

Die prinzipielle, konstruktive Politik der DDR sowie der Einfluß politischer Kreise in der BRD, die an sachlichen Regelungen interessiert waren, ermöglichten in der Folgezeit neue Ergebnisse in den Beziehungen zwischen der DDR und der BRD. So wurden Maßnahmen auf dem Gebiet des Post- und Fernmeldeverkehrs sowie beim Neubau und der Rekonstruktion von Autobahnen und Regelungen für kostenlose Behandlung von Bürgern bei akuten Erkrankungen während des Aufenthalts im jeweils anderen Staat vereinbart. Beachtlich entwickelten sich die Wirtschaftsbeziehungen der DDR mit etwa 6 000 Firmen der BRD, darunter auch mit großen Konzernen. Beträchtlich nahm der Besucherverkehr in beiden Richtungen zu. Mehr als 6,5 Millionen Bürger der BRD und aus Berlin-West besuchten 1977 und 1978 die DDR. In die BRD und nach Westberlin reisten jährlich etwa 1,4 Millionen Bürger der DDR. Am 29. November 1978 unterzeichneten Bevollmächtigte beider Staaten ein Protokoll über die Markierung der Staatsgrenze auf einer Länge von 1 300 Kilometern. Das war ein für die weitere Entwicklung der Beziehungen zwischen der DDR und der BRD politisch bedeutsames Ereignis, wenngleich noch keine Einigung über die Markierung der Elbgrenze erreicht werden konnte.

Für die Verwirklichung der Schlußakte von Helsinki, gegen die verstärkten Aktivitäten der Entspannungsgegner

Trotz mancher Fortschritte in den Beziehungen zwischen den sozialistischen und den kapitalistischen Staaten komplizierte sich die internationale Situation in der zweiten Hälfte der siebziger Jahre zunehmend. Während Regierungskreise einiger kapitalistischer Staaten ihr Interesse an einer fortschreitenden Normalisierung bekundeten, widersetzten sich die Entspannungsgegner in den NATO-Staaten mit allen Mitteln der Verwirklichung der Schlußakte von Helsinki und versuchten, diese zu unterlaufen. Sie sahen insbesondere in allen Bestrebungen, die politische Entspannung durch Abrüstung zu ergänzen und zu stabilisieren, eine Gefährdung ihrer Profit- und Expansionsambitionen. Schritte zur Entwicklung friedlicher und beiderseits vorteilhafter Beziehungen zwischen sozialistischen und kapitalistischen Staaten standen dem Drang der aggressivsten imperialistischen Gruppierungen nach Revanche und Wiedererlangung der Weltherrschaft entgegen. Deshalb ignorierten sie die in der Schlußakte von Helsinki erneut festgeschriebene Anerkennung der Souveränität und territorialen Integrität aller Staaten und versuchten, die Prinzipien der friedlichen Koexistenz für die Einmischung in die inneren Angelegenheiten der sozialistischen Länder zu mißbrauchen. Zur Tarnung ihrer konterrevolutionären, friedensfeindlichen Ziele steigerten die Entspannungsfeinde ihren Hetz- und Verleumdungsfeldzug gegen die sozialistischen Länder, vor allem die bereits vor der Helsinki-Konferenz inszenierte Kampagne um angebliche Menschenrechtsverletzungen in sozialistischen Ländern.

Diesen Machenschaften trat die DDR offensiv entgegen. Sie wies nach, daß ausgerechnet jene Leute, die selbst im Interesse des Profits die elementaren Grundrechte und -freiheiten mißachteten, heuchlerisch die Menschenrechte strapazierten und die Schlußakte von Helsinki in einen Freibrief für Diversion und Konterrevolution gegen sozialistische Länder umfälschten. Die sozialistische Gesellschaft, so wies die DDR nach, garantiert die Menschenrechte nicht nur verfassungsrechtlich, sie verwirklicht sie im täglichen Leben.

Entschieden setzte sich die DDR dafür ein, die Schlußakte der Konferenz von Helsinki nach Buchstaben und Sinn in vollem Umfang zu verwirklichen. In ihrem außenpolitischen Wirken ließ sie sich davon leiten, einen konstruktiven Beitrag hierfür zu leisten. Von August 1975 bis Mitte 1980 vereinbarte die DDR mit 19 westlichen Teilnehmerstaaten der KSZE rund 160 Verträge und Abkommen über die gegenseitigen Beziehungen in den verschiedenen Bereichen. Diese förderten die Entwicklung vorteilhafter ökonomischer und wissenschaftlich-technischer Zusammenarbeit sowie den Kultur- und Informationsaustausch. Die ersten Staatsbesuche höchster Repräsentanten kapitalistischer Teilnehmerstaaten der KSZE, des Präsidenten der Republik Finnland im September 1977 und des Bundeskanzlers der Republik Österreich im März/April 1978, in der DDR zeugten davon, daß die Entspannung in Europa voranschritt und die DDR daran maßgeblichen Anteil hatte.

Auf dem ersten Folgetreffen der Teilnehmerstaaten der KSZE vom 4. Oktober 1977 bis zum 9. März 1978 in Belgrad trug die DDR dazu bei, daß im hartnäckigen Ringen gegen die destruktive Haltung der USA und anderer NATO-Staaten die Schlußakte von Helsinki als Ganzes bekräftigt wurde.

Zugleich mußte jedoch festgestellt werden, daß keine Fortschritte in der Abrüstung und Rüstungsbegrenzung erreicht werden konnten. Vielmehr gab es auf diesem Gebiet ernste Rückschläge. Die NATO-Staaten beschleunigten die Modernisierung ihrer Streitkräfte. Bereits seit 1973/1974 vorbereitet, vereinbarte der NATO-Ministerrat im Mai 1977, ein langfristiges Programm zur massiven Verstärkung des Militärpotentials der Organisation auszuarbeiten. Dieses Programm wurde im Mai 1978 auf der Washingtoner NATO-Ratstagung – im Gegensatz zu den Forderungen der ersten Sondertagung der UNO für Abrüstung – beschlossen. Es verpflichtete alle Mitgliedstaaten, ihre Rüstungsausgaben real um jährlich 3 Prozent zu erhöhen und die Streitkräfte qualitativ zu stärken. Seine Verwirklichung sollte zur Erringung der militärischen Überlegenheit der NATO über die Staaten des Warschauer Vertrages führen.

In den USA, wo bereits im Oktober 1978 die Aufstellung einer mobilen Eingreiftruppe begonnen hatte, lief im April 1979 das erste Atom-U-Boot des neuen Typs »Ohio« vom Stapel, und im Juni 1979 wurde die Produktion der neuen mobilen strategischen Rakete des Typs »MX« angeordnet. Intensiv arbeiteten die Militärs und die Rüstungskonzerne an Plänen für die Produktion von Neutronenwaffen und unternahmen Schritte zur Stationierung zusätzlicher, neuer amerikanischer Mittelstreckenraketen in Westeuropa.

Ergänzt wurde dieses Rüstungsprogramm durch ein modifiziertes Konzept der ideologischen Diversion gegen die Staaten des Warschauer Vertrages mit dem Ziel, die Einmischung in deren innere Angelegenheiten zu steigern und breiter zu fächern. Unter dem Deckmantel der »Verteidigung der Menschenrechte« und des Schutzes vor der »Bedrohung aus dem Osten« wurde die ideologische Wühltätigkeit zentralisiert, straffer geleitet und koordiniert. Die finanziellen und technischen Mittel für die »Modernisierung« der Diversionsmedien wurden beträchtlich erhöht.

Parallel zu diesen Aktivitäten verstärkten die USA und andere NATO-Staaten ihre destruktive Haltung bei den Wiener Verhandlungen über die Reduzierung der Streitkräfte und Rüstungen in Mitteleuropa und im Genfer Abrüstungsausschuß. Zudem begannen sie, die Aktivitäten der NATO über deren Geltungsbereich hinaus auszuweiten.

Für die DDR ergab sich aus alledem, an der Seite der Sowjetunion und der anderen Staaten des Warschauer Vertrages und gemeinsam mit allen anderen Friedenskräften konsequent und flexibel den Kampf zu führen, um die politische Entspannung fortzusetzen und zu vertiefen und sie durch Schritte im Bereich der militärischen Entspannung zu festigen und auszubauen.

Zugleich war es angesichts der Rüstungsanstrengungen der NATO unumgänglich, die Kampfkraft der NVA und der anderen bewaffneten Kräfte der DDR weiter zu erhöhen. Den veränderten internationalen Bedingungen und Erfordernissen für den Schutz der sozialistischen Errungenschaften und die Sicherung des Friedens trug das von der Volkskammer der DDR am 13. Oktober 1978 verabschiedete Gesetz über die Landesverteidigung Rechnung. Es entsprach der Verfassung vom 7. Oktober 1974 und bildete die staatsrechtliche Grundlage für eine möglicherweise notwendig werdende Reaktion auf eine von imperialistischen Kreisen hervorgerufene bedrohliche militärische Situation, für die allseitige Vorbereitung und im Notfall auch für die Umstellung des Landes auf den Verteidigungszustand. Erstmalig enthielt das Gesetz grundlegende Bestimmungen über die Mobilmachung.

Wie die anderen sozialistischen Länder war auch die DDR gezwungen, die Ausgaben und Aufwendungen für die Gewährleistung ihrer Sicherheit zu erhöhen und die Ausstattung der NVA mit den erforderlichen neuen Waffen und Ausrüstungen zu gewährleisten.

Aus der sich zuspitzenden internationalen Klassenauseinandersetzung und den Anforderungen des modernen Militärwesens zog die Partei- und Staatsführung der DDR auch Schlußfolgerungen für die Vorbereitung der jungen Bürger auf den Wehrdienst. Mit Beginn des Schuljahres 1978/1979 wurde für die 9. und 10. Klassen der allgemeinbildenden polytechnischen Oberschulen das Fach »Wehrunterricht« eingeführt. Die große Mehrheit der Schüler und Eltern verstand die politische Notwendigkeit dieses Schrittes. Zurückgewiesen wurde die gegen diese Maßnahmen von Massenmedien der BRD entfachte Hetzkampagne.

Neben den Maßnahmen zur Erhöhung der Kampfkraft und Einsatzbereitschaft der bewaffneten Kräfte unternahmen die SED, die Regierung der DDR und die anderen gesellschaftlichen Kräfte alles, um im Dialog mit Politikern und Geschäftsleuten anderer Länder die zunehmende Gefahr eines nuklearen Krieges sichtbar zu machen, die Vorschläge der Staaten des Warschauer Vertrages zur Gesundung der internationalen Lage zu erläutern und alle Ansätze realistischen Denkens im Interesse des Kampfes gegen das Wettrüsten und für Abrüstung zu fördern. Im Februar 1979 würdigte der Weltfriedensrat dieses unerschütterliche Wirken der DDR mit der Verleihung des Ehrentitels »Stadt des Friedens« an die Hauptstadt der DDR, Berlin.

III. Das Ringen um höhere Effektivität und Qualität der gesellschaftlichen Arbeit

Für die Beschleunigung und eine größere Wirksamkeit des wissenschaftlich-technischen Fortschritts

Ausgehend von dem sich international rasch entfaltenden wissenschaftlich-technischen Fortschritt, nahmen das Zentralkomitee der SED und der Ministerrat der DDR Kurs darauf, die Anstrengungen für den Ausbau und die Modernisierung der materiell-technischen Basis der Volkswirtschaft, für unerläßliche Strukturveränderungen und für eine größere Effektivität und Qualität der Arbeit in allen Wirtschaftsbereichen wesentlich zu erhöhen. In der gesamten Volkswirtschaft waren vor allem der wissenschaftlich-technische Fortschritt zu beschleunigen und seine wirtschaftliche und soziale Wirksamkeit zu steigern.

Durch Anwendung wissenschaftlich-technischer Ergebnisse und Maßnahmen der wissenschaftlichen Arbeitsorganisation eingesparte Arbeitszeit

Jahr	Mill. Stunden
1975	188,2
1976	230,3
1977	298,6
1978	329,8
1979	383,2
1980	422,1

Der erste in der DDR entwickelte Schweißroboter
im Zentralinstitut für Schweißtechnik, 1977

Obwohl die für Forschung und Entwicklung vorgegebenen ökonomischen und wissenschaftlich-technischen Ziele größtenteils realisiert wurden, entsprachen die erreichten Ergebnisse insgesamt nicht den volkswirtschaftlichen Erfordernissen. Ursache dafür war vor allem, daß Leiter von Betrieben und Kombinaten, von Forschungs- und Entwicklungseinrichtungen die objektiv notwendigen Bewertungsmaßstäbe herabsetzten, niedrigere Ziele vorgaben, dem Streben nach größerer eigener Leistung auswichen und so Selbstzufriedenheit und Selbstgenügsamkeit förderten. Dieser Praxis sagte die SED den Kampf an. Unter Führung der Parteiorganisationen wurden vielerorts die Ziele der wissenschaftlich-technischen Aufgaben überprüft und – wo notwendig – erhöht. Die Anstrengungen richteten sich darauf, solche grundlegend neuen Ideen und Lösungen in

Forschung, Entwicklung, Konstruktion und Technologie zu finden und zu verwirklichen, die das volkswirtschaftliche Leistungswachstum auf lange Sicht beeinflußten.

Viele Werktätige, vor allem Wissenschaftler, wurden in der Bereitschaft bestärkt, auf ihrem Gebiet noch entschiedener um wissenschaftlich-technische Höchstleistungen zu ringen und ihre schnelle Anwendung zu sichern. Dabei bewährte sich die Arbeit mit Pflichtenheften. Solche Spitzenleistungen wie der Einsatz des ersten in der DDR entwickelten Schweißroboters im VEB Automobilwerk Zwickau Ende 1977, die Schaffung der Grundlagen für neuartige Präzisionsanlagen zur Herstellung von hochintegrierten elektronischen Schaltkreisen und die Entwicklung und vorfristige Überleitung eines Verfahrens sowie einer Anlage zur Erzeugung von optischen Quarzkristallen in die Produktion durch Kollektive des VEB Carl Zeiss Jena sowie die Entwicklung und Überleitung eines neuen Sauerstoff-Konverter-Verfahrens durch ein Kollektiv im VEB Maxhütte Unterwellenborn bewiesen, daß hohe Ziele erreichbar waren. In den Agrarwissenschaften ragten die Züchtung und schnelle Einführung neuer, für die industriemäßige Getreideproduktion besonders geeigneter Intensivsorten von Weizen und Gerste hervor.

Schritte zur Entwicklung, Produktion und Anwendung der Mikroelektronik

Ausschlaggebend für die Stärkung der materiell-technischen Basis und die Beschleunigung des wissenschaftlich-technischen Fortschritts wurde, wie die DDR die Mikroelektronik meisterte. In der raschen Entwicklung der modernen Produktivkräfte nahm sie eine Schlüsselrolle ein. Ihre Wirkung reichte weit über den Bereich der Elektrotechnik/Elektronik hinaus, da mit ihren Erzeugnissen und ihrem Einsatz vor allem im Maschinenbau in hohem Maße Ergebnisse des wissenschaftlich-technischen Fortschritts in allen Zweigen der Volkswirtschaft und in anderen gesellschaftlichen Bereichen Eingang fanden. Hier ging es um neue Gebrauchswerte, um hohe Qualität und Effektivität in der Produktion, um enorme Fortschritte bei der Senkung des Aufwandes an Material, Energie und Arbeitszeit und gleichzeitig um die Entlastung der Werktätigen von schwerer körperlicher und monotoner Arbeit.

Ausgehend von gründlichen Analysen internationaler Trends, erkannte die SED rechtzeitig diese neuen Erfordernisse und Möglichkeiten der wissenschaftlich-technischen Revolution und begann Schritte einzuleiten,

Ausbildung an moderner Technik, um die Anforderungen der Zukunft zu meistern. Arbeitsgemeinschaft Elektronik an der POS Wulkenzin, Landkreis Neubrandenburg, März 1979

um diese im Interesse der Verwirklichung des Kurses der Hauptaufgabe zu nutzen.

Im Juni 1977 beschloß das Zentralkomitee der SED Maßnahmen, um die Mikroelektronik schneller zu entwickeln und anzuwenden. Um in relativ kurzer Zeit den Anschluß an das internationale Niveau herzustellen, mußte eine mikroelektronische Industrie aufgebaut werden. Dazu wurden die Kombinate Mikroelektronik Erfurt und Elektronische Bauelemente Teltow gebildet. Zugleich mußten weitere Betriebe des Industriezweigs Elektrotechnik/Elektronik auf die Entwicklung, Produktion und Anwendung mikroelektronischer Erzeugnisse und Ausrüstungen umgestellt werden. Neue Anforderungen erwuchsen auch anderen Bereichen der Volkswirtschaft, insbesondere der Chemie-, Glas- und keramischen, der metallurgischen und metallverarbeitenden Industrie. Vor allem betraf das neue Werkstoffe und deren extrem hohe Reinheit, die Präzision der Technologien und die dafür notwendigen Anlagen und Ausrüstungen. Ein wichtiger Erfolg auf diesem Wege war die Entwicklung und Produktionseinführung des mikroelektronischen Schaltkreises U 808D, des ersten Mikroprozessors der DDR, im VEB Funkwerk Erfurt im Jahre 1977. Zur gleichen Zeit begannen verschiedene Industriebereiche, mikroelektronische Erzeugnisse anzuwenden.

All diese Aufgaben waren nur zu bewältigen, wenn dafür die erforderlichen Kader herangebildet wurden. Notwendig war zudem die Qualifizierung und Weiterbildung der Werktätigen im Bereich Elektrotechnik/Elektronik sowie in allen Wirtschaftszweigen, die die Mikroelektronik anwandten. Das verlangte die enge Zusammenarbeit mit den Universitäten, Hoch- und Fachschulen.

Zugleich ergaben sich neue Anforderungen an die ideologische Arbeit der Partei. Eingehend erläuterte sie allen Beteiligten Inhalt und Ziel dieser neuartigen Aufgaben. Die Partei-, Gewerkschafts- und FDJ-Organisationen weckten die Bereitschaft vieler Werktätiger, sich weiter zu qualifizieren, umzulernen, an einen neuen Arbeitsplatz zu gehen, im Schichtsystem zu arbeiten, bislang ungewohnte physische und psychische Belastungen auf sich zu nehmen. Vermehrte Anstrengungen unternahm die Partei, die besten Arbeiter und Angehörigen der Intelligenz in ihre Reihen aufzunehmen, ihren Einfluß in den Bereichen Wissenschaft und Technik der Betriebe und Kombinate sowie in den wissenschaftlichen Einrichtungen zu stärken und die Wirksamkeit der Parteimitglieder in ihren Arbeitskollektiven zu erhöhen. Nicht zuletzt schenkten die Partei und die Gewerkschaften der Verbesserung der Arbeits- und Lebensbedingungen der Werktätigen in diesen Bereichen besondere Aufmerksamkeit.

Die Schwedter Initiative »Weniger produzieren mehr«

Im sozialistischen Wettbewerb rangen die Werktätigen unter der bewährten Losung »Aus jeder Mark, jeder Stunde Arbeitszeit, jedem Gramm Material einen größeren Nutzeffekt!« darum, den Intensivierungsfaktoren zum Durchbruch zu verhelfen. Sie arbeiteten vor allem daran, mit Hilfe von Wissenschaft und Technik, durch die Anwendung neuer technologischer und organisatorischer Lösungen die Effektivität und Qualität der Arbeit zu erhöhen, Arbeitszeit und Arbeitsplätze einzusparen.

Für den Übergang zur intensiv erweiterten Reproduktion erlangte eine Wettbewerbsinitiative weitreichende Bedeutung, die im Stammbetrieb des VEB Petrolchemisches Kombinat Schwedt entstand. In diesem Betrieb sollten umfangreiche neue Anlagen errichtet werden. Doch waren die dafür erforderlichen 3000 Arbeitskräfte weder im Bezirk Frankfurt (Oder) noch in anderen Bezirken vorhanden. Es gab keine andere Möglichkeit, dieses Problem zu lösen, als auf dem Weg der sozialistischen Rationalisierung vor allem durch komplexe Anwendung der wissenschaftlichen Arbeitsorganisation viele Arbeitsplätze einzusparen, um die dadurch frei werdenden Werktätigen in den neuen Anlagen einzusetzen. Das bedeutete, daß die in den alten Kollektiven verbleibenden Werktätigen zusätzliche Aufgaben übernehmen mußten. Für die Bewältigung dieser schwierigen Aufgabe konnten die Schwedter auch sowjetische Erfahrungen nutzen.

In Versammlungen und Hunderten von Aussprachen wurden die Kollegen über das Anliegen der Einsparung von Arbeitsplätzen informiert, auf die neuen Aufgaben vorbereitet, dafür qualifiziert und die mit diesen Umstellungen verbundenen Probleme einer Lösung zugeführt. Jeder einzelne erlebte, daß in der sozialistischen Gesellschaft die Produktion nicht gegen, sondern mit und für die Menschen umgestaltet wird. Während im Kapitalismus die Rationalisierung der Steigerung des Profits dient, massenhaft Arbeitsplätze vernichtet und somit soziale Sicherheit für die Werktätigen ausschließt, ermöglicht und verlangt die sozialistische Rationalisierung die Einheit von Steigerung der Produktivität und Effektivität und Verbesserung der Arbeits- und Lebensbedingungen.

Die Schwedter bewiesen in der Praxis, daß ihr Vorhaben »Weniger produzieren mehr« realisierbar war. Ihre Initiative in der gesamten Volkswirtschaft durchzusetzen wurde fortan zu einem wichtigen Anliegen der sozialistischen Wirtschaftsführung und des sozialistischen Wettbewerbs.

Vervollkommnung der sozialistischen Planwirtschaft durch die Ausgestaltung der Kombinate

Wie in den vorangegangenen Jahren schuf die DDR auch an der Wende zu den achtziger Jahren mit der weiteren Ausgestaltung der sozialistischen Produktionsverhältnisse die notwendigen Bedingungen für die Entfaltung der modernen Produktivkräfte. Der wichtigste Schritt hierbei war die Festigung bestehender und die Bildung neuer Kombinate in den Jahren 1978/1979.

Bei der Kombinatsbildung ging es um die ökonomische Vereinigung all dessen, was im Reproduktionsprozeß organisch zusammengehört. Dazu zählten auch beträchtliche Kapazitäten für Wissenschaft und Technik, für den Rationalisierungsmittelbau und für Zulieferungen. Die Kombinate vereinigten große materielle und geistige Ressourcen und besaßen alle Voraussetzungen, um die Produktion von der Forschung über die Entwicklung, die Technologie und die Rationalisierung bis zum Absatz effektiv zu

Zentralgeleitete Kombinate in Industrie und Bauwesen
(Bereich der Industrieministerien = 100)

Jahr	Kombinate	Anteil der Kombinate an der Anzahl der Arbeiter und Angestellten	an der industriellen Warenproduktion	an der Produktion von Fertigerzeugnissen für die Bevölkerung	am Export
1975	45	36	43	7	45
1978	54	45	49	14	59
1979	101	88	85	78	96
1980	130	98	99	97	99

organisieren. 1980 bestanden in der Industrie 130 zentralgeleitete Kombinate. Damit fand ihre Bildung in diesem Bereich ihren Abschluß.

Das Zentralkomitee der SED und der Ministerrat der DDR bildeten zentrale Arbeitsgruppen zur Anleitung einzelner Kombinate. Diese unterstützten insbesondere die neugebildeten Kombinate bei der Analyse und der Verallgemeinerung der Erfahrungen der Besten sowie bei der schrittweisen Beseitigung hemmender Faktoren. Das Zentralkomitee der SED organisierte Erfahrungsaustausche und Leistungsvergleiche mit dem Ziel, die Fortschritte der besten Kombinate auszubauen und zugleich alle an das Niveau der erfolgreichsten heranzuführen. Zu einer Hauptform für die inhaltliche Anleitung und den Erfahrungsaustausch der Kombinate entwikkelten sich die 1978 erstmals und seit 1980 jährlich durchgeführten Seminare mit den Generaldirektoren der Kombinate und den Parteiorganisatoren des ZK der SED.

Konzentration und Spezialisierung in der Landwirtschaft

Geleitet von der SED, vollzogen sich in der Landwirtschaft der DDR die gesetzmäßigen Prozesse der Arbeitsteilung, Konzentration, Spezialisierung und Kooperation. Mitte 1977 bestanden in der Pflanzenproduktion 855 kooperative Abteilungen, 291 LPG, 86 VEG und 236 gärtnerische Produktionsgenossenschaften. Jeder dieser Betriebe bewirtschaftete mit Kollektiven von 350 bis 400 Werktätigen durchschnittlich 5 000 Hektar. In der Tierproduktion gab es 3221 LPG, 343 VEG, 336 zwischengenossenschaftliche bzw. zwischenbetriebliche Einrichtungen und 31 volkseigene Kombinate für industrielle Mast. Als eine neue Form der Kooperation bildete sich in den meisten Bezirken je eine Agrar-Industrie-Vereinigung heraus.

Die Struktur der Landwirtschaft hatte sich grundlegend gewandelt. Neuartige, große Landwirtschaftsbetriebe waren entstanden. Die Herausbildung solcher spezialisierten LPG und VEG stellte einen weitreichenden Schritt zur Gestaltung des arbeitsteiligen Prozesses zwischen Pflanzen- und Tierproduktion dar. Diese Weiterentwicklung der sozialistischen Produktionsverhältnisse auf dem Lande verbesserte die Bedingungen für die breitere Anwendung industriemäßiger Produktionsmethoden und moderner Landtechnik. Das ermöglichte es, den rasch steigenden Bedarf der Bevölkerung an hochwertigen Nahrungsgütern und der Industrie an landwirtschaftlichen Rohstoffen bei beträchtlich gesunkener Zahl von Beschäftigten in den sozialistischen Landwirtschaftsbetrieben in hohem Maße zu befriedigen und die Arbeits- und Lebensbedingungen der Genossenschaftsbauern schrittweise zu erleichtern, insbesondere den Anteil körperlich schwerer Arbeit erheblich zu verringern.

Damit war für die Genossenschaftsbauern ein revolutionärer Prozeß des Umdenkens verbunden. Denn diese tiefgreifenden gesellschaftlichen Wandlungen steigerten ihre Verantwortung für die gesamtgesellschaftliche Entwicklung und erforderten eine hohe politische und fachliche Qualifikation, aktive und sachkundige Teilnahme an der Leitung und Planung.

Den tiefgreifenden Veränderungen in der sozialistischen Landwirtschaft entsprach das 1952 eingeführte und 1959 überarbeitete Musterstatut der LPG nicht mehr. Es wurde 1977 durch neue Musterstatuten und Musterbetriebsordnungen für die LPG Pflanzenproduktion und die LPG Tierproduktion abgelöst. Diese richteten sich auf die weitere Intensivierung, die verstärkte Anwendung industriemäßiger Produktionsmethoden und die Weiterentwicklung der innergenossenschaftlichen Demokratie. Erstmals war die Verpflichtung zur Kooperation, zur ständigen Entwicklung der Kooperationsbeziehungen aufgenommen worden. All dem lag zugrunde, daß das genossenschaftliche Eigentum über große Potenzen der Entwicklung verfügt. Die Entwürfe dieser Dokumente waren, beginnend in den Jahreshauptversammlungen, in breiter demokratischer Aussprache erörtert worden. Im Verlaufe eines halben Jahres beteiligten sich daran in mehr als 18 000 Zusammenkünften über 515 000 Genossenschaftsbauern und Arbeiter. Sie unterbreiteten 18 200 Vorschläge und Hinweise, die zu 95 Ergänzungen, 99 inhaltlichen und 60 redaktionellen Änderungen führten.

Wie so oft, wenn neue Wege gesucht und beschritten wurden, verlief auch die Arbeitsteilung zwischen Pflanzen- und Tierproduktion durch Herauslösung aus den vorher zumeist alle Hauptproduktionszweige vereinigenden Betrieben nicht problemlos. Tendenzen einer zu starken Trennung des einheitlichen landwirtschaftlichen Reproduktionsprozesses, des Auseinanderklaffens des natürlichen Kreislaufes Pflanze-Tier-Boden-Pflanze und der Verselbständigung einzelner kooperativer Einrichtungen traten auf. Sie äußerten sich in ungenügender Beachtung der Bedürfnisse der Kooperationspartner. Die Bildung großer, schwer überschaubarer Schläge führte dazu, daß die unterschiedlichen Böden, natürlichen Bedingungen und Fruchtfolgen nur unzureichend berücksichtigt werden konnten.

Die Erfahrungen zeigten, daß es sich bei den tiefgreifenden Wandlungen auf dem Lande um langfristige Prozesse handelte. Die einzelnen Schritte mußten – stets dem Kurs der Einheit von Wirtschafts- und Sozialpolitik der Partei und der Regierung entsprechend – gemeinsam mit den Genossenschaftsbauern und den Arbeitern gründlich beraten, ausgearbeitet und verwirklicht werden.

Engere wissenschaftlich-technische Zusammenarbeit im RGW

Entschieden trat die SED dafür ein, daß die DDR die Möglichkeiten der sozialistischen ökonomischen Integration für dynamisches wirtschaftliches Wachstum und Intensivierung der gesellschaftlichen Arbeit verstärkt nutzte und zugleich ihre Verpflichtungen aus dem Komplexprogramm exakt erfüllte. Zentrale Partei- und Staatsorgane leiteten und koordinierten die Arbeit der FDJ-Brigaden an der Erdgastrasse »Sojus« von Orenburg bis zur Westgrenze der UdSSR. Am 6. Oktober 1978 konnte die Fertigstellung des DDR-Bauabschnitts gemeldet werden. Seit März 1975 hatten die 10 300 Trassenbauer aus der DDR 268 Kilometer Rohrleitung verlegt, 5 Verdichterstationen, 724 Wohnungen und zahlreiche Nachfolgeeinrichtungen errichtet. Auch andere Integrationsvorhaben, an denen die DDR beteiligt war, wie der Bau einer 750-Kilovolt-Hochspannungsleitung von Winniza (UdSSR) nach Albertirsa (UVR) und die Arbeiten am Zellulosewerk in Ust-Ilimsk sowie am Asbest- und Mineralaufbereitungskombinat in Kijembai, konnten 1978 vorangebracht oder abgeschlossen werden.

Aktiv unterstützte die DDR die Ausarbeitung der 1976 beschlossenen fünf Zielprogramme der Zusammenarbeit der RGW-Länder auf den Gebieten Brennstoff-, Energie- und Rohstoffwirtschaft, Maschinenbau, Land- und Nahrungsgüterwirtschaft, Konsumgüterindustrie und Transportverbindungen. Mit diesen Zielprogrammen wurde das Komplexprogramm des RGW von 1971 präzisiert und weiterentwickelt. Die ersten drei konnten von der XXXII. Ratstagung Ende Juni 1978 in Bukarest bestätigt werden. Auf dieser Tagung wurde die Sozialistische Republik Vietnam als zehntes Mitgliedsland in den RGW aufgenommen. Die beiden anderen Programme wurden von der XXXIII. Tagung Ende Juni 1979 in Moskau gebilligt.

Im Mittelpunkt der politisch-ideologischen und wirtschaftsorganisatorischen Tätigkeit der DDR zur Vertiefung der sozialistischen ökonomischen Integration stand die Zusammenarbeit mit der UdSSR. Im Mai 1978 vereinbarte die Paritätische Regierungskommission für ökonomische und wissenschaftlich-technische Zusammenarbeit die Ausarbeitung eines Programms der Spezialisierung und Kooperation bis 1990. Der hohe Stand der Zusammenarbeit, zahlreiche Direktbeziehungen zwischen Ministerien und großen Wirtschaftseinheiten sowie von Arbeitskollektiven in Betrieben und Kombinaten beider Länder ermöglichten und geboten weiterführende Schritte zur Verflechtung der materiellen und geistigen Potenzen beider Staaten.

Bei allen Maßnahmen zur internationalen Zusammenarbeit, besonders mit der UdSSR, ging die DDR von der Erfahrung und der Erkenntnis aus,

Gemeinsamer Weltraumflug DDR–UdSSR. Sigmund Jähn und Waleri Bykowski nach der erfolgreichen Landung, 3. September 1978

daß die sozialistische ökonomische Integration eine wichtige Intensivierungsbedingung ist. Besonders deutlich zeigte sich das bei der Entwicklung der Kosmostechnik und bei der Durchführung von Experimenten im Weltraum. Von Anfang an hatte sich die DDR aktiv am Interkosmos-Programm beteiligt. Mit der Entwicklung von mehr als 100 Apparaturen für Satelliten, geophysikalischen und Wetterraketen und von über 150 Geräten für die Bodendienste hatten Institute der Akademie der Wissenschaften und der Humboldt-Universität Berlin, das Institut für Luftfahrtmedizin in Königsbrück, Werktätige der VEB Carl Zeiss Jena, Pracitronik Dresden, Uhrenwerk Ruhla im Kombinat Mikroelektronik und weitere wissenschaftliche Einrichtungen, Betriebe und Kombinate dazu einen wichtigen Beitrag geleistet.

Beispielgebend für das Ringen um ein hohes Niveau wissenschaftlich-technischer Leistungen waren der Beitrag der DDR zum Interkosmos-Experiment »Sojus 22« mit der im VEB Carl Zeiss Jena gebauten Multispektralkamera MKF-6 und die Inbetriebnahme des ersten 30-Tonnen-Plasmaschmelzofens der Welt im Edelstahlwerk Freital.

Ein erneuter Beweis und zugleich Höhepunkt der brüderlichen Verbundenheit der DDR und der UdSSR war der gemeinsame Weltraumflug des sowjetischen Fliegerkosmonauten Oberst Waleri Bykowski und des ersten Deutschen im All, des Kommunisten, Bürgers und Verdienten Militärfliegers der DDR Oberstleutnant Sigmund Jähn im August 1978.

Literatur

- Karl Marx: Das Kapital. Erster Band, Berlin 1987, S. 345, 348/349, oder in: Marx/Engels/Lenin: Über den sozialistischen Aufbau, Berlin 1985, S. 46, 47/48, oder in: Marx/Engels: Ausgewählte Werke in sechs Bänden, Bd. III, S. 278, 281/282, oder in: Werke, Bd. 23, S. 345, 348/349.
- Erich Honecker: Die Aufgaben der Partei bei der weiteren Verwirklichung der Beschlüsse des IX. Parteitages der SED, Berlin 1978, S. 7–11, 17–24, 31–33, 45, oder in: Reden und Aufsätze, Bd. 6, Berlin 1980, S. 23–27, 35–43, 51–54, 67/68.

Hinweise für den Propagandisten

Zielstellung

Studium und Diskussion sollen
- die Teilnehmer mit wesentlichen Erfahrungen und Ergebnissen des Ringens um die weitere Verwirklichung der Hauptaufgabe unter sich verändernden inneren und äußeren Bedingungen vertraut machen,
- verdeutlichen, daß die erfolgreiche Entwicklung der DDR das Ergebnis des initiativreichen Wirkens und angestrengter Arbeit aller Klassen und Schichten unter Führung der SED ist,
- den Teilnehmern helfen, tiefer in die Zusammenhänge von wissenschaftlich-technischer Revolution, Ausgestaltung der Produktionsverhältnisse sowie Entwicklung der Produktivkräfte und Verwirklichung des Kurses der Hauptaufgabe einzudringen,
- die Teilnehmer mit dem Ringen der DDR um die Vertiefung des Entspannungsprozesses in der zweiten Hälfte der siebziger Jahre vertraut machen.

Schwerpunkte

■ **Wodurch war die Polltik der Hauptaufgabe in der zweiten Hälfte der siebziger Jahre gekennzeichnet?**
- Trotz der sich verändernden inneren und äußeren Bedingungen hielt die SED am Kurs der Einheit von Wirtschafts- und Sozialpolitik fest und gestaltete ihn dank der Initiative und Schöpferkraft der Arbeiterklasse und aller Werktätigen erfolgreich.
- Wichtiges Element der Politik der DDR war das konsequente Ringen um die Beschleunigung und eine größere Wirksamkeit des wissenschaftlich-technischen Fortschritts.
- Ausgehend von Weltstandsvergleichen, erkannte die SED rechtzeitig die neuen Erfordernisse und Möglichkeiten der wissenschaftlich-technischen Revolution und begann vor allem auf dem Gebiet der Mikroelektronik Schritte einzuleiten, um diese im Interesse der Verwirklichung der Hauptaufgabe zu nutzen.
- In der zweiten Hälfte der siebziger Jahre unternahm die DDR wichtige

Schritte zur weiteren Ausgestaltung der sozialistischen Produktionsverhältnisse in Industrie und Landwirtschaft und zur engeren Gestaltung der wissenschaftlich-technischen Zusammenarbeit im RGW.

- Die immer breitere Einbeziehung aller Bürger in die Bewältigung der neuen Entwicklungsprobleme war die entscheidende Grundlage für das engere und festere Bündnis zwischen der Arbeiterklasse und allen anderen Klassen und Schichten.
- Die sich entfaltende sozialistische Demokratie bot allen gesellschaftlichen Kräften in der DDR – unabhängig von Klassenzugehörigkeit und Weltanschauung – ein breites Feld für aktive Tätigkeit.

■ **Welchen Beitrag leistete die DDR zur Vertiefung des Entspannungsprozesses in Europa?**

- Die Konferenz von 29 kommunistischen und Arbeiterparteien Europas im Juni 1976 in Berlin unterbreitete wichtige Vorschläge zur Vertiefung des Entspannungsprozesses in Europa sowie für die gegenseitige vorteilhafte Zusammenarbeit der europäischen Staaten.
- Trotz der widerspruchsvollen Haltung einflußreicher Kreise der BRD unternahm die DDR neue Schritte zur Normalisierung der Beziehungen zwischen der DDR und der BRD.
- Die friedensfeindlichen Aktivitäten der aggressivsten imperialistischen Kräfte zwangen die DDR, Maßnahmen zu treffen, um die Landesverteidigung auf dem erforderlichen Niveau zu gewährleisten.

Weitere Literatur für den Propagandisten

▶ Erich Honecker: Aus meinem Leben, Berlin 1988, S. 259–264, 267–272, 389–398, oder Berlin 1982, S. 371–379, 380–393, 550–564.

▶ Gemeinsamer Beschluß des Zentralkomitees der SED, des Bundesvorstandes des FDGB und des Ministerrates der DDR über die weitere planmäßige Verbesserung der Arbeits- und Lebensbedingungen der Werktätigen im Zeitraum 1976–1980, 27. Mai 1976. In: Dokumente zur Geschichte der SED, Bd. 3, 1971 bis 1986, Berlin 1988, S. 209–217, oder in: Dokumente der Sozialistischen Einheitspartei Deutschlands, Bd. XVI, Berlin 1980, S. 257–263.

▶ Stellungnahme des Politbüros des Zentralkomitees der SED zu den Ergebnissen der Konferenz der kommunistischen und Arbeiterparteien Europas, 7. Juli 1976. In: Dokumente zur Geschichte der SED, Bd. 3, 1971 bis 1986, Berlin 1988, S. 218–221, oder in: Dokumente der Sozialistischen Einheitspartei Deutschlands, Bd. XVI, Berlin 1980, S. 303–305.

▶6. Tagung des ZK der SED, 23./24. Juni 1977. Die Durchführung der Beschlüsse des IX. Parteitages der SED auf dem Gebiet der Elektrotechnik und Elektronik. Beschluß, Berlin 1977, S. 42–60, oder in: Dokumente zur Geschichte der SED, Bd. 3, 1971 bis 1986, Berlin 1988, S. 245–265, oder in: Dokumente der Sozialistischen Einheitspartei Deutschlands, Bd. XVI, Berlin 1980, S. 517–532.

THEMA 6

Der unbeirrte Kurs der SED auf die Erhöhung des Volkswohlstandes, auf Wachstum und politische Stabilität in der DDR angesichts der Zuspitzung der internationalen Lage (1979–1981)

I. Die Verschärfung der internationalen Lage

Übergang der aggressivsten imperialistischen Kreise zu Hochrüstung und Konfrontation

Ende der siebziger Jahre traten in den internationalen Beziehungen zwei gegensätzliche Tendenzen deutlicher denn je hervor. Das war einerseits die vom Sozialismus und allen anderen friedliebenden Kräften verkörperte Tendenz zur Vertiefung der Entspannung, deren Einfluß weiter anwuchs. Sie erwies sich als die maßgebliche Richtung der internationalen Entwicklung.

Ihr gegenüber stand die auf Hochrüstung und Konfrontation gerichtete Tendenz einflußreicher Kreise in den USA und anderen NATO-Staaten, vor allem der Vertreter des Militär-Industrie-Komplexes. Diese setzten auf Hochrüstung und Konfrontation, weil sich der Entspannungsprozeß als Barriere gegen den Expansionsdrang und das Vorherrschaftsstreben der aggressivsten imperialistischen Kräfte, gegen den Gebrauch militärischer Gewalt als Druck- und Erpressungsmittel erwies. Spekulationen, die Entspannung für die »Erosion« des Sozialismus und für »konterrevolutionäre« Wandlungen in den sozialistischen Ländern mißbrauchen zu können, waren gescheitert. Mit ihrem entspannungsfeindlichen, auf Rückkehr zum kalten Krieg gerichteten Kurs wollten diese Kreise das Erstarken des Sozialismus und der antiimperialistischen Bewegung, das Voranschreiten des revolutionären Weltprozesses und die weitere Veränderung des internationalen Kräfteverhältnisses zugunsten der Kräfte des Friedens, der Demokratie, der nationalen Unabhängigkeit und des Fortschritts aufhalten. Gleichzeitig suchten sie, um den Wirkungen langfristiger ökonomischer Krisenprozesse zu begegnen, auf diese Weise einen Ausweg aus der Zuspitzung der inneren Konflikte und Widersprüche. Und nicht zuletzt ging es ihnen um die Behauptung billiger Rohstoffquellen, um die Erhaltung und die Ausweitung politischer, ökonomischer und militärstrategischer Einflußsphären und um die Erzielung von Höchstprofiten.

Außerordentliche Gefahren für den Frieden und die europäische Sicherheit wurden durch die Absicht der NATO heraufbeschworen, in Westeuropa zusätzlich 572 neuartige nukleare Mittelstreckenraketen der USA zu stationieren. Diese waren für einen überraschenden und vernichtenden Schlag gegen die Sowjetunion und die anderen europäischen sozialistischen Staaten vorgesehen.

In vielen Teilen der Welt häuften sich die Proteste gegen diese, den Frieden zusätzlich bedrohenden Pläne. Menschen aus allen Bevölkerungsschichten wandten sich in Demonstrationen und Kundgebungen gegen diesen gefährlichen Kurs. Auch in Westeuropa erstarkte die Friedensbewegung. Selbst Parlamente und Regierungen solcher NATO-Staaten wie Island, Dänemark, Norwegen, Griechenland, Belgien und die Niederlande lehnten eine Stationierung dieser Raketen auf ihren Territorien oder generell einen Beschluß der NATO hierüber ab, einige traten für dessen Vertagung ein.

Um diese Hochrüstungspläne der NATO abzuwenden, erklärte die UdSSR am 6. Oktober 1979 ihre Bereitschaft, die Anzahl von Kernwaffenträgern mittlerer Reichweite in den westlichen Gebieten ihres Territoriums zu reduzieren. Sie versicherte, niemals Kernwaffen gegen diejenigen Staaten einzusetzen, die auf die Herstellung und den Erwerb solcher Waffen verzichteten und sie nicht auf ihrem eigenen Territorium stationierten. Außerdem sah die Sowjetunion im Einvernehmen mit der DDR und nach Konsultation mit den anderen Staaten des Warschauer Vertrages vor, im Verlauf von 12 Monaten die Stärke der sowjetischen Streitkräfte in Mitteleuropa einseitig zu reduzieren und bis zu 20 000 Mann, 1 000 Panzer und eine bestimmte Anzahl anderer Militärtechnik vom Territorium der DDR abzuziehen. Im Kern richteten sich diese Vorschläge darauf, sowohl bei nuklearen als auch bei konventionellen Streitkräften und Rüstungen neue Schritte zur Rüstungsbegrenzung und Abrüstung zu gehen und so den Kurs der Entspannung konsequent fortzusetzen.

Zur Unterstützung dieser Vorschläge der UdSSR rief der Nationalrat der Nationalen Front der DDR Ende Oktober 1979 die Bürger der DDR auf, mit ihrer Unterschrift unter eine Willenserklärung die Friedensinitiative der Sowjetunion zu unterstützen und auf diese Weise ihren tiefen Friedenswillen zum Ausdruck zu bringen. Nahezu einstimmig legten Angehörige aller Klassen und Schichten ihre Stimme für den Frieden in die Waagschale. Mehr als 13,1 Millionen, das waren 96 Prozent aller Einwohner über 14 Jahre, setzten ihre Unterschrift unter diese Willenserklärung.

In dieser Entscheidungssituation, im Dezember 1979, erwiesen sich die herrschenden Kreise der BRD als eifrigste Fürsprecher der Stationierung neuer Raketen in Westeuropa. Sie propagierten verstärkt die Lüge von der »Bedrohung aus dem Osten« und setzten westeuropäische NATO-Partner unter massiven politischen Druck. Zur Beschwichtigung der besorgten und empörten Öffentlichkeit behaupteten sie, daß es sich bei der geplanten Stationierung um eine »Modernisierung« veralteter Systeme, um eine »Nachrüstung« als Antwort auf von der Sowjetunion seit langem eingeführte Raketen des Typs SS-20 handele, mit der das angeblich gestörte militärstrategische Gleichgewicht »wieder hergestellt« werden solle. Sie verschwiegen jedoch, daß es sich bei den nuklearen Mittelstreckenraketen der USA um qualitativ neue Waffensysteme handelte, die den gesamten europäischen Teil der UdSSR in 6 bis 8 Minuten erreichen konnten und so den Charakter strategischer Waffen erhielten. Ebenso unterschlugen sie, daß eine gleichartige Bedrohung der USA durch analoge Systeme der UdSSR nicht bestand. Auf diese Weise wurde die seit Jahrzehnten geübte Praxis der Täuschung der Völker fortgeführt: Die Verfechter dieses aggressiven Kurses erfanden immer neue »Lücken« in der »Verteidigung des Westens« und konstruierten immer neue »Beweise« für ein angeblich ständig wachsendes sowjetisches Militärpotential, mit denen sie die NATO-Hochrüstung rechtfertigten. Auf Abrüstungsvorschläge und einseitige Abrüstungsschritte der UdSSR und der Staaten des Warschauer Vertrages blieben sie jedoch konkrete Antworten und Taten schuldig.

Die SED und die DDR setzten sich dafür ein, einflußreiche politische Kreise in der BRD zu realistischen Positionen zu bewegen. Mit diesem Ziel wandte sich Erich Honecker mehrfach an den Bundeskanzler der BRD, Helmut Schmidt, und wies ihn auf die Verantwortung beider deutscher Staaten hin, einen konkreten Beitrag für Rüstungsbegrenzung und Abrüstung zu leisten. Eingehend erläuterte er die Vorschläge der Sowjetunion vom Oktober 1979, die im November 1979 durch das Angebot erweitert wurden, gesonderte Verhandlungen zur Frage der Mittelstreckenraketen in Europa aufzunehmen. Aus der Verantwortung, dafür zu sorgen, daß von deutschem Boden nie wieder ein Krieg ausgeht, warnte Erich Honecker vor den Gefahren, die mit der beabsichtigten Stationierung neuer Kernwaffen mittlerer Reichweite in der BRD und anderen NATO-Ländern verbunden waren. Unmißverständlich wies er darauf hin, daß im Falle der Stationierung die Sowjetunion, die DDR und die anderen Länder des Warschauer Vertrages gezwungen seien, entsprechende Maßnahmen zur Erhöhung ihrer Verteidigungskraft einzuleiten, um das gestörte militärstrategische Gleichgewicht wiederherzustellen.

Die Befürworter einer Stationierung neuer Kernwaffen der USA in Westeuropa setzten sich jedoch über alle Warnungen und Proteste hinweg. Am 12. Dezember 1979 beschloß die Tagung des NATO-Rats in Brüssel, die Produktion der Mittelstreckenwaffen der USA vom Typ Pershing II und der Marschflugkörper Cruise Missiles aufzunehmen und ab Herbst 1983 mit der Stationierung von 572 dieser Systeme, davon allein 264 in der BRD und weitere in Großbritannien, Italien, Belgien und den Niederlanden, zu beginnen. Mit diesem Raketenbeschluß leiteten die NATO-Staaten eine neue Runde des Wettrüstens ein, die das in den Jahren zuvor mühevoll errichtete Fundament für ein Gebäude der europäischen Sicherheit und Zusammenarbeit zu untergraben und die Grundlagen für Verhandlungen zwischen Ost und West zu zerstören drohte. Der Brüsseler Raketenbeschluß markierte am deutlichsten den von den aggressivsten Kräften des Imperialismus von langer Hand vorbereiteten Übergang zu Hochrüstung und Konfrontation.

Nach dem Raketenbeschluß forcierten vor allem die herrschenden Kreise der USA ihren gegen Entspannung und Abrüstung gerichteten Kurs. So stoppten sie im Januar 1980 die Ratifizierung des nach jahrelangen Verzögerungen im Juni 1979 unterzeichneten Vertrages der UdSSR und der USA über die Begrenzung der strategischen Offensivwaffen (SALT II). Sie verhängten gegen die UdSSR neue Handelsbeschränkungen und ein Getreideembargo, unterbrachen laufende Verhandlungen über die Einstellung des Wettrüstens und über Rüstungsbegrenzung und veranlaßten den Boykott der Olympischen Spiele im Sommer 1980 in Moskau. Ziel dieses Kurses der USA und ihrer NATO-Verbündeten war, das militärische Übergewicht über die Sowjetunion und die Staaten des Warschauer Vertrages zu erlangen, ein »Potential der garantierten Vernichtung« der sozialistischen Länder zu schaffen und mittels einer Neuauflage der »Politik der Stärke« das internationale Kräfteverhältnis wieder zugunsten des Imperialismus zu verändern. Dem Sozialismus sollten wider seine Natur hohe Rüstungsausgaben aufgezwungen, dadurch sein ökonomischer, wissenschaftlich-technischer und sozialer Fortschritt behindert und seiner internationalen Ausstrahlung entgegengewirkt werden.

Im Sommer 1980 unterzeichnete USA-Präsident Carter die Direktive 59 für die »neue Nuklearstrategie«. Die weitreichenden Abrüstungsvorschläge der Sowjetunion und der anderen Staaten des Warschauer Vertrages mißachtend, sah sie einen »atomaren Erstschlag« gegen die sozialistischen Länder vor, mit dem die USA einen Kernwaffenkrieg »gewinnbar« machen und ihn gleichzeitig auf Europa »begrenzen« wollten. Diese zur Regierungspolitik erhobenen abenteuerlichen Pläne sollten dazu beitragen, die Weltherrschaftspläne der USA zu verwirklichen, für die sie die Völker Europas im Inferno eines Atomkrieges zu opfern bereit waren. Sie erhärteten den aggressiven Charakter der Hochrüstung und der geplanten Stationierung neuer nuklearer Mittelstreckenraketen der USA in Westeuropa. Zur Durchsetzung dieser Pläne erhöhten die NATO-Staaten unter dem Druck der USA die Rüstungsausgaben und forcierten den Bau, die Erprobung und die Einführung neuartiger konventioneller Waffensysteme, die in ihrer Wirkung der von Massenvernichtungswaffen nahe kamen.

Mit dem Übergang der aggressivsten Kreise auf Hochrüstung und Konfrontation verschärfte sich Ende der siebziger Jahre/Anfang der achtziger Jahre die internationale Lage. Die USA und andere imperialistische Mächte unternahmen in verschiedenen Regionen der Erde schwerwiegende Anschläge auf den Frieden, die Sicherheit, die nationale Unabhängigkeit und Selbstbestimmung der Völker. Sie schürten und verschärften regionale Konflikte im Nahen Osten, im Süden Afrikas und in Mittelamerika und verstärkten die materielle, politische und ideologische Unterstützung für konterrevolutionäre Attacken gegen die junge Volksmacht in Afghanistan, Äthiopien, Angola, Moçambique und anderen Staaten. Als Vorwand und zur Bemäntelung ihrer Ziele diffamierten die aggressivsten Kreise des Imperialismus die internationalistische Hilfe der Sowjetunion für die Demokratische Republik Afghanistan. Seit Ende Dezember 1979 unterstützten sowjetische Truppen nach wiederholtem Ersuchen der legitimen Regierung und auf der Grundlage völkerrechtlicher Vereinbarungen und bilateraler Verträge das afghanische Volk in dem von reaktionären Kräften und imperialistischen Kreisen seit längerem geführten »unerklärten Krieg«. Nicht diese Hilfsaktion war es, wie imperialistische Ideologen immer wieder glauben machen wollen, die die internationale Lage verschlechterte, sondern der langfristig vorbereitete Generalangriff der reaktionärsten Kräfte des Imperialismus der USA und der NATO auf die Politik der Entspannung.

Gravierende Veränderungen auf den internationalen Märkten

Stärker als in den Jahren zuvor wurde die DDR Ende der siebziger/Anfang der achtziger Jahre mit einschneidenden weltwirtschaftlichen Veränderungen konfrontiert. Besonders schwer fiel ins Gewicht, daß 1979 eine weitere sprunghafte Steigerung der Preise für Roh- und Brennstoffe und Materialien einsetzte. Für Energieträger und Rohstoffe erhöhten sie sich allein 1979 um 22 Prozent und für industrielle Fertigerzeugnisse um 16 Prozent. Am stärksten schnellte der Erdölpreis in die Höhe, von 1970 bis 1979 auf das Zehnfache. Erneut stiegen die Preise für Roh- und Brennstoffe wesentlich rascher als die für industrielle Fertigerzeugnisse. In ihrem absoluten Volumen übertrafen diese Preiserhöhungen die erste umfassende Preiswelle von 1973/1974. Infolge dieser Entwicklungen verstärkte sich weltweit die Tendenz zur intensiveren Nutzung der Rohstoffe und Energieträger. Zugleich beschleunigten sich in bis dahin ungekanntem Tempo die Entwicklung von Wissenschaft und Technik, die Einführung neuer Erzeugnisse, Verfahren und Technologien sowie Veränderungen der volkswirtschaftlichen Strukturen.

Index der Preise ausgewählter Warengruppen auf kapitalistischen Märkten (US-Dollar)

1970 = 100 Jahr	industrielle Fertigerzeugnisse	Rohstoffe insgesamt
1975	182	302
1976	183	320
1977	198	353
1978	228	359
1979	260	465
1980	288	683
1981	271	710

Entwicklung des Erdölpreises (US-Dollar je Tonne)

Jahr	
1975	85,32
1978	93,98
1979	127,72
1980	212,13
1981	240,50

Mit dieser Preisexplosion verband sich infolge der Verflechtung von allgemeiner und zyklischer Krise sowie der zunehmenden Labilität der kapitalistischen Wirtschaft eine neuerliche Verschärfung des Konkurrenzkampfes. Das verschlechterte auch die Bedingungen für den Absatz von Erzeugnissen der DDR auf den internationalen Märkten. Kapitalistische Staaten versuchten durch Begrenzung von Importen ausgeglichene Export-Import-Beziehungen zu erschweren und ihrerseits wesentlich höhere Lieferungen in die DDR zu tätigen. Auf diese und vielfältige andere Weise waren sie bestrebt, die Auswirkungen der Krise teilweise auf die sozialistischen Länder abzuwälzen. Unter dem Druck entspannungsfeindlicher Kräfte nutzten vor allem NATO-Staaten verstärkt alte und neue Handelsbeschränkungen als Waffe gegen die DDR und die anderen Länder des RGW, um politischen und ökonomischen Druck auf sie auszuüben und sie daran zu hindern, den wissenschaftlich-technischen Fortschritt zu beschleunigen, die Produktion zu intensivieren und ihre sozialpolitischen Ziele zu verwirklichen. Vor allem die USA verschärften die Sanktions- und Embargopolitik, den Finanz- und Technologieboykott.

All das hatte vielfältige Auswirkungen auf die Volkswirtschaft der DDR, die nicht in jedem Fall hatten vorausgesehen werden können. In beträchtlichem Ausmaß mußten kurzfristige Umstellungen, Korrekturen und Veränderungen im Produktionsprozeß und bei volkswirtschaftlichen Vorhaben vorgenommen werden. Zudem wirkten Belastungen fort, die in der Vergangenheit entstanden waren. Die ohnehin komplizierte Situation verschärfte sich. Für die DDR bildete sich eine neue Lage heraus.

II. Schlußfolgerungen aus den veränderten inneren und äußeren Bedingungen

Entscheidung für die Fortsetzung bewährter Politik

Der Sozialismus stand vor neuen Herausforderungen: Er mußte alles für die Sicherung des Friedens tun, dem imperialistischen Hochrüstungs- und Konfrontationskurs entschieden begegnen und zugleich in schnellem Tempo die Prozesse der wissenschaftlich-technischen Revolution für seine allseitige Stärkung erschließen. Wie für andere sozialistische Länder, so unterschieden sich auch für die DDR die Ausgangsbedingungen und Anforderungen für das künftige Wirtschaftswachstum deutlich von den Gegebenheiten zu Beginn der siebziger Jahre.

Neben der Zuspitzung der internationalen Lage, der Verschlechterung der außenwirtschaftlichen Bedingungen galt es vor allem zu beachten, daß sich weltweit die Entwicklung der modernen Produktivkräfte in einem bis dahin nicht gekannten Tempo beschleunigte. Zudem wurden in der DDR die natürlichen Bedingungen bei der Gewinnung der einheimischen Rohstoffe komplizierter. Auch die Aufwendungen für die Erhaltung und den Ausbau der sozialen und kulturellen Errungenschaften stiegen rasch an.

Hohe Einsatzbereitschaft im Kampf gegen Witterungsunbilden. Werktätige und ihre Helfer von der NVA sichern im Tagebau Espenhain die Braunkohleversorgung, Januar 1979

Demgegenüber hatten sich auch die Möglichkeiten der DDR erweitert, den rasch wachsenden Anforderungen gerecht zu werden. So lagen wichtige Erfahrungen bei der Intensivierung in bezug auf eine höhere Wirksamkeit von Wissenschaft und Technik, die Erhöhung der Effektivität der Investitionsvorhaben und der komplexen Rationalisierung vor. Rasch entwickelten sich die Mikroelektronik, die Automatisierungstechnik, die informationsverarbeitende Technik, die chemische Industrie und der Maschinenbau. Neue Möglichkeiten zur Erhöhung der Effektivität und der Qualität der Produktion ergaben sich durch die Kombinate. Zudem bestand ein gewachsenes wissenschaftlich-technisches und geistiges Potential, welches mit größerer Effektivität zu erschließen war. Die ersten Ergebnisse und Erfahrungen der 1978 entstandenen Schwedter Initiative zeigten, daß das gesellschaftliche Arbeitsvermögen rationeller genutzt werden konnte.

Die SED und die Regierung der DDR standen vor der Frage, ob angesichts der veränderten Reproduktionsbedingungen an den ökonomischen und sozialen Zielen Abstriche vorgenommen werden mußten. Die Antwort darauf gab das Zentralkomitee der SED auf seiner 11. Tagung Mitte Dezember 1979.

Mit aller Entschiedenheit verurteilte das Plenum den verhängnisvollen

Raketenbeschluß der NATO und deckte das aggressive Wesen der sich darin erneut äußernden imperialistischen Politik auf. Unmißverständlich stellte das Zentralkomitee klar, daß die DDR gemeinsam mit der Sowjetunion und den anderen Staaten des Warschauer Vertrages alles Notwendige tun werde, um die Verteidigungsfähigkeit der sozialistischen Länder jederzeit auf dem erforderlichen Niveau zu gewährleisten und ihre eigene Sicherheit zu garantieren. Zugleich, so hob die Partei hervor, werde die DDR auch künftig mit Beharrlichkeit und Energie für die Erhaltung des Friedens, die Beendigung des Wettrüstens und für Abrüstung eintreten.

Die SED bekräftigte, daß sie auch unter den erheblich veränderten internationalen Bedingungen und wachsenden Anforderungen an die ökonomische Leistungskraft der DDR an dem vom VIII. Parteitag eingeschlagenen und seither erfolgreich verwirklichten Kurs der Einheit von Wirtschafts- und Sozialpolitik konsequent festhalten werde. Dazu gehörten die Fortführung des sozialpolitischen Programms einschließlich der bis dahin praktizierten Politik der stabilen niedrigen Preise für Waren des Grundbedarfs, der niedrigen Mieten und Tarife für Dienstleistungen.

Voraussetzung dafür war, auf dem Wege der Intensivierung rascher voranzukommen. Dazu mußte die Arbeitsproduktivität schneller als die industrielle Warenproduktion gesteigert und bei sinkendem Zuwachs an Material, Energie und Rohstoffen mehr produziert werden. Das wiederum verlangte, die Vorzüge der sozialistischen Gesellschaft wirksamer mit den Errungenschaften der wissenschaftlich-technischen Revolution zu verbinden, auf allen Gebieten die Produktivität und Effektivität entschieden zu erhöhen. Nur auf diesem Wege war es möglich, einen steilen Anstieg der Arbeitsproduktivität über die bis dahin üblichen Zuwachsraten hinaus zu erreichen, das Tempo in Wissenschaft und Technik zu beschleunigen, um das internationale Niveau auf bestimmten Gebieten zu erreichen und den Anforderungen auf den Weltmärkten gerecht zu werden. Dafür war ein volkswirtschaftlich spürbarer Rationalisierungsschub unerläßlich.

Hierbei ging es um die Anwendung neuester Entwicklungstendenzen der Produktivkräfte, modernster wissenschaftlicher Erkenntnisse für neue Technologien und Verfahren in Verbindung mit der Herstellung der entsprechenden Produktionsausrüstungen und der umfassenden Nutzung dieser Ergebnisse in der Produktion. Darüber hinaus waren alle qualitativen Faktoren des ökonomischen Wachstums stärker zur Wirkung zu bringen. Von besonderer Bedeutung erwiesen sich die ergiebigere Nutzung der wissenschaftlich-technischen Möglichkeiten im Kampf um hohe Qualität und ein höhere Veredlung der Rohstoffe sowie die Vervollkommnung der Produktionsstruktur. Die Lösung der damit verbundenen Aufgaben war ausschlaggebend dafür, wie die DDR künftig den zunehmenden außenwirtschaftlichen Belastungen, den objektiven Maßstäben des wissenschaftlich-technischen Fortschritts, der Effektivität, der Qualität und des intensiven Wirtschaftens immer besser entsprechen konnte.

Rückblickend auf diese Entscheidungen sagte Erich Honecker:
»Ende der 70er, Anfang der 80er Jahre standen wir vor der Frage, wie es weitergehen soll. Sollten wir jenen Gehör schenken, die für ein Abbremsen des Tempos waren, oder denjenigen, die dafür waren, die umfassende Intensivierung, den Kurs der Einheit von Wirtschafts- und Sozialpolitik weiter durchzuführen. Wir haben diesen Kurs gewählt, und die Ergebnisse sind heute offen sichtbar.«

Bericht des Zentralkomitees der Sozialistischen Einheitspartei Deutschlands an den XI. Parteitag der SED. Berichterstatter: Genosse Erich Honecker, Berlin 1987, S. 26.

Viele Arbeitskollektive und einzelne Werktätige aus allen gesellschaftlichen Bereichen äußerten in Schreiben an das Zentralkomitee ihre Zustimmung zu den Beschlüssen der 11. Tagung und zu dem darin gewiesenen Weg der Leistungssteigerung der Volkswirtschaft. Sie bekundeten ihr Verständnis dafür, daß höhere Anforderungen zu bewältigen waren, und erklärten sich bereit, im sozialistischen Wettbewerb zur Lösung der Aufgaben beizutragen.

Beschleunigte Anwendung der Mikroelektronik, der Robotertechnik und der EDV

Seit Mitte 1979 hatten Partei und Regierung weitere Entscheidungen getroffen, um die Volkswirtschaft der DDR beschleunigt auf neue Entwicklungstendenzen der Produktivkräfte einzustellen. Zunächst präzisierten sie im Juni 1979 die zwei Jahre zuvor beschlossene Konzeption zur Entwicklung und Anwendung der Mikroelektronik in der DDR. Geleitet von den Parteiorganisationen, hatten Wissenschaftler, Ingenieure, Technologen und Neuerer gemeinsam mit den Arbeitskollektiven Fortschritte beim Bau von Ausrüstungen für die mikroelektronische Industrie, bei der Entwicklung eines Sortiments an aktiven und passiven mikroelektronischen Bauelementen, ihrer Einführung in die Produktion und ihrer Anwendung erreicht. Dazu beigetragen hatte die wissenschaftlich-technische Zusammenarbeit mit Ländern des RGW, insbesondere mit der Sowjetunion.

Gemessen am internationalen Niveau, reichte das Tempo der Entwicklung und Anwendung der Mikroelektronik aber noch nicht aus. Es war erforderlich, über die 1977 beschlossenen Ziele hinauszugehen. Daher wurden Forschungs- und Entwicklungsaufgaben überprüft und konsequenter auf das Erreichen und Mitbestimmen des internationalen Niveaus auf ausgewählten Gebieten gerichtet. Die Investitionen für den Bereich Mikroelektronik wurden wesentlich erweitert und stärker auf Schwerpunkte konzentriert. Zugleich leiteten Partei und Regierung daraus neue Aufgaben für die Chemie, die Metallurgie, die keramische Industrie, den Maschinenbau und andere Zweige der Volkswirtschaft ab. In allen Bereichen ging es um konkrete Schritte zur zügigen Bereitstellung von Vormaterialien und Ausrüstungen für die Mikroelektronik wie um den raschen Einsatz ihrer Erzeugnisse.

Produktion ausgewählter mikroelektronischer Erzeugnisse

	1970	1975	1979	1980
Numerische Steuerungen (Mill. Mark)	29,3	70,7	149,6	184,9
Bauelemente der Elektronik (Mill. Mark)	430,0	1 006,1	1 995,3	2 306,7
darunter Halbleiterbauelemente (Mill. Mark)	104,7	336,5	841,7	985,6
integrierte Schaltkreise (1 000 Stück)	–	–	–	37 685
Mikrorechner (Stück)	–	–	–	3 095

Mit Hilfe der Mikroelektronik begann die DDR auch stärker die internationalen und die eigenen Erfahrungen und Erkenntnisse für den Bau von Industrierobotern und Manipulatoren und deren Einsatz im Produktionsprozeß zu nutzen. Maßnahmen des Zentralkomitees der SED und des Ministerrates der DDR vom Herbst 1979 hierzu waren vor allem auf die Einsparung von Arbeitskräften, auf die Befreiung der Werktätigen von schwerer körperlicher oder gesundheitsschädlicher Arbeit und auf eine beträchtliche Steigerung der Arbeitsproduktivität durch Mechanisierung und Automatisierung arbeitsintensiver, vorwiegend manueller Tätigkeiten gerichtet. Erste Erfahrungen zeigten, daß der Einsatz von Robotern an einzelnen Schwerpunkten des Produktionsprozesses zwar Arbeitskräfte für andere Tätigkeiten freisetzte, die Produktivität steigerte und manche Arbeitserleichterung ermöglichte, aber die angestrebten Effekte waren damit nicht erreichbar. Vielmehr mußten neue, komplexe technologische Lösungen gefunden werden.

Ausgehend von den zu erwartenden Fortschritten in der Mikroelektronik, wurden 1979 auch Maßnahmen für die Entwicklung und den erweiterten Einsatz elektronischer Rechentechnik, von numerischen und nichtnumerischen Steuerungen im Werkzeugmaschinenbau, zur Rationalisierung von informationsverarbeitenden Prozessen sowie zur effektiven Organisation der Verwaltungsarbeit beschlossen. Sie zielten auf die Anwendung moderner wissenschaftlicher Erkenntnisse bei der Entwicklung von Technologien und Verfahren, bei der Herstellung entsprechender Ausrüstungen und auf ihre breite Einführung in die Produktion. In Angriff genommen wurde die Vorbereitung und Herstellung rechnergestützter Arbeitsplätze. Dafür gab es erste beachtliche wissenschaftlich-technische Lösungen und zugleich Erfahrungen in solchen Kombinaten wie Umformtechnik Erfurt, Carl Zeiss Jena, Mikroelektronik und Robotron.

Im Gegensatz zu den kapitalistischen Industrieländern, in denen die großen Konzerne die wissenschaftlich-technische Revolution zur Erzielung von Höchstprofiten für den Preis der Stillegung traditioneller Industrien, der Entwertung der Kenntnisse und Fähigkeiten ganzer Berufsgruppen, der Vernichtung von immer mehr Arbeitsplätzen und des rapiden Ansteigens von Arbeitslosigkeit, Existenzunsicherheit und Perspektivlosigkeit für Millionen benutzten, bestanden Anliegen und Ziel der Beschleunigung des wissenschaftlich-technischen Fortschritts in der DDR darin, seine Ergebnisse in neue soziale Errungenschaften und Werte für alle Werktätigen umzusetzen. Konsequent drangen Partei und Regierung darauf, die Entwicklung und den Einsatz der gesamten Mikroelektronik, der Robotertechnik, der Elektronischen Datenverarbeitung und anderer moderner Technologien von Anfang an mit der Verbesserung der Arbeits- und Lebensbedingungen der Werktätigen und der Erschließung neuer Möglichkeiten für die Entfaltung ihrer Schöpferkräfte und Initiativen zu verbinden. Das erfolgte jedoch nicht im Selbstlauf.

Zunächst mußten Breite und Vielfalt der möglichen Wirkungen des Einsatzes der Mikroelektronik untersucht und in vielen Betrieben erste Erfahrungen bei ihrer Anwendung gesammelt werden. Neuartige Probleme, so die Gestaltung der Arbeitsbedingungen und der Arbeitsinhalte, der Aus- und Weiterbildung der Werktätigen, waren zu durchdenken und Lösungen dafür zu finden. Früh zeigte sich, daß Rationalisierungsvorhaben von Beginn an eng mit der Verbesserung der Arbeits- und Lebensbedingungen verbunden werden mußten, weil sich Veränderungen der Arbeits- und Lebensbedingungen im Nachhinein, nach erfolgter Rationalisierung meist als außerordentlich schwierig, kostspielig und oft unmöglich erwiesen. Die Partei- und Gewerkschaftsorganisationen berücksichtigten Erfahrungen fortgeschrittener Kombinate und rangen darum, die Werktätigen in Lehrgängen der Betriebsakademien, durch berufliche Weiterbildung, postgraduales Studium an Hoch- und Fachschulen und andere Qualifizierungsschritte rechtzeitig und langfristig auf den Einsatz der Mikroelektronik, neuer Technik und damit verbundener neuer Technologien vorzubereiten, ihre Erfahrungen und Vorschläge zu nutzen und sie in die Leitung, Planung und Durchführung vorgesehener Maßnahmen einzubeziehen. In den zentralen FDJ-Initiativen »Mikroelektronik« und »Roboterbau« sowie in entsprechenden Jugendobjekten in mehreren Bezirken qualifizierten sich Mitglieder des Jugendverbandes aus allen Teilen der DDR zu Elektronikfacharbeitern und Mikroelektronikspezialisten. Damit wurden rechtzeitig Schritte getan, um den Elan, den Erfindergeist und Forscherdrang der jungen Generation für die Entwicklung und Anwendung der Mikroelektronik und anderer moderner Technologien zu entfalten.

Die Partei-, Gewerkschafts- und FDJ-Organisationen leisteten eine intensive ideologische Arbeit, um das Verständnis für die Beschleunigung des wissenschaftlich-technischen Fortschritts bei allen Werktätigen zu vertiefen und ihre Bereitschaft zu fördern, tatkräftig daran mitzuwirken. Sie setzten sich mit noch weit verbreiteten Positionen des Abwartens beim Einsatz der Mikroelektronik auseinander und schufen Klarheit über die Notwendigkeit der Erhöhung des Tempos auf diesem Gebiet. Zugleich wandten sie sich dagegen, daß manche Leiter langfristigen Überlegungen zur Gestaltung der Arbeitsbedingungen und Arbeitsinhalte bei der Anwendung der Mikroelektronik auswichen und sich auf unmittelbar zu lösende technische und technologische Probleme beschränkten.

Neue Ansprüche an Wissenschaft und Bildung

Die Dynamik der gesellschaftlichen Entwicklung in der DDR und die Stärkung der Positionen des Sozialismus in der internationalen Klassenauseinandersetzung wurden immer mehr davon bestimmt, wie neue wissenschaftlich-technische Erkenntnisse in der gesellschaftlichen Praxis angewendet, die Arbeitsproduktivität über das übliche Maß hinaus gesteigert und das gesellschaftliche Arbeitsvermögen auf rationellste Weise genutzt wurden. In diesem Sinne wirkten Wissenschaft und Bildung mehr denn je als entscheidende Wachstumsfaktoren der gesellschaftlichen Entwicklung. Bei ihrer weiteren Ausgestaltung richteten die SED und die Regierung ihre Anstrengungen vor allem darauf, die Produktivität der geistigen Arbeit, die Effektivität und das Leistungsvermögen der Schule, der Lehre, der Forschung sowie der Aus- und Weiterbildung zu erhöhen.

Nachdem bis 1976 der Aufbau der zehnklassigen allgemeinbildenden polytechnischen Oberschule im wesentlichen abgeschlossen worden war, ging es nun um ihre weitere inhaltliche Ausgestaltung, ihre engere Verbindung mit der Praxis und um die Ausprägung ihres polytechnischen Charakters. Der VIII. Pädagogische Kongreß hatte dazu im Oktober 1978 jene Aufgaben bestimmt, die sich aus dem Voranschreiten bei der Gestaltung der entwickelten sozialistischen Gesellschaft ergaben. Davon ausgehend, verstärkten die Pädagogen und Erzieher ihre Bemühungen, eine Jugend heranzubilden, die viel weiß, gern und gut arbeitet, einen festen politischen Standpunkt besitzt und im revolutionären Kampf der Gegenwart mit Leidenschaft und Tatendrang ihren Platz ausfüllt und nach den kommunistischen Idealen handelt. Größere Aufmerksamkeit wandten die Mitarbeiter des Bildungswesens der Förderung von Talenten besonders auf naturwissenschaftlichem und technischem Gebiet zu. Eingeleitet wurden Schritte zur Ausgestaltung der beruflichen Aus- und Weiterbildung.

Am Ende der siebziger Jahre hatte die DDR eine auch international hervorragende Position in der Qualifikationsstruktur der Berufstätigen erreicht.

Ausbildungsstand der Berufstätigen in der sozialistischen Wirtschaft (1 000)

Jahr	Berufstätige mit abgeschlossener beruflicher Ausbildung insges.	davon mit Hochschulabschluß	Fachschulabschluß	Meisterabschluß	Facharbeiterabschluß
1970	3 917,3	261,5	454,8	3 201,0	
1975	5 105,2	398,9	620,3	254,0	3 832,1
1978	5 715,2	466,9	851,2	267,7	4 129,4
1980	6 017,9	500,7	911,5	278,2	4 327,5

Mit dem Blick auf die künftigen Aufgaben waren das geistige Potential für den gesellschaftlichen und sozialen Fortschritt wirksamer zu nutzen und zugleich die Bedingungen zu schaffen, um den notwendigen Bildungsvorlauf zu gewährleisten. Produktion, Wissenschaft und Bildung mußten enger miteinander verflochten werden. Die SED und die Regierung der DDR zogen daraus die erforderlichen Schlußfolgerungen. Im Beschluß über die »Aufgaben der Universitäten und Hochschulen in der entwickelten sozialistischen Gesellschaft« vom März 1980, auf der V. Hochschulkonferenz der DDR im September 1980 und in anderen Entscheidungen gaben sie wesentliche Orientierungen für die langfristige Entwicklung der Wissenschaften, des Hochschulwesens, des Bildungswesens und der Berufsaus- und -weiterbildung in ihrer Einheit. Auf diese Weise wurden aus der raschen Entwicklung der Produktivkräfte frühzeitig Konsequenzen abgeleitet, um den Herausforderungen der kommenden Jahre begegnen und den wissenschaftlich-technischen Fortschritt besser mit den Vorzügen des Sozialismus verbinden zu können.

Fortschritte bei der Verwirklichung des sozialpolitischen Programms

Auf der Grundlage wachsender Leistungskraft der Volkswirtschaft der DDR konnten die sozialpolitischen Ziele des IX. Parteitages der SED in vollem Umfange und zu den geplanten Terminen verwirklicht werden. 1979 erhöhte sich der Grundurlaub für 8,7 Millionen Werktätige um drei Tage auf mindestens 18 Arbeitstage. Für 3 Millionen ältere Bürger wurden 1979 die Mindestrenten erneut heraufgesetzt.

Die Durchführung des sozialpolitischen Programms, in dem die Unterstützung von Mutter und Kind einen wichtigen Platz einnahm, wirkte sich auch auf das Leben der Frauen, ihrer Kinder und ihrer Familien, auf ihre soziale Sicherheit und ihren wachsenden Wohlstand aus. Dazu trugen die Verbesserung der Wohnverhältnisse, die Schaffung weiterer Kindergärten und -krippen, die 40-Stunden-Arbeitswoche und der verlängerte Urlaub für vollbeschäftigte Mütter mit zwei und mehr Kindern, das Babyjahr, die Verlängerung des Schwangerschafts- und Wochenurlaubs auf 26 Wochen, die Verbesserung der Dienstleistungen und andere Maßnahmen bei. Sie schufen günstigere Bedingungen dafür, daß die Frauen ihren Verpflichtungen im Beruf, als Mutter und in der Familie besser gerecht werden konnten. Die Partei und der Staat, die Gewerkschaften und der Demokratische Frauenbund Deutschlands wirkten unablässig darauf hin, die berufliche Aus- und Weiterbildung der Frauen zu fördern, mehr Frauen für leitende Funktionen zu gewinnen und alle erschwerenden materiellen Bedingungen und ideologischen Hemmnisse Schritt für Schritt zu beseitigen. Dazu bedurfte es mancher Auseinandersetzung. 1980 waren neun von zehn arbeitsfähigen Frauen berufstätig; fast drei Viertel aller Frauen besaßen eine abgeschlossene Ausbildung als Facharbeiter oder eine noch höhere Qualifikation; knapp ein Drittel aller Leitungsfunktionen übten Frauen aus. Damit zeigte sich erneut, daß die zielgerichtete Förderung der Frauen und ihre gleichberechtigte Einbeziehung in die gesellschaftli-

Im neuen Feierabend- und Pflegeheim in Neubrandenburg
werden 177 Bürger betreut, 1979

chen Angelegenheiten zu den unumstößlichen Grundsätzen der Politik von Partei und Regierung gehören.

Beträchtliche Fortschritte wurden auch im Gesundheitswesen erreicht. Durch Erweiterung, Rekonstruktion und Neubau der Charité in Berlin, von Krankenhäusern in Arbeiterzentren und Bezirksstädten, von Polikliniken, Ambulatorien, Feierabend- und Pflegeheimen wurde das Netz der Gesundheits- und Sozialeinrichtungen wesentlich erweitert.

In einer Zeit, in der sich in den meisten kapitalistischen Ländern die Lebensverhältnisse von Millionen Werktätigen rapide verschlechterten, Arbeitslosigkeit und soziale Unsicherheit zunahmen und immer mehr Menschen von Armut, Obdachlosigkeit, Existenzangst und Perspektivlosigkeit ergriffen wurden, konnten in der DDR die seit 1971 in angestrengter Arbeit geschaffenen sozialen Errungenschaften nicht nur uneingeschränkt bewahrt, sondern ihnen neue hinzugefügt und die Verbesserung der Arbeits- und Lebensbedingungen aller Werktätigen fortgesetzt werden.

III. Für Abrüstung, Entspannung und gleichberechtigte Zusammenarbeit

Neue Initiativen für Rüstungsbegrenzung und Abrüstung

Die folgenschweren Schritte maßgeblicher Kreise der USA, der BRD und anderer NATO-Staaten gegen Entspannung, Sicherheit und Zusammenarbeit, ihr Übergang zu Hochrüstung und Konfrontation erhöhten die Verantwortung der vereinten sozialistischen Militärkoalition im Ringen um die Lösung der Lebensfrage der Menschheit, der Frage von Krieg oder Frieden, im Interesse der Völker. Immer dringender wurde es, den Frieden und den Sozialismus jederzeit zuverlässig militärisch zu schützen und zugleich jede Möglichkeit zu suchen und zu nutzen, um auf dem Weg zu Rüstungsbegrenzung und Abrüstung voranzukommen.

In der zugespitzten Situation zu Beginn der achtziger Jahre bewiesen die Staaten des Warschauer Vertrages erneut den zutiefst humanistischen Charakter ihres internationalen Wirkens für Frieden und internationale Sicherheit. Die Tagung des Politischen Beratenden Ausschusses der Teilnehmerstaaten des Warschauer Vertrages im Mai 1980 in Warschau wandte sich mit weiterführenden Vorschlägen zur Einstellung des Wettrüstens, zur Herbeiführung der militärischen Entspannung und effektiven Abrüstung an die führenden Staatsmänner, die Regierungen, die Parlamente und alle gesellschaftlichen Kräfte der ganzen Welt. Die Staaten des Warschauer Vertrages erklärten sich bereit, über die Verringerung aller Arten von Waffen zu verhandeln, unter der Bedingung, daß das militärstrategische Gleichgewicht auf einem immer niedrigeren Niveau der Streitkräfte und Rüstungen gewahrt blieb.

Die aggressivsten Kräfte des Monopolkapitals mußten daran gehindert werden, die Welt abermals an den Abgrund eines Krieges zu drängen. Es galt, für den Kampf um den Frieden breite Kreise aus allen Klassen und Schichten, politischen und weltanschaulichen Richtungen in allen Ländern und auf allen Kontinenten zu mobilisieren. An der Trennlinie von Warschauer Vertrag und NATO ergab sich für die SED und alle Werktätigen der DDR die hohe Verantwortung, den Sozialismus allseitig zu stärken und zur Sicherung des Friedens einen wachsenden Beitrag zu leisten. Mit ganzer Kraft wirkten dafür die Angehörigen der NVA im Manöver »Waffenbrüderschaft 80«, das im September 1980 auf dem Territorium der DDR stattfand, sowie im Wettbewerb zum X. Parteitag der SED.

Mit dem Blick auf die konkreten Bedingungen der achtziger und neunziger Jahre leiteten die SED und die Regierung der DDR Maßnahmen ein,

Manöver »Waffenbrüderschaft 80«. Verbände der Sowjetarmee und der NVA während des Gefechtsschießens, September 1980

um trotz der zu erwartenden geringeren Anzahl von Wehrpflichtigen aus den geburtenschwachen Jahrgängen für den Grundwehrdienst auch künftig die erforderliche Kampfkraft und Gefechtsbereitschaft aller Truppenteile der NVA zu gewährleisten.

Die DDR unternahm vielfältige Aktivitäten, um der Zuspitzung der internationalen Lage entgegenzuwirken und den Weg zur Fortsetzung des Entspannungsprozesses offenzuhalten. Vor allem gelang es, den Meinungsaustausch mit kapitalistischen Staaten fortzusetzen. Das äußerte sich in Gesprächen, die führende Vertreter der SED und des Ministerrates der DDR mit maßgeblichen Politikern und Geschäftsleuten solcher kapitalistischer Staaten wie Frankreich, Österreich, Finnland, Belgien, Japan, Indien, Mexiko und Zypern führten. Sie wirkten darauf hin, einen für alle Völker nützlichen Dialog zur Verhinderung eines nuklearen Weltbrandes und zur durchgreifenden Gesundung der internationalen Lage in Gang zu bringen und der Vernunft und dem Realismus Geltung zu verschaffen.

Beharrlich bemühte sich die DDR, auch die Beziehungen zur BRD entsprechend den Prinzipien der friedlichen Koexistenz und dem Grundlagenvertrag zu normalisieren. Als unerläßlich hierfür nannte Erich

Honecker in seiner Rede in Gera vom Oktober 1980, daß die BRD die fortgesetzten Versuche aufgab, die Souveränität der DDR zu mißachten, sich in ihre inneren Angelegenheiten einzumischen, das Transitabkommen ständig zu verletzen und zu mißbrauchen und die Revision der europäischen Nachkriegsordnung anzustreben. Die Anerkennung der Staatsbürgerschaft der DDR, die Auflösung der sogenannten Zentralen Erfassungsstelle Salzgitter, die Umwandlung der Ständigen Vertretungen beider Staaten in Botschaften und die vertragliche Regelung des Grenzverlaufs auf der Elbe wären Schritte, um einer weiteren Normalisierung der Beziehungen im Wege stehende schwerwiegende Hindernisse zu überwinden. Im Interesse der Entspannung in Europa strebte die DDR nach einem gutnachbarlichen Verhältnis zur BRD wie zu anderen westlichen Staaten und hielt Fortschritte auf diesem Weg für möglich, wenn die Prinzipien uneingeschränkt respektiert würden, die für die Beziehungen zwischen souveränen Staaten üblich sind. Die Bonner Regierung war jedoch nicht bereit, von ihren unrealistischen Positionen abzurücken.

Zum besseren gegenseitigen Verstehen und zum Abbau von Vorurteilen und Mißtrauen gegenüber dem realen Sozialismus trug die 67. Interparlamentarische Konferenz im September 1980 in Berlin bei, an der Parlamentarier aus 87 Ländern und Vertreter von 15 internationalen Organisationen teilnahmen.

Fünf Jahre nach der Konferenz von Helsinki waren bis Mitte 1980 zwischen der DDR und kapitalistischen Teilnehmerstaaten über 160 Verträge und Abkommen abgeschlossen worden. Die Werktätigen unterstützten dieses außenpolitische Vorgehen, indem sie täglich um hohe Arbeitsleistungen rangen und damit zur Stärkung der DDR und des Sozialismus, zur Erhöhung seiner internationalen Ausstrahlung und zur Sicherung des Friedens beitrugen.

Antiimperialistische Solidarität

Im außenpolitischen Wirken der SED und des Ministerrates der DDR nahm die Entwicklung der Freundschaft und Zusammenarbeit mit den nichtpaktgebundenen Ländern und die Unterstützung für den antiimperialistischen Kampf der Völker Asiens, Afrikas und Lateinamerikas einen zentralen Platz ein.

Im Januar 1979 weilte Erich Honecker zu einem Staatsbesuch in der Republik Indien. Die Ergebnisse dieses Besuches zeugten vom Eintreten beider Staaten für Frieden, Abrüstung, gegen Kolonialismus, Neokolonialismus und Rassismus. In den bilateralen Beziehungen wurde eine neue Etappe eingeleitet.

Zur Ausgestaltung der Beziehungen der DDR zu Staaten in Afrika und Asien trugen maßgeblich die Reisen von Partei- und Staatsdelegationen der DDR unter Leitung von Erich Honecker im Februar 1979 nach Libyen, Angola, Sambia und Moçambique sowie im November 1979 nach Äthiopien und in die VDR Jemen bei. Die Ergebnisse dieser Reisen bestätigten die Verbundenheit und Solidarität der DDR mit den national befreiten Staaten und den Befreiungsbewegungen. Die DDR unterstützte und ermutigte den Kampf der Staaten und Völker im südlichen Afrika gegen die Versuche des Imperialismus, deren Ringen um die Festigung ihrer nationalen Unabhängigkeit und um gesellschaftlichen Fortschritt immer neue Hindernisse in den Weg zu türmen und ihnen ein neokolonialistisches Regime aufzuzwingen. Die Verträge über Freundschaft und Zusammenarbeit mit der VR Angola, mit der VR Moçambique, dem Sozialistischen Äthiopien und der VDR Jemen, die Gemeinsame Erklärung mit der Sozialistischen Libyschen Arabischen Volksjamahiriya sowie die Gemeinsame Deklaration mit der Republik Sambia zeugten davon, daß die Beziehungen der DDR zu ihnen eine neue Qualität erlangten. Die DDR vereinbarte mit diesen Staaten langfristige Abkommen und Programme zur komplexen Entwicklung der ökonomischen Zusammenarbeit.

Vielfältige Unterstützung erwiesen die SED und die DDR den Völkern Indochinas, insbesondere Kampucheas nach seiner Befreiung im Januar 1979 und der Proklamation der Volksrepublik. Im März 1980 unterzeichneten beide Staaten in Berlin einen Vertrag über Freundschaft und Zusammenarbeit.

Wirksame Hilfe wurde auch dem nationalen und sozialen Befreiungskampf in den Ländern Lateinamerikas zuteil. Fest stand die DDR an der Seite des Volkes von Nikaragua, das nach dem Sieg über das barbarische Somozaregime im Juli 1979 die antiimperialistische demokratische Revolution in die gesellschaftliche Umgestaltung des Landes hinüberleitete.

In den Beziehungen zu den national befreiten Staaten ließ sich die Partei- und Staatsführung der DDR von den Prinzipien der Gleichheit leiten. Aktiv wirkte sie für die Umgestaltung der internationalen Wirtschaftsbeziehungen auf demokratischer und gleichberechtigter Grundlage. Vor allem trug die DDR zur Herausbildung nationaler Wirtschaften und entsprechender Infrastrukturen als Grundlage ökonomischer Unabhängigkeit bei und entwickelte die Handelsbeziehungen mit diesen Ländern. Von 1971 bis 1980 wurden mehr als 350 Staatsverträge, Regierungs- und Ministerabkommen mit den Staaten in Afrika, Asien und Lateinamerika abgeschlossen. Mehr als 650 Betriebe und Anlagen wurden in diesen Ländern mit Hilfe der DDR errichtet. Der Außenhandelsumsatz wuchs von 1,6 Milliarden Valuta-Mark 1970 auf 7,3 Milliarden Valuta-Mark 1980. Gleichzeitig erhielten 40 000 Bürger aus diesen Staaten in der DDR eine Berufsausbildung und weitere 10 000 Kader eine Hoch- und Fachschulbildung. Über 15 000 Spezialisten der DDR waren in Entwicklungsländern tätig. Allein seit 1977 wirkten in den Freundschaftsbrigaden der FDJ mehr als 300 Jugendliche vor allem in afrikanischen und arabischen Ländern. Umfangreiche Unterstützung leistete die DDR im Kampf gegen Hunger, Krankheit, Analphabetentum und gegen die Folgen von Aggressionen und Naturkatastrophen.

Untrennbarer Bestandteil der Zusammenarbeit der DDR mit den progressiven Staaten und nationalen Befreiungsbewegungen waren die Solidaritätsspenden der Bevölkerung der DDR. Von 1970 bis 1980 stellten der FDGB und das Solidaritätskomitee der DDR mehr als 1,5 Milliarden Mark für Hilfssendungen unterschiedlicher Art, wie Bekleidung, Lebensmittel, Babynahrung, Medikamente, Unterrichts- und Lehrmaterialien, sowie für die medizinische Betreuung zur Verfügung. Das Deutsche Rote Kreuz gewährte im gleichen Zeitraum Unterstützung in Höhe von etwa 40 Millionen Mark. Antiimperialistische Solidarität war der überwiegenden Mehrheit der Bürger der DDR Herzenssache.

Einen wichtigen Beitrag leistete die SED für den gemeinsamen Kampf der Arbeiterbewegung und der nationalen Befreiungsbewegung gegen Imperialismus, für sozialen Fortschritt mit einer im Oktober 1980 in Berlin stattfindenden internationalen wissenschaftlichen Konferenz, an der führende Repräsentanten von 116 kommunistischen und Arbeiterparteien, anderen revolutionären Parteien und nationalen Befreiungsbewegungen aus 103 Ländern teilnahmen.

Gemeinsame Abwehr neuer konterrevolutionärer Attacken des Imperialismus

Mit dem Streben nach militärischer Überlegenheit durch forcierte Hochrüstung auf das engste verknüpft war die gesteigerte ideologische Diversion der aggressivsten imperialistischen Kreise vor allem der USA, der BRD und Großbritanniens gegen die sozialistischen Länder. Zum Hauptobjekt der »Zersetzung des Sozialismus von innen heraus« hatten sie die VR Polen auserkoren. Nach einem einheitlichen Konzept mißbrauchten die Geheimdienste dieser NATO-Staaten die politischen, ökonomischen, wissenschaftlichen und kulturellen Beziehungen zur Volksrepublik Polen, um Einfluß auf die Entwicklung im Lande zu nehmen und Freiräume für konterrevolutionäre Kräfte zu schaffen. Diese unterstützten sie zunehmend ideologisch, politisch und moralisch, mit finanziellen und technischen Mitteln.

Inspiriert, finanziert und dirigiert von den Geheimdiensten der NATO-Staaten, hatten sich seit 1976 in zunehmend legal wirkenden konterrevolutionären Gruppen und Organisationen antisozialistische Kräfte vereint, die mehr und mehr abgestimmt operierten. Unter Parolen einer »Demokratisierung« und »Humanisierung« des Sozialismus nahmen sie im Sommer 1980 Kurs darauf, diesen zu destabilisieren und zu beseitigen, kapitalistische Verhältnisse zu restaurieren und Polen aus der sozialistischen Staatengemeinschaft herauszubrechen. Das sollte der Auftakt für eine grundlegende Veränderung der europäischen Nachkriegsordnung zugunsten des Imperialismus sein.

Für ihre konterrevolutionären Umtriebe nutzten die äußeren und inneren Feinde des Sozialismus skrupellos die schwierige wirtschaftliche und komplizierte gesellschaftliche Lage des Landes, die Schwächung der Kampfkraft und der führenden Rolle der PVAP, politische Sorglosigkeit und revisionistische Einflüsse in den ideologischen Bereichen und Massenmedien aus. Sie mißbrauchten die Unzufriedenheit der Arbeiter und anderen Werktätigen mit Versorgungsschwierigkeiten, Preiserhöhungen und anderen sozialen Unzulänglichkeiten, um die gesellschaftlichen Konflikte zuzuspitzen. Das erfolgte mit dem Ziel, die Wirtschaft des Landes zu zerrütten, die Machtorgane zu lähmen, den Einfluß der PVAP zu beseitigen und den antisozialistischen Kräften in allen Bereichen ungehinderte Betätigungsmöglichkeiten zu verschaffen. Immer offener mischten sich selbst Politiker von Regierungsparteien kapitalistischer Länder in die inneren Angelegenheiten Polens ein und verlangten unverblümt die Veränderung der gesellschaftlichen Verhältnisse.

In dieser für das polnische Volk, die sozialistische Staatengemeinschaft, den Frieden und die Sicherheit in Europa schwierigen Situation unternahmen die SED und die Bevölkerung der DDR ebenso wie die anderen sozialistischen Länder große Anstrengungen, um den Kampf der Kommunisten und aller anderen wahrhaften Patrioten Volkspolens gegen die Konterrevolution, für die Verteidigung der Fundamente der sozialistischen Gesellschaft zu unterstützen. Dies erfolgte in der Gewißheit, daß die Sache des Sozialismus siegen wird und Polen ein sozialistischer Staat und festes Glied der sozialistischen Staatengemeinschaft war und bleibt. Die SED enthüllte die Hintergründe der entstandenen Lage, insbesondere das enge Zusammenspiel der konterrevolutionären Kräfte in Polen mit antisozialistischen und revanchistischen Kreisen in den NATO-Staaten, und wandte sich entschieden gegen die imperialistische Einmischung. Die Positionen der SED und der Regierung der DDR zu den Vorgängen im befreundeten Nachbarland fanden die Zustimmung der Bevölkerung. Kurzfristig lieferte die DDR in den letzten Monaten des Jahres 1980 an Polen zusätzliche Lebensmittel, Konsumgüter und andere Erzeugnisse im Wert von 300 Millionen Mark und gewährte einen unentgeltlichen Kredit in freikonvertierbarer Währung in Höhe von 250 Millionen Mark. Im beiderseitigen Interesse vereinbarten die Regierungen der DDR und der VR Polen im Oktober 1980, im Rahmen des 1972 eingeführten paß- und visafreien Verkehrs zwischen beiden Ländern den privaten Reiseverkehr zeitweilig einzuschränken.

Zu einem Erfolg der Freundschaft und des friedlichen Zusammenlebens der Völker und zu einer Niederlage der Konfrontationsstrategie der NATO gestalteten sich die XXII. Olympischen Sommerspiele Ende Juli/Anfang August 1980 in Moskau, die ersten in einem sozialistischen Land. 5748 Sportler aus 81 Ländern aller Kontinente nahmen an den Spielen teil. Nur wenige Nationale Olympische Komitees hatten sich nach heftigen internen Auseinandersetzungen und gegen den Widerstand vieler Sportler dem massiven Druck der USA und der eigenen Regierungen gebeugt und sich dem USA-Boykott angeschlossen. Die Sportler der DDR bestätigten den internationalen Ruf der DDR als Sportnation mit 47 Gold-, 37 Silber- und 42 Bronzemedaillen.

Literatur

- W. I. Lenin: Der Imperialismus als höchstes Stadium des Kapitalismus, Berlin 1988, S. 100–113, 140–147, oder in: Marx/Engels/Lenin: Über den Kampf um Frieden und sozialen Fortschritt, Berlin 1987, S. 221–226, oder in: Marx/Engels/Lenin: Über den revolutionären Weltprozeß, Berlin 1985, S. 228–235, 241–244, oder in: Lenin: Ausgewählte Werke in drei Bänden, Bd. I, S. 837–847, 868–873, oder in: Ausgewählte Werke in sechs Bänden, Bd. II, S. 728–739, 764–770, oder in: Werke, Bd. 22, S. 269–280, 304–309.
- IX. Parteitag der SED, Berlin, 18. bis 22. Mai 1976. Programm der Sozialistischen Einheitspartei Deutschlands, Berlin 1977, S. 11–17, 19–22, 65–68, oder in: Programm der Sozialistischen Einheitspartei Deutschlands, Berlin 1988, S. 13–21, 25–29, 93–97.

Hinweise für den Propagandisten

Zielstellung

Ziel des Studiums und der Diskussion ist es,
- die Kenntnisse von den Ursachen des Übergangs der aggressivsten imperialistischen Kreise zu Hochrüstung und Konfrontation zu festigen,
- das Wissen über die vom Zentralkomitee der SED mit der 11. Tagung im Dezember 1979 gezogenen Schlußfolgerungen zu vertiefen und zur Erkenntnis zu führen, daß auf der Grundlage der in den siebziger Jahren gewonnenen Ergebnisse und Erfahrungen alle Voraussetzungen bestanden, um den Kurs der Einheit von Wirtschafts- und Sozialpolitik auch unter veränderten Bedingungen konsequent fortzuführen,
- deutlich zu machen, daß die SED alles in ihrer Kraft Stehende tat, um ihrer Verantwortung im Kampf um Rüstungsbegrenzung, Entspannung und gleichberechtigte Zusammenarbeit gerecht zu werden, den Sozialismus allseitig zu stärken, die sozialistische Staatengemeinschaft zu festigen und die Unterstützung für den antiimperialistischen Kampf der Völker zu erhöhen.

Schwerpunkte

■ **Welche Veränderungen charakterisierten die internationale Lage Ende der siebziger/Anfang der achtziger Jahre, und welchen Beitrag leistete die DDR, um der Zuspitzung der internationalen Lage entgegenzuwirken und den Weg zur Fortsetzung der Entspannung zu öffnen?**

Ausgehend von Thema 5 (Langzeitrüstungsprogramm, Verschärfung der ideologischen Diversion) sollte herausgearbeitet werden:
- Die wachsende Aggressivität des Imperialismus bewirkte neue Gefahren für den Frieden und die Zerstörung des Fundaments der europäischen Sicherheit und Zusammenarbeit.
- Zugleich veränderten sich einschneidend die weltwirtschaftlichen Bedingungen und die Anforderungen auf den Weltmärkten (Preissteigerungen für Roh- und Brennstoffe, Krise und Labilität der kapitalistischen Wirtschaft, rasche Entwicklung der Produktivkräfte, Wirtschaftskrieg gegen die sozialistischen Länder).

– Die Anstrengungen der DDR und der anderen Staaten des Warschauer Vertrages richteten sich darauf, die Zuspitzung der internationalen Lage abzuwenden und den Weg der Entspannung fortzusetzen.
– Die DDR unterstützte neue Vorschläge der Staaten des Warschauer Vertrages zur Einstellung des Wettrüstens, zur Herbeiführung der militärischen Entspannung und einer effektiven Abrüstung; sie erhöhte ihre Aktivitäten zur Fortsetzung des politischen Dialogs mit kapitalistischen Staaten.
– Große Anstrengungen wurden unternommen zur Abwehr der im Zuge des imperialistischen Hochrüstungs- und Konfrontationskurses gesteigerten ideologischen Diversion gegen die sozialistischen Länder.
– Gemeinsam mit anderen sozialistischen Ländern entwickelte die DDR die Freundschaft und Zusammenarbeit mit den nichtpaktgebundenen Staaten. Aktive Solidarität entfaltete sie für den antiimperialistischen Kampf der Völker Asiens, Afrikas und Lateinamerikas.

Es empfiehlt sich, zu den Ursachen des Übergangs der aggressivsten imperialistischen Kräfte zu Hochrüstung und Konfrontation ein **Kurzreferat** vorbereiten zu lassen.

■ **Welche Schlußfolgerungen zog das Zentralkomitee der SED auf seiner 11. Tagung im Dezember 1979 aus den veränderten inneren und äußeren Bedingungen?**

– Die SED traf die notwendigen Entscheidungen, um alles zur Sicherung des Friedens zu tun und zugleich in schnellem Tempo die Prozesse der wissenschaftlich-technischen Revolution für die allseitige Stärkung des Sozialismus in der DDR zu erschließen.
– Die SED bekräftigte die Fortführung des Kurses der Einheit von Wirtschafts- und Sozialpolitik. Sie stellte dafür die Aufgabe, auf allen Gebieten die Produktivität und Effektivität zu erhöhen, um auf dem Wege der Intensivierung rascher voranzukommen.
– Ausschlaggebend für ein rasches Wirtschaftswachstum war ein spürbarer Rationalisierungsschub auf der Grundlage eines hohen Tempos der Anwendung neuester Entwicklungstendenzen der Produktivkräfte, modernster Technologien und Verfahren.
– Neue, höhere Ansprüche standen vor Wissenschaft und Bildung. Ihr Beitrag zum unmittelbaren und künftigen gesellschaftlichen und sozialen Fortschritt war wirksam zu erhöhen.
– In einer Zeit, in der sich in den meisten kapitalistischen Ländern die Lebensverhältnisse der Werktätigen rapide verschlechterten, wurde in der DDR auf der Grundlage der wachsenden Leistungskraft der Volkswirtschaft das sozialpolitische Programm konsequent fortgeführt.

Weitere Literatur für den Propagandisten

- W. I. Lenin: Die proletarische Revolution und der Renegat Kautsky, Berlin 1982, S. 39, oder in: Ausgewählte Werke in drei Bänden, Bd. III, S. 96, oder in: Ausgewählte Werke in sechs Bänden, Bd. IV, S. 576/577, oder in: Werke, Bd. 28, S. 252/253.
- IX. Parteitag der SED, Berlin, 18. bis 22. Mai 1976. Statut der Sozialistischen Einheitspartei Deutschlands, Berlin 1976, S. 5/6, oder in: Statut der Sozialistischen Einheitspartei Deutschlands, Berlin 1988, S. 5–9 (Präambel).
- Erich Honecker: Die nächsten Aufgaben der Partei bei der weiteren Durchführung der Beschlüsse des IX. Parteitages der SED. Aus dem Referat auf der Beratung des Sekretariats des Zentralkomitees der SED mit den 1. Sekretären der Kreisleitungen am 25. Januar 1980 in Berlin, Berlin 1980, S. 7–15, 29/30, 33, 39–42, oder in: Reden und Aufsätze, Bd. 7, Berlin 1982, S. 95–103, 118/119, 122, 129–131.
- X. Parteitag der SED, 11. bis 16. April 1981 in Berlin. Bericht des Zentralkomitees der Sozialistischen Einheitspartei Deutschlands an den X. Parteitag der SED. Berichterstatter: Genosse Erich Honecker, Berlin 1984, S. 11/12, 14/15, 32–47, oder in: Protokoll der Verhandlungen des X. Parteitages der Sozialistischen Einheitspartei Deutschlands im Palast der Republik in Berlin, 11. bis 16. April 1981, Bd. 1, Berlin 1981, S. 33/34, 35/36, 51–63, oder in: Erich Honecker: Reden und Aufsätze, Bd. 8, Berlin 1983, S. 12/13, 15/16, 31–45, oder in: Dokumente zur Geschichte der SED, Bd. 3, 1971 bis 1986, Berlin 1988, S. 275–277, 278/279.
- Erich Honecker: Aus meinem Leben, Berlin 1988, S. 253–264, 377–386, 401–412, oder Berlin 1982, S. 363–379, 536–549, 565–581.

Zusätzliche Materialien

- Weiter voran zum Wohle des Volkes. Die Verwirklichung des sozialpolitischen Programms der SED, 1978 bis 1985. Dokumentation, Berlin 1986.

THEMA 7

Die Verwirklichung der ökonomischen Strategie des X. Parteitages der SED. Die Internationale Wissenschaftliche Konferenz des Zentralkomitees der SED »Karl Marx und unsere Zeit – der Kampf um Frieden und sozialen Fortschritt« und ihre Rolle im Kampf gegen den Hochrüstungs- und Konfrontationskurs der aggressivsten imperialistischen Kreise (1981–1983)

I. Hoher Leistungszuwachs für die allseitige Stärkung des Sozialismus in der DDR

Die ökonomische Strategie – Kern der Gesellschaftspolitik der SED

Vom 11. bis 16. April 1981 fand in Berlin der X. Parteitag der SED statt. Bei seinen Entscheidungen mußte er berücksichtigen, daß sich die inneren und äußeren Bedingungen für die Verwirklichung der programmatischen Ziele der Partei insgesamt und der Hauptaufgabe in der Einheit von Wirtschafts- und Sozialpolitik im besonderen wesentlich verändert hatten. Einerseits wies die Volkswirtschaft der DDR zu Beginn der achtziger Jahre qualitativ neue Elemente auf. Wichtigen Tendenzen und Erfordernissen der wissenschaftlich-technischen Revolution Rechnung tragend, waren vor allem mit der durchgängigen Bildung zentralgeleiteter Kombinate, mit Veränderungen in der Struktur der Volkswirtschaft und mit Schritten zur Vervollkommnung und Modernisierung der materiell-technischen Basis der DDR entscheidende Potenzen für ein schnelleres ökonomisches Wachstum und damit günstigere Bedingungen für die Gestaltung der entwickelten sozialistischen Gesellschaft insgesamt entstanden. Sie mußten nunmehr umfassend genutzt werden. Andererseits hatten die aggressivsten Kreise des Imperialismus in den internationalen Beziehungen den Übergang von der Politik der Entspannung zum Kurs der Konfrontation und der Hochrüstung vollzogen. Dazu kam, daß sich in der kapitalistischen Welt seit Beginn der achtziger Jahre erneut eine zyklische Wirtschaftskrise entfaltete. Die zweite Preisexplosion für Roh- und Brennstoffe, die 1979 eingesetzt hatte, dauerte an. All das verschlechterte erheblich die außenpolitischen und außenwirtschaftlichen Bedingungen für die Verwirklichung der politischen, ökonomischen und sozialen Ziele des Sozialismus.

Angesichts dieser Lage waren neue Überlegungen erforderlich, wie die SED ihre Politik des Friedens und des Volkswohlstandes in den achtziger Jahren weiterführen konnte. Sie stand vor der grundlegenden Frage, ob es unter diesen veränderten äußeren Bedingungen möglich wäre, in der DDR auch künftig wirtschaftlichen Leistungsanstieg und auf seiner Grundlage sozialen Fortschritt zu gewährleisten. Das Zentralkomitee der SED begründete in seinem Bericht an den Parteitag, daß die DDR über alle notwendigen Potenzen verfügt, um den im Parteiprogramm gewiesenen langfristigen Weg der Gestaltung der entwickelten sozialistischen Gesellschaft auch in den achtziger Jahren erfolgreich fortzusetzen.

Der Parteitag beschloß, den unter den Bedingungen der politischen Entspannung in Europa konzipierten und erfolgreich verwirklichten Kurs der Hauptaufgabe in der Einheit von Wirtschafts- und Sozialpolitik auch unter nunmehr komplizierteren internationalen und außenwirtschaftlichen Bedingungen fortzuführen. Die Sicherung des auf materiellem und kulturellem Gebiet Erreichten wie seine Mehrung verlangten jedoch einen volkswirtschaftlichen Leistungsanstieg wie nie zuvor. Der auf dem VIII. Parteitag eingeschlagene und seitdem beharrlich verfolgte Kurs der Intensivierung der Volkswirtschaft der DDR hatte beachtliche Ergebnisse gezeitigt. Nunmehr stand auf der Tagesordnung, ihm vor allem durch die Verbindung der Vorzüge des Sozialismus mit den Ergebnissen der wissenschaftlich-technischen Revolution umfassenden Charakter zu verleihen. Den Weg dazu wiesen die vom Parteitag beschlossenen zehn Schwerpunkte der ökonomischen Strategie für die achtziger Jahre. Sie beinhalteten ein in sich geschlossenes wissenschaftlich begründetes Konzept des weiteren wirtschaftlichen, wissenschaftlich-technischen und sozialen Fortschritts in der DDR. Damit wurde, aufbauend auf den seit dem VIII. Parteitag gewonnenen Erfahrungen und den im Parteiprogramm 1976 fixierten Grundgedanken, die ökonomische Strategie der SED zusammenfassend formuliert.

Die Lösung der programmatischen Ziele der SED verband der Parteitag untrennbar mit dem immer dringlicher gewordenen Erfordernis, die Katastrophe eines alles vernichtenden Kernwaffenkrieges von der Menschheit abzuwenden. Gemeinsam mit der KPdSU und den anderen Bruderparteien der sozialistischen Gemeinschaft mußte alles getan werden, um den Frieden dauerhaft zu machen und so die für das weitere Voranschreiten des Sozialismus unerläßlichen äußeren friedlichen Bedingungen zu gewährleisten. »Ohne Zweifel sind heute neue, zusätzliche Anstrengungen erforderlich«, erklärte Erich Honecker, »um die Gefahr eines Krieges, zumal eines atomaren Infernos, zu bannen und die internationale Sicherheit zu festigen.«[1] Immer deutlicher erweise sich, daß Fortschritt und Frieden nicht voneinander zu trennen seien, betonte er. Im Brennpunkt der Auseinandersetzungen zwischen den Kräften des Fortschritts und der Reaktion stehe mehr denn je die Sicherung des Friedens, die letztlich über die Gegenwart und die Zukunft der Menschheit entscheide. Von diesen Grundpositionen ließ sich der Parteitag leiten, als er die Bereitschaft der SED bekräftigte, noch entschlossener für Frieden, Abrüstung und Entspannung zu wirken. Um von den Völkern die Gefahr einer nuklearen Kriegskatastrophe abzuwenden, müsse sich die Vernunft durchsetzen und die Politik der friedlichen Koexistenz zur allgemein anerkannten Grundlage für die Gestaltung der Beziehungen zwischen Staaten unterschiedlicher Gesellschaftsordnung werden. Der Parteitag betonte, daß es dazu keine Alternative gebe. Dieser Einsicht könnten sich auch realistisch denkende Staatsmänner und Politiker der westlichen Welt nicht verschließen.

Deshalb gehörte zu den vom Parteitag beschlossenen außenpolitischen Zielen der SED, die Kontakte und die vertraglich geregelte Zusammenarbeit mit den kapitalistischen Ländern zu intensivieren. Diese Zusammenarbeit im Interesse des Friedens und des gegenseitigen Vorteils zu vertiefen und die Konfrontationspolitik der aggressivsten Kreise zu durchkreuzen war ein Grundanliegen der Partei. Das galt auch für die Politik gegenüber der BRD. Der Parteitag betonte: Nur was dem Frieden nutzt, ist von Vorteil für die Menschen in beiden deutschen Staaten wie für alle Völker Europas.

Inhalt und Verlauf des X. Parteitages dokumentierten: Die SED gab auf grundlegende Fragen der Zeit wiederum klare und von hohem Verantwortungsbewußtsein zeugende Antworten. Sie befähigten die Parteimitglieder und alle anderen Bürger der DDR, konstruktiv und schöpferisch die neuen, komplizierten Aufgaben in Angriff zu nehmen.

1 X. Parteitag der SED, 11. bis 16. April 1981 in Berlin. Bericht des Zentralkomitees der Sozialistischen Einheitspartei Deutschlands an den X. Parteitag der SED. Berichterstatter: Genosse Erich Honecker, Berlin 1981, S. 24.

Geleitet von den Maßstäben, die der Parteitag mit der ökonomischen Strategie gesetzt hatte, verwirklichte die SED zielstrebig ihre auf die Intensivierung der Volkswirtschaft gerichtete Politik. Ihre besondere Aufmerksamkeit galt der Veredelung der Roh- und Werkstoffe, der Grundfondsökonomie, der effektiveren Leitung und Planung von Wissenschaft und Technik, der Mikroelektronik, dem Roboter- und dem Rationalisierungsmittelbau.

Bei der Lösung dieser und anderer Schwerpunktaufgaben gewann die Frage nach dem Verhältnis von Aufwand und Ergebnis immer mehr an Gewicht. Der Parteitag war davon ausgegangen, daß die volkswirtschaftlichen Ziele mit einer im wesentlichen gleichbleibenden Menge an Rohstoffen und Materialien realisiert werden könnten. Bereits im November 1981 mußte das Zentralkomitee jedoch darauf hinweisen, daß die volkswirtschaftliche und sozialpolitische Direktive zum Fünfjahrplan mit noch weniger Rohstoffen und Material, als angenommen, verwirklicht werden mußte. Daraus ergab sich für alle Arbeitskollektive die Aufgabe, eine wesentlich bessere volkswirtschaftliche Verwertung der Roh- und Brennstoffe zu erreichen.

An der Bewältigung der damit verbundenen Probleme arbeiteten Kollektive in vielen Kombinaten und Betrieben auf der Grundlage von Veredelungskonzeptionen der Industrieministerien. Auf guten Ergebnissen konnte die Metallurgie aufbauen. Dieser Industriezweig bot Ende 1981 rund 58 Prozent des Walzstahls in veredelten Sortimenten an; höhere Ziele waren anvisiert. Großen Anteil an dem Erreichten hatten neue wissenschaftlich-technische Verfahren zur Erzeugung hochlegierter Bandstähle und von galvanisch veredeltem Kaltband. Beträchtliche Fortschritte erzielte auch die chemische Industrie. Gestützt auf neue wissenschaftlich-technische Erkenntnisse und Verfahren, erhöhte sie stufenweise die Ausbeute bei der Verarbeitung von Erdöl zu helleren Produkten (Vergaserkraftstoff und chemische Ausgangsprodukte). Wesentlich trugen dazu die Leistungen der Werktätigen in den Leuna-Werken »Walter Ulbricht« und im Petrolchemischen Kombinat Schwedt bei.

Verstärkt orientierten Partei und Regierung darauf, mit weniger Energie mehr zu produzieren und bisher importierte Brennstoffe in möglichst kurzer Zeit durch einheimische Energieträger zu ersetzen. Auch hierbei konnte auf Ergebnissen aufgebaut werden, die Werktätige der Braunkohleindustrie, der Energiewirtschaft und anderer Wirtschaftsbereiche durch ihre großen Anstrengungen erreicht hatten. So sank 1981 im Vergleich zu

1980 der Verbrauch von Steinkohle um ein Drittel und von Heizöl um 15 Prozent. Zugleich stieg der Anteil der Braunkohle am Primärenergieverbrauch von 64 Prozent im Jahre 1980 auf 67 Prozent im Jahre 1981. Im November 1981 beschloß das Politbüro zusätzliche Maßnahmen, um Heizöl durch Braunkohle abzulösen. 1981 gelang es erstmals, das Wirtschaftswachstum der DDR ohne Steigerung des Primärenergieverbrauches zu erreichen.

Ausgehend von der zunehmenden Rolle der Mikroelektronik im Prozeß der wissenschaftlich-technischen Revolution, leiteten das Politbüro und der Ministerrat die erforderlichen Schritte ein, um die Entwicklung, Produktion und Anwendung der Mikroelektronik in der DDR zu beschleunigen. Ziel war, die großen Potenzen dieser Technologie für ein schnelleres Wachstum der Arbeitsproduktivität und der Effektivität wirksamer zu nutzen. Das verlangte eine überdurchschnittliche Steigerung der Produktion mikroelektronischer Bauelemente und technologischer Spezialausrüstungen, die Entwicklung neuer Technologien und Sortimente von Bauelementen und die gezielte Anwendung der Mikroelektronik in allen Bereichen der Volkswirtschaft. Die verstärkte Nutzung der Mikroelektronik erwies sich auch zunehmend als eine wesentliche Voraussetzung, um das vom Parteitag geforderte höhere Tempo beim Bau und beim effektiven Einsatz von Industrierobotern zu erreichen.

Einsatz von Industrierobotern in der DDR 1981 bis 1983

	Volkswirtschaft insgesamt	Industrieministerien
1981	13 680	12 372
1982	22 418	19 764
1983	32 117	27 267

Mit großem Nachdruck forderte die Partei, die Grundfonds ökonomischer zu nutzen. Immerhin verkörperten 1980 die Grundmittel, von denen fast ein Drittel nicht älter als fünf Jahre und mehr als die Hälfte nicht älter als zehn Jahre waren, allein in der Industrie einen Wert von 530,8 Milliarden Mark. Internationale wie eigene Erfahrungen bewiesen, daß die Leistungsfähigkeit und Produktivität der Grundfonds durch Modernisierung der älteren wie der neuen Anlagen, insbesondere durch Nachrüstung mit Steuerungs- und Regeltechnik, sowie durch den Einsatz von Industrierobotern, Mikroelektronik, Prozeßrechentechnik und anderen technischen Mitteln oftmals beträchtlich gesteigert werden konnten. Auf diesem Gebiet erschlossen sich dem Rationalisierungsmittelbau, wie erste Erfahrungen von Kombinaten und Betrieben bestätigten, bisher nicht gekannte Möglichkeiten.

Für die Durchsetzung der ökonomischen Strategie der SED war eine wesentliche Voraussetzung, daß 1981 der Prozeß der Kombinatsbildung weitgehend abgeschlossen wurde. Nachdem in den zentralgeleiteten Bereichen bereits seit Ende der siebziger Jahre die Kombinate das Rückgrat der Volkswirtschaft bildeten, entschieden das Politbüro und der Ministerrat, dem gesetzmäßigen Prozeß der Konzentration, Spezialisierung und Kooperation der Produktion auch in der bezirksgeleiteten Industrie umfassend Geltung zu verschaffen. Im Sommer und Herbst 1981 entstanden in diesem Bereich 66 neue Kombinate. Sie vereinigten 1044 Betriebe mit 174000 Beschäftigten. Mit ihrer Bildung verfolgten Partei und Staat das Ziel, die hier vorhandenen erheblichen Reserven vor allem für die Steigerung der Produktion von Konsumgütern und für den Ausbau der Dienstleistungen breiter zu erschließen und die wachsende Nachfrage der Bevölkerung nach Konsumgütern durch ein vielseitigeres Sortiment in hoher Qualität zu befriedigen. Ende 1981 gab es 93 bezirksgeleitete Kombinate einschließlich der seit längerer Zeit bestehenden Backwaren- und Getränkekombinate.

Mit der durchgängigen Bildung von Kombinaten war eine für die Intensivierung der Volkswirtschaft entscheidende Grundfrage gelöst. Nunmehr waren die Bedingungen vorhanden, um alle qualitativen Wachstumsfaktoren mittels des wissenschaftlich-technischen Fortschritts im einheitlichen Reproduktionsprozeß wirksam werden zu lassen. Die Vervollkommnung der sozialistischen Produktionsverhältnisse, die mit der Bildung der Kombinate erfolgte, hatte den Weg für die rasche Entfaltung der Produktivkräfte frei gemacht.

Im Ringen um die Verwirklichung der ökonomischen Strategie entstand Ende 1981 eine neue Initiative. Die Werktätigen des Rohrkombinats Riesa entschlossen sich als erstes Betriebskollektiv in der DDR, einen Teil der mit dem Plan übergebenen Fonds an Rohstoffen, Materialien und Energie sowie an finanziellen Mitteln noch vor Beginn des Planjahres an den Staat zurückzugeben. Das war eine außerordentlich wichtige, wenn auch keinesfalls leichte Entscheidung, der sich in den folgenden Jahren immer mehr Arbeitskollektive von Kombinaten und Betrieben im sozialistischen Wettbewerb anschlossen.

Kernfrage der Wirtschaftspolitik der Partei blieb, durch weitere Konzentration des Forschungs- und Entwicklungspotentials die Zahl der Spitzenleistungen – gemessen am Weltstand – zu vergrößern. Die dafür eingesetzten Mittel waren, auch im internationalen Vergleich, erheblich und

Der erste rechnergestützte Technologenplatz
der Möbelindustrie im Möbelkombinat Erfurt, 1981

machten etwa 4 Prozent des Nationaleinkommens aus. Sie mußten jedoch wesentlich effektiver genutzt werden. Die SED erachtete es als dringlicher denn je, das Tempo bei der Lösung wissenschaftlich-technischer Aufgaben zu beschleunigen und die Überleitungszeiten in die Produktion entschieden zu verkürzen. Überprüfungen zu Beginn des Jahres 1982 hatten gezeigt, daß die in den Pflichtenheften ausgewiesenen Vorhaben sich nicht immer am internationalen Höchststand orientierten. Ein beträchtlicher Teil der in den Plänen Wissenschaft und Technik enthaltenen Projekte sahen Entwicklungszeiten von mehr als fünf Jahren vor. Neu geregelt wurden die Verbindlichkeit und die Aufgaben der Pflichtenhefte. Viele Partei-, Gewerkschafts- und FDJ-Organisationen traten entschieden dafür ein, daß die geplanten Entwicklungszeiten für wissenschaftlich-technische Vorhaben verkürzt und ökonomisch nicht zweckmäßige Projekte gestrichen wurden.

Aus der Verordnung des Ministerrates über das Pflichtenheft für Aufgaben der Forschung und Entwicklung

»§ 2
Grundsatz

Zur Erhöhung des Niveaus und der Effektivität der wissenschaftlich-technischen Arbeit sind für alle Aufgaben der Forschung und Entwicklung, die zu Erzeugnissen, Verfahren oder Technologien führen, Pflichtenhefte zu erarbeiten. Das Pflichtenheft ist fester Bestandteil der Planung wissenschaftlich-technischer Arbeiten. Es ist ein wichtiges Führungsdokument des Generaldirektors des Kombinats (nachfolgend Generaldirektor genannt) zur Sicherung hoher schöpferischer Leistungen in Forschung und Entwicklung auf der Grundlage der zentralen volkswirtschaftlichen Vorgaben. ...

§ 4
Inhalt des Pflichtenheftes

(1) Das Pflichtenheft muß gewährleisten, daß mit den Forschungs- und Entwicklungsergebnissen eine hohe Produktionswirksamkeit erreicht, der Produktionsverbrauch gesenkt und ein hoher Exportzuwachs gesichert wird sowie Importe entschieden reduziert werden. Es muß verbindliche Zielstellungen für die Produktivitätsentwicklung, für das Kosten- und Preisniveau sowie die qualitätsbestimmenden Kennziffern der Entwicklung enthalten.«

GBl. I 1982, Nr. 1.

Ein hoher wissenschaftlich-technischer Stand der Exporterzeugnisse der DDR war die wichtigste Voraussetzung für deren Weltmarktfähigkeit und Rentabilität. Welches Gewicht dem zukam, beweist die Tatsache, daß 42 Prozent des Nationaleinkommens der DDR durch Export und Import beeinflußt wurden. Zu den gleichermaßen ökonomischen wie politischen Leistungen der DDR gehörte, daß 1981 erstmals wieder seit 1968 im Handel mit dem nichtsozialistischen Wirtschaftsgebiet ein finanzieller Überschuß erzielt werden konnte. Jeder Erfolg auf diesem Gebiet erhöhte die internationale Autorität der DDR, machte sie unangreifbarer gegenüber den vielfältigen Boykott- und Embargomaßnahmen imperialistischer Kräfte und nahm deren Erpressungsversuchen die Wirkung.

Vorzüge der Kooperation umfassend nutzen

Anfang der achtziger Jahre waren in der Landwirtschaft der DDR einige grundlegende Probleme herangereift, die dringend der Lösung bedurften. Der Bedarf der Bevölkerung an hochwertigen Nahrungsgütern und der Volkswirtschaft an landwirtschaftlichen Rohstoffen stieg rasch und mußte besser befriedigt werden. Daraus ergab sich die Frage, wie die Stagnation der Hektarerträge, vor allem bei Getreide und Futter, überwunden, die Bodenfruchtbarkeit und die Leistungen der Tierbestände systematisch gesteigert und so Futtermittelimporte eingeschränkt und schließlich ganz abgelöst werden konnten. Das war um so notwendiger, weil die aggressivsten Kreise des Imperialismus verstärkt dazu übergegangen waren, auch Getreide und andere landwirtschaftliche Erzeugnisse als Waffen in der Klassenauseinandersetzung mit dem Sozialismus zu benutzen.

Entscheidend war, die Intensivierung des Produktionsprozesses auch in der Landwirtschaft durchzusetzen. Darüber entfaltete sich seit Anfang der achtziger Jahre eine breite Diskussion. Sie konzentrierte sich vor allem auf Überlegungen, wie die Vorzüge der Kooperation besser ausgeschöpft, wie sowohl die Erfahrungen der Bauern als auch die Erkenntnisse von Wissenschaft und Technik wirksamer genutzt werden konnten. Die Einsicht gewann an Boden, daß die mit der notwendigen Konzentration, Spezialisierung und Arbeitsteilung einhergehende Tendenz einer übermäßigen Zentralisierung und einer zu starken Trennung der Pflanzen- und der Tierproduktion überwunden werden müßte. Erfahrene Bauern plädierten für den Übergang zur territorialen Produktionsorganisation und für die Bildung entsprechender Produktionsbrigaden und -abteilungen auf der Basis

Der Einsatz von Mähdrescherkomplexen sichert das rasche Einbringen der Ernte, August 1983

voller ökonomischer Verantwortung. Dieser Weg führte zu überschaubaren und abrechenbaren Produktionseinheiten und schuf günstigere Bedingungen für eine enge Zusammenarbeit zwischen Pflanzen- und Tierproduktion. Die mehrere Jahre üblichen langen Transportwege innerhalb der Kooperation konnten verkürzt, Transportmittel, Treibstoff und wertvolle Arbeitszeit eingespart werden. Das waren zugleich erste Schritte, um das Verhältnis von Aufwand und Ergebnis in der Landwirtschaft entschieden zu verbessern. Bis Mai 1982 gingen über 50 Prozent der LPG und der VEG Pflanzenproduktion zur territorialen Arbeitsweise über. Positiv waren auch die sozialen Wirkungen dieser neuen Produktionsorganisation. Sie festigte die Verbundenheit des Bauern mit dem Boden und dem Heimatdorf.

Gemeinsam unternahmen die örtlichen Volksvertretungen, die Vorstände der LPG und die Kooperationsräte größere Anstrengungen, um günstigere Arbeits- und Lebensbedingungen in den Dörfern zu schaffen. Sie konzentrierten sich dabei vor allem auf die Verbesserung der Wohnverhältnisse, die Ausgestaltung der Kinder-, Versorgungs- und Dienstleistungseinrichtungen und die Entfaltung eines regen geistig-kulturellen Lebens. All das trug spürbar dazu bei, daß sich die Verbundenheit der Landbevölkerung, insbesondere auch der jüngeren Generationen, mit dem Dorf vertiefte und wieder mehr Absolventen der zehnklassigen polytechnischen Oberschulen einen landwirtschaftlichen Beruf im Heimatort erlernten und ausübten.

Der XII. Bauernkongreß der DDR Mitte Mai 1982 in Berlin bekräftigte, daß die Grundzüge der ökonomischen Strategie der SED auch für die Landwirtschaft galten. Er erörterte, wie mit weniger Aufwand höhere Ergebnisse für die stabile Versorgung des Volkes mit Nahrungsmitteln und der Industrie mit Rohstoffen erreicht werden konnten. Es ging vor allem darum, mit weniger Fonds mehr und besser zu produzieren und durch Anwendung neuester Erkenntnisse von Wissenschaft und Technik gleichbleibend hohe Erträge bei allen Kulturen und in der Produktion tierischer Erzeugnisse zu erreichen. Insbesondere mußten durch effektive Nutzung des Bodens und systematische Erhöhung seiner Fruchtbarkeit die Getreide- und Futterproduktion wesentlich gesteigert und stabile, gesunde und leistungsfähige Tierbestände gesichert werden.

Der Kongreß bestätigte den Entwurf eines neuen LPG-Gesetzes, das die Volkskammer am 2. Juli 1982 beschloß. Es trug den grundlegenden Veränderungen der Produktivkräfte und der sozialistischen Produktionsverhältnisse auf dem Lande seit 1959, der Zeit der Annahme des ersten LPG-Gesetzes, umfassend Rechnung. Bekräftigt wurde die langfristige Perspektive der Klasse der Genossenschaftsbauern sowie der LPG in der sozialistischen Gesellschaft.

Am 18. August 1982 beschloß das Sekretariat des Zentralkomitees, die Entwicklung der VdgB-BHG zu einer sozialistischen Massenorganisation der Genossenschaftsbauern und -gärtner tatkräftig zu unterstützen. Auf diese Weise sollten der Einfluß der Hauptverbündeten der Arbeiterklasse in Staat und Gesellschaft – in den Volksvertretungen, im Demokratischen Block und in der Nationalen Front – verstärkt, die Möglichkeiten für ihre Mitwirkung an der Ausarbeitung und Durchführung der Wirtschafts- und Sozialpolitik erweitert und ihre Rolle bei der Verbesserung der Arbeits- und Lebensbedingungen der Landbevölkerung und der Gestaltung schöner sozialistischer Dörfer erhöht werden. Rasch nahm die Zahl der Mitglieder der VdgB-BHG zu. Die vielfältigen Aktivitäten dieser Organisation in den folgenden Jahren bewiesen, daß diese Entscheidung den Interessen und Bedürfnissen der Genossenschaftsbauern und -gärtner entsprach.

1982 wurden – trotz ungünstiger Witterungsbedingungen – erstmals in der Geschichte der DDR mehr als 10 Millionen Tonnen Getreide erzeugt. Zu diesen guten Ergebnissen hatte auch die Melioration und Beregnung von zunehmend mehr landwirtschaftlichen Flächen beigetragen.

Neue Züge im Wohnungsbau

Lange Zeit war es notwendig gewesen, dem Neubau von Wohnungen auf stadttechnisch noch nicht erschlossenen Standorten am Rande der Städte den Vorrang vor dem innerstädtischen Bauen zu geben. Um den Wunsch vieler Bürger nach einer Wohnung schnell befriedigen zu können, war dieser durch umfangreiche Investitionen für die Energie-, Wärme- und Wasserversorgung und das Verkehrswesen sowie durch die Inanspruchnahme kostbaren Bodens nicht billige Weg vorrangig beschritten worden.

1982 hielten Partei und Regierung den Zeitpunkt für gekommen, die Relationen im Wohnungsbau zu verändern. Bei Festhalten an der Einheit von Neubau, Modernisierung, Rekonstruktion und Werterhaltung sollten künftig wesentlich mehr Mittel und Kräfte auf die Modernisierung, Rekonstruktion und Werterhaltung konzentriert, der Neubau stärker auf innerstädtische Standorte verlagert und die Baureparaturen an Wohngebäuden erheblich gesteigert werden. Dementsprechend wurde im Plan für die Jahre bis 1985, der den Neubau oder die Modernisierung von 940 000 Wohnungen vorsah, die Zahl der zu reparierenden und zu renovierenden Wohnungen von 1,3 auf 1,45 Millionen erhöht. Um diese Anforderungen zu bewältigen, mußte das Bauwesen mit sinkendem Aufwand größere soziale Wirkungen erzielen.

Wohnungsbau in den Jahren 1981 bis 1983

	insgesamt	Neubau	Modernisierung
1981	185 350	125 731	59 619
1982	187 053	122 417	64 636
1983	197 221	122 636	74 585

Ende Mai 1982 beschlossen das Politbüro und der Ministerrat »Grundsätze für die sozialistische Entwicklung von Städtebau und Architektur in der DDR«. Mit diesem Dokument vollzog sich sichtbar für alle die verstärkte Hinwendung zum innerstädtischen Wohnungsbau. Die Lösung der Wohnungsfrage schloß nunmehr den Auftrag ein, die historisch gewachsenen Zentren der Städte in einer der sozialistischen Gesellschaft entsprechenden sozialen und gestalterischen Qualität wiederherzustellen sowie die Attraktivität und die Funktionsfähigkeit der älteren Wohngebiete zu erhöhen.

Ergebnisse, Probleme und neue Anforderungen bei der Intensivierung

Viele Kombinate und Betriebe hatten inzwischen den Weg der Schwedter Initiative beschritten. Die mit der ökonomischen Strategie gesetzten Maßstäbe waren für die Werktätigen des Petrolchemischen Kombinats Schwedt Anlaß, die bis dahin gewonnenen Erfahrungen zu überprüfen. 1982 nahmen sie die nächste Etappe ihrer Initiative in Angriff. Standen bisher vor allem Maßnahmen der wissenschaftlichen Arbeitsorganisation (WAO) im Vordergrund, rückten jetzt bei der Einsparung von Arbeitsplätzen Intensivierungsvorhaben in das Zentrum. Die Schwedter rangen um die Verwirklichung der Veredelungskonzeption und um die Anwendung der Mikroelektronik, den Einsatz von Robotern und um bessere Material- und Energieökonomie. Die Förderung der ökonomischen Initiativen der Werktätigen gewann weiter an Gewicht. Konsequent hielten die Partei- und Gewerkschaftsleitungen an dem Grundsatz fest, jeden Schritt gemeinsam mit den Werktätigen zu gehen, Problemen nicht auszuweichen und dort zu helfen, wo Entscheidungen persönliche Schwierigkeiten mit sich brachten. Nach gründlichen Diskussionen in fast 600 Zusammenkünften der Arbeitskollektive nahmen sich die Werktätigen des PCK Schwedt vor, in den Jahren 1983 bis 1985 im Stammwerk 820 und im gesamten Kombinat 3 980 Arbeitsplätze einzusparen.

Ende 1982 wies das Zentralkomitee der SED darauf hin, daß die ökonomische Strategie nicht durch einmalige Anstrengungen und auch nicht in kurzen Fristen zu verwirklichen war. Fortschritten standen noch zahlreiche nicht genutzte Reserven gegenüber. Erneut kennzeichnete Erich Honecker die Steigerung der Arbeitsproduktivität als wichtigste Aufgabe. Gerade auf diesem Gebiet gab es noch viele Probleme. Nach wie vor wuchs die Arbeitsproduktivität langsamer als die Produktion. Das erschwerte die dringend notwendige Einsparung von Arbeitsplätzen im Interesse der Lösung anderer wichtiger volkswirtschaftlicher Aufgaben einschließlich der Dienstleistungen. Die wissenschaftlich-technische Revolution schritt rasch voran, ihr Tempo beschleunigte sich noch. Um Rückstände zu verringern, beschloß das Zentralkomitee unter Beachtung internationaler Tendenzen Maßnahmen zur Entwicklung und Anwendung der rechnergestützten Konstruktion und Produktion in der DDR.

Die SED nahm die Bewältigung der Aufgaben des Jahres 1983 in dem Bewußtsein in Angriff, daß auch 1982 unter komplizierten Bedingungen alles für die Verwirklichung der Einheit von Wirtschafts- und Sozialpolitik getan worden war. Das Nationaleinkommen hatte, obwohl nicht alle Ziele des Planes erreicht wurden, die 200-Milliarden-Mark-Grenze überschritten. Erstmals in der Geschichte der DDR vollzog sich das Wachstum des Nationaleinkommens bei einem gegenüber 1981 absolut sinkenden Einsatz von Energieträgern, Rohstoffen und Material.

Sozialpolitische Maßnahmen 1981–1983

- Höhere Löhne für 265 000 Werktätige im Bereich des Gesundheits- und Sozialwesens sowie für 36 000 Beschäftigte in der Wohnungswirtschaft;
- Höhere Entgelte für Lehrlinge;
- Gewährung von Stipendien für alle Direktstudenten;
- Ausbildungsbeihilfen für alle Schüler der EOS sowie der Spezialschulen;
- Erweiterung der Kredite für junge Eheleute;
- Erhöhung des staatlichen Kindergeldes für das 3. und für jedes weitere Kind auf 100,– Mark.

Das Erreichte zu festigen, Rückstände abzubauen und gleichzeitig das Tempo zu beschleunigen kennzeichnete die Wettbewerbsverpflichtungen der Werktätigen anläßlich des Karl-Marx-Jahres 1983. Viele Betriebskollektive rangen darum, die Arbeitsproduktivität über den Plan hinaus um ein Prozent und mehr zu steigern. Sie verstärkten ihre Anstrengungen, um neue Erkenntnisse der Wissenschaft und Technik schneller produktionswirksam zu machen. Schritt für Schritt gelang es besser, neue wissenschaftlich-technische Erkenntnisse für die Intensivierung der Volkswirtschaft zu nutzen. Wachsenden Anteil daran hatten die Akademie der Wissenschaften sowie Universitäten und Hochschulen.

»Jawohl, wir haben Fortschritte zu verzeichnen«, schätzte Erich Honecker Anfang 1983 ein. »Stellen wir uns jedoch rückhaltlos dem Vergleich mit den am weitesten entwickelten Industrieländern, so bleibt noch viel aufzuholen. Der gesamte Prozeß der Anwendung neuer wissenschaftlicher, technologischer und organisatorischer Lösungen muß in der DDR beschleunigt werden.«[2]

Entsprechend einem Beschluß des Politbüros vom März 1983 wurde noch im gleichen Jahr mit dem beschleunigten Aufbau von 12 flexiblen

2 Erich Honecker: Die nächsten Aufgaben der Sozialistischen Einheitspartei Deutschlands bei der weiteren Verwirklichung der Beschlüsse des X. Parteitages. Aus dem Referat auf der Beratung des Sekretariats des Zentralkomitees der SED mit den 1. Sekretären der Kreisleitungen der SED, 18. Februar 1983. In: Reden und Aufsätze, Bd. 9, Berlin 1985, S. 215/216.

automatischen Fertigungsabschnitten in der metallverarbeitenden Industrie begonnen.

Im Kampf um die Beschleunigung des wissenschaftlich-technischen Fortschritts konnten 1983 in den für die gesamte Volkswirtschaft bestimmenden Zweigen zahlreiche Aufgaben erfolgreich gelöst werden. Davon zeugten neue Leistungen auf dem Gebiet der Mikroelektronik, hochveredelter chemischer Erzeugnisse und der Erhöhung des technologischen Niveaus im Maschinen- und Anlagenbau durch Automatisierung von Be- und Verarbeitungsprozessen. Zur raschen Entwicklung und Anwendung der Elektronik trug bei, daß weitere hochintegrierte Schaltkreise sowie neue Verfahren und Ausrüstungen zur rationelleren Fertigung und Testung von mikroelektronischen Bauelementen in die Produktion übergeleitet wurden. Neue Industrierobotertypen, vor allem für die Beschickung von Werkzeugmaschinen, befanden sich in der Produktion und in der Entwicklung. Durch höhere Veredelung entstanden neue Qualitätserzeugnisse bei sinkendem Materialaufwand wie hochfeste Baustähle, hochwertiger Walzdraht und silberarme Röntgenfilme. Moderne Verfahren der Biotechnologie kamen in Industrie und Landwirtschaft breiter zum Einsatz.

Ausgewählte Gesetze und Verordnungen 1981–1983

1981

26. Februar	Verordnung zum Schutz des land- und forstwirtschaftlichen Bodens und zur Sicherung der sozialistischen Bodennutzung (Bodennutzungsverordnung)
19. November	Verordnung über die Festsetzung von Mietpreisen in volkseigenen und genossenschaftlichen Neubauwohnungen
17. Dezember	Verordnung über das Pflichtenheft für Aufgaben der Forschung und Entwicklung (Pflichtenheft-Verordnung)

1982

25. März	Gesetz über den Wehrdienst in der Deutschen Demokratischen Republik (Wehrdienstgesetz)
25. März	Gesetz über die Staatsgrenze der Deutschen Demokratischen Republik (Grenzgesetz)
3. Juni	Verordnung über die Planung, Bildung und Verwendung der Kultur- und Sozialfonds für volkseigene Betriebe
2. Juli	Gesetz über die landwirtschaftlichen Produktionsgenossenschaften (LPG-Gesetz)

2. Juli	Wassergesetz
15. Oktober	Bekanntmachung der Ordnung über die Verleihung und Bestätigung der erfolgreichen Verteidigung des Ehrentitels »Kollektiv der sozialistischen Arbeit«

II. Entschieden gegen imperialistische Hochrüstungs- und Konfrontationspolitik, für eine Wende zur Abrüstung

Gegen die drohende Gefahr des Infernos eines Kernwaffenkrieges

Die SED, die befreundeten Parteien und die Massenorganisationen leisteten eine intensive Arbeit, um die Bürger der DDR zum aktiven Handeln für die Bewahrung des Friedens zu mobilisieren. Den Sozialismus und den Frieden durch hohe persönliche Leistungen zu stärken prägte viele Wettbewerbsverpflichtungen.

Eingehend erläuterten die Mitglieder der SED die auf Entspannung und Abrüstung gerichtete Politik der Partei. Die seit Anfang 1981 in den USA regierende Reagan-Administration hatte offen als ihr Ziel verkündet, militärische Überlegenheit über die UdSSR gewinnen zu wollen. Angesichts der damit verbundenen Verschärfung der internationalen Lage galt es, noch eindringlicher die Ursachen der enorm gewachsenen Gefahr eines nuklearen Infernos für die Menschheit bewußtzumachen.

Die Friedensbewegung gewann seit Beginn der achtziger Jahre sichtlich an Breite und Einfluß. Internationale Vereinigungen und Bewegungen von Wissenschaftlern und Künstlern, der Gewerkschaften, von Frauen und Jugendlichen erhoben ihre Stimme für eine friedliche, von der Bedrohung durch einen Atomkrieg freie Zukunft der Menschheit. Die Warnungen der sozialistischen Länder vor den Folgen der geplanten Stationierung neuer USA-Mittelstreckenraketen in Westeuropa fanden inzwischen auch bei immer mehr Menschen in den westlichen Ländern Beachtung. Neue Bewegungen für den Frieden entstanden, so die Vereinigung »Internationale Ärzte für den Frieden«. Ehemalige hochrangige Militärs aus NATO-Staaten und anderen Ländern formierten sich als Gruppe »Generale für den Frieden«.

Die DDR trug durch eigene Initiativen zum Kampf für die Abwendung eines Nuklearkrieges bei. Sie intensivierte die Begegnungen und Gespräche mit Politikern und Persönlichkeiten unterschiedlicher politischer Richtungen und entwickelte ihre Beziehungen mit kapitalistischen Staaten weiter. Im Mai 1981 weilte Erich Honecker zu einem Staatsbesuch in Japan, im September 1981 in Mexiko. In den Verhandlungen mit den führenden Persönlichkeiten dieser Länder erläuterte er das Friedensprogramm der sozialistischen Staatengemeinschaft sowie die Grundlagen und Ziele der Außenpolitik der DDR. Vor allem begründete er die Notwendigkeit, alles für die Abwendung einer Nuklearkriegskatastrophe zu tun, Konflikte politisch zu lösen und den Entspannungsprozeß fortzusetzen.

Angesichts der Bemühungen der DDR und anderer sozialistischer Staaten sowie der Aktivitäten von Friedensanhängern in der ganzen Welt, die internationale Lage zu entspannen, wirkte die Ankündigung des Präsidenten der USA am 6. August 1981, dem 36. Jahrestag des Abwurfs der ersten Atombombe auf Hiroshima, die Produktion von Neutronenwaffen aufzunehmen, alarmierend. Diese Entscheidung und vor allem die Absicht, diese neue Waffe in Westeuropa zu stationieren, lösten eine Welle der Empörung und des Protestes aus und beschleunigten das Anwachsen der Friedensbewegung besonders in Europa. Selbst Regierungen von NATO-Staaten verhielten sich ablehnend zu diesem Schritt der USA und sprachen sich für die Ächtung dieser neuen Massenvernichtungswaffe aus. Die sozialistischen Staaten verurteilten entschieden diesen Entschluß der USA. Sie schlugen vor, sofort Verhandlungen über den gegenseitigen Verzicht auf die Produktion, Lagerung, Stationierung und Anwendung der Neutronenwaffe aufzunehmen. Auf Vorschlag der DDR nahm die UNO auf ihrer 36. Vollversammlung im September 1981 eine Resolution über das Verbot der Neutronenwaffe an.

Der wachsende Druck der internationalen Öffentlichkeit veranlaßte die USA, endlich dem Beginn von Verhandlungen mit der UdSSR über nukleare Mittelstreckenraketen am 30. November 1981 in Genf zuzustimmen. Das Zentralkomitee der SED und die Regierung der DDR begrüßten diese Entscheidung, warnten aber zugleich vor übertriebenen Hoffnungen, denn hochrangige Vertreter der USA-Administration hatten wiederholt erklärt, daß der NATO-Raketenbeschluß auf jeden Fall bis Herbst 1983 verwirklicht werde. Deshalb verhielten sich auch die UdSSR, die DDR und die anderen Länder der sozialistischen Gemeinschaft kritisch zu dem Vorschlag der USA in den Genfer Verhandlungen, eine sogenannte »Null-Option« oder »Null-Lösung« zu erreichen. Danach sollten alle sowjetischen Mittelstreckenraketen in Europa abgebaut werden, und die USA wollten auf die Stationierung von Pershing II und Marschflugkörpern in Westeuropa verzichten. Jedoch alle in Europa auf Schiffen und Flugzeugen stationierten vorgeschobenen atomaren Waffen der USA, die das Territorium der UdSSR bedrohten, und die nuklearen Waffenpotentiale

Frankreichs und Großbritanniens sollten unangetastet bleiben. Selbst Politiker westlicher Länder mußten eingestehen, daß dieser Vorschlag unter den gegebenen militärischen Bedingungen in Europa im Widerspruch zum Prinzip der Gleichheit und der gleichen Sicherheit stand. Mit der »Null-Option«, stellte die SED fest, sollten letztendlich die Friedenskräfte in der Welt getäuscht, die NATO-Verbündeten beschwichtigt und die Sowjetunion für das von den USA vorprogrammierte Scheitern der Verhandlungen verantwortlich gemacht werden.

In dieser angespannten Situation fand im Dezember 1981 ein Treffen Erich Honeckers mit dem Bundeskanzler der BRD, Helmut Schmidt, am Werbellinsee statt. Ungeachtet gegensätzlicher Auffassungen zur geplanten Stationierung neuer USA-Mittelstreckenraketen in Westeuropa, brachten beide Politiker zum Ausdruck, daß es zur Politik der Friedenssicherung keine vertretbare Alternative gebe. Erstmals wurde in einem von führenden Repräsentanten der DDR und der BRD vereinbarten Kommuniqué festgestellt, daß von deutschem Boden nie wieder Krieg ausgehen dürfe.

Trotz der großen Anstrengungen der sozialistischen Länder, der intensiven Bemühungen vieler nichtpaktgebundener Staaten, des vielfältigen Wirkens der Friedensbewegung und der warnenden Stimmen zahlreicher Persönlichkeiten aus Politik, Wirtschaft, Wissenschaft sowie zunehmend aus kirchlichen Kreisen verschärfte sich die internationale Lage weiter.

Dieser Entwicklung versuchten die Staaten des Warschauer Vertrages Einhalt zu gebieten. Am 16. März 1982 verkündete die Sowjetunion einseitig ein Moratorium für die Stationierung von Kernwaffen mittlerer Reichweite im europäischen Teil der UdSSR für den Zeitraum der Genfer Verhandlungen. Die USA lehnten es ab, sich dieser Initiative anzuschließen. Dafür verschärften sie ihren Konfrontationskurs. Während eines Besuches des USA-Präsidenten in Großbritannien Anfang Juni 1982 rief er scharfmacherisch zu einem »Kreuzzug für die Freiheit« auf, um den Sozialismus und Marxismus »auf dem Aschehaufen der Geschichte« zurückzulassen. Zur gleichen Zeit wurde in einem geheimen »Leitliniendokument« des Pentagon die »atomare Enthauptung« der Sowjetunion als Ziel der Nuklearstrategie der USA bezeichnet.

Dieser unverantwortlichen und gefährlichen Politik der aggressivsten Kreise des Imperialismus stand die am 15. Juni 1982 vor der 2. UNO-Sondertagung von der UdSSR abgegebene historische Verpflichtung gegenüber, nicht als erste Kernwaffen einzusetzen. Eine analoge Entscheidung anderer kernwaffenbesitzender Staaten blieb aus.

Unermüdlich setzte die DDR ihre Bemühungen fort, zur Sicherung des

Friedens und zum Prozeß der Entspannung beizutragen. Dieses Streben bestimmte auch ihre Haltung zu der im Oktober 1982 gebildeten CDU/CSU/FDP-Regierung der BRD unter Bundeskanzler Helmut Kohl. Die SED begrüßte die Erklärung der neuen Regierung, daß sie entsprechend dem abgeschlossenen Vertragssystem die Beziehungen zwischen der DDR und der BRD fortzusetzen und weiterzuentwickeln bereit ist. Im Widerspruch dazu stand jedoch, daß maßgebende Kräfte in der BRD die Politik der Hochrüstung und der Konfrontation unterstützten und auf revanchistischen Positionen hinsichtlich des »Fortbestehens des Deutschen Reiches in die Grenzen von 1937« beharrten. Die DDR erklärte wiederum, daß eine realistische Politik von der Existenz zweier unabhängiger souveräner deutscher Staaten und der strikten Einhaltung des Grundlagenvertrages von 1972 ausgehen müsse.

Frieden – Lebensfrage der Menschheit

Immer stärker zeichnete sich ab, daß auf der Erde eine Situation entstanden war, die zu grundlegenden Konsequenzen im Interesse der Zukunft der ganzen Menschheit drängte. Die Frage »Krieg und Frieden« hatte im nuklear-kosmischen Zeitalter neue, bisher nicht gekannte Dimensionen angenommen. Die Gefahr der Vernichtung allen Lebens auf der Erde in einem Nuklearkrieg hatte durch die imperialistische Politik der Konfrontation und der Hochrüstung enorm zugenommen. Weltweit suchten immer mehr Menschen nach Antwort auf die sie bewegende Lebensfrage, wie ein atomares Inferno verhindert werden könnte. Die Frage nach der Rolle des Kampfes für den Frieden in der Strategie und Taktik der kommunistischen und Arbeiterparteien und nach seinem Platz im Ringen um die Verwirklichung der historischen Mission der Arbeiterklasse erforderte der neuen internationalen Situation entsprechende Antworten.

In den vom Zentralkomitee im November 1982 bestätigten Thesen zum Karl-Marx-Jahr 1983 stellte die SED fest, daß mehr denn je die Sicherung des Weltfriedens in die welthistorische Mission der Arbeiterklasse eingeschlossen ist. Es sei eine Situation entstanden, hieß es in den Thesen, in der der Friede »die entscheidende Grundlage für die Fortexistenz der Menschheit und erste Voraussetzung für die Lösung aller anderen gesellschaftlichen Probleme«[3] geworden ist. Deshalb müsse die Arbeiterklasse mit allen Kräften, denen der Frieden teuer ist und die für ihn eintreten,

3 Thesen des Zentralkomitees der SED zum Karl-Marx-Jahr 1983, Berlin 1983, S. 27.

gemeinsam für seine Erhaltung kämpfen. Die um eine friedliche Zukunft der Menschheit ringende Front müsse durch Angehörige aller Klassen und Schichten, durch Vertreter aller Völker verbreitert werden.

•Diese Grundposition der SED stimmte völlig mit den Auffassungen des Politischen Beratenden Ausschusses der Staaten des Warschauer Vertrages überein, der Anfang Januar 1983 in Prag über die nächsten gemeinsamen Schritte im Kampf um den Frieden beriet. Dem anhaltenden imperialistischen Kurs auf Konfrontation und Hochrüstung setzte er ein konstruktives, auf umfassende Abrüstung und Entspannung gerichtetes Programm entgegen. Entschieden wandten sich die führenden Repräsentanten der sozialistischen Gemeinschaft gegen immer neue, jeder Vernunft widersprechende Konzepte aggressivster imperialistischer Kreise, mit denen sie nukleare Kriege »führ-« und »gewinnbar« machen wollten. Unmißverständlich erklärten die Staaten des Warschauer Vertrages, daß es in einem Kernwaffenkrieg, werde er entfesselt, keine Sieger geben werde.

Das Politbüro der SED und der Ministerrat der DDR stimmten den Einschätzungen und Entscheidungen der Prager Tagung zu. Nachdrücklich unterstützten sie den Vorschlag, in Europa die Kernwaffen mittlerer Reichweite und die taktischen Kernwaffen auf ein möglichst niedriges Niveau zu reduzieren und schließlich im Sinne einer echten Null-Lösung völlig zu beseitigen. Im Januar 1983 schloß sich die DDR uneingeschränkt dem Vorschlag der Regierung Schwedens an, in Mitteleuropa einen von atomaren Gefechtsfeldwaffen freien Korridor zu schaffen.

Bereits in der Prager Deklaration hatten die Staaten des Warschauer Vertrages warnend auf Programme und praktische Schritte der USA zur Entwicklung neuer Waffen, darunter auch solche für militärische Operationen im und aus dem Weltraum, hingewiesen. Die abenteuerlichen Pläne des Militär-Industrie-Komplexes der USA, auch den Kosmos zu militarisieren, verkündete Präsident Ronald Reagan in seiner »Sternenkriegs«-Rede am 23. März 1983. Sie war ein weiteres Alarmsignal für alle jene Kräfte, die vor der atomaren Selbstvernichtung der Menschheit warnten und dagegen ankämpften. Zugleich wuchs der Kreis jener verantwortungsbewußten Politiker, Wissenschaftler, kirchlichen Würdenträger und Persönlichkeiten unterschiedlichster Richtungen, die entschlossen waren, dieser selbstmörderischen Entwicklung Einhalt zu gebieten. Selbst realistisch denkende Kräfte in Regierungskreisen von NATO-Ländern wandten sich gegen diese neue Runde der Hochrüstung, die riesige finanzielle Mittel und gewaltige geistige Potenzen sinnlos verschlang und ebenso außer Kontrolle zu geraten drohte wie die Auslösung eines Kernwaffenkrieges. Gleichzeitig verstärkten sich in den westeuropäischen Ländern und den

USA die Forderungen, von der Stationierung neuer USA-Mittelstreckenraketen in Westeuropa Abstand zu nehmen, die von hoher Kompromißbereitschaft zeugenden Vorschläge der UdSSR aufzugreifen und die Genfer Verhandlungen zum Erfolg zu führen.

Aus der Analyse der Prozesse, die sich im Ringen um Frieden, Entspannung und Abrüstung auf allen Kontinenten und vor allem in Europa entfalteten, gelangte die SED zu wichtigen Einschätzungen, von denen besonders zwei große Tragweite besaßen. Erstens hatte weltweit die Erkenntnis an Breite gewonnen, daß es zur friedlichen Koexistenz keine vernünftige Alternative gibt. Getragen von dieser Einsicht, war die bis dahin größte Friedensbewegung der Nachkriegszeit entstanden. Diese Bewegung wies durch ihre politische und soziale Breite, durch ihre territoriale Ausdehnung, durch ihre Vielgestaltigkeit und Organisiertheit in vieler Hinsicht qualitativ neue Züge auf. Sie war vor allem in den imperialistischen Hauptzentren – den USA, der BRD und Japan – zu einem Faktor geworden, dem die aggressiven Kräfte des Imperialismus, wie die SED einschätzte, Rechnung tragen mußten und der sie zum Lavieren zwang. Zweitens zeichnete sich als eine geschichtlich neue Tendenz ab, daß die Mehrheit der sozialistischen und sozialdemokratischen Parteien gegen die Raketenstationierung auftrat und eine »neue Strategie der NATO« forderte, die einen »atomaren Erstschlag« ausschloß.

Die SED konnte ihre initiativreiche Politik des Friedens und der Abrüstung in der internationalen Arena stets in der Gewißheit verfolgen, daß sie in der DDR selbst die einhellige Unterstützung einer starken Friedensbewegung besaß. Deren Aktionen hatten seit Anfang der achtziger Jahre an Breite, Vielfalt und Anziehungskraft gewonnen. Arbeiter und Genossenschaftsbauern, Handwerker und Gewerbetreibende, Wissenschaftler, Künstler und Ärzte, Frauen, Jugendliche und Sportler, Anhänger verschiedener religiöser Richtungen unterstützten mit zahlreichen eigenen Initiativen die Friedenspolitik der Partei- und Staatsführung der DDR. Solche Losungen wie »Gegen NATO-Waffen Frieden schaffen!«, »Europa darf kein Euroshima werden!« und »Unsere Tat für unseren sozialistischen Friedensstaat« bestimmten viele Manifestationen und Aktionen im Jahr 1983.

Internationale Wissenschaftliche Karl-Marx-Konferenz

Angesichts der vielen brennenden Fragen zur Gegenwart und Zukunft der Menschheit im nuklear-kosmischen Zeitalter fand der Vorschlag der SED weltweit außerordentlich großen Widerhall, im Karl-Marx-Jahr 1983

Die Internationale Wissenschaftliche Konferenz »Karl Marx und unsere Zeit« in Berlin zeigt neue Wege für einen friedlichen Dialog.
Während einer Konferenzpause im Palast der Republik, 12. April 1983

in Berlin eine internationale wissenschaftliche Konferenz über grundlegende Probleme des Kampfes um den Frieden und den sozialen Fortschritt durchzuführen. Die Vorbereitung der Konferenz war Bestandteil des unablässigen Bemühens der SED, den Beitrag der revolutionären, nationaldemokratischen und friedliebenden Kräfte zur Verhinderung eines nuklearen Infernos zu erhöhen. Sie zeugte vom beharrlichen Streben der Partei, den politischen Dialog und das Zusammenwirken der Kommunisten mit unterschiedlichen politischen Kräften im Ringen um Frieden und sozialen Fortschritt zu fördern.

Die Internationale Wissenschaftliche Konferenz »Karl Marx und unsere Zeit – der Kampf um Frieden und sozialen Fortschritt« fand vom 11. bis 16. April 1983 in Berlin statt. Vertreten waren 145 Delegationen aus 111 Ländern: 95 kommunistische und Arbeiterparteien sowie revolutionäre Vorhutparteien, 31 andere revolutionäre und demokratische Parteien und Bewegungen sowie 18 sozialistische und sozialdemokratische Parteien, darunter 8 aus Europa. Erstmals nahm an einem solchen Treffen eine Delegation der SPD teil. Niemals zuvor hatten sich in solcher politischen Breite Abgesandte aller Kontinente zusammengefunden, um ihre Meinungen zu den Grundfragen der Zeit auszutauschen. Das bestätigte, wie dringlich und zeitgemäß ein solches Treffen war.

Ausgehend von der Lebenskraft und Aktualität des Werkes von Karl Marx für die Lösung der vor der Menschheit stehenden Probleme, wandte sich Erich Honecker in seiner Rede dem Verhältnis von Arbeiterklasse und Frieden zu. Er wies nach, daß die Arbeiterklasse, um ihre Ziele zu verwirklichen, keinen Krieg braucht und deshalb stets gegen den Krieg gekämpft hat. Inzwischen habe sich eine Weltsituation herausgebildet, in der die Gefahr eines Nuklearkrieges das Leben der Völker überschattet. Natürlich seien die Kampfbedingungen der kommunistischen und Arbeiterparteien in den einzelnen Ländern unterschiedlich. Aber angesichts der Gefahr eines Nuklearkrieges, der im Falle seines Ausbruches die Selbstvernichtung der Menschheit bedeuten würde, sei es das wichtigste Anliegen, »den Frieden zu sichern, ihn zu stabilisieren. Darin sehen wir das vorrangigste Aktionsziel der gesamten Arbeiterbewegung ...«[4] Nur dadurch würden der weitere soziale Fortschritt, die Lösung anderer gesellschaftlicher Probleme und die Rettung der Zivilisation möglich. Gerade die internationale Arbeiterbewegung verfüge über beträchtliche Potenzen im Kampf für den Frieden. Um das gesamte Friedenspotential zum Tragen zu bringen, sei die SED bereit, allen nationalrevolutionären Parteien und Bewegungen, allen sozialistischen und sozialdemokratischen Parteien, Gewerkschaftsverbänden und anderen Organisationen kameradschaftlich die Hand zu reichen.

Erich Honecker bezeichnete es als ein Gebot der Stunde, daß alle politischen und gesellschaftlichen Kräfte, die den Frieden aufrichtig wollen, ungeachtet unterschiedlicher Programme, weltanschaulicher Positionen und religiöser Bekenntnisse über Klassenschranken, über Trennendes hinweg zusammenwirken, um die Völker vor der Katastrophe eines Nuklearkrieges zu bewahren. Damit würden die Divergenzen nicht aufgehoben. Die Verteidigung des Friedens als höchstes Gut der Menschheit sei das vorrangige und einigende Interesse. Aus all dem erwachse die historische Chance, »daß im Kampf für den Frieden die unterschiedlichsten Kräfte zueinander finden und dieser Kampf eine Breite erlangt, wie sie bisher nie bestand«[5].

4 Erich Honecker: Rede und Schlußwort auf der Internationalen Wissenschaftlichen Konferenz des Zentralkomitees der SED »Karl Marx und unsere Zeit – der Kampf um Frieden und sozialen Fortschritt«, Berlin, 11. bis 16. April 1983, Berlin 1987, S. 17.
5 Ebenda, S. 18.

An diese Grundgedanken Erich Honeckers knüpften viele der Diskussionsredner an und erhärteten sie anhand der eigenen Erfahrungen ihrer Parteien oder Bewegungen. Einmütigkeit bestand darin, daß ungeachtet unterschiedlicher weltanschaulicher und gesellschaftspolitischer Auffassungen, die niemand auf der Konferenz verschwieg, die Erhaltung des Friedens oberste Priorität besitzt.

Mit vollem Recht konnte Erich Honecker abschließend feststellen, daß die Konferenz von der Erkenntnis getragen war: Ein nukleares Inferno, das die Selbstvernichtung der Menschheit bedeuten würde, muß verhindert werden. Es dürfen nicht jene zum Zuge kommen, die der Konfrontation huldigen, die sich nicht mehr nur den Erdball, sondern auch schon den Kosmos als Kriegsschauplatz vorstellen, mit dem Gedanken des Erstschlages spielen und eine nukleare Katastrophe einkalkulieren. Als stärker müsse sich, betonte Erich Honecker, »das Streben der Völker nach Frieden, Realismus und Vernunft in der internationalen Politik«[6] erweisen.

Inhalt und Verlauf der Konferenz zu Ehren von Karl Marx waren ganz wesentlich von Gedanken und Vorschlägen geprägt, die kurze Zeit danach ihren konzentrierten Niederschlag in der Forderung der SED nach einer weltweiten »Koalition der Vernunft und des Realismus« fanden. Von der Karl-Marx-Konferenz, diesem historisch bedeutsamen Weltforum, gingen wichtige Impulse für die Mobilisierung der Kräfte für Frieden und sozialen Fortschritt in aller Welt aus. Daran hatte die SED entscheidenden Anteil. Seit Anfang der achtziger Jahre, insbesondere im Zusammenhang mit der Vorbereitung des Karl-Marx-Jahres und der Karl-Marx-Konferenz, hatte die SED eine intensive theoretische Arbeit geleistet und einen schöpferischen Beitrag zur Beantwortung der neuen Fragen der internationalen Entwicklung geleistet.

Breiter politischer Dialog für Zusammenarbeit und gegen die Stationierung neuer USA-Erstschlagwaffen

Nachhaltig setzte sich die SED dafür ein, den ergebnisorientierten Dialog mit allen am Frieden interessierten Kräften zu intensivieren. Das geboten mehr denn je Vernunft und Realismus, die zum wichtigsten Gradmesser für politisches Denken und Handeln im Interesse des Friedens, der Sicherheit und Zusammenarbeit der Völker, im Interesse des Lebens der heutigen und künftigen Generationen geworden waren. Davon, daß die DDR konsequent in diesem Sinne wirkte, zeugte eine Vielzahl von Begeg-

6 Ebenda, S. 30.

nungen ihrer Repräsentanten im Jahr 1983 mit Persönlichkeiten aus Politik, Wirtschaft, Wissenschaft und Kultur kapitalistischer Länder. In den Gesprächen mit Javier Pérez de Cuéllar, Generalsekretär der UNO, Rudolf Kirchschläger, Bundespräsident der Republik Österreich, Richard von Weizsäcker, Regierender Bürgermeister von Berlin (West), und mit den Außenministern Italiens, Dänemarks, Schwedens und Norwegens erläuterte Erich Honecker den Standpunkt und die Vorschläge der DDR zur Bewahrung und Festigung des Friedens, zur Förderung der friedlichen Zusammenarbeit zwischen den Völkern.

Auch gegenüber der BRD hielt die DDR an ihrer Grundposition fest, selbst unter den Bedingungen einer insgesamt komplizierter gewordenen internationalen Situation die Beziehungen zwischen beiden Staaten zu normalisieren. In einem Meinungsaustausch Erich Honeckers mit Hans-Jochen Vogel, Vorsitzender der Bundestagsfraktion der SPD, am 28. Mai 1983 stimmten beide Politiker überein, das zwischen beiden Staaten Erreichte sorgsam zu behandeln und bei auftretenden Rückschlägen Besonnenheit zu wahren.

Auch mit Vertretern verschiedener anderer politischer Richtungen in der BRD intensivierte die DDR den Dialog. Im Vordergrund der Gespräche Erich Honeckers mit Franz Josef Strauß, Vorsitzender der CSU und bayrischer Ministerpräsident, mit Egon Bahr, Abrüstungsexperte der SPD-Bundestagsfraktion, mit Helmut Schmidt, früherer Bundeskanzler, und mit Berthold Beitz, Vorsitzender des Aufsichtsrates der Krupp GmbH, stand die Verantwortung beider deutscher Staaten für die Sicherung des Friedens in Europa. Erstmalig kam es in der DDR zum Meinungsaustausch mit einer Abordnung der seit Mai 1983 im Bundestag vertretenen Grünen, mit Abgeordneten der Bundestagsfraktion der SPD und mit einer Gruppe von Bundestagsabgeordneten aller Fraktionen.

Die DDR unterstützte alle Anstrengungen der UdSSR, eine Eskalation des Wettrüstens bei allen Waffenarten und die Einbeziehung neuer strategischer Bereiche in den anhaltenden Rüstungswettlauf zu verhindern. Im August 1983 unterbreitete die UdSSR neue, von hoher Kompromißbereitschaft zeugende Vorschläge. Sie erklärte sich bereit, alle ihre Mittelstrekkenraketen, die über die Zahl der in Frankreich und Großbritannien vorhandenen Systeme hinausgingen, zu verschrotten. Voraussetzung dafür war, daß die USA auf die Stationierung neuer nuklearer Mittelstreckenraketen in Westeuropa verzichteten. Die Sowjetunion verpflichtete sich ferner, nicht als erste Satellitenwaffen in den Kosmos zu bringen. Dieses Moratorium sollte solange gelten, wie sich die USA und andere Staaten ebenfalls solcher Schritte enthielten.

Diese Politik der UdSSR, der DDR und der anderen Staaten des Warschauer Vertrages fand die Zustimmung und Unterstützung der Werktätigen der DDR. Am 22. August 1983 rief die junge Kommunistin Ramona Gailus, Textilfacharbeiterin im VEB Westthüringer Kammgarnspinnereien Mühlhausen, dazu auf, zum Weltfriedenstag am 1. September 1983 Bestleistungen zu erreichen. Sie wandte sich gegen die von der NATO ausgehenden Spannungen und gegen die Stationierung neuer atomarer Raketen der USA. Gerade anläßlich dieses Tages müsse besonders deutlich werden, daß die Werktätigen der DDR mit ihren Taten den Friedensvorschlägen der UdSSR und der anderen sozialistischen Staaten ihre ungeteilte Zustimmung geben. Diese Initiative, der sich unter der Losung »Meine Bestleistung zum Friedenstag« viele anschlossen, gab den Anstoß, auch künftig den Monat August zum Monat der Friedensschichten in der DDR zu machen.

Die DDR ließ nichts unversucht, um die Stationierung der USA-Raketen doch noch abzuwenden. Im September 1983 unterstrich Erich Honecker in einem Gespräch mit Herbert Mies, Vorsitzender der DKP, die dringende Notwendigkeit, eine neue Runde des Wettrüstens zu verhindern. Am 27. September 1983 richteten die SED, die DKP und die SEW einen gemeinsamen Appell an die Parteien der Arbeiterbewegung, die Gewerkschaften und Jugendverbände, an alle Menschen in Europa, die den Frieden wollten, und riefen sie dazu auf, die Stationierung neuer Nuklearwaffen der USA in Westeuropa zu verhindern.

Nach fast dreijähriger Dauer fanden die Beratungen der Teilnehmerstaaten der KSZE im September 1983 in Madrid ihren Abschluß. Das nach langwierigen Verhandlungen angenommene Schlußdokument wertete die SED als eine neue Chance, der Verschlechterung der internationalen Lage entgegenzuwirken und die Beziehungen zwischen sozialistischen und kapitalistischen Staaten Europas auf der Grundlage der Prinzipien der friedlichen Koexistenz zu gestalten.

Erneut wandte sich Erich Honecker am 5. Oktober 1983 in einem Schreiben an den Bundeskanzler der BRD. Darin forderte er Helmut Kohl auf, seine Position zur Raketenstationierung nochmals zu überdenken und sich ebenfalls für ein solches Abkommen in Genf einzusetzen, das auf der Grundlage der Gleichheit und der gleichen Sicherheit zu einer deutlichen Reduzierung der Atomraketen in Ost und West führte. Er unterstrich wiederum den prinzipiellen Standpunkt der DDR, »daß sich alle, die das Abgleiten der Menschheit in eine nukleare Katastrophe verhindern wollen, zu einer Koalition der Vernunft zusammentun sollten, um beruhigend auf die internationale Lage einzuwirken und nichts unversucht zu lassen, eine neue Runde des atomaren Wettrüstens zu verhindern«[7]. In seiner Antwort hielt Kohl am Raketenbeschluß fest.

Da die USA keine Bereitschaft erkennen ließen, auf die von der UdSSR unterbreiteten Verhandlungsangebote einzugehen und gleichzeitig den Bau der Einrichtungen für die neuen Mittelstreckenraketen beschleunigten, sahen sich die Staaten des Warschauer Vertrages Ende Oktober 1983 gezwungen, die von ihnen angekündigten Gegenmaßnahmen einzuleiten. Zwischen den Regierungen der UdSSR, der DDR und der ČSSR wurden die erforderlichen Entscheidungen zur Stationierung operativ-taktischer Raketen größerer Reichweite auf dem Territorium der DDR und der ČSSR getroffen.

Neue Verhandlungsangebote der UdSSR, um die Genfer Verhandlungen doch noch aus der Sackgasse herauszuführen, negierten die USA. Am 14. November 1983 trafen die ersten mit Kernsprengköpfen bestückten Marschflugkörper aus den USA in Großbritannien ein. Unmittelbar nach der Zustimmung des Bundestages zum Beginn der Stationierung landeten am 24. November 1983 Flugzeuge mit Pershing-II-Raketen in der BRD. Damit waren die Grundlagen für die Genfer Verhandlungen zerstört. Die Lage in Europa und in der Welt komplizierte sich weiter. Neue Entscheidungen waren dringend geboten, um diese die Lebensinteressen der Menschheit bedrohende Situation zum Positiven zu verändern.

Literatur

- X. Parteitag der SED, 11. bis 16. April 1981 in Berlin. Bericht des Zentralkomitees der Sozialistischen Einheitspartei Deutschlands an den X. Parteitag der SED. Berichterstatter: Genosse Erich Honecker, Berlin 1984, S. 48–60, oder in: Protokoll der Verhandlungen des X. Parteitages der Sozialistischen Einheitspartei Deutschlands im Palast der Republik in Berlin, 11. bis 16. April 1981, Bd. 1, Berlin 1981, S. 64–74, oder in: Erich Honecker: Reden und Aufsätze, Bd. 8, Berlin 1983, S. 46–57, oder in: Dokumente zur Geschichte der SED, Bd. 3, 1971 bis 1986, Berlin 1988, S. 300–315.
- Erich Honecker: Rede und Schlußwort auf der Internationalen Wissenschaftlichen Konferenz des Zentralkomitees der SED »Karl Marx und unsere Zeit – der Kampf um Frieden und sozialen Fortschritt«, Berlin, 11. bis 16. April 1983, Berlin 1987, S. 5–76, oder in: Reden und Aufsätze,

7 Erich Honecker: Schreiben an den Bundeskanzler der Bundesrepublik Deutschland, Dr. Helmut Kohl, 5. Oktober 1983. In: Reden und Aufsätze, Bd. 9, S. 419.

Bd. 9, Berlin 1985, S. 274–291, oder in: Karl Marx und unsere Zeit – der Kampf um Frieden und sozialen Fortschritt. Reden und Beiträge, Dresden 1983, S. 13–19, oder in: Dokumente zur Geschichte der SED, Bd. 3, 1971 bis 1986, Berlin 1988, S. 357–381.

Hinweise für den Propagandisten

Zielstellung

Studium und Diskussion sollen
- die Teilnehmer tiefer mit grundlegenden Schlußfolgerungen des X. Parteitages, insbesondere hinsichtlich des Kampfes um den Frieden, der Intensivierung der Volkswirtschaft und der Weiterführung des Kurses der Hauptaufgabe in der Einheit von Wirtschafts- und Sozialpolitik, vertraut machen,
- das Wissen über das Ringen der Werktätigen der DDR um die Verwirklichung der ökonomischen Strategie der Partei in den Jahren 1981 bis 1983 vertiefen,
- das Verständnis für das veränderte Herangehen der SED an das Menschheitsproblem Krieg und Frieden erweitern und dabei die historische Bedeutung der Internationalen Wissenschaftlichen Karl-Marx-Konferenz 1983 bewußtmachen,
- die Erkenntnisse über den Beitrag der DDR im Kampf für Frieden, Abrüstung und Entspannung, gegen die imperialistische Politik der Hochrüstung und Konfrontation in den Jahren 1981 bis 1983 vertiefen.

Schwerpunkte

■ **Wie wurde in den Jahren 1981 bis 1983 der Kampf um die Verwirklichung der vom X. Parteitag der SED beschlossenen ökonomischen Strategie geführt?**
- Der X. Parteitag traf die weitreichende Entscheidung, die Politik der Hauptaufgabe auch unter grundlegend veränderten außenpolitischen und außenwirtschaftlichen Bedingungen weiterzuführen.
- Mit der ökonomischen Strategie der SED lag ein wissenschaftlich begründetes Programm vor, wie durch schnelleres wirtschaftliches Wachstum auf der Basis umfassender Intensivierung die erforderlichen Voraussetzungen für weiteren sozialen Fortschritt geschaffen werden.
- In schöpferischer Anwendung der Beschlüsse der Partei rangen die Werktätigen der DDR verstärkt darum, bei sinkendem Aufwand an Werkstoffen, Material, Energie und finanziellen Mitteln ein qualitativ und quantitativ höheres Ergebnis zu erzielen. Der Hauptweg zur Steige-

rung der Arbeitsproduktivität blieb die konsequente Anwendung der neuesten Erkenntnisse von Wissenschaft und Technik.

- In der Landwirtschaft wurde Kurs auf höhere Erträge und Leistungen zur immer besseren Versorgung der Bevölkerung mit Nahrungsmitteln und der Industrie mit agrarischen Rohstoffen bei sinkendem Aufwand genommen. Umfassender wurden die Vorzüge der Kooperation genutzt.
- Das Tempo beim Wohnungsbau als Kernstück der Sozialpolitik der Partei erhöhte sich und erhielt durch die Entfaltung des innerstädtischen Bauens neue Züge.

■ **Welchen Beitrag leistete die DDR im Kampf für Frieden, Abrüstung und Entspannung insbesondere in Europa, gegen die imperialistische Politik der Konfrontation und der Hochrüstung, und welchen Platz nahm dabei die Karl-Marx-Konferenz 1983 in Berlin ein?**

Die Diskussion darüber könnte mit einem **Kurzreferat** über die Einschätzung der internationalen Situation zu Beginn der achtziger Jahre eingeleitet werden.

- Der X. Parteitag wies nachdrücklich auf die wachsende nukleare Bedrohung der Menschheit durch die Politik der aggressivsten imperialistischen Kreise hin und begründete die Notwendigkeit, den politischen Dialog mit allen am Frieden interessierten Kräften zu intensivieren.
- Die SED unterstützte durch eigene Initiativen die Politik der KPdSU, die Genfer Verhandlungen zum Erfolg zu führen, die Stationierung neuer atomarer Mittelstreckenraketen der USA in Westeuropa zu verhindern und den Weg vor allem zur nuklearen Abrüstung in Europa frei zu machen.
- Der Politische Beratende Ausschuß der Warschauer Vertragsstaaten entwickelte auf seiner Prager Beratung im Januar 1983 ein konstruktives Friedensprogramm, um dem auf Konfrontation und Hochrüstung gerichteten Kurs der aggressivsten imperialistischen Kreise Einhalt zu gebieten. Er bekräftigte die Position, daß es in einem nuklearen Krieg keine Sieger geben kann.
- Die seit Anfang der achtziger Jahre gewonnenen tieferen Einsichten der SED über ein neues Herangehen an das Problem Krieg und Frieden im nuklear-kosmischen Zeitalter widerspiegelten sich im besonderen Maße auf der Internationalen Wissenschaftlichen Konferenz »Karl Marx und unsere Zeit – der Kampf um Frieden und sozialen Fortschritt« im April 1983 in Berlin.
- Die DDR trat konsequent für die weitere Normalisierung der Beziehungen zwischen DDR und BRD auch unter komplizierter gewordenen in-

ternationalen Bedingungen ein. Jeder Schritt in dieser Richtung mußte dem Grundsatz dienen: Von deutschem Boden darf kein Krieg mehr ausgehen, sondern nur noch Frieden.

Weitere Literatur für den Propagandisten

- W. I. Lenin: VIII. Gesamtrussische Konferenz der KPR(B), 2.–4. Dezember 1919. In: Marx/Engels/Lenin: Über den Kampf um Frieden und sozialen Fortschritt, Berlin 1987, S. 269/270, oder in: Marx/Engels/Lenin: Über den revolutionären Weltprozeß, Berlin 1985, S. 325/326, oder in: Lenin: Ausgewählte Werke in drei Bänden, Bd. III, S. 346, oder in: Ausgewählte Werke in sechs Bänden, Bd. V, S. 339/340, oder in: Werke, Bd. 30, S. 178.
- X. Parteitag der SED, 11. bis 16. April 1981 in Berlin. Bericht des Zentralkomitees der Sozialistischen Einheitspartei Deutschlands an den X. Parteitag der SED. Berichterstatter: Genosse Erich Honecker, Berlin 1984, S. 11–31, oder in: Protokoll der Verhandlungen des X. Parteitages der Sozialistischen Einheitspartei Deutschlands im Palast der Republik in Berlin, 11. bis 16. April 1981, Bd. 1, Berlin 1981, S. 33–50, oder in: Erich Honecker: Reden und Aufsätze, Bd. 8, Berlin 1983, S. 12–31, oder in: Dokumente zur Geschichte der SED, Bd. 3, 1971 bis 1986, Berlin 1988, S. 275–300.
- Thesen des Zentralkomitees der SED zum Karl-Marx-Jahr 1983, Berlin 1983, S. 23–47, oder in: Dokumente zur Geschichte der SED, Bd. 3, 1971 bis 1986, Berlin 1988, S. 334–356.
- Politische Deklaration der Teilnehmerstaaten des Warschauer Vertrages, Prag, 4./5. Januar 1983, Berlin 1983, S. 5–25, oder in: Dokumente der SED, Bd. XIX, Berlin 1984, S. 210–229.

THEMA 8

Die wachsende Bedeutung der umfassenden Intensivierung für die Fortführung der Einheit von Wirtschafts- und Sozialpolitik. Das Ringen der DDR um eine Koalition der Vernunft und des Realismus zur Abwendung eines nuklearen Infernos (1983–1985)

I. Nun erst recht entschiedener Kampf für den Frieden

Eine neue Lage

Mit der Stationierung der ersten neuen atomaren Mittelstreckenraketen in Großbritannien, in der BRD und in Italien verschärften die aggressivsten Kräfte der USA und ihrer NATO-Partner den Kurs der Hochrüstung und der Konfrontation. Die Gefahr eines Nuklearkrieges nahm außerordentlich zu; denn diese amerikanischen Erstschlagwaffen bedrohten das Territorium aller Staaten des Warschauer Vertrages, von ihren westlichen Grenzen bis zur Linie Archangelsk–Astrachan im europäischen Teil der UdSSR. Ihre Flugzeit bis zu den Zielen betrug etwa 5 bis 8 Minuten, höchstens 12 Minuten. Sie besaßen eine bis dahin nicht erreichte Zielgenauigkeit und die acht- bis fünfzehnfache Zerstörungskraft jener ersten Atombombe, die die USA im August 1945 auf die japanische Stadt Hiroshima abgeworfen hatten. Die Stationierung der neuen Nuklearraketen gefährdete das bestehende militärstrategische Gleichgewicht sowohl in Europa als auch in der Welt. Das war ein neuerlicher massiver Versuch, militärische Überlegenheit über die UdSSR und ihre Verbündeten in der sozialistischen Militärkoalition zur erlangen. Mit der Aufstellung von insgesamt 108 Raketen vom Typ Pershing II und 464 Raketen vom Typ Cruise Missiles in fünf europäischen NATO-Staaten bis 1988 sollte nach Vorstellungen der USA ein Nuklearkrieg auf dem »europäischen Kriegsschauplatz« führbar und gewinnbar werden. Drastisch wuchs die reale Gefahr, daß die USA die Völker Europas in eine nukleare Katastrophe stürzten.

Initiative bei der Entwicklung neuer Waffensysteme

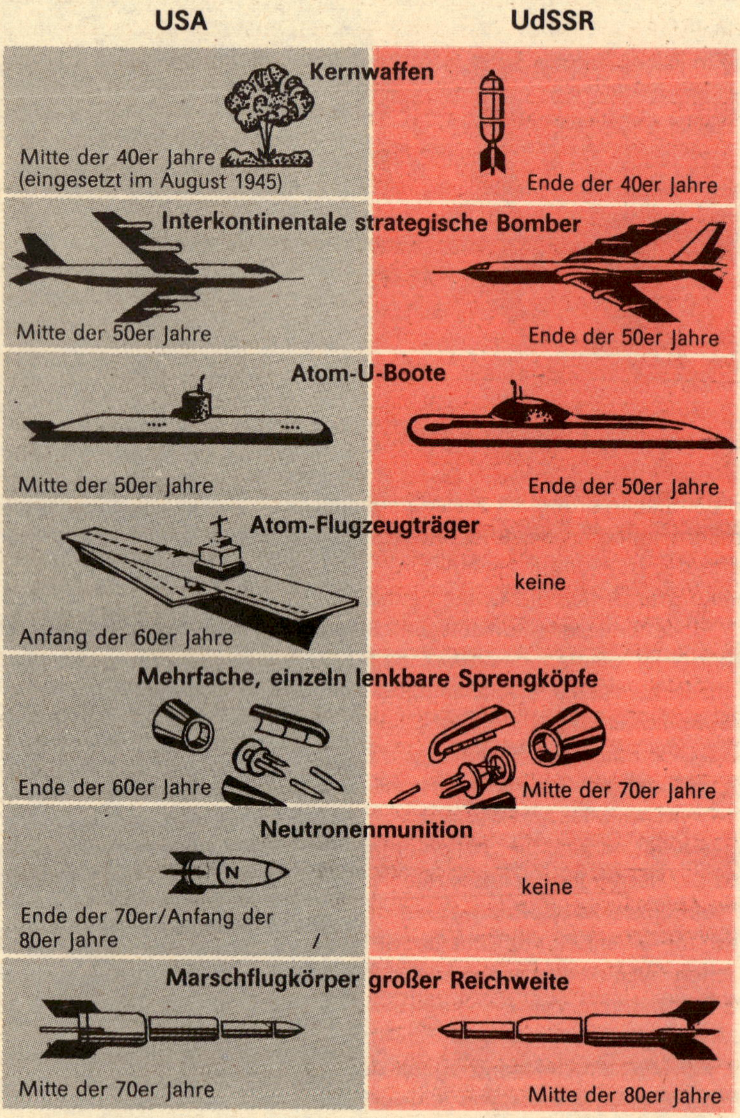

Mit dem Beginn der Stationierung wurde die BRD in Europa zur wichtigsten Startrampe für Raketenkernwaffenschläge gegen die UdSSR.

Die von den USA und ihren Verbündeten geschaffenen Tatsachen verschärften die Spannungen und verstärkten das Mißtrauen in den internationalen Beziehungen. Die internationale Situation verschlechterte sich, die militärische Lage hatte sich erheblich verändert.

Rüstungsausgaben imperialistischer Hauptländer
(in jeweiligen Preisen, Md. Landeswährung)

Jahr	USA	Japan	BRD	Frankreich	Großbritannien	Italien
1980	144,0	2 666	48,5	111,7	11,5	8 203
1981	169,9	2 499	52,2	129,7	12,1	9 868
1982	196,4	2 566	54,2	148,0	13,8	12 294
1983	217,2	2 761	56,5	165,0	16,0	14 400
1984	237,1	2 935	57,3	176,6	16,9	16 433
1985	272,5	3 137	58,6	186,7	18,4	18 584

Notwendige Gegenmaßnahmen

Die sozialistischen Staaten konnten die aus der verschärften Politik der Hochrüstung und der Konfrontation der reaktionärsten Kräfte des Imperialismus erwachsenden Gefahren für den Weltfrieden und die Sicherheit der Völker Europas nicht tatenlos hinnehmen. Die Stationierung der neuen Erstschlagwaffen der USA in Europa und die damit eingeleitete neue Runde des Wettrüstens zwang die UdSSR und ihre Verbündeten zu militärischen Gegenmaßnahmen.

Im Interesse des Friedens und der Fortexistenz der Menschheit durfte keine militärische Überlegenheit der NATO über die Staaten des Warschauer Vertrages zugelassen werden. Die abenteuerliche Vision eines atomaren »Kreuzzuges« gegen den Sozialismus durfte niemals zur tödlichen Realität für die ganze Menschheit werden. Die UdSSR hob am 24. November 1983 ihr seit dem 16. März 1982 wirksames Moratorium für die Aufstellung sowjetischer nuklearer Mittelstreckenraketen auf. Die USA hatten diesen einseitigen Schritt der UdSSR zur Schaffung günstiger Bedingungen während der Verhandlungen in Genf mit dem Festhalten am Stationierungsbeginn ihrer eigenen Raketen in Europa mißachtet.

Entsprechend der Vereinbarung der Regierungen der UdSSR, der DDR und der ČSSR von Ende Oktober 1983 wurden die Arbeiten zur Stationierung sowjetischer operativ-taktischer Raketen auf den Territorien beider Länder beschleunigt. Die UdSSR begegnete der unmittelbaren Bedrohung von weiten Gebieten ihres Landes durch die neuen amerikanischen nuklearen Erstschlagwaffen in Europa damit, daß sie entsprechende Waffen in Gebieten und Meeren stationierte, von denen aus sie die USA erreichen konnten.

Die Gegenmaßnahmen der UdSSR und ihrer Verbündeten bewegten sich innerhalb des Rahmens, der durch das Vorgehen der NATO-Länder diktiert wurde. Sie hatten keine militärische Überlegenheit zum Ziel, sondern sollten verhindern, daß das militärstrategische Gleichgewicht zerstört wurde.

In der DDR lösten die Gegenmaßnahmen keinen Jubel aus. Doch es wuchs die Einsicht, daß diese Maßnahmen unumgänglich waren. Das Volk der DDR identifizierte sich voll und ganz mit dem Standpunkt seiner Partei- und Staatsführung: Wir lassen uns von den Feinden des Friedens und des Sozialismus nicht mit Pershing II und Cruise Missiles erpressen!

Fortsetzung des politischen Dialogs für die Beendigung des Wettrüstens und den Übergang zur Abrüstung

Die veränderte Lage stellte hohe Anforderungen an alle, die ihre Hauptaufgabe darin sahen, den Frieden zu sichern. Die SED schätzte auf der 7. Tagung ihres Zentralkomitees Ende November 1983 ein, daß es nicht nur notwendig, sondern auch möglich war, den aggressivsten Kräften der NATO in den Arm zu fallen. »Der Kampf für die Abwendung eines nuklearen Weltkrieges, für die Beendigung des Wettrüstens wird jetzt erst recht fortgesetzt. Die Verpflichtung, alles für die Sicherung des Friedens zu tun, ist um so größer, und wir werden sie erfüllen«[1], erklärte Erich Honecker. In den Tagen und Wochen nach der 7. Tagung gab es ein millionenfaches Echo von Bürgern aller Klassen und Schichten auf die von der Partei der Arbeiterklasse gezogene Schlußfolgerung, jetzt erst recht den Frieden zu sichern und den Sozialismus zu stärken.

Die DDR ließ sich in ihrer Außen- und Sicherheitspolitik vor allem davon leiten, auf die imperialistische Konfrontationspolitik nicht mit Konfrontation zu antworten, sondern verstärkt für friedliche Koexistenz, Entspannung und internationale Sicherheit zu wirken. Für die SED gab es keine Zeit der Sprachlosigkeit, sie verstärkte ihre internationalen Aktivitä-

1 7. Tagung des ZK der SED, 24./25. November 1983. Erich Honecker: In kampferfüllter Zeit setzen wir den bewährten Kurs des X. Parteitages für Frieden und Sozialismus erfolgreich fort. Aus der Diskussionsrede, Berlin 1983, S. 15/16.

ten, setzte beharrlich ihre Politik des Dialogs fort und strebte unablässig danach, alle am Frieden interessierten Kräfte zu gemeinsamem Handeln zusammenzuführen. Die Partei- und Staatsführung der DDR trat initiativreich dafür ein, das Wettrüsten zu beenden und einen Übergang zur Abrüstung zu erreichen.

Gemeinsam mit den anderen Staaten des Warschauer Vertrages schlug die DDR der NATO im Januar 1984 vor, Europa völlig von chemischen Waffen zu befreien. Auf der am 17. Januar 1984 in Stockholm eröffneten Konferenz über vertrauens- und sicherheitsbildende Maßnahmen und Abrüstung in Europa trug die DDR durch ihre Vorschläge und Initiativen mit dazu bei, Verhandlungsergebnisse zu erreichen, die die militärische Konfrontation verringern und die Entspannung im Rahmen des KSZE-Prozesses fördern sollten.

Es entwickelten sich weitere Möglichkeiten für das Zusammengehen mit verschiedenen Kräften im Friedenskampf. Die veränderte Haltung der SPD zur Sicherung des Friedens und zur Abrüstung ermöglichte es der SED wie auch anderen marxistisch-leninistischen Parteien sozialistischer Länder, die Kontakte mit dieser in der BRD, in Westeuropa und in der Sozialistischen Internationale einflußreichen sozialdemokratischen Partei zu erweitern. Ende der siebziger/Anfang der achtziger Jahre hatte die SPD, wie die meisten sozialistischen und sozialdemokratischen Parteien Westeuropas, die Hochrüstung der NATO noch befürwortet, gefördert und selbst mit vorangetrieben. Doch die bei immer mehr Mitgliedern und auch in den Führungen dieser Parteien zunehmende Einsicht, daß Krieg im Nuklearzeitalter kein Mittel der Politik mehr sein darf, und ihr verstärktes Engagement in der Friedensbewegung schufen neue Möglichkeiten für die gemeinsame Suche nach Wegen zur Sicherung des Friedens über ideologische Gegensätze hinweg. Bei einem Besuch Hans-Jochen Vogels, Vorsitzender der Bundestagsfraktion und stellvertretender Vorsitzender der SPD, in der DDR im März 1984 vereinbarte Erich Honecker mit ihm die Bildung einer Expertengruppe beider Parteien, um Vorschläge für eine chemiewaffenfreie Zone in Mitteleuropa auszuarbeiten.

Die DDR unterstützte die im Mai 1984 veröffentlichte »Gemeinsame Erklärung« der sechs Staats- bzw. Regierungschefs von Indien, Mexiko, Tansania, Griechenland, Argentinien und Schweden und ihren Appell an die Kernwaffenstaaten, alles zu tun, um eine nukleare Katastrophe zu verhindern und dazu die Abrüstungsverhandlungen wiederaufzunehmen.

Die DDR unternahm große Anstrengungen, um alle einen dauerhaften Frieden anstrebenden Kräfte in einer weltweiten Koalition der Vernunft und des Realismus gegen die atomare Hochrüstungspolitik der USA und ihrer Verbündeten zusammenzuführen. 1984 erläuterte Erich Honecker in Begegnungen und Gesprächen mit den Ministerpräsidenten Kanadas, Schwedens, Griechenlands und Italiens, mit dem Präsidenten der Republik Finnland und dem Bundeskanzler der Republik Österreich die Friedensvorschläge der DDR, der UdSSR und der anderen Staaten der sozialistischen Gemeinschaft. Diese Gespräche trugen dazu bei, Vorbehalte auszuräumen und das Vertrauen der Dialogpartner in die sozialistische Außenpolitik zu stärken.

Bald mußten die aggressivsten Kräfte des Imperialismus zur Kenntnis nehmen, daß es ihnen nicht gelungen war, militärstrategische Überlegenheit über den Sozialismus zu erlangen und diesen in die Defensive zu drängen, die Offensive seiner Friedensideologie und -politik einzudämmen und die weltweite Friedensbewegung zu zerschlagen. Immer stärker brach sich in vielen Ländern die Erkenntnis Bahn, daß nicht nur die Gefahr eines nuklearen Krieges zugenommen hatte, sondern auch die Möglichkeiten wuchsen, dieser Gefahr wirksam zu begegnen.

II. Dynamischer Leistungsanstieg durch umfassende Intensivierung

»Mein Arbeitsplatz – mein Kampfplatz für den Frieden«

Arbeiter, Genossenschaftsbauern und Angehörige der Intelligenz berieten in ihren Arbeitskollektiven darüber, was es für jeden einzelnen hieß, noch besser zu arbeiten, um den Sozialismus zu stärken und den Frieden zu sichern. Die Antwort der Kommunisten auf besorgte Fragen, ob die DDR imstande sei, unter den schwierigen äußeren Bedingungen den vom X. Parteitag der SED beschlossenen Kurs fortzusetzen, lautete, auch auf innenpolitischem Gebiet jetzt erst recht den bewährten Kurs der Einheit von Wirtschafts- und Sozialpolitik fortzuführen. In Tausenden Vertrauensleutevollversammlungen und gewerkschaftlichen Mitgliederversammlungen beschlossen Ende 1983/Anfang 1984 die Werktätigen dazu neue Wettbewerbsvorhaben. Sie ließen sich davon leiten, daß der notwendige dynamische Leistungsanstieg der Volkswirtschaft erforderte, dem Prozeß der Intensivierung umfassenden Charakter zu verleihen und stabile Grundlagen für seine Entwicklung auf lange Sicht zu schaffen.

Eine Reihe wesentlicher volkswirtschaftlicher Erfahrungen bestärkten die Partei und die staatlichen Wirtschaftsorgane in der Gewißheit, daß die neuen, höheren Anforderungen gemeistert werden konnten. So waren 1983 hohe Wachstumsraten fast ausschließlich durch die Steigerung der

Arbeitsproduktivität erreicht und mit einer Senkung des spezifischen Materialverbrauchs verbunden worden. Daß es in der DDR über längere Zeit möglich war, Produktion und Nationaleinkommen zu steigern und dabei den Verbrauch an Energie, Rohstoffen und Material absolut zu senken, bot die Gewähr, auch mit neuen Belastungen fertig zu werden. Die Produktion einheimischer Rohstoffe hatte beträchtlich gesteigert und ihre Veredlung erhöht werden können. Besser genutzt wurden Sekundärrohstoffe. Mittels der Schwedter Initiative gelang es, in zunehmendem Umfang Arbeitskräfte für die Lösung neuer Aufgaben zu gewinnen. Die Partei zog aus alldem die Schlußfolgerung, daß die DDR mit ihrem geistigen Potential und ihren materiellen Ressourcen durchaus in der Lage war, den nötigen Leistungsanstieg zu realisieren, um den Kurs der Einheit von Wirtschafts- und Sozialpolitik auch künftig erfolgreich zu verwirklichen. Das verlangte jedoch, neue Maßstäbe für die umfassende Intensivierung der Produktion zu setzen und diese auch in den Mittelpunkt der Initiativen der Werktätigen in Stadt und Land zur Erfüllung des Volkswirtschaftsplanes zu rücken.

Worin bestanden diese Maßstäbe?

- Die Produktion mußte auch künftig bei absolut sinkendem Energie-, Rohstoff- und Materialverbrauch wachsen.
- Das Tempo der Steigerung der Arbeitsproduktivität mußte beschleunigt werden. Dabei galt es, die Arbeitsproduktivität schneller zu erhöhen als die Grundfondsausstattung.
- Die ökonomischen Ergebnisse aus Wissenschaft und Technik, insbesondere beim Export, mußten schneller steigen als der Aufwand für Forschung und Entwicklung und überhaupt für die damit verbundene wissenschaftlich-technische Arbeit.
- In allen Zweigen und Bereichen kam es darauf an, das Verhältnis von Aufwand und Ergebnis entschieden zu verbessern.

Notwendig wurde, die Intensivierung in allen gesellschaftlichen Bereichen sowie in allen Phasen des Reproduktionsprozesses durchzusetzen und die volkswirtschaftlichen Abläufe zu beschleunigen.

Im sozialistischen Wettbewerb zum 35. Jahrestag der Gründung der DDR rangen Werktätige in Stadt und Land angestrengt um die Steigerung der Arbeitsproduktivität über die Planziele hinaus, die spürbare Senkung des Produktionsverbrauchs, die Verbesserung des Verhältnisses von Aufwand und Ergebnis und die beschleunigte Produktion hochwertiger Konsumgüter. In harter, angestrengter Arbeit bewältigten sie dabei mit hoher Einsatzbereitschaft, großem Elan und schöpferischen Ideen manche komplizierten Probleme. Sie taten das in dem Bewußtsein, daß hohe Leistungen dem Wohle des Volkes ebenso zugute kamen wie sie das ökonomische Fundament der dem Frieden dienenden Außenpolitik der DDR stärkten.

Ganz in diesem Sinne handelten die Jugendbrigaden des Meisterbereichs »German Titow« aus dem VEB Elektroprojekt und Anlagenbau Berlin. In Vorbereitung der Wettbewerbsvorhaben ihres Betriebes für das Jahr 1985 riefen sie zu einer Sonderschicht anläßlich des 40. Jahrestages des Sieges über den Hitlerfaschismus und der Befreiung des deutschen Volkes unter dem Motto »Mein Arbeitsplatz – mein Kampfplatz für den Frieden« auf. Diese Kampflosung wurde bald von Tausenden Kollektiven aufgenommen.

Entgegen allen westlichen Prophezeiungen, daß die DDR Abstriche an ihrem Kurs der politischen Stabilität, der ökonomischen Dynamik und des kontinuierlichen sozialen Fortschritts machen müsse, erbrachte das Jahr 1984 gute Ergebnisse. Das Nationaleinkommen wuchs um 5,5 Prozent. Die Arbeitsproduktivität stieg um 7,7 Prozent und damit rascher als in den Jahren zuvor. In der Landwirtschaft wurde 1984 die bis dahin größte Getreideernte eingebracht – 11,5 Millionen Tonnen. Diese und andere Tatsachen zeugten davon, daß sich das Wirtschaftswachstum der DDR stärker als zuvor auf dem Wege der Intensivierung der Produktion vollzog.

Doch genügte das erreichte Tempo noch nicht. Im letzten Jahr des Fünfjahrplans 1981 bis 1985 kam es darauf an, diese Entwicklung beschleunigt fortzusetzen. Mehr und mehr ging es nicht um Einzellösungen, sondern um die komplexe Nutzung aller Intensivierungsfaktoren in der Tiefe und Breite der ökonomischen Abläufe.

Das Ringen um Höchstleistungen für einen spürbaren Beitrag zur allseitigen Stärkung der DDR erhielt einen neuen Impuls durch die Initiative der Jugendbrigade »Ernst Thälmann« aus dem VEB Braunkohlekombinat Regis. Martina Pfefferkorn, Leiterin dieser Jugendbrigade, rief im August 1985 dazu auf, Bestleistungen zum Weltfriedenstag zu Dauerleistungen zum XI. Parteitag der SED zu machen. Mehr als 175 582 Arbeitskollektive und Brigaden schlossen sich dieser Initiative an. Immer mehr Werktätige leiteten aus der Erkenntnis des engen Zusammenhangs der Einheit von Sozialismus und Frieden das Bekenntnis ab, daß ihr Arbeitsplatz ihr Kampfplatz für den Frieden ist.

Die Aufgabe, der Intensivierung umfassenden Charakter zu verleihen und dafür dauerhafte Grundlagen auf lange Sicht zu schaffen, verlangte neue Schritte bei der organischen Verbindung der Vorzüge des Sozialismus mit den Errungenschaften der wissenschaftlich-technischen Revolution. Um mit der raschen Entwicklung der Produktivkräfte Schritt halten zu können, durch neue Technologien und Erzeugnisse zu höherer Effektivität zu gelangen, die Arbeitsproduktivität zu steigern und den spezifischen Energie- und Materialverbrauch zu senken, mußten die geistigen und materiellen Potenzen von Wissenschaft und Produktion enger miteinander verflochten werden.

Die SED orientierte rechtzeitig darauf, Wissenschaft und Produktion auf qualitativ neuer Stufe miteinander zu verbinden. Die Zusammenarbeit von Kombinaten und Einrichtungen der Akademie der Wissenschaften der DDR und des Hochschulwesens wurde beträchtlich erweitert. Bis Ende 1985 bestanden mehr als 180 komplexe vertragliche Beziehungen. Die Forschungskooperation zwischen den Kombinaten und wissenschaftlichen Einrichtungen sollte solche Grundlagenforschungen fördern, die zu Spitzenleistungen in Wissenschaft und Technik führten, die wirtschaftlich wesentlich ergiebiger verwertet werden konnten. Die Beziehungen zwischen den Partnern wurden ab 1985 in Form von Wirtschaftsverträgen verbindlich geregelt. Die Finanzierung der Forschungsarbeiten durch die Kombinate war künftig auf der Grundlage von Vereinbarungspreisen an die vertraglich festgelegte Leistung gebunden. Die Kombinate unterstützten, vertraglich vereinbart, die Forschung materiell-technisch, so durch Bereitstellung von Geräten und Einrichtungen. Bestandteil dieser Verträge waren auch der Kaderaustausch und Qualifizierungsmaßnahmen.

Im Vordergrund standen solche Kooperationsvorhaben, die die rasche Einführung und Anwendung modernster Technologien ermöglichten. Dazu gehörten vor allem die Mikroelektronik, die sich auf ihrer Grundlage entwickelnde moderne Rechentechnik, die automatisierte Konstruktion und Produktionsvorbereitung, flexible automatische Fertigungssysteme, neue Bearbeitungstechnologien, die Entwicklung und der Einsatz neuer Werkstoffe, die Biotechnologie, die Kerntechnik, die Lasertechnik und in sich geschlossene Stoffkreisläufe. Solche Technologien nannte die SED Schlüsseltechnologien, weil sie durch »ihre Anwendung die Tür zu einer wirtschaftlichen Zukunft mit kräftigem Wachstum aufschließen«[2],

2 10. Tagung des ZK der SED, 20./21. Juni 1985. Zur Vorbereitung des XI. Parteitages der SED. Aus der Rede des Genossen Erich Honecker, Berlin 1985, S. 31.

Herstellung elektronischer Bauelemente im Halbleiterwerk Frankfurt (Oder), April 1984

den Weg zu wesentlich höherer Produktivität und Effektivität der gesellschaftlichen Arbeit öffnen.

Für Wissenschaft und Technik eingesetzte Mittel
(Md. Mark)

1971–1975	24,1
1976–1980	31,1
1981–1985	42,2

Gemessen am Nationaleinkommen sind dies rund 4 Prozent.

Die enge Verbindung von Wissenschaft und Produktion zeitigte bedeutsame wissenschaftlich-technische Ergebnisse. Die DDR gehörte zu den wenigen Ländern der Welt, die auf wichtigen Gebieten über das Potential verfügten, mikroelektronische Bauelemente zu entwickeln und diese sowie die Ausrüstung und Technologien dafür zu produzieren. Von 1980 bis 1985 stieg die Produktion bei monolithisch integrierten Schaltkreisen auf 630 Prozent, bei optoelektronischen Bauelementen auf 690 Prozent. Im gleichen Zeitraum wurde das Sortiment an aktiven mikroelektronischen

Bauelementen von 209 auf 612 Grundtypen erweitert. Die in der Volkswirtschaft installierte Rechnerkapazität stieg auf das Dreieinhalbfache. Durch die Einführung von CAD/CAM-Arbeitsstationen für die computergestützte Entwicklung, Projektierung, Fertigungsvorbereitung und -steuerung entstanden Voraussetzungen für Produktivitätssteigerungen in Industrie und Bauwesen bis zu 500 Prozent. Ende 1985 waren in der DDR 56601 Industrieroboter im Einsatz. Zahlreiche neue Verfahren zur höheren Veredlung von Rohstoffen, zur Wiederverwendung von Sekundärrohstoffen und industriellen Abprodukten wurden in die Produktion eingeführt. Mit diesen und weiteren Ergebnissen wurden Grundlagen geschaffen, damit die DDR auf ausgewählten Gebieten Spitzenpositionen erreichen und auf anderen volkswirtschaftlich entscheidenden Gebieten zur Weltspitze vorstoßen konnte.

Sozialistische Kommunalpolitik und Bürgerinitiativen in Stadt und Land

Am 24. Februar 1984 verabschiedete eine erweiterte Tagung des Nationalrates der Nationalen Front den Wahlaufruf für die Wahlen zu den Kreistagen, Stadtverordnetenversammlungen, Stadtbezirksversammlungen und Gemeindevertretungen der DDR. Es entwickelte sich ein reger Dialog mit Bürgern aller Klassen und Schichten über die Grundfragen der Innen- und Außenpolitik sowie über kommunalpolitische Angelegenheiten. In der breiten Wahlbewegung legten alle Volksvertretungen vor ihren Wählern Rechenschaft ab. 263000 Kandidaten standen vor der Nominierung in ihren Arbeitskollektiven Rede und Antwort, wie sie als künftige Abgeordnete für die Sicherung des Friedens, das Wohl des Volkes, die Interessen der Arbeiterklasse und der anderen Werktätigen zu wirken gedachten. Erst nach Zustimmung ihrer Arbeitskollegen und der Bürger ihres Wohngebietes wurden sie von den Ausschüssen der Nationalen Front in die Kandidatenlisten aufgenommen. Die SED setzte sich dafür ein, daß die Vorschläge und Hinweise der Bürger zur Verbesserung der Arbeit der örtlichen staatlichen Organe und zur wirksameren Durchführung der sozialistischen Kommunalpolitik durch die Staatsorgane aufmerksam beachtet und gewissenhaft bearbeitet wurden.

Das Zentralkomitee der SED und der Ministerrat der DDR führten Anfang März 1984 in Berlin eine gemeinsame Beratung mit den Vorsitzenden der Räte der Kreise, den Oberbürgermeistern der Städte und den Stadtbezirksbürgermeistern durch. Dieser Erfahrungsaustausch vermittelte wich-

Vor der Wahl werden die Kandidaten für die neuen Volksvertretungen von ihrem Arbeitskollektiv geprüft. Betriebsbahnhof Straßenbahn Potsdam, März 1984

tige Anregungen für die Vervollkommnung der sozialistischen Kommunalpolitik und die Vorbereitung der Wahlen. Es ging dabei um die effektivere Tätigkeit der Volksvertretungen und der örtlichen Organe, um die engere und vertrauensvolle Zusammenarbeit mit den Bürgern, um die weitere Entfaltung der sozialistischen Demokratie.

Wie die Wahlbewegung selbst, in der über 70 000 Hinweise und Vorschläge unterbreitet wurden, waren auch die Kommunalwahlen am 6. Mai 1984 ein wichtiger Beitrag zur weiteren Festigung der sozialistischen Staatsmacht. In Wahlkommissionen und Wahlvorständen wirkten rund 200 000 berufene Bürger an der demokratischen Vorbereitung und Durchführung der Wahlen unmittelbar mit. 99,88 Prozent der Wähler, das waren 12 372 001 Bürger, entschieden sich für die Kandidaten der Nationalen Front, für ihre Vertreter in Gemeinden, Städten und Kreisen. In über 7 800 Volksvertretungen wurden mehr als 206 000 Abgeordnete gewählt. Den neugewählten Volksvertretungen gehörten mehr Arbeiter und Genossenschaftsbauern als zuvor an. Der Entwicklung zur sozialistischen Massenorganisation der Genossenschaftsbauern und -gärtner entsprach es, daß mehr als 16 000 Abgeordnete in den Volksvertretungen das Mandat der VdgB erhielten. Die Kommunalwahlen gestalteten sich zu einem Bekenntnis der Bürger der DDR zur Politik der Partei der Arbeiterklasse.

Mit den Kommunalwahlen war die Wahl der Direktoren, Richter und Schöffen der Kreisgerichte sowie der Mitglieder der Schiedskommissionen verbunden.

Die Verantwortung der örtlichen Volksvertretungen und ihrer Organe für die Verwirklichung des Kurses der Einheit von Wirtschafts- und Sozialpolitik in den Kreisen, Städten und Dörfern erhöhte sich. Vor allem richteten sie ihre Anstrengungen darauf, den Alltagsbedürfnissen der Bürger stärker Rechnung zu tragen und die dafür zur Verfügung stehenden Mittel mit großer sozialer Wirksamkeit einzusetzen. Das betraf die Gestaltung ansehnlicher und sauberer Städte und Dörfer, die Verbesserung der Be-

Volksvertretung Zahl der Abgeordneten	Von den Abgeordneten sind Arbeiter und Angestellte	 Mitglieder von LPG	 Frauen	 Jugendliche bis 25 Jahre
	Prozent			
Bezirkstage und Stadtverordnetenversammlung von Berlin, Hauptstadt der DDR (1981) 3 172	81,4	11,9	38,7	17,3
Kreistage und Stadtverordnetenversammlungen der Stadtkreise (1984) 27 523	82,8	12,6	42,6	22,2
Gemeindevertretungen und Stadtverordnetenversammlungen der kreisangehörigen Städte (1984) 171 059	69,4	25,1	36,8	14,8
Stadtbezirksversammlungen (1984) 4 175	95,8	0,6	41,2	22,8
Volksvertretungen insgesamt 206 429	71,9	22,7	37,7	16,0

Berlin, Hauptstadt der DDR – Stadt des Friedens.
Das neuerbaute Nikolaiviertel, Dezember 1986

dingungen für das Wohnen, die Versorgung, die gesundheitliche und soziale Betreuung, für Dienstleistungen, Reparaturen und Verkehr ebenso wie für Bildung, Freizeit und Erholung, kulturelle Betätigung und Sport. Damit verbesserten sich die Voraussetzungen für höhere Leistungsbereitschaft, soziale Geborgenheit und Heimatverbundenheit.

Das Ringen um einen dynamischen Leistungsanstieg in der Volkswirtschaft und in allen anderen gesellschaftlichen Bereichen durch umfassende Intensivierung stellte auch neue Anforderungen an die Volksvertretungen, denn ein hohes Wirtschaftswachstum bildete auch einen stabilen Grundstein für eine wirkungsvolle Kommunalpolitik. Die SED trug dem Rechnung und schlug vor, angesichts der tiefgreifenden Veränderungen in der Gesellschaft seit dem Inkrafttreten des Gesetzes über die örtlichen Volksvertretungen vom Juli 1973 ein neues Gesetz auszuarbeiten. Sein Entwurf entstand in breiter demokratischer Mitwirkung der befreundeten Parteien und Massenorganisationen, der Nationalen Front und vieler Bürger. Die demokratische Aussprache erbrachte 3225 Vorschläge und Anregungen, die zu 120 wesentlichen Änderungen oder Ergänzungen führten.

Nach der Verabschiedung durch die Volkskammer trat das Gesetz über die örtlichen Volksvertretungen am 1. September 1985 in Kraft. Es war darauf gerichtet, unter breiter Einbeziehung der Werktätigen durch die Gemeinschaftsarbeit von Volksvertretungen, Betrieben und Einrichtungen die Möglichkeiten der Territorien für wirtschaftliches Leistungswachstum und Verbesserung der Arbeits- und Lebensbedingungen noch intensiver zu nutzen. Dafür sollten die eigenverantwortliche Tätigkeit der örtlichen Staatsorgane zum Wohle der Bürger breiter entfaltet, alle örtlichen Reserven für die Verwirklichung der Einheit von Wirtschafts- und Sozialpolitik erschlossen und voll ausgeschöpft und die territoriale Rationalisierung beschleunigt werden.

Für die Entfaltung und Vervollkommnung der sozialistischen Demokratie in der DDR wurde die Mitwirkung der Bürger an der Leitung des Staates, der Wirtschaft und der anderen gesellschaftlichen Bereiche, die in vielfältigen Formen erfolgte, immer mehr zu einem bestimmenden Merkmal des Lebens im Sozialismus. Wie die Erfahrungen zeigten, ging es überall dort am besten voran, wo die Bürger über die Politik von Partei und Regierung und über die betrieblichen und örtlichen Angelegenheiten

Mitarbeit der Bürger in gesellschaftlichen Gremien im Jahr 1985

388 000	Bürger, darunter 115 700 Frauen und 40 000 Jugendliche, sind in 19 100 Ausschüssen der Nationalen Front der DDR tätig
185 504	berufene Bürger arbeiten in den Ständigen Kommissionen der örtlichen Volksvertretungen
52 930	Bürger wirken als gewählte Schöffen an den Kreis- und Bezirksgerichten
55 911	gewählte Bürger arbeiten in 5 552 Schiedskommissionen in Gemeinden, Wohngebieten der Städte und in Produktionsgenossenschaften
250 567	gewählte Werktätige in den 27 831 Konfliktkommissionen in den Betrieben nehmen an der Gewährleistung der sozialistischen Gesetzlichkeit teil
266 095	Werktätige sind Mitglied in Kommissionen, Ausschüssen und Komitees der Arbeiter-und-Bauern-Inspektion
101 409	Mütter und Väter arbeiten in 5 861 Elternbeiräten
509 118	Mütter und Väter sind in 100 951 Elternaktivs tätig
151 362	ehrenamtliche Funktionäre arbeiten in 14 842 Verkaufsstellenausschüssen der Konsumgütergenossenschaften

gut informiert waren, ihre Vorschläge und Ideen aufgegriffen und öffentlich beantwortet wurden und ihre verantwortungsvolle Mitarbeit breiten Raum erhielt. Nachdrücklich betonte die SED, daß der in den dreieinhalb Jahrzehnten seit Gründung der DDR konsequent und beharrlich praktizierte, vielfach bewährte Grundsatz »Arbeite mit, plane mit, regiere mit!« nicht nur uneingeschränkt gültig blieb, sondern immer größeres Gewicht für das Voranschreiten des Sozialismus in der DDR erlangte. Stetig erweiterten sich Inhalt und Umfang der Mitarbeit von Bürgern in gesellschaftlichen Gremien.

Darüber hinaus engagierten sich Millionen Bürger in verschiedenen ehrenamtlichen Tätigkeiten der Parteien, Massenorganisationen und gesellschaftlichen Einrichtungen, darunter allein 2,5 Millionen Gewerkschafter in Wahlfunktionen ihrer Klassenorganisation.

Zu einer guten Tradition war die Bürgerinitiative »Schöner unsere Städte und Gemeinden – Mach mit!« geworden, an der sich die überwiegende Mehrzahl der Einwohner beteiligte. Die Bevölkerung unterstützte von 1981 bis 1985 die Modernisierung von 375 000 Wohnungen, 658 000 Wohnungen wurden für ältere und hilfsbedürftige Bürger kostenlos renoviert. An der Verwirklichung von über 6 000 Ortsgestaltungskonzeptionen zur planmäßigen Verschönerung ländlicher Gemeinden arbeiteten viele Einwohner ideenreich und tatkräftig mit.

III. Die DDR – starker und zuverlässiger Eckpfeiler des Friedens und des Sozialismus

Ergebnisse des Kurses der Einheit von Wirtschafts- und Sozialpolitik

Nach eineinhalb Jahrzehnten erfolgreicher Verwirklichung des vom VIII. Parteitag der SED beschlossenen Kurses der Einheit von Wirtschafts- und Sozialpolitik ergab sich eine eindrucksvolle Bilanz: Das produzierte Nationaleinkommen als Ausdruck für das Leistungs- und Effektivitätswachstum der Volkswirtschaft hatte sich 1985 gegenüber 1970 verdoppelt. Der jährliche Zuwachs des Nationaleinkommens betrug in der ersten Hälfte der achtziger Jahre etwa 4,5 Prozent. Im Fünfjahrplanzeitraum 1981–1985 wurde ein Nationaleinkommen von 1 087 Milliarden Mark erzeugt. Die Industrie erwirtschaftete mit 64 Prozent daran den größten Anteil. Im gleichen Zeitraum konnte auch in der Pflanzen- und Tierproduktion das höchste Produktionsniveau erreicht werden. Im Jahr 1985 wurde mit 11,6 Millionen Tonnen die Getreideernte vom Vorjahr noch überboten und mit 46,2 Dezitonnen der höchste Hektarertrag eingebracht. Zwischen 1981 und 1985 erzielten die Werktätigen in Industrie und Landwirtschaft den bis dahin größten Leistungsanstieg in der Geschichte der DDR. Er beruhte auf dem Übergang zur umfassenden Intensivierung und dem sich vollziehenden Prozeß tiefgreifender Erneuerung der Produktion.

Wie es dem Sinn des Sozialismus entspricht, wurde die beträchtlich angewachsene Leistungskraft der Volkswirtschaft dafür genutzt, das materielle und kulturelle Lebensniveau des Volkes zu sichern und weiter zu erhöhen.

In Verwirklichung des Wohnungsbauprogramms – des Kernstücks des sozialpolitischen Programms – übergab Erich Honecker im Februar 1984 an eine Berliner Arbeiterfamilie die zweimillionste seit 1971 fertiggestellte Wohnung. Bis 1985 wurden 2,4 Millionen Wohnungen neugebaut bzw.

Sozialpolitische Maßnahmen 1981–1985

1. September 1981
Maßnahmen zur Erhöhung der Lehrlingsentgelte, zur Gewährung von Stipendien für alle Studenten, zur Zahlung von Ausbildungsbeihilfen für Schüler der 11. und 12. Klassen sowie zur Erweiterung des Ehekredits für junge Eheleute werden wirksam.

1. Dezember 1981
Das Kindergeld für Familien mit drei und mehr Kindern wird erhöht.
Beschäftigte in ausgewählten Bereichen erhalten Lohnerhöhungen.

1. Juni 1984
Maßnahmen zur Verbesserung der Arbeits- und Lebensbedingungen für Familien mit drei Kindern werden wirksam.

1. Dezember 1984
Die Mindest- und andere Renten werden angehoben.

29. Juni 1985
Für Kinder und Jugendliche werden bei allen Eisenbahnfahrten in der DDR die Fahrpreise ermäßigt.

1. September 1985
Für Studenten und Lehrlinge mit Kindern werden die Unterstützungen erhöht.

1. Dezember 1985
Weitere Rentenerhöhungen werden wirksam.

Wiederaufbau kultureller Zeugnisse der Vergangenheit.
Die Semperoper in Dresden, 1985

modernisiert. Damit verbesserten sich für 7,2 Millionen Bürger die Wohnverhältnisse. Das Realeinkommen pro Kopf der Bevölkerung wuchs von 1970 bis 1985 von 486,00 Mark auf 970,00 Mark.

Fortschritte wurden in der Produktion von industriellen Konsumgütern erreicht. Verglichen mit 1980 hatte sich 1985 die Bereitstellung neuentwikkelter Konsumgüter mehr als verdoppelt.

Von Jahr zu Jahr erhöhte der Staat die Mittel zur Durchführung von sozialpolitischen Maßnahmen.

Die stabile, kontinuierliche und dynamische Entwicklung der DDR fand ebenso ihren Ausdruck in weiteren Fortschritten bei der Ausgestaltung der Volksbildung, der Berufsaus- und -weiterbildung und des Hoch- und Fachschulwesens. Verbessert und erweitert wurden die umfassende Fürsorge für junge Eheleute, Mutter und Kind sowie die medizinische und soziale Betreuung der Bürger. Kultur und Kunst wurden ebenso wie Körperkultur und Sport immer festere Bestandteile der sozialistischen Lebensweise.

Zuwendungen für die Bevölkerung aus Mitteln des Staatshaushaltes (Md. Mark)

insgesamt	
1971	26,3
1980	52,7
1985	89,0
davon für Wohnungswesen	
1971	2,1
1980	7,0
1985	14,0
Sicherung stabiler Preise für Waren des Grundbedarfs und Tarife für die Bevölkerung	
1971	8,5
1980	16,9
1985	40,6
Sozialversicherung (Renten, Krankengeld, Arzneien, Schwangerschafts- und Wochengeld)	
1971	6,2
1980	14,2
1985	15,2

Beitrag zur Stärkung der sozialistischen Gemeinschaft

SED und DDR wirkten aktiv für die Festigung der Einheit der sozialistischen Bruderländer. Das Erstarken des Sozialismus, insbesondere die rasche Steigerung der ökonomischen Leistungskraft der sozialistischen Staatengemeinschaft insgesamt wie jedes einzelnen sozialistischen Landes erlangten immer größeres Gewicht im Kampf für die Sicherung des Friedens und die Abwendung eines nuklearen Infernos. Die SED und die DDR beteiligten sich konstruktiv an der Analyse und Erörterung herangereifter Probleme des Zusammenwirkens im RGW. Eine Wirtschaftsberatung der führenden Repräsentanten der Staaten des RGW im Juni 1984 hatte die Hauptrichtungen der weiteren Entwicklung und Vertiefung der ökonomischen und wissenschaftlich-technischen Zusammenarbeit vereinbart. Die Mitgliedsländer des RGW nahmen Kurs auf die beschleunigte Umstellung ihrer Volkswirtschaften auf die Intensivierung und die Erhöhung der Effektivität, auf das weitere Anwachsen der gesellschaftlichen

Produktion, die Erhöhung des technischen Niveaus, der Zuverlässigkeit, der Lebensdauer und Qualität der Produkte, die Erweiterung und beschleunigte Erneuerung des Erzeugnissortiments. Sie leiteten Schritte zur rationellen Standortverteilung der Produktivkräfte sowie zur allmählichen Angleichung des ökonomischen Entwicklungsniveaus ein.

Größte Aufmerksamkeit widmeten die SED und der Ministerrat der DDR der Vertiefung der Zusammenarbeit mit der UdSSR. Am 6. Oktober 1984 unterzeichneten Erich Honecker und Andrej Gromyko in Berlin ein langfristiges Programm für die Entwicklung der Zusammenarbeit zwischen der DDR und der UdSSR in Wissenschaft, Technik und Produktion bis zum Jahre 2000. Damit trafen beide Länder weit in die Zukunft reichende Vereinbarungen über die engere Verflechtung der materiellen und geistigen Potenzen ihrer Volkswirtschaften. Die vereinbarten Hauptrichtungen konzentrierten sich auf die Vertiefung der Intensivierung durch die Beschleunigung des wissenschaftlich-technischen Fortschritts. Im Jahre 1985 schloß die DDR mit der SRR, der UVR, der ČSSR und der VRP ebenfalls langfristige Programme der wirtschaftlichen und wissenschaftlich-technischen Zusammenarbeit bis zum Jahr 2000 ab. In das Zentrum gemeinsamer Anstrengungen rückte, modernste Verfahren und Produkte zu entwickeln und zu produzieren. Im Dezember 1985 nahm der RGW ein Komplexprogramm des wissenschaftlich-technischen Fortschritts der Mitgliedsländer bis zum Jahr 2000 an. In fünf Hauptrichtungen des wissenschaftlich-technischen Fortschritts sollten die Potenzen und Kräfte der sozialistischen Länder zunehmend vereint werden: Elektronisierung der Volkswirtschaft, umfassende komplexe Automatisierung, beschleunigte Entwicklung der Kernenergetik, Einführung neuer Werkstoffe und Technologien ihrer Herstellung und Verarbeitung sowie beschleunigte Entwicklung der Biotechnologie. Damit verfügten die im RGW zusammenarbeitenden sozialistischen Staaten über eine abgestimmte Strategie zur Entwicklung und Anwendung von Schlüsseltechnologien sowie über ein konkretes Programm des arbeitsteiligen Zusammenwirkens in Wissenschaft und Technik.

Angesichts der langfristig angelegten und fortwährend verschärften Konfrontations- und Hochrüstungspolitik der aggressivsten imperialistischen Kräfte in den USA und anderen NATO-Ländern und der dadurch zunehmenden Gefährdung von Frieden und Sicherheit setzte sich die DDR gemeinsam mit den anderen Staaten des Warschauer Vertrages dafür ein, eine Wende zum Besseren in den internationalen Beziehungen einzuleiten. Im April 1985 erörterten die führenden Repräsentanten der Teilnehmerstaaten in Warschau die internationale Lage. Sie kamen zu dem Schluß, daß die Erhaltung des Weltfriedens, die Aufrechterhaltung des militärstrategischen Gleichgewichts und der Kampf um Rüstungsbegrenzung und Abrüstung die Festigung der Organisation des Warschauer Vertrages und die Stärkung der sozialistischen Gemeinschaft erforderten. Die Teilnehmer beschlossen einstimmig, den am 14. Mai 1955 abgeschlossenen Vertrag über Freundschaft, Zusammenarbeit und gegenseitigen Beistand um weitere drei Jahrzehnte zu verlängern. Der Warschauer Vertrag sollte sich wie in den dreißig Jahren seines Bestehens auch künftig als ein unerschütterliches politisches und militärisches Bündnis sozialistischer Staaten erweisen, von dem entscheidende Initiativen für einen dauerhaften Frieden ausgingen.

Die DDR erweiterte auch das freundschaftliche Zusammenwirken mit anderen sozialistischen Ländern. So war 1984 mit der KDVR ein Vertrag über Freundschaft und Zusammenarbeit abgeschlossen worden. Neue Schritte unternahm die SED, um die Beziehungen der DDR zur VR China im Interesse des Friedens und des Sozialismus zu gestalten und günstige Voraussetzungen für ihre Entwicklung zu schaffen.

Beharrliches Wirken für eine weltweite Koalition der Vernunft und des Realismus

Die USA-Administration forcierte ihr Programm zur Militarisierung des Weltraums; es wurde von der Regierung der BRD nicht nur befürwortet, sondern sie verkündete im April 1985 auch ihre Beteiligung daran. Massive Angriffe starteten regierende Kreise der USA, der BRD und anderer NATO-Staaten gegen die alliierten Abkommen von Jalta und Potsdam aus dem Jahr 1945 und damit gegen die Ergebnisse des zweiten Weltkrieges und der Nachkriegsentwicklung, deren Respektierung seit vierzig Jahren entscheidend zur Bewahrung des Friedens in Europa beigetragen hatte. Reaktionäre Kräfte in der BRD, die den 8. Mai 1945 nach wie vor nicht als einen Tag der Befreiung, sondern als eine »Niederlage« betrachteten, forderten in unverändert revanchistischem Geist die »Überwindung der Teilung Europas« und die Herstellung des »Deutschen Reiches in den Grenzen von 1937«. Angesichts dieser abenteuerlichen Attacken der aggressivsten Kräfte des Imperialismus, erlangten die Lehren des zweiten Weltkrieges und des Sieges der UdSSR und der anderen Staaten der Antihitlerkoalition über den Hitlerfaschismus besondere Aktualität. In den Mittelpunkt ihres innen- und außenpolitischen Wirkens stellten die SED und die DDR die Hauptlehre des zweiten Weltkrieges, daß gegen den Krieg gekämpft werden muß, bevor er ausbricht. Dabei wiesen sie erneut nach, daß es in einem mit Kernwaffen geführten Krieg weder Sieger noch Besiegte geben kann, mehr noch, daß die Menschheit einen solchen Krieg nicht überleben wird. Diese völlig neue Dimension der Frage von Krieg und Frieden ließ keinerlei Alternative zur friedlichen Koexistenz zu. In diesem Zusammenhang war es von großer Tragweite, daß Erich Honecker und Helmut Kohl, Bundeskanzler der BRD, am 12. März 1985 in Moskau in einer Gemeinsamen Erklärung übereinstimmend bekräftigten, daß von deutschem Boden nie wieder Krieg ausgehen darf, sondern immer Frieden ausgehen muß!

Die DDR erinnerte in ihrem Ringen um eine Koalition der Vernunft und des Realismus auch an die Erfahrungen der Antihitlerkoalition. Während erst im Verlaufe des zweiten Weltkrieges Staaten und Völker unterschiedlicher Gesellschaftsordnungen ihre Kräfte vereinten, um dem vom deutschen Imperialismus entfesselten Eroberungs-, Unterjochungs- und Ausrottungsfeldzug ein Ende zu setzen und die Völker von der faschistischen Barbarei zu befreien, besteht eine grundlegende Lehre für die Gegenwart darin, daß sich alle Staaten, Völker und Menschen, die den Frieden aufrichtig wollen, ungeachtet verschiedener politischer und weltanschaulicher Positionen, unverzüglich zur Verhinderung eines neuen, diesmal nuklearen Weltkrieges zusammenfinden müssen, um die Vernichtung der Existenz der heutigen und künftigen Generation abzuwenden. Ganz in diesem Sinne fand am 25. April 1985 in Torgau, dort, wo vor vierzig Jahren die historische Begegnung von Truppenteilen der Roten Armee und der US-Armee an der Elbe erfolgte, ein weit über die Grenzen der DDR hinaus beachtetes Treffen von Kriegsveteranen aus der UdSSR und den USA statt. Sie bekräftigten im Beisein von über 25 000 Bürgern der Stadt und des Kreises Torgau ihre Treue zu dem Schwur, den die alliierten Waffenbrüder 1945 geleistet hatten, gemeinsam alles zu tun, damit es nie wieder zu einem Krieg kommt.

Im Kampf um Abrüstung unterstützte die DDR voll und ganz die Position der UdSSR bei den im März 1985 in Genf aufgenommenen neuen Verhandlungen mit den USA über den Komplex von nuklearen Mittelstreckenraketen, strategischen Offensivwaffen und Weltraumwaffen. Als Ziel dieser Verhandlungen hatten die UdSSR und die USA vereinbart, die nuklearen Rüstungen auf der Erde nicht nur zu begrenzen, sondern sie zu reduzieren. Gleichzeitig wollten sie wirksame Maßnahmen zur Verhinderung der Militarisierung des Weltraums ergreifen.

Angaben zum politischen Dialog der DDR von 1975 bis 1985

Besuche des Generalsekretärs des ZK der SED und Vorsitzenden des Staatsrates der DDR, Erich Honecker, in kapitalistischen Teilnehmerstaaten der KSZE sowie Besuche von Staats- bzw. Regierungschefs kapitalistischer Teilnehmerstaaten der KSZE in der DDR

6.–9. September 1977	Besuch des Präsidenten Finnlands, Urho Kekkonen
30. März–1. April 1978	Besuch des Bundeskanzlers Österreichs, Bruno Kreisky
11.–14. Juni 1980	Besuch des Präsidenten Zyperns, Spyros Kyprianou
10.–13. November 1980	Besuch Erich Honeckers in Österreich
11.–13. Dezember 1981	Besuch des Bundeskanzlers der BRD, Helmut Schmidt
14.–16. Oktober 1982	Besuch Erich Honeckers in Zypern
11.–14. Oktober 1983	Besuch des Bundespräsidenten Österreichs, Rudolf Kirchschläger
30. Januar–1. Februar 1984	Besuch des Ministerpräsidenten Kanadas, Pierre Elliott Trudeau
20./21. Februar 1984	Besuch des Präsidenten Maltas, Frau Agatha Barbara
29./30. Juni 1984	Besuch des Ministerpräsidenten Schwedens, Olof Palme
4.–6. Juli 1984	Besuch des Ministerpräsidenten Griechenlands, Andreas Papandreou
9./10. Juli 1984	Besuch des Ministerpräsidenten Italiens, Bettino Craxi
16.–19. Oktober 1984	Besuch Erich Honeckers in Finnland
5./6. November 1984	Besuch des Bundeskanzlers Österreichs, Fred Sinowatz
23./24. April 1985	Besuch Erich Honeckers in Italien
10./11. Juni 1985	Besuch des Ministerpräsidenten Frankreichs, Laurent Fabius
9.–11. September 1985	Besuch des Ministerpräsidenten Finnlands, Kalevi Sorsa
9.–11. Oktober 1985	Besuch Erich Honeckers in Griechenland

Die SED und die DDR setzten entsprechend der abgestimmten Friedensstrategie der sozialistischen Bruderländer ihren konstruktiven und ergebnisorientierten Dialog fort. Im Jahre 1985 besuchte Erich Honecker Italien und Griechenland und empfing die Ministerpräsidenten Frankreichs und Finnlands in der DDR. Bei diesen und anderen Gelegenheiten unterstrich er die Bereitschaft der DDR, den friedlichen Dialog mit allen Staaten im Geiste des guten Willens und des Vertrauens zu entwickeln und alles zu unterstützen, was die Rückkehr zur Entspannung fördert. Die vielfältigen politischen und wirtschaftlichen Kontakte der Partei- und Staatsführung der DDR mit Persönlichkeiten aus kapitalistischen Staaten förderten das Entstehen einer Atmosphäre des Vertrauens, des Realismus und der Berechenbarkeit in den internationalen Beziehungen. In diesem Sinne unterstützte Erich Honecker im Februar 1985 in gleichlautenden Botschaften an die Staats- bzw. Regierungschefs Argentiniens, Griechenlands, Indiens, Mexikos, Schwedens und Tansanias das von ihnen in der »Deklaration von Delhi« formulierte Anliegen, im Interesse der Zukunft aller Völker die zahlreichen Hindernisse auf dem Wege zum Frieden zu überwinden und die nukleare Kriegsgefahr zu bannen.

Mitte April 1985 appellierte Erich Honecker an den Bundeskanzler der BRD, seinen Einfluß für das zwischen der UdSSR und den USA vereinbarte Ziel für die Genfer Verhandlungen zu verwenden, einen Rüstungswettlauf im Weltraum zu verhindern, ihn auf der Erde zu beenden und die nuklearen Rüstungen zu reduzieren und sie letztendlich völlig zu beseitigen.

Expertengruppen der SED und der SPD erarbeiteten nach längeren Beratungen gemeinsame Vorschläge für ein Abkommen zur Bildung einer von chemischen Waffen freien Zone in Europa. Diese wurden im Juni 1985 von beiden Parteien veröffentlicht. Sie bildeten die Grundlage für den Vorschlag des Ministerrates der DDR an die Regierung der BRD vom September 1985, staatliche Verhandlungen über die Schaffung einer solchen Zone aufzunehmen. Die BRD wich einer direkten Zustimmung oder Ablehnung dieses Vorschlages mit der Erklärung aus, daß sie an Stelle regionaler Teillösungen für globale Lösungen eintrete.

Die SED und die DDR begrüßten und unterstützten alle Schritte der UdSSR, die Abrüstungsverhandlungen mit den USA zu konstruktiven Ergebnissen zu führen. Die UdSSR verkündete im April 1985 ein Moratorium für die Stationierung sowjetischer Mittelstreckenraketen und für die Durchführung weiterer Gegenmaßnahmen, die durch die Aufstellung von nuklearen Mittelstreckenraketen der USA in westeuropäischen NATO-Staaten erzwungen worden waren. Am 6. August 1985, dem 40. Jahrestag des Atombombenabwurfs auf Hiroshima, trat das einseitige Moratorium der UdSSR für Kernwaffenversuche in Kraft.

Die DDR unterbreitete der 40. UN-Vollversammlung Vorschläge für den Verzicht auf den Ersteinsatz von Kernwaffen, die nukleare Abrüstung, das Verbot chemischer und bakteriologischer Waffen sowie für die Intensivierung der Abrüstungsverhandlungen.

Am 22. und 23. Oktober 1985 erörterten die höchsten Repräsentanten der Staaten des Warschauer Vertrages in Sofia die Lage in Europa und in der Welt. Die Delegation der DDR unter Leitung von Erich Honecker sprach sich dafür aus, ergebnisorientierte Schritte für eine Wende zum Besseren in der Welt zu unternehmen, den Dialog zwischen Ost und West zu intensivieren und das außenpolitische Wirken der Bruderländer noch wirksamer zu koordinieren. Die Sofioter Tagung beschloß ein umfassendes Programm des Kampfes für den Frieden, die Beseitigung der nuklearen Gefahr, für die Verhinderung der Militarisierung des Kosmos und die Einstellung des Wettrüstens, vor allem auf nuklearem Gebiet, für die Rückkehr zur Entspannung in den zwischenstaatlichen Beziehungen und für eine gleichberechtigte, gegenseitig vorteilhafte Zusammenarbeit auf der Grundlage der friedlichen Koexistenz. In der Erklärung »Für die Beseitigung der nuklearen Gefahr, für eine Wende zum Besseren in Europa und in der Welt« wiesen die Teilnehmerstaaten Wege, wie in der angespannten internationalen Lage die negative Tendenz aufgehalten und vor allem in den Abrüstungsverhandlungen eine Wende herbeigeführt werden konnte.

Friedensinitiativen von Staaten der sozialistischen Gemeinschaft (Auswahl)

März 1982
Moratorium der Sowjetunion für die Stationierung von Kernwaffen mittlerer Reichweite im europäischen Teil der UdSSR.

Juni 1982
Verzicht der UdSSR auf den Ersteinsatz von Kernwaffen.

Januar 1983
Vorschlag der Staaten des Warschauer Vertrages an die Staaten der NATO, einen Vertrag über den gegenseitigen Verzicht auf die Anwendung militärischer Gewalt und die Aufrechterhaltung friedlicher Beziehungen abzuschließen.

Februar 1983
Brief Erich Honeckers an BRD-Kanzler Helmut Kohl, in dem die Bereitschaft der DDR bekundet wird, ihr gesamtes Territorium für die Schaffung einer von nuklearen Gefechtsfeldwaffen freien Zone in Mitteleuropa zur Verfügung zu stellen.

August 1983
Vorschlag der UdSSR, einen Vertrag über das Verbot der Anwendung von Gewalt im Weltraum sowie vom Weltraum aus gegen die Erde zu vereinbaren. Verpflichtung der UdSSR, nicht als erste Satelliten-Abwehrwaffen in den Weltraum zu bringen.

Januar 1984
Vorschlag der Staaten des Warschauer Vertrages an die NATO-Länder zur Befreiung Europas von chemischen Waffen.

März 1984
Vorschlag der Staaten des Warschauer Vertrages an die Mitgliedsländer der NATO, Verhandlungen über die Nichterhöhung und Kürzung der Rüstungsausgaben aufzunehmen.

April 1985
Vorschläge der UdSSR zur Abwendung einer nuklearen Katastrophe und zur Einstellung des Wettrüstens; sowjetische Moratorien für die Zeit der Genfer Verhandlungen:
– Moratorium für die Schaffung kosmischer Angriffswaffen;
– Einfrieren der strategischen Offensivwaffen;
– einseitiges Moratorium für die Stationierung von Mittelstreckenraketen und für die weiteren Gegenmaßnahmen in Europa.

Juni 1985
Arbeitsgruppe der SED und der SPD unterbreitet einen »Rahmen für ein Abkommen zur Bildung einer von chemischen Waffen freien Zone in Europa«.

Juli 1985
Einseitige Einstellung sämtlicher Kernwaffenversuche der UdSSR ab 6. August 1985. Aufforderung an die USA, ebenfalls auf Kernwaffenversuche zu verzichten.

August 1985
Vorschlag der UdSSR zur internationalen Zusammenarbeit bei der friedlichen Erschließung des Weltraums.

Oktober 1985
Ein weitreichendes Programm der UdSSR für Frieden, Abrüstung und Entspannung erläutert Michail Gorbatschow in Paris.

Oktober 1985
Konstruktive Friedensvorschläge der Teilnehmerstaaten des Warschauer Vertrages auf der Tagung des Politischen Beratenden Ausschusses in Sofia »Für die Beseitigung der nuklearen Gefahr, für eine Wende zum Besseren in Europa und in der Welt«.

Weltweit wuchs die Front des Widerstandes gegen die Hochrüstung der NATO, vor allem gegen die »Sternenkriegs«-Pläne der USA. Die Abrüstungsvorschläge der Sowjetunion und anderer sozialistischer Länder erlangten zunehmend größere Resonanz und Zustimmung.

Der internationalen Öffentlichkeit wurde immer bewußter, daß Worte und Taten der USA-Administration in der Existenzfrage der Menschheit, der Frage von Krieg und Frieden, weit auseinanderklafften und mit den Lebensinteressen der Völker unvereinbar waren.

Die Bürger der DDR begrüßten die sowjetische Initiative für eine Begegnung der höchsten Repräsentanten der UdSSR und der USA. Vom 19. bis 21. November 1985 erörterten Michail Gorbatschow, Generalsekretär des ZK der KPdSU, und Ronald Reagan, Präsident der USA, in Genf Grundfragen der sowjetisch-amerikanischen Beziehungen und der internationalen Lage. In einer Reihe von wichtigen Fragen erzielten sie trotz fortbestehender ernster Meinungsverschiedenheiten Übereinstimmung. Sie erklärten im Bewußtsein der besonderen Verantwortung der UdSSR und der USA für die Erhaltung des Friedens, daß ein Kernwaffenkrieg nicht entfesselt werden dürfe und es in ihm keinen Sieger geben könne. Sie bekundeten ihre Absicht, jeglichen Krieg zwischen ihren beiden Ländern zu verhindern, sei er nuklear oder konventionell. Sie versicherten, daß die UdSSR und die USA nicht nach Erlangung militärischer Überlegenheit streben würden, und kamen überein, den politischen Dialog fortzusetzen, um positive Veränderungen in den internationalen Beziehungen zu erreichen. Beide Seiten vereinbarten, die Verhandlungen über Nuklear- und Weltraumrüstungen zu beschleunigen. Sie sprachen sich dafür aus, einen baldigen Fortschritt bei diesen Verhandlungen zu erreichen, einschließlich einer 50prozentigen Verminderung der strategischen Nuklearwaffen und einer Zwischenvereinbarung über Mittelstreckenraketen.

Unmittelbar nach Abschluß des Genfer Gipfeltreffens informierte Michail Gorbatschow in Prag die Teilnehmerstaaten des Warschauer Vertrages über die Ergebnisse seiner Gespräche mit dem Präsidenten der USA. Am 22. November 1985 erklärte Erich Honecker, daß die Ergebnisse des Gipfels zwar nicht allen Hoffnungen und Erwartungen entsprachen, jedoch als ermutigend angesehen und positiv bewertet werden könnten. Die SED schätzte ein, daß sich nunmehr günstigere Bedingungen für die Lösung der Hauptfrage ergaben, eine nukleare Katastrophe zu verhindern, das Wettrüsten auf der Erde zu beenden und seine Ausdehnung auf den Weltraum nicht zuzulassen.

Der »Geist von Genf« stärkte weltweit die Friedenshoffnungen der Völker. Viele Bürger der DDR machten die Forderung der SED, nun erst recht für den Frieden zu kämpfen, zu ihrer eigenen Sache. Immer mehr erkannten sie in ihrem eigenen Tun den untrennbaren Zusammenhang von ökonomischer Stärkung des Sozialismus und Sicherung des Friedens, verstanden sie ihren Arbeitsplatz als Kampfplatz für den Frieden.

Literatur

- Karl Marx: Erste Adresse des Generalrats über den Deutsch-Französischen Krieg. In: Marx/Engels/Lenin: Über den Kampf um Frieden und sozialen Fortschritt, Berlin 1987, S. 96–98, oder in: Marx/Engels/Lenin: Über den revolutionären Weltprozeß, Berlin 1985, S. 56/57, oder in: Marx/Engels: Ausgewählte Schriften in zwei Bänden, Bd. I, S. 456–458, oder in: Ausgewählte Werke in sechs Bänden, Bd. III, S. 486–489, oder in: Werke, Bd. 17, S. 5–7.
- 7. Tagung des ZK der SED, 24./25. November 1983. Erich Honecker: In kampferfüllter Zeit setzen wir den bewährten Kurs des X. Parteitages für Frieden und Sozialismus erfolgreich fort. Aus der Diskussionsrede, Berlin 1983, S. 5–9, 12–19, 22/23, oder in: Reden und Aufsätze, Bd. 10, Berlin 1986, S. 8–11, 13–19, 21, oder in: Dokumente zur Geschichte der SED, Bd. 3, 1971 bis 1986, Berlin 1988, S. 382–392.
- XI. Parteitag der SED, Berlin, 17. bis 21. April 1986. Bericht des Zentralkomitees der Sozialistischen Einheitspartei Deutschlands an den XI. Parteitag der SED. Berichterstatter: Genosse Erich Honecker, Berlin 1987, S. 5–54, 74–82.
- 70 Jahre Kampf für Sozialismus und Frieden, für das Wohl des Volkes. Thesen des Zentralkomitees der SED zum 70. Jahrestag der Gründung der Kommunistischen Partei Deutschlands, V., Thesen 31, 35, Berlin 1988, S. 78–81, 86–88.

Hinweise für den Propagandisten

Zielstellung

Studium und Diskussion sollen bei den Teilnehmern

- das Wissen über die von der Partei- und Staatsführung unter komplizierten internationalen Bedingungen entwickelte und verwirklichte strategische Linie – Kampf um den Frieden jetzt erst recht, Vertiefung des politischen Dialogs, Kampf um eine Koalition der Vernunft und des Realismus – vertiefen,
- die Kenntnisse über die Fortsetzung des Kurses der Einheit von Wirtschafts- und Sozialpolitik, insbesondere auf dem Weg der umfassenden Intensivierung, der engeren Verbindung von Wissenschaft und Produktion und der Anwendung von Schlüsseltechnologien, erweitern,
- die Erkenntnis festigen, daß ökonomisches Leistungswachstum zielstrebig in sozialen Fortschritt umgesetzt wird und eine bürgernahe Kommunalpolitik dazu einen wachsenden Beitrag leistet,
- das Verständnis für den untrennbaren Zusammenhang von starkem Sozialismus und sicherem Frieden vertiefen, zu praktischen Schlußfolgerungen für die eigene Arbeit führen und den menschheitsbedrohenden Charakter der Konfrontations- und Hochrüstungspolitik der aggressivsten Kräfte des Imperialismus entlarven.

Es soll das Bewußtsein gestärkt werden, daß die Kräfte der Vernunft und des Realismus erstarken und die realen Möglichkeiten, den Frieden zu sichern, die Gefahr des Infernos eines nuklearen Krieges zu bannen, im entschlossenen Kampf weiter anwachsen.

Schwerpunkte

■ **Welche Schlußfolgerungen zog die DDR aus der veränderten internationalen Lage für die Sicherung des Friedens und die Verhinderung eines Nuklearkrieges?**

- Orientierung der 7. Tagung des ZK der SED auf die Mobilisierung der Friedenskräfte im In- und Ausland für den Kampf um den Frieden jetzt erst recht.
- Vielfältige Aktivitäten der DDR für eine Politik des Dialogs, für eine Ko-

alition der Vernunft und des Realismus. Zu diesem Punkt könnte ein **Kurzreferat** mit folgenden inhaltlichen Schwerpunkten vorbereitet werden:

- Die Förderung der Herausbildung einer weltweiten Koalition der Vernunft und des Realismus durch eine Politik des aktiven Dialogs;
- die Rolle von Begegnungen und Gesprächen mit führenden Repräsentanten kapitalistischer Länder, mit Parlamentariern, Wirtschaftsvertretern, Mitgliedern gesellschaftlicher Organisationen, Parteien und Bewegungen, mit kirchlichen Würdenträgern und anderen Einzelpersönlichkeiten im Interesse der Verständigung und des Friedens sowie der gegenseitig vorteilhaften Kooperation hierbei;
- die Notwendigkeit, mit Prinzipienfestigkeit, Flexibilität, Kompromißbereitschaft und Konstruktivität den Dialog zu führen;
- feste Klassenpositionen und politische Klarheit als Voraussetzungen für erfolgreiche Dialogpolitik;
- Erfolge und Ergebnisse der SED und der DDR im und durch den politischen Dialog.
- Schlußfolgerungen für einen noch größeren persönlichen Beitrag aller Werktätigen zur Verwirklichung des Friedensprogramms des Sozialismus unter der Losung »Mein Arbeitsplatz – mein Kampfplatz für den Frieden«.

■ **Warum ist für die Fortsetzung des Kurses der Einheit von Wirtschafts- und Sozialpolitik ein hohes wirtschaftliches Wachstum notwendig?**

- Die Fortsetzung des sozialpolitischen Programms erfordert, der Intensivierung umfassenden Charakter zu verleihen;
- Notwendigkeit der organischen Verbindung von Wissenschaft und Produktion und der Kampf um die Einführung von Schlüsseltechnologien in die Volkswirtschaft der DDR;
- wachsende Anforderungen an eine ergebnisorientierte Kommunalpolitik, die dem Bürgerwohl dient;
- Aufgaben der Parteiorganisationen bei der Durchsetzung der umfassenden Intensivierung für hohe wirtschaftliche und soziale Ergebnisse.

Weitere Literatur für den Propagandisten

▶ Karl Marx: Das Kapital. Dritter Band, Berlin 1987, S. 80–82, 113/114, oder in: Marx/Engels: Werke, Bd. 25, S. 80–82, 113/114.

▶ Karl Marx: Grundrisse der Kritik der politischen Ökonomie. In: Marx/

Engels/Lenin: Über den Sozialismus, Berlin 1987, S. 41–48, oder in: Marx/Engels: Werke, Bd. 42, S. 600–607.

- Für die Beseitigung der nuklearen Gefahr, für eine Wende zum Besseren in Europa und in der Welt. Erklärung der Teilnehmerstaaten des Warschauer Vertrages. In: Neues Deutschland (B), 24. Oktober 1985, oder in: Einheit, 1985, H. 12, S. 1 059–1 069.
- 11. Tagung des ZK der SED, 22. November 1985. Zu den Ergebnissen des Genfer Gipfels. Aus dem Bericht des Genossen Erich Honecker, Berlin 1985, S. 9–13, oder in: Erich Honecker: Reden und Aufsätze, Bd. 11, Berlin 1987, S. 201–205, oder in: Dokumente zur Geschichte der SED, Bd. 3, 1971 bis 1986, Berlin 1988, S. 393–398.
- Gesetz über die örtlichen Volksvertretungen in der Deutschen Demokratischen Republik vom 4. Juli 1985, Berlin 1985, oder in: GBl. I 1985, Nr. 18.
- Weiter voran zum Wohle des Volkes. Die Verwirklichung des sozialpolitischen Programms der SED, 1978 bis 1985. Dokumentation, Berlin 1986.

THEMA 9

Der XI. Parteitag – Beginn eines qualitativ neuen Abschnitts bei der weiteren Gestaltung der entwickelten sozialistischen Gesellschaft in der DDR. Der Beitrag der DDR im Kampf für eine Wende in den internationalen Beziehungen, für Abrüstung, Sicherheit und dauerhaften Frieden (seit 1986)

I. Vor neuen Aufgaben mit dem Blick auf das Jahr 2000

Vom 17. bis 21. April 1986 tagte in Berlin der XI. Parteitag der SED. Auf ihm konnten Abordnungen von 143 kommunistischen und Arbeiterparteien, revolutionär-demokratischen Parteien und Organisationen, nationalen Befreiungsbewegungen sowie sozialistischen und sozialdemokratischen Parteien begrüßt werden.

Der Parteitag erörterte und beschloß die Aufgaben, die es in allen gesellschaftlichen Bereichen der DDR bis 1990 und darüber hinaus bis zur Jahrtausendwende zu lösen galt. Er bekräftigte erneut das grundlegende Anliegen der Politik der SED, alles zu tun für das Wohl des Volkes, für das Glück der Menschen und für ein Leben in Frieden.

Alles für den Frieden

Wie das Zentralkomitee in seinem von Erich Honecker erstatteten Bericht feststellte, hatte die SED »in einer Zeit, die von harten internationalen Auseinandersetzungen gekennzeichnet war, in einer Welt, die nach einer Periode der Entspannung in eine Situation schärfster internationaler Konfrontation geriet, unser Schiff zuverlässig durch die Brandung gesteuert«[1].

1 XI. Parteitag der SED, Berlin, 17. bis 21. April 1986. Bericht des Zentralkomitees der Sozialistischen Einheitspartei Deutschlands an den XI. Parteitag der SED. Berichterstatter: Genosse Erich Honecker, Berlin 1987, S. 5/6.

Angesichts der durch die Fortsetzung der Politik der Hochrüstung und Konfrontation maßgeblicher Kreise der USA und anderer NATO-Staaten entstandenen gefährlichen Weltlage bekräftigte die SED die Notwendigkeit, »nicht in den Denkschablonen der Konfrontation und des Strebens nach militärischer Überlegenheit zu verharren, sondern auf neue Weise an die Dinge heranzugehen, neue Formen und Verfahren in den Beziehungen zwischen den verschiedenen sozialen Systemen, Staaten und Regionen zu finden. Jede auch noch so geringe Chance gilt es zu suchen und zu nutzen, um die Tendenz einer ständigen Erhöhung der Kriegsgefahr zu stoppen, sie umzukehren zur ständigen Stabilisierung des Friedens.«[2] Davon ausgehend, bestimmte der Parteitag die vorrangigen Ziele und Richtungen für die internationale Politik der SED und der DDR.

Der XI. Parteitag der SED legte folgende vorrangigen Ziele und Richtungen für die internationale Politik der SED und der DDR fest:

1. Konsequentes Wirken für die Aktivierung und das gemeinsame Handeln aller Kräfte des Friedens, der Vernunft und des Realismus mit dem Ziel, durch effektive Schritte der Rüstungsbegrenzung und Abrüstung einen Kernwaffenkrieg abzuwenden, die Militarisierung des Weltraums zu verhindern, die Kernwaffen zu beseitigen und die Konfrontation durch die Zusammenarbeit der Staaten zu überwinden.
2. Zielstrebiger Ausbau des Bruderbundes mit der Sowjetunion und den anderen sozialistischen Ländern, umfassender Beitrag zur allseitigen Stärkung und Erhöhung der Macht und der internationalen Ausstrahlungskraft des Sozialismus durch die immer vollkommenere Entfaltung seiner Vorzüge.
3. Aktive antiimperialistische Solidarität mit allen um ihre nationale und soziale Befreiung kämpfenden Völkern, Entwicklung gleichberechtigter und freundschaftlicher Beziehungen mit allen befreiten Staaten, Unterstützung ihres Kampfes um eine neue internationale Wirtschaftsordnung auf der Grundlage der Gleichberechtigung.
4. Konsequentes Bemühen um den Ausbau von Beziehungen der friedlichen Koexistenz zu den kapitalistischen Staaten, Aufrechterhaltung und Entwicklung eines sachlichen politischen Dialogs und gegenseitig vorteilhafter Zusammenarbeit auf der Grundlage der allgemein anerkann-

2 Ebenda, S. 10.

ten Prinzipien und Normen des Völkerrechts und der gegenseitigen Berücksichtigung der legitimen Interessen.

5. Aktives Eintreten für die vollständige Einstellung der Nukleartests als ersten Schritt, um die Welt von Atomwaffen zu befreien, für den Stopp der Stationierung und die schrittweise Demontage der in Europa bereits aufgestellten Nuklearsysteme, die Beseitigung aller Mittelstreckenraketen in Europa, die Schaffung von kern- und chemiewaffenfreien Zonen, die Errichtung einer von atomaren Gefechtsfeldwaffen freien Zone in Mitteleuropa, eine radikale Gesundung der internationalen Lage und die zuverlässige Gewährleistung der Sicherheit der Völker.

Bericht des Zentralkomitees der Sozialistischen Einheitspartei Deutschlands an den XI. Parteitag der SED. Berichterstatter: Genosse Erich Honecker, Berlin 1987, S. 20.

Der XI. Parteitag würdigte das initiativreiche Herangehen der Sowjetunion an die weltpolitischen Fragen, vor allem ihre umfassenden Programme für die Befreiung der Welt von allen Atomwaffen bis zum Jahr 2000, für die Schaffung eines Systems der internationalen Sicherheit und die drastische Reduzierung aller konventionellen Rüstungen und Streitkräfte vom Atlantik bis zum Ural, mit denen eine neue Etappe in der Friedenspolitik der sozialistischen Staaten eingeleitet wurde. »Mit diesen von Michail Gorbatschow verkündeten, vom XXVII. Parteitag der KPdSU beschlossenen Vorschlägen«, sagte Genosse Erich Honecker, »stimmen wir in jeder Beziehung überein und beteiligen uns an ihrer Verwirklichung. Sie liegen ganz im Sinne unseres Ideals einer Welt ohne Waffen und ohne Gewalt, einer Welt, in der jedes Volk frei über seinen Entwicklungsweg, seine Lebensweise entscheidet.«[3]

Hauptkampffeld der Partei und des Volkes

Der XI. Parteitag bekräftigte mit seinen Beschlüssen die Kontinuität in der Politik der SED und leitete zugleich einen qualitativ neuen Abschnitt bei der weiteren Gestaltung der entwickelten sozialistischen Gesellschaft in der DDR ein. Diese Dialektik von Kontinuität und Dynamik äußert sich am prägnantesten in der konsequenten Fortsetzung des Kurses der Einheit von Wirtschafts- und Sozialpolitik und in der Orientierung auf die Lösung der neuen anspruchsvollen Aufgaben der gesellschaftlichen Entwicklung,

3 Ebenda, S. 9/10.

Die Initiative der UdSSR vom 15. Januar 1986

Bei Verzicht auf Weltraumangriffswaffen ist möglich:

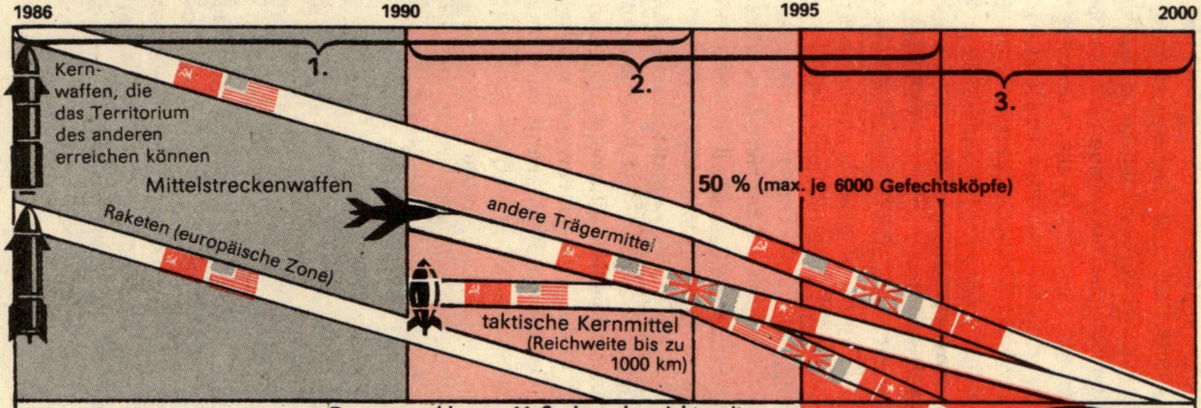

Der vorgeschlagene Maßnahmeplan sieht weiter vor:

1. Etappe
- beiderseitiger Verzicht auf Weltraumangriffswaffen
- Einstellung der Kernwaffentests der UdSSR und der USA
- kein weiteres Aufstocken der Kernwaffen Frankreichs und Großbritanniens
- keine Lieferung von strategischen und Mittelstreckenraketen der USA an andere Länder

2. Etappe
- Einfrieren der Kernwaffen der anderen Nuklearmächte sowie Nichtstationierung in anderen Ländern seitens Großbritanniens, Frankreichs und Chinas
- multilaterales Verbot von Weltraumangriffswaffen (unter obligatorischer Teilnahme der führenden Industriemächte)
- Einstellen aller Kernwaffenversuche

3. Etappe
- Abschluß der Beseitigung aller übrigen Kernwaffen
- universelle Übereinkunft: Nie wieder Atomwaffen!

die sich insbesondere aus dem Ringen um die Bewältigung der wissenschaftlich-technischen Revolution im Interesse des ganzen Volkes ergeben. Im Zentrum des neuen Abschnitts der gesellschaftlichen Entwicklung steht der revolutionäre Wandel der Produktivkräfte, der durch die breite Einführung und ökonomisch effektive Anwendung der Schlüsseltechnologien charakterisiert wird.

Der XI. Parteitag erklärte die Einheit von Wirtschafts- und Sozialpolitik zum Hauptkampffeld der SED und aller Werktätigen der DDR. Entscheidendes Fundament für diese Politik, die vor über anderthalb Jahrzehnten mit der Begründung der Hauptaufgabe auf dem VIII. Parteitag 1971 eingeleitet worden war, blieb ein dynamisches Wirtschaftswachstum. Wie das Zentralkomitee in seinem Bericht einschätzen konnte, war es gelungen, »die Wende zur umfassenden Intensivierung der Produktion zu vollziehen und einen tiefgreifenden Erneuerungsprozeß der Produktion einzuleiten«[4]. Nunmehr ging es darum, diese Entwicklung in allen Bereichen der Volkswirtschaft auf Dauer zu gewährleisten. Das verlangte, Wissenschaft und Produktion wesentlich enger miteinander zu verflechten, den wissenschaftlich-technischen Fortschritt generell zu beschleunigen und Spitzenleistungen in Forschung, Technologie und Produktion zu erzielen, die Erneuerung der Produktion zügig fortzusetzen, ihre Qualität zu erhöhen und den Aufwand über das bis dahin mögliche Maß hinaus zu senken. Die dabei zu bewältigenden Ansprüche faßte der XI. Parteitag in zehn Schwerpunkten der ökonomischen Strategie bis 1990 und mit dem Blick auf das Jahr 2000 zusammen.

Ökonomische Strategie zur Entwicklung der Volkswirtschaft mit dem Blick auf das Jahr 2000

1. Die Vorzüge des Sozialismus sind noch wirksamer mit den Errungenschaften der wissenschaftlich-technischen Revolution zu verbinden, die selbst in eine neue Etappe eingetreten ist. Schlüsseltechnologien breiten sich zunehmend aus. Damit reifen auch neue Voraussetzungen heran, die Stellung der Werktätigen im Produktionsprozeß zu verändern, ihnen interessante schöpferische Aufgaben zu übertragen, ihre Arbeitsbedingungen immer günstiger zu gestalten. Immer tieferen Einfluß auf alle diese Prozesse gewinnt das wachsende geistige Potential.

4 Ebenda, S. 26.

2. Die Steigerung der Arbeitsproduktivität ist vor allem durch die Beherrschung der Schlüsseltechnologien zu beschleunigen. Der Aufwand an lebendiger und an vergegenständlichter Arbeit muß, bei gleichzeitiger Steigerung der Qualität der Erzeugnisse, sinken. Die Arbeitsproduktivität schneller zu steigern erfordert, noch konsequenter nach dem Gesetz der Ökonomie der Zeit zu handeln.
3. Das Wachstum der Produktion ist mit einem sinkenden spezifischen Aufwand an Roh- und Werkstoffen sowie an Energieträgern zu gewährleisten. Der Anteil des Produktionsverbrauchs am Gesamtprodukt muß weiter sinken, was das Wachstum des Nationaleinkommens beschleunigt. Rohstoffe ökonomisch einzusetzen heißt in allererster Linie, sie weitgehend zu veredeln.
4. Durchgängig ist eine Qualitätsproduktion zu erreichen, die hohen internationalen Maßstäben entspricht. Qualitätsbestimmend sind das wissenschaftlich-technische Niveau der Erzeugnisse, ihr Gebrauchswert, ihre Funktionstüchtigkeit und ihr Design sowie modernste Herstellungsverfahren.
5. Die sozialistische Rationalisierung geht in großer Breite vonstatten und wird immer mehr durch die Anwendung von Schlüsseltechnologien ermöglicht. Der eigene Rationalisierungsmittelbau wird quantitativ und qualitativ entschieden verstärkt.
6. Alle Anstrengungen sind auf eine hohe Effektivität der Arbeit gerichtet. Die Einsparung an Arbeitszeit muß mit der Senkung des Produktionsverbrauchs einhergehen. Die Grundfonds sind bestmöglich zu nutzen.
7. Der wesentliche Anteil der Investitionen hat der Modernisierung der Grundfonds zu dienen. Die mit dem Plan beschlossenen Investitionsvorhaben zur Stärkung der materiell-technischen Basis der DDR sind exakt durchzuführen.
8. Die Konsumgüterproduktion ist noch stärker zu entwickeln. Konsumgüter, die dem Bedarf entsprechen, in hoher Qualität und ausreichender Menge zu erzeugen muß noch mehr zur Sache der ganzen Volkswirtschaft werden.
9. Die gesellschaftspolitischen Ziele erfordern ein starkes und beständiges Wirtschaftswachstum. Dieses wird immer stärker von den Wechselbeziehungen der Wirtschaft zu den verschiedenen gesellschaftlichen Bereichen beeinflußt. Aus dem Fortschritt der modernen Produktivkräfte leiten sich Anforderungen an Bildung und Weiterbildung, an die Gewährleistung eines schöpferischen Klimas im gesamten gesellschaftlichen Leben ab.

10. Entsprechend den objektiven Entwicklungsgesetzen des Sozialismus ist die intensiv erweiterte Reproduktion ständig zu vertiefen und auf dauerhafte Grundlagen zu stellen.

Breiten Raum nahm in den Beratungen des Parteitages die Frage ein, wie die Vorzüge des Sozialismus noch wirksamer mit den Errungenschaften der wissenschaftlich-technischen Revolution zu verbinden seien. Das Zentralkomitee forderte, jenen Wirtschaftsabschnitten große Aufmerksamkeit zu widmen, die hierbei das Tempo bestimmen. Das betraf insbesondere die Meisterung der Schlüsseltechnologien – von der Mikroelektronik bis zur Biotechnologie und Lasertechnik. Es galt, auf diesem Gebiet nicht zurückzubleiben, überholte Methoden in der Technologie aufzugeben und mit Hilfe neuester wissenschaftlicher Erkenntnisse Spitzenerzeugnisse auf breiter Basis zu erreichen. »Auf diesem Felde fallen die Entscheidungen über das Wachstumstempo der Arbeitsproduktivität, von denen abhängt, wie unsere Ökonomie den Bedürfnissen der Menschen, den vielfältigen inneren Erfordernissen der Entwicklung unseres Landes gerecht wird und sich in der Welt behaupten kann«[5], erklärte Erich Honecker. Das hieß, »den Wettlauf mit der Zeit zu bestehen, an wichtigen Punkten Vorsprung zu erzielen und dadurch hohe ökonomische und soziale Ergebnisse«[6] zu erreichen.

Zugleich wurde auf dem Parteitag betont, daß die Fähigkeit, moderne Technologien hervorzubringen, zu beherrschen und in aller Breite anzuwenden, nicht nur über den künftigen ökonomischen Rang einer Volkswirtschaft entscheidet. Die Meisterung der wissenschaftlich-technischen Revolution durch den Sozialismus erwies sich auch immer deutlicher als unverzichtbare Bedingung und entscheidendes materielles Fundament für die von der SED im Bündnis mit den Bruderparteien der Staaten des Warschauer Vertrages verfolgte Politik des Dialogs und die von ihr angestrebte weltweite Koalition der Vernunft und des Realismus.

Wie die gesamte Volkswirtschaft der DDR stand auch die Landwirtschaft vor qualitativ neuen Schritten bei der Intensivierung der Produktion. Die Orientierung des Parteitages auf die enge Verflechtung der Landwirtschaft mit der Agrarwissenschaft stellte hohe Ansprüche an die Fähigkeiten der Genossenschaftsbauern, Arbeiter und Agrarspezialisten, Wissen, Können und Erfahrung mit neuesten Erkenntnissen von Wissenschaft und Technik zu verbinden und wirksam anzuwenden. Nur auf dem Wege

5 Ebenda, S. 49.
6 Ebenda.

Schlüsseltechnologien tragen zur Erhöhung der Arbeitsproduktivität bei.
Ein bedienarmer flexibler Fertigungsabschnitt im Leipziger Drehmaschinenwerk, April 1986

umfassender Intensivierung können die Produktion von Nahrungsmitteln und agrarischen Rohstoffen in Umfang, Qualität und Struktur entsprechend dem wachsenden Bedarf stabil, auf ständig höherem Niveau und bei sinkendem Aufwand gewährleistet und die Arbeits- und Lebensbedingungen in den Dörfern stetig verbessert werden.

Die engere Verbindung der Errungenschaften der wissenschaftlich-technischen Revolution mit den Vorzügen des Sozialismus erfordert, die sozialistischen Produktionsverhältnisse planmäßig so zu gestalten, daß sich die modernen Produktivkräfte ungehindert entfalten können. Die SED hatte die damit verbundenen Fragen durch die Ausgestaltung der Kombinate, die Vertiefung der Kooperation von LPG, VEG und anderen Betrieben in der Landwirtschaft, durch neue Wege der engeren Verbindung von Grundlagenforschung und Produktion, durch territoriale Rationalisierung sowie durch Vervollkommnung der Leitung, Planung, Bilanzierung und wirtschaftlichen Rechnungsführung, insbesondere des Leistungsvergleiches und der ökonomischen Leistungsbewertung, in den zurückliegenden Jahren schöpferisch beantwortet. Dabei ließ sich die Partei stets davon leiten, daß es bei der Ausgestaltung der Produktionsverhältnisse vor allem um die weitere Ausprägung der führenden Rolle der Ar-

Rechenschaftslegung und Diskussion neuer Ziele. Berichtswahlversammlung in der Grundorganisation der LPG(P) Meverin, 15. November 1985

beiterklasse und die Festigung ihrer Bündnisbeziehungen zur Klasse der Genossenschaftsbauern, zur sozialistischen Intelligenz und zu den anderen Werktätigen, um die Entfaltung der Initiativen und Schöpferkräfte aller Klassen und Schichten geht.

Auf dem eingeschlagenen Weg, so beschloß der Parteitag, sollten die sozialistischen Produktionsverhältnisse vervollkommnet werden. Das betrachtete die SED als einen ständigen Prozeß, in dem die Potenzen des Volkseigentums und des genossenschaftlichen Eigentums immer besser zur Wirkung gebracht werden. Dabei hat die zentrale Leitung und Planung zu garantieren, daß überall die Arbeit auf ein gemeinsames Ziel gerichtet ist und die gesamtgesellschaftlichen Interessen verbindlich in den Wirtschafts- und Staatshaushaltsplänen ihren Niederschlag finden. Zugleich ist die zentrale Leitung und Planung immer wirkungsvoller mit der schöpferischen Aktivität der Werktätigen, der eigenverantwortlichen Tätigkeit der Kombinate, Betriebe, Genossenschaften und der örtlichen Staatsorgane zu verknüpfen.

Im Mittelpunkt der sozialpolitischen Orientierungen des XI. Parteitages stand die Aufgabe, das Wohnungsbauprogramm weiterzuführen und bis 1990 die Wohnungsfrage als soziales Problem in der DDR zu lösen. Durch planmäßige Verbesserung der Arbeits- und Lebensbedingungen der Werktätigen in den Kombinaten, Betrieben, Einrichtungen und Genossenschaften insbesondere auf dem Wege der Einführung neuer wissenschaftlich-technischer Erkenntnisse und der wissenschaftlichen Arbeitsorganisation, durch leistungsorientierte Einkommenspolitik, wachsende Nettogeldeinnahmen und steigenden Einzelhandelsumsatz sowie viele weitere Maßnahmen sind die materiellen und kulturellen Lebensbedingungen des Volkes stetig zu verbessern.

Aufgaben der Wissenschaft und Entwicklung des geistig-kulturellen Lebens

Aus den Entwicklungstendenzen der modernen Produktivkräfte leitete der XI. Parteitag weitreichende Konsequenzen für Wissenschaft und Bildung ab. Das beträchtliche geistige Potential und die Produktionskapazitäten der DDR galt es künftig wirksamer und mit wesentlich höheren Ergebnissen einzusetzen. Dafür gewannen die Beziehungen zwischen Kombinaten und wissenschaftlichen Einrichtungen der DDR, insbesondere der Akademie der Wissenschaften und des Hochschulwesens, auf der Grundlage langfristiger, stabiler und verbindlicher Verträge an Gewicht. Das Zentralkomitee verwies darauf, daß höchste Leistungen in Wissenschaft und Technik von Menschen erbracht werden, die sich durch schöpferische Neugier, kritische Phantasie, außergewöhnlichen Fleiß und kooperative Arbeitsweise auszeichnen. Spitzenleistungen erfordern Spitzenkräfte und können nur in einer geistigen Atmosphäre entstehen, die durch Überzeugung vom politischen und ökonomischen Gewicht der eigenen Arbeit geprägt ist, durch Ehrlichkeit und Bescheidenheit, genaues Prüfen und Beschreiten neuer Wege. Die SED appellierte an die Wissenschaftler, ihre Leistungen konsequent am Weltstand zu messen.

Den Universitäten, Hoch- und Fachschulen stellte der Parteitag die Aufgabe, Lehre, Forschung und Studium so zu vervollkommnen, daß die praxisverbundene Aneignung fundierter, fortgeschrittenster Grundlagen- und Spezialkenntnisse mit einer gründlichen politischen und weltanschaulichen Bildung einhergeht. Die Ausprägung solcher Haltungen und Fähigkeiten wie Leistungsbereitschaft und Eigenverantwortung, selbständige wissenschaftliche Arbeit, ständiges Weiterlernen, das Erkennen und schöpferische Lösen neuer Probleme, sachkundiger und elanvoller Einsatz für Neuerungen und flexibles Reagieren auf wechselnde Bedingungen erlangten größeres Gewicht, damit sich die Absolventen im gesamten

Berufsleben stets auf der Höhe der Zeit befinden. Der Parteitag gab die grundsätzliche Orientierung für die Gestaltung der Aus- und Weiterbildung der Ingenieure und Ökonomen, für die perspektivische Vervollkommnung des Hoch- und Fachschulwesens und für die Profilierung seiner Einrichtungen.

Der Parteitag forderte, die durch die sozialistische Planwirtschaft garantierte Sicherheit von Lehrstellen, Ausbildungs- und Arbeitsplätzen für alle Jugendlichen mit ihrer immer besseren Vorbereitung auf die künftigen von Wissenschaft und Technik ausgehenden Anforderungen zu verbinden.

Eingehend erörterte der Parteitag die weitreichenden Prozesse der inhaltlichen Ausgestaltung des Bildungswesens der DDR. Als entscheidende Konsequenz aus der weiteren Gestaltung der entwickelten sozialistischen Gesellschaft bezeichnete er, die Anlagen und Fähigkeiten eines jeden Kindes optimal auszubilden, die Jugend auf die Arbeit, auf das Leben in der sozialistischen Gesellschaft umfassend vorzubereiten. Deshalb ginge es auch künftig darum, der Schuljugend ein breites, solides und ausbaufähiges Fundament der Allgemeinbildung zu vermitteln, sie im Geiste der kommunistischen Weltanschauung und Moral zu erziehen, die Grundlagen für die allseitige Entwicklung der Persönlichkeit, für Disponibilität und schöpferische Leistungsfähigkeit zu legen.

Zur Vorbereitung der Schuljugend auf die Meisterung der Anforderungen des wissenschaftlich-technischen Fortschritts war die Profilierung von Inhalt und Niveau der Allgemeinbildung auf der Grundlage der neuen Lehrpläne, -bücher und -materialien fortzusetzen. Sie zielt auf die Beherrschung von grundlegenden Theorien und wissenschaftlichen Denk- und Arbeitsweisen, die Verfügbarkeit grundlegender Kenntnisse über Gesetzmäßigkeiten auf dem Gebiet der Mathematik, Naturwissenschaften und Technik sowie der Gesellschaftswissenschaften, die Vermittlung von Kenntnissen über die Mikroelektronik und die Automatisierung der Produktion, das elementare Verständnis der Informatik und der informationsverarbeitenden Technik, die Fähigkeit zu selbständigem, schöpferischem Lernen und Arbeiten. Damit untrennbar verbunden war, in der Erziehungsarbeit solchen Fragen des Gesamtverhaltens der Jugend wie Hilfsbereitschaft, Kameradschaftlichkeit, Bescheidenheit, Disziplin und Zuverlässigkeit sowie der klassenmäßigen Erziehung, der Ausprägung ihrer Liebe und ihres Stolzes auf ihr sozialistisches Vaterland, der Erziehung zum proletarischen Internationalismus, zur unverbrüchlichen Freundschaft zur Sowjetunion und zur aktiven Solidarität stets größtes Augenmerk zu schenken.

Hauptrichtungen der Entwicklung des sozialistischen Staates

Der XI. Parteitag bekräftigte, daß alle Klassen und Schichten in die weitere Gestaltung der entwickelten sozialistischen Gesellschaft und im Ringen um den wissenschaftlichen Fortschritt ihre unverwechselbaren eigenen Beiträge einbringen und aus ihrem Zusammenwirken jene Triebkräfte erwachsen, die zur Verwirklichung der Parteitagsbeschlüsse erforderlich sind. Er bekundete das Festhalten der SED an dem bewährten Bündnis aller Klassen und Schichten und an der engen, konstruktiven Zusammenarbeit mit den befreundeten Parteien und den Massenorganisationen in den Volksvertretungen, im Demokratischen Block und in der Nationalen Front.

Aus der zunehmenden Verflechtung von inneren und internationalen Entwicklungsfaktoren sowie der engen Verbindung von wissenschaftlich-technischem, ökonomischem und sozialem Fortschritt leitete der Parteitag die Anforderungen an den sozialistischen Staat ab. Zur Hauptrichtung seiner Ausgestaltung bestimmte er die weitere Vervollkommnung und breitere Entfaltung der sozialistischen Demokratie. Immer mehr Bürger sollten durch eine höhere Wirksamkeit der vielen bewährten Formen der sozialistischen Demokratie in die Leitung von Staat, Wirtschaft und der anderen Bereiche nach dem Grundsatz »Arbeite mit, plane mit, regiere mit!« einbezogen werden. Dazu galt es vor allem, die Rechte und die Verantwortung der Gewerkschaften in der sozialistischen Gesellschaft für die Ausarbeitung und Verwirklichung der Staatspolitik wie für die Wahrnehmung der Interessen der Werktätigen zu erweitern.

Den bewaffneten Kräften der DDR wurde der Auftrag erteilt, die sozialistische Ordnung und das friedliche Leben der Bürger gegen jeden Feind zu schützen und in fester Waffenbrüderschaft mit der Sowjetarmee und den anderen Armeen der Staaten des Warschauer Vertrages den kollektiven militärischen Schutz der sozialistischen Länder zu gewährleisten.

Anforderungen an die Partei

Aus der Gesamtheit der Aufgaben bei der weiteren Gestaltung der entwickelten sozialistischen Gesellschaft ergibt sich für die SED auch weiterhin die Aufgabe, das Vertrauensverhältnis zwischen Partei und Volk stets zu hüten und zu festigen. Das verlangt, das einheitliche und geschlossene Handeln der gesamten Partei zu gewährleisten und das innerparteiliche Leben allseitig zu entfalten. Der Parteieinfluß ist in allen Bereichen der Gesellschaft weiter zu erhöhen, besonders in jenen Produktionsabschnitten, wo Schlüsseltechnologien entwickelt und produktiv angewandt werden. Unerläßlich bleibt, bei allen Kommunisten verstärkt die Fähigkeit auszuprägen, die weltanschaulichen und sozialen Wirkungen der revolutionären technologischen Umwälzungen zu überschauen, Aufgeschlossenheit gegenüber diesen Prozessen zu erreichen und zu verbreiten. Nachdrücklich wies der Parteitag darauf hin, daß engagiertes Eintreten für den wissenschaftlich-technischen Fortschritt und für die Durchsetzung der ökonomischen Strategie Ausdruck revolutionären Denkens und Handelns sind. Deshalb gilt es, den Leistungswillen der Werktätigen, ihr Wissen, ihre berufliche Meisterschaft sowie solche Traditionen der Arbeiterklasse und der Intelligenz wie Fleiß, Zuverlässigkeit und Disziplin zu fördern.

Pioniergeist, Forscherdrang, Risiko- und Kooperationsbereitschaft sowie Qualitätsarbeit werden nicht nur von der Intelligenz verlangt, sondern auch von allen anderen Werktätigen. Der XI. Parteitag rief die Jugend auf, sich in Jugendbrigaden, Jugendforscherkollektiven, in den Messen der Meister von morgen, in Jugendobjekten und anderen ökonomischen Initiativen der FDJ als Bahnbrecher des Neuen zu bewähren, durch ihre Taten den Sozialismus zu stärken, seine Errungenschaften und den Frieden zu verteidigen. Unverzichtbar dafür bleibt die Aneignung des Marxismus-Leninismus, der Lehren der Geschichte und der revolutionären Erfahrungen der vorherigen Generationen und das Voranschreiten auf ihrem Weg in die Zukunft mit eigenen Schritten.

II. Das aktive Eintreten der DDR für eine Wende zum Besseren in den internationalen Beziehungen

Festigung der Zusammenarbeit mit allen sozialistischen Staaten

In ihrem außenpolitischen Wirken konzentrierte sich die SED darauf, den Bruderbund der DDR mit der Sowjetunion und den anderen sozialistischen Ländern auszubauen. »Vor allem in der festen Kampfgemeinschaft mit der KPdSU sieht die SED das Unterpfand erfolgreicher Tätigkeit beim sozialistischen Aufbau und im Ringen um den Frieden. Von der effektiven Zusammenarbeit der marxistisch-leninistischen Parteien in den Bruderländern hängt wesentlich ab, wie es gelingt, die Anziehungskraft und den internationalen Einfluß des Sozialismus zu erhöhen, die gesellschaftspolitischen Aufgaben seiner Entwicklung zu bewältigen und zur Sicherung des

Weltfriedens beizutragen.«[7] Größere Möglichkeiten dafür ergeben sich daraus, daß die Parteitage der Bruderparteien Mitte der 80er Jahre Kurs darauf genommen hatten, die dem Sozialismus innewohnenden Potenzen und Vorzüge in neuer Qualität zu entfalten, ihn in der historischen Auseinandersetzung mit dem Imperialismus zu stärken und im friedlichen Wettstreit mit dem kapitalistischen System anziehender und attraktiver zu gestalten. Davon zeugte die Orientierung auf eine dynamische wirtschaftliche und soziale Entwicklung durch den Übergang zur Intensivierung der Produktion, auf die Steigerung der Produktivität, Effektivität und Qualität der gesellschaftlichen Arbeit auf dem Wege der Beschleunigung des wissenschaftlich-technischen Fortschritts und auf die Verwirklichung anspruchsvoller sozialpolitischer Ziele.

»In unserer Zeit geht das Bestreben aller sozialistischen Länder dahin, den Marxismus-Leninismus, die Grundlage ihres Handelns, entsprechend den nationalen Bedingungen noch effektiver anzuwenden. Jede Partei hat die Aufgabe, in voller Verantwortung vor ihrem Volk solche Lösungen für die gesellschaftspolitischen Aufgaben des jeweiligen Landes zu finden, die den konkreten Gegebenheiten und Erfordernissen am besten Rechnung tragen. Das ist auch der wichtigste Beitrag zur internationalen Stärkung des Sozialismus. ...
Schaut man sich in der sozialistischen Welt von heute um, so sind lebendige Entwicklungen im Gange, die Suche nach zeitgemäßen Antworten, um neuen gesellschaftspolitischen Erfordernissen gerecht zu werden. Dabei ist es wichtig, voneinander zu lernen, ohne zu kopieren. Ein Modell zu suchen, lohnt nicht. Niemand ist im Besitz eines Rezepts, das für alle gilt, ein solches Rezept gibt es nicht. Um so bedeutsamer sind der Erfahrungsaustausch, die Zusammenarbeit und die gegenseitige Solidarität.«

Aus einem Artikel Erich Honeckers in der »Prawda« zum 43. Jahrestag des Sieges und der Befreiung. In: Neues Deutschland (B), 9. Mai 1988.

Auf einem Arbeitstreffen im November 1986 in Moskau erörterten die Generalsekretäre und Ersten Sekretäre der Bruderparteien der Mitgliedstaaten des RGW die nächsten Schritte zur effektiveren Gestaltung der Tätigkeit des RGW und zur Verwirklichung des Komplexprogramms der Zusammenarbeit in Wissenschaft, Technik und Produktion vom Dezember 1985. Sie betonten, daß dazu jedes Land entsprechend seinen konkreten Bedingungen einen wachsenden schöpferischen Beitrag leisten muß.

7 Ebenda, S. 90.

Die DDR und die UdSSR vereinbarten 1986 neue Zweigprogramme der wissenschaftlich-technischen Zusammenarbeit zwischen den Ministerien sowie Regierungs- und Ministerabkommen. Auf der Grundlage des Regierungsabkommens vom 4. November 1986 über die direkten wissenschaftlich-technischen und Produktionsbeziehungen zwischen Kombinaten und Produktionsvereinigungen, Betrieben und Organisationen der UdSSR und der DDR wurden seitdem über 120 Vereinbarungen abgeschlossen, die auf den wissenschaftlich-technischen Höchststand bei Technologien und Erzeugnissen sowie auf die Intensivierung der Produktion gerichtet sind. Die DDR erweiterte ihren Beitrag zur Erschließung von Rohstoffen und Energieträgern auf dem Territorium der UdSSR.

Die RGW-Länder verstärkten ihre Anstrengungen, um die Potenzen und Möglichkeiten der sozialistischen ökonomischen Integration wirksamer für die Bewältigung der Herausforderungen der wissenschaftlich-technischen Revolution zu nutzen. In den Vordergrund der Zusammenarbeit rückten sie die Entwicklung und Anwendung von Schlüsseltechnologien und die Sicherung eines hohen wissenschaftlich-technischen Niveaus der Erzeugnisse. Im Oktober 1987 beriet die 43. außerordentliche Tagung des RGW über die Umgestaltung des Mechanismus der Zusammenarbeit und der sozialistischen ökonomischen Integration sowie über die Vervollkommnung der Tätigkeit des RGW.

Die DDR entwickelte auch die Beziehungen und die Zusammenarbeit zu allen anderen sozialistischen Ländern. Entscheidend trugen dazu die offiziellen Freundschaftsbesuche Erich Honeckers im Oktober 1986 in der Koreanischen Demokratischen Volksrepublik, der Volksrepublik China und der Mongolischen Volksrepublik bei. Sein Besuch in der VR China eröffnete eine neue Phase der Freundschaft und Zusammenarbeit beider Parteien, Staaten und Völker. Ihre gegenseitigen Beziehungen erlangten ein Niveau, das den gegenwärtigen Erfordernissen des Zusammenwirkens der kommunistischen und Arbeiterparteien und der sozialistischen Länder im Interesse der Stärkung des Sozialismus und der Sicherung des Friedens entspricht. Das in Peking von beiden Seiten unterzeichnete, für 15 Jahre abgeschlossene Abkommen zur Entwicklung der langfristigen wirtschaftlichen und wissenschaftlich-technischen Zusammenarbeit leistete dazu einen wichtigen Beitrag.

Minderung der internationalen Spannungen

Seit 1986 zeichneten sich günstigere Bedingungen für eine Wende zum Besseren in den internationalen Beziehungen ab. Es entstanden reale Möglichkeiten, konkrete Ergebnissse im Kampf um Abrüstung und Rüstungsbegrenzung zu erreichen. Dazu trugen vor allem das Erstarken, die Lebenskraft und Ausstrahlung der sozialistischen Staaten, der Aufschwung der weltweiten demokratischen Massenbewegungen, die zunehmende Breite und Aktivitäten aller Friedenskräfte bei. Die neue Dimension des imperialistischen Hochrüstungskurses, seine deformierenden Wirkungen auf die Wirtschaft kapitalistischer Länder und die dadurch ausgelösten Differenzierungsprozesse in der Monopolbourgeoisie und zwischen den Hauptzentren des Imperialismus in der Welt ließen auch dort allmählich das Interesse an Rüstungsbegrenzung und -reduzierung zunehmen.

Die internationale Autorität der sozialistischen Gemeinschaft wuchs dank ihrem konsequenten, konstruktiven und flexiblen Eintreten für Entspannung, Abrüstung und friedliche Zusammenarbeit. Mit ihren weitreichenden Friedensinitiativen gelang es der Sowjetunion, der DDR und den anderen Staaten der sozialistischen Gemeinschaft, eine neue weltweite Offensive aller Kräfte der Vernunft, des Realismus und der Verständigung zu entfalten. Sie erschwerte es den aggressivsten imperialistischen Kräften immer mehr, diese konstruktiven Friedensvorschläge zu ignorieren oder zurückzuweisen und ihren menschheitsbedrohenden Hochrüstungs- und Konfrontationskurs uneingeschränkt fortzusetzen.

Im Juni 1986 unterbreiteten die Staaten des Warschauer Vertrages auf ihrer Budapester Tagung konkrete Vorschläge, um alle Komponenten der Landstreitkräfte und der taktischen Fliegerkräfte in Europa drastisch zu verringern. Gleichzeitig sollten auch die nuklearen Rüstungen operativ-taktischer Bestimmung mit einer Reichweite bis 1 000 Kilometer abgebaut werden. Damit verfügten die sozialistischen Staaten über ein komplexes Programm, um jede Waffenart nach dem Prinzip der Gleichheit und der gleichen Sicherheit zu reduzieren und diese Schritte effektiv zu kontrollieren.

Doch waren die Gefahren, die vom Hochrüstungs- und Konfrontationskurs, von den »Sternenkriegs«-Plänen maßgeblicher Kreise der USA und der NATO ausgingen, bei weitem nicht gebannt. Unablässig forcierten die USA den Staatsterrorismus, der sich vor allem in aggressiven Handlungen gegen Libyen, Nikaragua und Afghanistan äußerte. Sie unterstützten die Annexionspolitik Südafrikas und Israels, führten die Kernwaffenversuche ungeachtet des einseitigen sowjetischen Moratoriums fort und gingen Ende 1986 trotz der Einwände zahlreicher NATO-Staaten dazu über, das SALT-II-Abkommen von 1979 offen zu verletzen und den ABM-Vertrag von 1972 in Frage zu stellen.

Am 22. September 1986 wurde die erste Phase der Stockholmer Konferenz der KSZE-Teilnehmerstaaten mit einem Dokument zu vertrauens- und sicherheitsbildenden Maßnahmen abgeschlossen. Auf der Basis eines Interessenausgleiches und von Kompromissen, unter Beachtung der Gleichheit und Gegenseitigkeit kam es zu Vereinbarungen, die die zehn Prinzipien der Schlußakte von Helsinki bekräftigten. Die DDR, die aktiv an deren Zustandekommen mitgewirkt hatte, wertete die Vereinbarung von Stockholm als einen Sieg der Vernunft und des Realismus.

Nur wenige Tage später, während des auf Drängen der UdSSR zustande gekommenen Arbeitstreffens Michail Gorbatschows und Ronald Reagans am 11. und 12. Oktober 1986 in Reykjavík, wurde die ganze Kompliziertheit des Kampfes um Abrüstung besonders deutlich. Unter Berücksichtigung der Sicherheitsinteressen der USA schlug die UdSSR vor, bei Verzicht der USA auf ihre Weltraumrüstungspläne die strategischen Offensivwaffen innerhalb von fünf Jahren um 50 Prozent zu reduzieren, die Mittelstreckenraketen in Europa völlig zu beseitigen und in Asien radikal zu verringern, den ABM-Vertrag für weitere 10 Jahre strikt einzuhalten und Verhandlungen über die vollständige Einstellung aller Nukleartests aufzunehmen. Trotz weitgehender Annäherung der Standpunkte vereitelte schließlich das starre Festhalten der USA-Delegation an den Plänen zur Militarisierung des Kosmos Abrüstungsvereinbarungen zwischen beiden Staaten.

Die Partei- und Staatsführung der DDR schlußfolgerte aus dem Treffen in Reykjavík, daß es trotz der destruktiven Haltung der USA dringender denn je war, im Ringen um Abrüstung nicht nachzulassen, sondern alles zu tun, damit das Weltgewissen die Weltentwicklung bestimmt. Jetzt erst recht gelte es, die Chance zu nutzen, daß die Frage Krieg oder Frieden zugunsten des Friedens entschieden wird. Dazu erwies sich der Dialog als einzig gangbarer Weg.

Einen neuen wichtigen Schritt zu einem wirklichen Durchbruch bei den Abrüstungsverhandlungen stellten die Vorschläge der UdSSR vom 28. Februar 1987 dar, bei den Genfer Verhandlungen das Problem der Raketen mittlerer und kürzerer Reichweite in Europa aus dem Gesamtpaket der Abrüstungsfragen herauszulösen und ein spezielles Abkommen über deren völlige Beseitigung zu vereinbaren. Im Einvernehmen mit der DDR und der ČSSR erklärte sich die Sowjetunion bereit, nach Unterzeichnung

Die Leiter der Delegationen während der Tagung
des Politischen Beratenden Ausschusses
der Teilnehmerstaaten des Warschauer Vertrages in Berlin, 29. Mai 1987

eines solchen Abkommens die operativ-taktischen Raketen, die als Antwort auf die Stationierung der Pershing II und Marschflugkörper in Westeuropa aufgestellt worden waren, vom Territorium beider Staaten abzuziehen. Im April 1987 ergänzte Michail Gorbatschow das sowjetische Angebot vom Februar und schlug vor, Verhandlungen zur Reduzierung und nachfolgenden Liquidierung der in Europa stationierten Raketen mit Reichweiten von 500 bis 1 000 Kilometern zu beginnen.

In einer gemeinsamen Stellungnahme unterstützten die SED und die Regierung der DDR diese Initiative. In persönlichen Botschaften an den Kanzler der BRD, Helmut Kohl, die britische Premierministerin Margaret Thatcher, den belgischen Ministerpräsidenten Wilfried Martens und den niederländischen Ministerpräsidenten Ruud Lubbers setzte sich Erich Honecker dafür ein, alles zu tun, damit diese doppelte Null-Lösung ohne Verzögerung zustande komme. Der Regierung der BRD schlug die DDR im April 1987 vor, Verhandlungen über einen atomwaffenfreien Korridor in Mitteleuropa aufzunehmen.

Am 28. und 29. Mai 1987 tagte in Berlin der Politische Beratende Ausschuß der Teilnehmerstaaten des Warschauer Vertrages. Von historischer Tragweite war die Erklärung dieser Tagung »Über die Militärdoktrin der Teilnehmerstaaten des Warschauer Vertrages«. Dieses Dokument bekräftigte den Verteidigungscharakter des Warschauer Vertrages. Es enthält eine Militärdoktrin, die ausschließlich und ohne jede Einschränkung auf die Sicherung des Friedens gerichtet ist und völlig den Prinzipien der friedlichen Koexistenz, den Sicherheitsinteressen der Völker und Staaten im nuklear-kosmischen Zeitalter entspricht. Den Vorschlag der Staaten des Warschauer Vertrages an die Staaten der NATO, die Militärdoktrin beider Bündnisse offenzulegen, in freimütiger Diskussion zu vergleichen und ihnen ausschließlich Verteidigungscharakter zu verleihen, ließ die NATO unbeantwortet. Sie beharrte auf ihrer Doktrin der »nuklearen Abschreckung« und der »flexiblen Reaktion«, die aufs engste mit der Strategie des »atomaren Erstschlags« verknüpft ist.

Friedensinitiativen der Staaten der sozialistischen Gemeinschaft ab 1986 (Auswahl)

Januar 1986
Umfassendes Abrüstungsprogramm von Michail Gorbatschow zur etappenweisen Reduzierung der nuklearen Rüstungen bis zum Jahr 2000.

Februar 1986
Der XXVII. Parteitag der KPdSU beschließt ein Programm zur Schaffung eines umfassenden Systems der internationalen Sicherheit.

April 1986
Auf dem XI. Parteitag der SED schlägt Michail Gorbatschow die Reduzierung konventioneller Streitkräfte in Europa und den gleichzeitigen Abbau der operativ-taktischen Nuklearwaffen vor.

Juni 1986
Die Tagung des Politischen Beratenden Ausschusses der Staaten des Warschauer Vertrages in Budapest fordert, alle Komponenten der Landstreitkräfte und der taktischen Fliegerkräfte der europäischen Staaten und der in Europa stationierten Kräfte der USA und Kanadas wesentlich zu verringern.

Oktober 1986
Auf dem Gipfeltreffen von UdSSR und USA in Reykjavík schlägt die Sowjetunion vor, die strategischen Kernwaffen um 50 Prozent zu reduzieren und innerhalb von 10 Jahren zu beseitigen, die Mittelstreckenraketen in Europa völlig zu liquidieren und in Asien radikal zu verringern, den ABM-Vertrag für weitere 10 Jahre strikt einzuhalten und Verhandlungen über die vollständige Einstellung aller Nukleartests aufzunehmen.

Februar 1987
Die UdSSR spricht sich für ein Abkommen über die Liquidierung der sowjetischen und amerikanischen Mittelstreckenraketen in Europa und nach seiner Unterzeichnung für den Abzug ihrer operativ-taktischen Raketen aus der DDR und der ČSSR sowie für Verhandlungen über die Reduzierung und vollständige Beseitigung der operativ-taktischen Raketen aus.

April 1987
Michail Gorbatschow schlägt Verhandlungen zur Reduzierung und nachfolgenden Liquidierung der in Europa stationierten Nuklearraketen mit Reichweiten von 500 bis 1 000 Kilometern vor.

Mai 1987
Die Tagung des Politischen Beratenden Ausschusses der Teilnehmerstaaten des Warschauer Vertrages in Berlin verabschiedet das Dokument »Über die Militärdoktrin der Teilnehmerstaaten des Warschauer Vertrages«.

Juli 1987
Die UdSSR erklärt ihre Bereitschaft, auf die Mittelstreckenraketen im asiatischen Landesteil zu verzichten.

Februar 1988
Auf der Grundlage einer Vereinbarung der DDR und der ČSSR mit der UdSSR beginnt der Abzug der auf ihren Territorien stationierten sowjetischen operativ-taktischen Raketen.

Juni 1988
Internationales Treffen für kernwaffenfreie Zonen in Berlin.

Ergebnisorientierter Dialog für die Durchsetzung der Politik der friedlichen Koexistenz

In der Erkenntnis, daß ein starker Sozialismus den Frieden sicherer macht, vollbrachten Millionen Werktätige der DDR tagtäglich bedeutende Leistungen zur Stärkung ihres Landes. Sie suchten nach neuen Möglichkeiten und Wegen, den eigenen Arbeitsplatz noch effektiver als Kampfplatz für den Frieden zu nutzen. Über 3,7 Millionen Werktätige beteiligten sich 1986 an Friedensschichten. Ein am 1. September 1986 an Erich Honecker übergebener Friedensreport zeugte von vielfältigen Aktivitäten der Friedensbewegung der DDR im Internationalen Jahr des Friedens

1986. Sie waren ein beeindruckendes Votum aller Klassen und Schichten für die Friedenspolitik der DDR.

Gemeinsam mit den Bruderstaaten und allen Kräften der Vernunft suchte die DDR unablässig nach Wegen zu Übereinkünften für eine substantielle Verminderung und schließliche Beseitigung der strategischen Rüstungen. Verstärkt setzte sie den Kampf um das Verbot jeglicher Stationierung von Waffen im Weltraum fort. Mit dem Ziel, einen eigenen, schöpferischen Beitrag zur Verwirklichung der Friedens- und Abrüstungsprogramme der sozialistischen Staatengemeinschaft zu leisten, führte die DDR den Dialog mit Politikern aus Staaten mit unterschiedlichen Systemen beharrlich fort.

Nach dem XI. Parteitag traf Erich Honecker mit den höchsten Repräsentanten zahlreicher Staaten, darunter Schwedens, Finnlands, Japans und solcher Mitgliedstaaten der NATO wie Griechenland, Belgien, den Niederlanden und Frankreich, zusammen. Mit Christos Sartzetakis, Präsident der Griechischen Republik, besuchte das erste Staatsoberhaupt eines NATO-Staates die DDR. Die Repräsentanten der DDR und kapitalistischer Staaten erörterten vor allem Fragen einer effektiven Abrüstung, der Vertrauensbildung, der konstruktiven Suche nach neuen Beziehungen in Wirtschaft, Wissenschaft und Kultur. Die DDR war auf der Grundlage der Gleichberechtigung und des gegenseitigen Vorteils bereit, auch nach neuen Feldern und Formen der Zusammenarbeit zu suchen. Dies fand seinen Ausdruck in einer ganzen Reihe von Verträgen, die sie mit anderen europäischen Staaten abschloß.

Vom sozialistischen deutschen Staat, von der Überzeugungskraft seiner von Vernunft und Realismus bestimmten Politik, gingen immer neue positive und stimulierende Wirkungen auf das Ringen aller friedliebenden Menschen für Frieden und Abrüstung aus. Eine wichtige Aufgabe sah die DDR darin, die militärische Konfrontation in Europa abzubauen. Dem diente der Vorschlag der Regierungen der DDR und der ČSSR vom April 1987 an die Regierung der BRD, Verhandlungen über einen atomwaffenfreien Korridor in Mitteleuropa aufzunehmen. Er ging auf eine Initiative von SED und SPD vom Oktober 1986 zurück. Mehr als 20 Vorschläge brachte die DDR, zum Teil als Koautor, auf dem Wiener Folgetreffen der Konferenz von Helsinki ein. Die Wahl Peter Florins zum Präsidenten der 42. UN-Vollversammlung im September 1987 war eine weltweite Anerkennung für die Friedenspolitik der DDR.

Die vielfältigsten Initiativen verschiedenster gesellschaftlicher Kräfte, die sich von unterschiedlichen politischen, religiösen, weltanschaulichen Positionen aus für konstruktive Schritte zur Abwendung der nuklearen Ka-

Solidarische Hilfe für das freie Nikaragua. Im noch provisorisch eingerichteten Krankenhaus »Karl Marx« herrscht täglich großer Andrang, Januar 1986

tastrophe aussprachen, fanden die Unterstützung der DDR. So begrüßte sie den »Appell von Harare« der nichtpaktgebundenen Staaten vom September 1986 ebenso wie die Deklarationen von Mexiko und Stockholm der Repräsentanten der 6-Staaten-Initiative (Griechenland, Argentinien, Tansania, Mexiko, Schweden und Indien). Sie unterstützte das Bemühen einer Reihe lateinamerikanischer Länder in der Contadora-Gruppe zur friedlichen Beilegung der opferreichen Kämpfe, die dem Volk Nikaraguas und seiner rechtmäßig gewählten Regierung von den »Contras« aufgezwungen worden waren, die mit Unterstützung der USA die Errungenschaften der Sandinistischen Revolution beseitigen wollten.

Ihrer besonderen Verantwortung für den Frieden an der Trennlinie der beiden antagonistischen Gesellschaftssysteme und mächtigsten Militärkoalitionen stets bewußt, rückte die DDR die Bewahrung und Festigung des Friedens in das Zentrum der Gestaltung ihrer Beziehungen zur BRD. War es in der ersten Hälfte der achtziger Jahre infolge der vorwärtstreibenden Rolle der BRD bei der Hochrüstung der NATO und ihrer den Realitäten zuwiderlaufenden Politik gegenüber der DDR kaum zu Fortschritten im Dialog beider deutscher Staaten gekommen, so trug die besonnene und berechenbare Politik der DDR wesentlich dazu bei, den Schaden der imperialistischen Konfrontationspolitik in Grenzen zu halten. Auch in der BRD wuchs die Zahl derjenigen, die sich von Vernunft, Realismus und dem Willen nach friedlicher Zusammenarbeit leiten ließen.

Vielfältige Begegnungen von Politikern der DDR mit Vertretern aller im Bonner Bundestag vertretenen Parteien, mit Repräsentanten aus der Wirtschaft und verschiedenen anderen gesellschaftlichen Bereichen der BRD förderten in beiden deutschen Staaten das Verständnis für die gemeinsame Verantwortung und Verpflichtung, daß von deutschem Boden nie wieder Krieg, sondern immer nur Frieden ausgeht.

Am 6. Mai 1986 wurde nach komplizierten Verhandlungen ein Kulturabkommen zwischen der DDR und der BRD unterzeichnet.

Ein weiteres Ergebnis der vielfältigen und nützlichen Kontakte zwischen SED und SPD war das im August 1987 von der Akademie für Gesellschaftswissenschaften beim ZK der SED und der Grundwertekommission der SPD vereinbarte Dokument »Der Streit der Ideologien und die gemeinsame Sicherheit«. In ihm werden gangbare Wege gewiesen, wie das gemeinsame Interesse an der Sicherung des Friedens wahrgenommen werden und die unvermeidliche Auseinandersetzung über die fortbestehenden grundlegenden politischen, ideologischen und weltanschaulichen Gegensätze in einer Weise erfolgen konnte, die dem Zusammenwirken für Sicherheit, Abrüstung und friedliches Miteinander dient und ihm nicht schadet.

Im September 1987 weilte Erich Honecker zu einem offiziellen Besuch in der BRD. In Gesprächen mit Bundeskanzler Helmut Kohl, Bundespräsident Richard von Weizsäcker und anderen Persönlichkeiten aus Politik und Wirtschaft erläuterte er offensiv und überzeugend die Friedens- und Abrüstungspolitik des Sozialismus und das unablässige Bestreben der DDR, die Gefahr eines nuklearen Infernos einzudämmen, den Frieden im Herzen Europas sicherer zu machen und zur Entspannung an der sensiblen Trennlinie zwischen NATO und Warschauer Vertrag beizutragen.

Im gemeinsam vereinbarten Kommuniqué wurde Einvernehmen darüber erzielt, daß die DDR und die BRD angesichts einer sich aus der gemeinsamen Geschichte ergebenden Verantwortung besondere Anstrengungen für das friedliche Zusammenleben in Europa unternehmen müssen. Von deutschem Boden darf nie wieder Krieg, von deutschem Boden muß Frieden ausgehen. Deshalb muß das Verhältnis beider Staaten zueinander ein stabilisierender Faktor für konstruktive Ost-West-Beziehungen bleiben, von dem positive Impulse für friedliche Zusammenarbeit und Dialog in Europa und darüber hinaus ausgehen sollten. Übereinstimmend wurde festgestellt, daß die gegensätzlichen Auffassungen, die sich aus der Zugehörigkeit zu unterschiedlichen Gesellschaftsordnungen und Bündnissen ergeben, kein Hindernis für das Zusammenwirken gegen die Gefahr eines nuklearen Krieges sein dürfen. Beide Seiten bekräftigten den Grundlagenvertrag von 1973 und die Gemeinsame Erklärung vom 12. März 1985, die die Unverletzlichkeit der Grenzen und die Achtung der territorialen Integrität und Souveränität aller Staaten in ihren gegenwärtigen Grenzen als eine grundlegende Bedingung für den Frieden kennzeichneten. Im Kommuniqué wurde festgestellt, daß beide deutsche Staaten die gegenseitige Unabhängigkeit und Selbständigkeit in ihren inneren und äußeren Angelegenheiten respektieren.

Die Unterzeichnung der Abkommen über wissenschaftlich-technische Zusammenarbeit, den Umweltschutz und den Strahlenschutz schaffte Voraussetzungen für das Zusammenwirken beider Staaten auf wichtigen Gebieten. Vereinbart wurden die Intensivierung der wirtschaftlichen Zusammenarbeit einschließlich der Schaffung einer Wirtschaftskommission sowie weitergehende Schritte auch auf anderen Gebieten, wie Verkehr, Energiewirtschaft, Reiseverkehr, Tourismus und humanitäre Fragen. Ungeklärt blieb eine ganze Reihe wichtiger Fragen in den Beziehungen beider Staaten.

Der erste offizielle Besuch des höchsten Repräsentanten der DDR in der BRD bewies die Lebenskraft des Kurses der politischen Vernunft und des Realismus. Er entzog gesamtdeutschen Illusionen trotz mancher Tischreden zum angeblichen Fortbestehen der »Einheit der deutschen Nation« den Boden. Erich Honecker stellte erneut klar: Träumereien am Kamin haben keinen Sinn. Sozialismus und Kapitalismus sind diametral entgegengesetzte Gesellschaftssysteme, die man ebensowenig vereinigen kann wie Feuer und Wasser. Somit wurde allen revanchistischen Bestrebungen, die Existenz des ersten sozialistischen Staates auf deutschem Boden und die Grenzen in Europa in Frage zu stellen, die gebührende Abfuhr erteilt. Durchgesetzt hatte sich die Politik des sachlichen Dialogs und der Zusammenarbeit für die Gesundung der internationalen Lage und der Rückkehr zur Entspannung.

In diese erfolgreiche Dialogpolitik reihten sich auch die Staatsbesuche Erich Honeckers in den Niederlanden, in Belgien und Frankreich ein.

Vom weltweiten Streben nach einer Wende in den internationalen Beziehungen zeugte auch eine internationale Konferenz anläßlich des 70. Jahrestages der Oktoberrevolution im November 1987 in Moskau. Vertreter von 178 kommunistischen und Arbeiterparteien, revolutionär-demokratischen, nationaldemokratischen, sozialistischen und sozialdemokratischen Parteien und nationalen Bewegungen aus 120 Ländern führten einen konstruktiven Dialog über Grundfragen des gemeinsamen Ringens für die Abwendung der Katastrophe eines Nuklearkrieges, für das Überleben der Menschheit und ihre friedliche Zukunft. Erfahrungen der SED und der DDR bei der Entwicklung eines ergebnisorientierten politischen Dialogs und im Ringen um die Schaffung einer Koalition der Vernunft und des Realismus erläuterte Erich Honecker.

Ein historischer Schritt zur Abrüstung

Ende 1987 gestalteten sich die Bedingungen für den Kampf um den Frieden günstiger. Der von den aggressivsten Kreisen des Imperialismus verfochtene Hochrüstungs- und Konfrontationskurs zeitigte nicht das erhoffte Ergebnis, die Vorherrschaft der USA in der westlichen Welt zu stärken. Vielmehr schwächten hohe Staatsverschuldung, der Verfall des US-Dollars als kapitalistische Leitwährung, das Anwachsen der Widersprüche und des Konkurrenzkampfes zwischen den imperialistischen Machtzentren sowie zunehmende politische Differenzen mit ihren Verbündeten die Positionen der USA. Das ging mit Sozialabbau, der massenhaften Vernichtung von Arbeitsplätzen und der Zuspitzung anderer Krisenprozesse in der Welt des Kapitals einher. Die militärische Überlegenheit konnte trotz der von der USA-Administration ständig gesteigerten Aufrüstung nicht erreicht werden. Der »Kreuzzug gegen den Kommunismus« scheiterte am konsequenten Wirken der Sowjetunion, der DDR und der anderen sozialistischen Länder für die Lebensinteressen der Menschheit, das weltweit immer größere Beachtung und Anerkennung fand. Die Friedensbewegung auf allen Kontinenten wuchs an.

Vom 7. bis 10. Dezember 1987 fand in Washington das dritte sowjetisch-amerikanische Gipfeltreffen statt. Fast zwei Jahre, nachdem die Sowjetunion am 15. Januar 1986 das Programm zur Befreiung der Welt von Kernwaffen verkündet hatte, wurde der erste konkrete Schritt dahin getan. Am 8. Dezember 1987 unterzeichneten die UdSSR und die USA einen Vertrag über die Liquidierung ihrer landgestützten Nuklearraketen mittlerer und kürzerer Reichweite. Zum ersten Mal wurde die Beseitigung einer ganzen Kategorie atomarer Waffen vereinbart. Der Vertrag markierte den Einstieg in die nukleare Abrüstung. Gleichzeitig wurde eine prinzipielle Übereinkunft über die 50prozentige Reduzierung der strategischen Offensivwaffen der UdSSR und der USA unter der Voraussetzung erzielt, daß der ABM-Vertrag eingehalten und ein Wettrüsten im Weltraum verhindert wird.

Die DDR gehört zu den 9 Staaten, aus denen laut Abkommen Atomwaffen entfernt werden sollten. Sie bekräftigte deshalb ihr Einverständnis mit der Durchführung von Inspektionen auf ihrem Territorium im Zusammenhang mit der Verwirklichung des Vertrages.

Am 16. Dezember 1987 wandte sich Erich Honecker an Bundeskanzler Helmut Kohl mit der Aufforderung, alles für den schnellstmöglichen Abzug der entsprechenden Raketensysteme zu tun. Vom Territorium der DDR wurden im Februar/März 1988, viel früher als vereinbart, die sowjetischen Mittelstreckenraketen kürzerer Reichweite abgezogen. Diese Initiative war ein neuerlicher Beweis für den aktiven und konstruktiven Beitrag der UdSSR und der DDR zum Zustandekommen des Mittelstreckenraketenvertrages und zu seiner Verwirklichung.

Aggressivste Kräfte des Imperialismus widersetzten sich mit allen Mitteln der Abrüstung. Um ihr Konzept der »nuklearen Abschreckung« und des »atomaren Erstschlags« auch künftig verwirklichen zu können, planten sie, die zu vernichtenden Mittelstreckenraketen durch die Modernisierung von nuklearen Kurzstreckenraketen und konventionellen Waffen zu ersetzen. Während die Weltöffentlichkeit ein Verbot der chemischen Waffen forderte, begannen die USA die Produktion von Binärwaffen. Die Gegner des Rüstungsabbaus und der Entspannung strapazierten zur Rechtfertigung dieser Pläne erneut die abgedroschene Lüge von der »Bedrohung aus dem Osten«, fachten die Kampagne über die angebliche Verletzung der Menschenrechte im Sozialismus wieder an und versuchten damit, in die sozialistischen Länder ideologisch einzudringen und antisozialistische Gruppen zu unterstützen.

Diesen Bestrebungen der Abrüstungsgegner entgegenwirkend, tritt die DDR aktiv dafür ein, dem ersten Abrüstungsschritt weitere folgen zu lassen und die nukleare Abrüstung in Europa ohne Verzug auf andere Bereiche auszudehnen.

III. Je stärker der Sozialismus, um so sicherer der Frieden

Durch beschleunigte Entwicklung und Anwendung von Schlüsseltechnologien zu höheren ökonomischen und sozialen Ergebnissen

Auf dem XI. Parteitag der SED hatten die Kollektive des Kombinats VEB Carl Zeiss Jena die Verpflichtung abgegeben, gemeinsam mit Betrieben und wissenschaftlichen Einrichtungen der UdSSR alle Voraussetzungen für die Produktion des 1-Megabit-Speichers zu schaffen sowie Ausrüstungen für die Herstellung von 4-Megabit-Speichern vorzubereiten. Damit stellten sie sich das Ziel, innerhalb weniger Jahre auf einem entscheidenden Feld der Mikroelektronik internationale Spitzenpositionen zu erreichen. Darüber hinaus war die Meisterung dieser Aufgabe eine wichtige Grundlage, um die Leistungsfähigkeit der gesamten Volkswirtschaft der DDR zu steigern.

Dem Aufruf der Zeiss-Werker »Hohe Leistungen zum Wohle des Volkes und für den Frieden – Alles für die Verwirklichung der Beschlüsse des XI. Parteitages der SED« schlossen sich Betriebskollektive aus allen Bereichen der Volkswirtschaft an. Auch sie nahmen sich vor, mittels Schlüsseltechnologien die Intensivierung der Volkswirtschaft zu vertiefen, die Arbeitsproduktivität beträchtlich zu steigern und zugleich die Arbeits- und Lebensbedingungen zu verbessern.

Angespornt zu diesen anspruchsvollen Wettbewerbsvorhaben wurden die Werktätigen auch durch den gemeinsamen Beschluß des Zentralkomitees der SED, des Bundesvorstandes des FDGB und des Ministerrates der DDR vom 22. April 1986, der weitere Verbesserungen der Arbeits- und Lebensbedingungen der Familien mit Kindern sowie in der Förderung junger Ehen vorsah. So konnten ab 1. Mai 1986 werktätige Mütter bereits nach der Geburt des ersten Kindes über den Schwangeren- und Wochenurlaub hinaus eine bezahlte Freistellung von der Arbeit bis zur Vollendung des 1. Lebensjahres in Anspruch nehmen. Weitere Maßnahmen galten den Familien mit schwerstgeschädigten Kindern, der Erhöhung der Kredite für junge Eheleute und des Kindergeldes.

Mit ihren wissenschaftlich-technischen Kapazitäten erbrachten eine Reihe von Kombinaten zunehmend Spitzenleistungen von internationalem Rang. Dafür wurden die zweigspezifische Grundlagenforschung und die kooperativen Beziehungen mit Einrichtungen der wissenschaftlichen Akademien und des Hochschulwesens ausgebaut, Kapazitäten für die umfassende Anwendung der Mikroelektronik und der modernen Informationstechnik geschaffen und der Zyklus Forschung–Entwicklung–Produktion–Absatz verkürzt. Viele Kombinate entwickelten den eigenen Rationalisierungsmittelbau, um damit den Hauptteil der Modernisierung der Grundmittel und die Einführung neuer Erzeugnisse zu gewährleisten.

Die SED sorgte dafür, daß die Erfahrungen der leistungsfähigsten Kombinate, komplizierte technische, ökonomische und soziale Prozesse der Großindustrie unter den Bedingungen der umfassenden Intensivierung zu meistern, gründlich ausgewertet wurden.

Vom Politbüro des Zentralkomitees der SED wurden 1986 Maßnahmen zur weiteren Vervollkommnung der Leitung, Planung und wirtschaftlichen Rechnungsführung eingeleitet. Sie zielten insbesondere darauf, das Prinzip der Eigenerwirtschaftung der Mittel in den Kombinaten wirksamer zur Geltung zu bringen. Gleichzeitig wurde begonnen, die computergestützte Bilanzierung durchgehend von der Staatlichen Plankommission über die Ministerien bis zu den Kombinaten einzuführen. Damit entstanden Voraussetzungen, um auf Veränderungen im Bedarf der Bevölkerung, in der materiell-technischen Sicherung der Produktion sowie auf den Außenmärkten flexibler reagieren zu können.

Zunehmenden Anteil daran, die Ergebnisse von Wissenschaft und Technik möglichst rasch für die Volkswirtschaft wirksam zu machen, hatten die Akademien, die Universitäten und Hochschulen. Gefördert von den Parteileitungen, waren die Mitarbeiter dieser Einrichtungen bestrebt, die Beziehungen zu den Kombinaten im Interesse der raschen Überführung ihrer Forschungsergebnisse in die Praxis noch enger und verbindlicher zu gestalten. Bis Ende 1987 waren zwischen den Einrichtungen der Akademien, der Universitäten und Hochschulen und den Kombinaten der Industrie und des Bauwesens 276 Koordinierungsverträge und 2 860 Leistungsverträge abgeschlossen worden. Doch zeigte sich auch, daß in einer Reihe von Verträgen konsequenter vom internationalen Höchststand ausgegangen und die gemeinsame prognostische Arbeit verstärkt werden mußte.

Von zweckmäßiger Profilierung und effektiver Leitung wissenschaftlich-technischer Potentiale in den Kombinaten und zugleich vom engen Zusammenwirken von Kombinaten und Akademie- und Hochschuleinrichtungen zeugten solche Leistungen der Werktätigen wie die Produktion von 10 000 zusätzlichen Personalcomputern im VEB Robotron Büromaschinenwerk »Ernst Thälmann« Sömmerda bis Mitte Dezember 1986, die Herstellung von 10 000 Arbeitsplatzcomputern mit 16-Bit-Verarbeitungsbreite zusätzlich zum Plan 1987 im Stammbetrieb des Robotron-Kombinats Dresden und die Entwicklung von 256-Kilobit-Speicherschaltkreisen im Kombinat VEB Carl Zeiss Jena und ihre Herstellung seit Anfang Oktober 1987, womit erneut ein imperialistisches Embargo durchbrochen wurde.

Auch in der Landwirtschaft rangen die Genossenschaftsbauern und Arbeiter darum, Schlüsseltechnologien beschleunigt einzuführen. Schwerpunkte bei der Anwendung der Mikroelektronik waren vor allem die rechnergestützte Boden- und Bestandsführung im Pflanzenbau, die Produktionskontrolle und -steuerung in der Viehwirtschaft und der Aufbau von CAD/CAM-Arbeitsstationen in der Futterwirtschaft, der Instandhaltung und der Nahrungsgüterindustrie. Einige LPG und VEG begannen zu erproben, wie mit Schlüsseltechnologien das Wachstum von Produktion und Effektivität in der Landwirtschaft beschleunigt werden konnte. Dabei wurden jedoch bei weitem noch nicht alle Möglichkeiten genutzt.

Im Wettbewerb entstanden neue Initiativen, um die durch ungewöhnlich lange Schneefälle und strenge Fröste Anfang 1987 eingetretenen Produktionsausfälle aufzuholen. Viele Kombinate, Betriebe und Einrichtungen folgten dem Beispiel der Werktätigen des Kombinats Carl Zeiss Jena, unter der Losung »Volle Produktion mit weniger Energie« Einsparungen in bedeutenden Größenordnungen zu erzielen und dafür besonders wissenschaftlich-technische Neuerungen zu nutzen.

In der Industrie, der Landwirtschaft, im Bau- und Verkehrswesen sowie den anderen wirtschaftlichen Bereichen wurden in der Intensivierung weitere Fortschritte erzielt. Zugleich traten hierbei einige komplizierte Probleme zutage, die verdeutlichten, daß unvermindert große Anstrengungen notwendig sind, um den Prozeß der Intensivierung in allen Bereichen der Volkswirtschaft umfassend und auf Dauer durchzusetzen. Das produzierte Nationaleinkommen, zu dem die Industrie mit 80 Prozent den größten Beitrag leistete, war 1987 auf mehr als 261 Milliarden Mark gestiegen. Seit 1986 beruhte der gesamte Leistungsanstieg vollständig auf der Steigerung der Arbeitsproduktivität. 1987 wurden bereits zum vierten Mal in Folge über 11 Millionen Tonnen Getreide geerntet. Dank dieser schnellen Entwicklung der Getreideproduktion waren seit 1986 keine Importe an Futtergetreide mehr notwendig. 214 186 neugebaute oder modernisierte Wohnungen konnten an die Bevölkerung übergeben werden.

In immer stärkerem Maße wurde die wirtschaftliche Entwicklung der DDR von der Produktion und Anwendung der Schlüsseltechnologien getragen.

Schlüsseltechnologien sichern kräftiges Wirtschaftswachstum

CAD/CAM-Arbeitsstationen und -Systeme

1986	1987	1990 (Plan)
24 700	43 700	85 000–90 000

Industrieroboter

1986	1987	1990 (Plan)
67 909	78 800	über 130 000

Eindringlich wies das Zentralkomitee der SED darauf hin, daß es sich hier um einen längeren Prozeß handelt, für den solide Ausgangspositionen geschaffen worden waren. Im Zusammenhang mit den nicht in allen Bereichen der Volkswirtschaft völlig realisierten Planaufgaben forderte die Partei Ende 1987 die Leiter und alle Werktätigen auf, die Produktionsbedingungen genau zu analysieren und weitere Leistungsreserven aufzudecken. Noch größeres Augenmerk mußte dabei der ökonomischen Verwertung von Wissenschaft und Technik gewidmet werden. Konzentrierter und effektiver galt es, die Investitionen zu realisieren und alle Vorhaben zu den geplanten Terminen in Betrieb zu nehmen. Energischere Anstrengungen waren im Bauwesen erforderlich, um die Wohnungsfrage als soziales Problem bis zum Jahr 1990 erfolgreich zu lösen. In einem ausgewogenen Verhältnis sollten die Geldeinnahmen der Bevölkerung und das Warenangebot wachsen. Notwendig war, die wissenschaftlich-technischen Fortschritte in allen Industriezweigen in stärkerem Maße in neuen, hochwertigen, gut gestalteten und in größeren Mengen an Konsumgütern sichtbar zu machen.

Für die komplexe Entwicklung aller gesellschaftlichen Bereiche

In ihrer Gesellschaftsstrategie ließ sich die SED davon leiten, daß ökonomisches Wachstum wie jeder Fortschritt auf allen anderen Gebieten immer stärker von den Wechselbeziehungen der verschiedenen gesellschaftlichen Bereiche beeinflußt wird. So mußten bei der Ausgestaltung des einheitlichen sozialistischen Bildungswesens die Erziehungsziele und Ausbildungsinhalte aus den bereits überschaubaren Erfordernissen der gesellschaftlichen Entwicklung um die Jahrtausendwende abgeleitet und dabei zugleich die Ansprüche und wachsenden Möglichkeiten der Volkswirtschaft der DDR berücksichtigt werden. Aus dieser Sicht setzten Schulpolitiker, Wissenschaftler und Pädagogen, wie der XI. Parteitag beschlossen hatte, die Ausarbeitung und Einführung neuer Lehrpläne, -bücher und -materialien in die Schulpraxis fort. Bis 1990 soll das gesamte Lehrplanwerk für die zehnklassige allgemeinbildende polytechnische Oberschule erneuert sein.

Den zunehmenden Anforderungen an die Berufsausbildung, die sich insbesondere aus der Anwendung der Schlüsseltechnologien ergaben, trugen die neuen Ausbildungsunterlagen für 78 Berufe Rechnung. Ab September 1986 wirksam, wurden nach ihnen 1987 bereits 80 Prozent aller Lehrlinge ausgebildet. Zugleich erhielten sie im neuen Fach »Grundlagen der Automatisierung« Unterricht. In 150 Berufsschulen wurde ein Informatik-Grundkurs erprobt. Betriebsakademien, Betriebsschulen, Industriezweig- und Kombinatsakademien, die Kammer der Technik und andere Einrichtungen der Erwachsenenqualifizierung setzten die Weiterbildung der Werktätigen auf der Grundlage der neuen Ausbildungsunterlagen fort.

Ende 1987 faßte der Ministerrat der DDR einen Beschluß zur weiteren Vervollkommnung der beruflichen Weiterbildung der Facharbeiter und Meister. Alle Ministerien, Kombinate und Betriebe begannen, für die obligatorische Weiterbildung verbindliche Ordnungen und Bildungskonzeptionen zu erarbeiten. Sie beinhalteten, für welche Technologien und Arbeitsplätze in welchem Zyklus Wissen aktualisiert, Verhaltensweisen trainiert und wie die Werktätigen zu höherer Sicherheit im Produktionsprozeß und zur Vermeidung von Störungen und Havarien befähigt werden.

An den Hoch- und Fachschulen wurde in allen naturwissenschaftlichen, technischen, technologischen und ökonomischen Lehrgebieten eine Grundlagenausbildung in Informatik eingeführt. Zugleich waren die Hochschullehrer bemüht, den Marxismus-Leninismus auf hohem theoretischem Niveau in enger Verbindung mit neuen naturwissenschaftlich-technischen Erkenntnissen und dem praktischen Leben zu vermitteln.

Die SED, die FDJ, die Gewerkschaften und die zuständigen Staatsorgane setzten sich dafür ein, daß mehr Bewerber für technische Richtungen gewonnen, eine größere Anzahl junger Facharbeiter zum Studium delegiert sowie der qualifikationsgerechte Einsatz der Absolventen gesichert wurden.

Partei- und Staatsorgane verstärkten entsprechend dem Gesetz über die örtlichen Volksvertretungen vom Juli 1985 ihre Anstrengungen, um die Gemeinschaftsarbeit der Betriebe und Einrichtungen in den Territorien zunehmend auf die Lösung der Probleme zu lenken, die für die Durchsetzung der Intensivierung in den Betrieben und Genossenschaften der Kreise, Städte und Dörfer ausschlaggebend sind. Dabei geht es um die Anwendung der Schlüsseltechnologien, die Energieökonomie, die effektive Nutzung des gesellschaftlichen Arbeitsvermögens im engen Zusammenhang mit der Verbesserung der Arbeits- und Lebensbedingungen. Neue Formen der territorialen Gemeinschaftsarbeit, so die »Interessengemeinschaft zur territorialen Rationalisierung, Förderung der Leistungsentwicklung und Verbesserung der Arbeits- und Lebensbedingungen der Stadt Jena«, der im Juni 1986 berufene Koordinierungsrat »Mansfelder Land« und die Wissenschafts-Produktionsgemeinschaft Haldensleben, entwickelten sich.

Die Bereitschaft der Werktätigen, an der Einführung von Schlüsseltechnologien und an der Bewältigung der damit verbundenen, oft tiefgreifenden Veränderungen der Arbeitsbedingungen und -inhalte mitzuwirken, hing vielfach von ihrer direkten Einbeziehung in die Vorbereitung und

Realisierung solcher Vorhaben ab. Partei-, Gewerkschafts- und FDJ-Leitungen legten gemeinsam mit staatlichen Leitern fest, wie alle damit zusammenhängenden Probleme rechtzeitig und gründlich mit den Werktätigen zu beraten waren. Dazu gehörten Fragen des Übergangs zur Schichtarbeit, der Aus- und Weiterbildung, des Abbaus von Arbeitserschwernissen ebenso wie der Entlohnung, der notwendigen Veränderungen im Berufsverkehr und in Handels-, Dienstleistungs- und Gesundheitseinrichtungen. Die rechtzeitige Klärung all dieser Probleme förderte maßgeblich die Einsicht und Bereitschaft, diesen Wandel in der Produktion aktiv mitzugestalten. Das wiederum entschied über die ökonomischen Ergebnisse und die sozialen Wirkungen des breiten Einsatzes von Schlüsseltechnologien.

Partei- und Gewerkschaftsorganisationen nahmen Einfluß darauf, daß Neuerer und Rationalisatoren enger mit den Bereichen der Forschung und Entwicklung zusammenwirkten und sich stärker grundlegenden technologischen Neuerungen zuwandten. Sie traten entschieden Auffassungen entgegen, wonach mit der Inbetriebnahme automatisierter Fertigungslinien die Möglichkeiten der Neuerertätigkeit eingeengt würden. Mehr als zwei Millionen Werktätige beteiligten sich 1987 an der Neuererarbeit. Der Jahresnutzen überstieg 6,2 Milliarden Mark. Nach wie vor nutzten jedoch Kombinate und Betriebe die Neuererbewegung unzureichend für die sozialistische Rationalisierung.

Vertrauensvolles Zusammenwirken aller gesellschaftlichen Kräfte

Im bewährten Bündnis mit der SED rückten die DBD, die CDU, die LDPD und die NDPD – ihren spezifischen Möglichkeiten entsprechend – Fragen der wissenschaftlich-technischen Revolution und der Entwicklung und Anwendung von Schlüsseltechnologien in Industrie und Landwirtschaft stärker in das Blickfeld ihrer Tätigkeit. Gleichzeitig verstärkten Mitglieder dieser Parteien ihre traditionellen Initiativen zur Steigerung der Reparatur-, Dienst- und Versorgungsleistungen in Stadt und Land und regten zahlreiche auch nicht ihren Parteien angehörende private Handwerker und Geschäftsleute dazu an. Aktiv nahmen sie an der Ausarbeitung und Verwirklichung von Stadt- und Ortsgestaltungskonzeptionen teil.

Viele Kommunisten, Angehörige befreundeter Parteien und parteilose Bürger arbeiten ehrenamtlich in den Ausschüssen der Nationalen Front der DDR, ihren zahlreichen Arbeitsgruppen, Kommissionen und Aktivs sowie in den Haus- und Straßengemeinschaften eng zusammen. Als Vertrauensleute der Bürger fördern sie gemeinsam das kameradschaftliche

Im vertrauensvollen Dialog für die gemeinsame Sache.
Erich Honecker mit den Vorsitzenden der befreundeten Parteien und dem Präsidenten des Nationalrates der Nationalen Front, 17. Dezember 1987

Miteinander in den Wohngebieten und Dörfern, sind sie Gesprächspartner für Handwerker und Gewerbetreibende, für kirchliche Amtsträger und christliche Kreise. Immer mehr Bürger aller Klassen und Schichten mobilisieren sie für die »Mach mit!«-Bewegung, um Wohnungen und Gemeinschaftseinrichtungen in Städten und Dörfern instand zu setzen, zu modernisieren oder zu rekonstruieren.

In fast allen Dörfern der DDR wirken seit Mitte der achtziger Jahre Ortsorganisationen der VdgB. Zusammen mit anderen gesellschaftlichen Kräften entfalten sie eine interessante politisch-ideologische Arbeit, entwikkeln vielfältige Initiativen im Wettbewerb zur Erfüllung und Überbietung des Volkswirtschaftsplanes in der Landwirtschaft und tragen dazu bei, die Dörfer als Heimstatt der Genossenschaftsbauern weiter auszugestalten.

Darin bestätigt sich, daß die Verantwortung der Genossenschaftsbauern, der Intelligenz, der Handwerker und Gewerbetreibenden weiter wachsen wird, daß sie im Sozialismus eine sichere Perspektive haben.

Unter bewährter Führung der marxistisch-leninistischen Partei in eine sichere, friedliche Zukunft

Ausgehend von den Beschlüssen des VIII. Parteitages der SED im Jahre 1971 und den im Programm der SED 1976 beschlossenen Zielen der Gestaltung der entwickelten sozialistischen Gesellschaft, verwirklicht die SED seit mehr als anderthalb Jahrzehnten erfolgreich den Kurs der Einheit von Wirtschafts- und Sozialpolitik. Die beträchtlich gewachsene Leistungskraft der Volkswirtschaft der DDR wurde genutzt, um den Frieden zu stärken und das materielle und kulturelle Lebensniveau des Volkes zu sichern und planmäßig zu erhöhen. »Das Unterpfand der bisherigen wie der künftigen Erfolge ist die zielklare, eng mit den Massen verbundene und von ihrem Vertrauen getragene Führung durch die Partei, eine sich täglich bewährende politisch-ideologische und organisatorische Tätigkeit ...«[8] Sie sind das Resultat der schöpferischen theoretischen und praktischen Tätigkeit der SED, auf der Grundlage des Marxismus-Leninismus jeden Schritt beim Aufbau des Sozialismus, der einen Schritt in eine neue Welt bedeutet, mit der Suche nach den brauchbarsten Lösungen entsprechend den konkreten nationalen und historischen Bedingungen des Landes zu verbinden. Auch künftig wird die gesamte Tätigkeit der Partei davon bestimmt, »rechtzeitig die Wege und Ziele für die Gestaltung der entwickelten sozialistischen Gesellschaft vorzuzeichnen, die Menschen dafür zu gewinnen und gemeinsam mit ihnen das Beschlossene in die Tat umzusetzen«[9]. Sie leistet damit ihren Beitrag zum Erstarken des Weltsozialismus und zur Sicherung des Friedens.

Die SED konnte ihre führende Rolle erfolgreich realisieren, weil sie in ihren Reihen den bewußtesten und fortgeschrittensten Teil der Arbeiterklasse und des ganzen Volkes vereint. Von den 2 328 331 Mitgliedern und Kandidaten der Partei sind 58,1 Prozent ihrer sozialen Herkunft nach Arbeiter, 4,9 Prozent sind Genossenschaftsbauern und 22,3 Prozent Angehörige der Intelligenz.

Als Partei der revolutionären Aktion ist die SED ein lebendiger Organismus, der mit neuen Aufgaben wächst. Auf der Grundlage des demokratischen Zentralismus sichert die Partei das einheitliche Handeln vom Zentralkomitee bis zu den 59 531 Grundorganisationen. Ihre Führungstätigkeit

8 Erich Honecker: Mit dem Volk und für das Volk realisieren wir die Generallinie unserer Partei zum Wohle der Menschen. Aus dem Referat auf der Beratung des Sekretariats des Zentralkomitees der SED mit den 1. Sekretären der Kreisleitungen am 12. Februar 1988, Berlin 1988, S. 6.

9 Ebenda, S. 98.

ist darauf gerichtet, alle Werktätigen in die Lösung der gesellschaftlichen Aufgaben einzubeziehen und optimale Ergebnisse zu erzielen.

Das Herzstück der Parteiarbeit ist und bleibt die ideologische Arbeit. Das verlangt von jedem Kommunisten, die Politik der Partei mit ihren guten Ergebnissen und Argumenten überzeugend und streitbar zu vertreten und in Wort und Tat Vorbild bei der Durchsetzung der Generallinie zu sein, den Stolz auf das Erreichte, das Vertrauen in die Kraft der Partei und des Volkes sowie in die Leistungsfähigkeit des eigenen Kollektivs für die Lösung künftiger Aufgaben zu stärken. »Es gehört zur Verantwortung ... jedes Mitglieds unserer Partei, den Werktätigen stets ein realistisches und ungeschminktes Bild vom Stand der Dinge zu vermitteln. Dabei muß öffentliche Anerkennung erfahren, was gelobt zu werden verdient, und es werden kritische Worte fallen, wo Kritik am Platze ist. Das gehört zu einer gesunden Atmosphäre, wie unsere Partei sie fördert. Die nüchterne Analyse der Lage und das Wissen um die eigene Verantwortung bilden den Boden, auf dem sich die Initiative der Menschen und ihr Wettbewerbsgeist am besten entwickeln.«[10]

Getreu dem bewährten Grundsatz »Wo ein Genosse ist, da ist die Partei!« handelt ein Kommunist in dem Bewußtsein, daß die Wahrhaftigkeit der Politik der Partei nicht zuletzt an der persönlichen Haltung und Leistung jedes Parteimitglieds gemessen wird. Kommunisten helfen den Werktätigen, solche Eigenschaften wie Klassenbewußtsein, Beharrlichkeit, Kämpfertum, Ideenreichtum, Optimismus und Mut im Ringen um die Verwirklichung der Parteibeschlüsse noch stärker auszuprägen. Als Vertrauensmann des Volkes zu handeln bedeutet, ein offenes Ohr zu haben für die Meinungen, Stimmungen und Anliegen der Werktätigen, wachsam zu sein, damit sozialismusfremden Einflüssen keinerlei Spielraum bleibt. So trägt jeder Kommunist wirksam dazu bei, neue Mitstreiter zu gewinnen und die Politik der SED zum Wohle des Volkes mit dem Volk zu verwirklichen.

Die Geschichte der Entstehung und Entwicklung unseres sozialistischen Vaterlandes erweist sich als ein großer Lehrmeister. »Unsere Partei und unser Volk stehen in einer langen revolutionären und humanistischen Tradition jahrhundertelanger Kämpfe für den gesellschaftlichen Fortschritt, für Freiheit, für die Rechte und die Würde des Menschen. Wir sind fest in

10 5. Tagung des Zentralkomitees der SED, 16. Dezember 1987. Alles zum Wohle des Volkes der Deutschen Demokratischen Republik, für seine friedliche Zukunft. Aus dem Schlußwort des Genossen Erich Honecker, Berlin 1987, S. 105/106.

der Geschichte verwurzelt.«[11] Wenn die SED heute – mit dem Blick auf den 70. Jahrestag der Gründung der KPD und auf den 40. Jahrestag der Entstehung der DDR – unseren geschichtlichen Weg erneut nach den Erfahrungen für das Heute und Morgen befragt, so stellt sie sich auch damit den Herausforderungen und geistigen Bedürfnissen unserer Zeit. »Unter Führung der Sozialistischen Einheitspartei Deutschlands hat unser Volk einen an Kämpfen und Arbeit, an Erfolgen und Erfahrungen reichen Zeitabschnitt bewältigt. Auf deutschem Boden ist ein aufblühender sozialistischer Staat entstanden, der eine reale Alternative zur kapitalistischen Ausbeuterordnung darstellt.«[12] Darauf sind wir zu Recht stolz. Diesen Stolz, der auf dem Wissen über unseren komplizierten, doch erfolgreichen Weg beruht, gilt es zu bewahren und weiterzutragen. Das betrachten wir als eine ständige Aufgabe der ideologischen Arbeit.

Literatur

- W. I. Lenin: Rede auf dem I. Gesamtrussischen Kongreß der Volkswirtschaftsräte, 26. Mai 1918. In: Marx/Engels/Lenin: Über den sozialistischen Aufbau, Berlin 1985, S. 235–237, oder in: Marx/Engels/Lenin: Über den Sozialismus, Berlin 1987, S. 266/267, oder in: Lenin: Ausgewählte Werke in drei Bänden, Bd. II, S. 826–828, oder in: Ausgewählte Werke in sechs Bänden, Bd. IV, S. 440–442, oder in: Werke, Bd. 27, S. 408/409.
- W. I. Lenin: Entwurf eines Beschlusses des ZK der KPR(B) über die Aufgaben der sowjetischen Delegation in Genua. In: Marx/Engels/Lenin: Über den Kampf um Frieden und sozialen Fortschritt, Berlin 1987, S. 315/316, oder in: Lenin: Werke, Ergänzungsband, Oktober 1917–März 1923, S. 422/423.
- XI. Parteitag der SED, Berlin, 17. bis 21. April 1986. Bericht des Zentralkomitees der Sozialistischen Einheitspartei Deutschlands an den XI. Parteitag der SED. Berichterstatter: Genosse Erich Honecker, Berlin 1987, S. 5–20, 26–48, oder in: Protokoll der Verhandlungen des XI. Parteitages der Sozialistischen Einheitspartei Deutschlands im Palast der Republik in Berlin, 17. bis 21. April 1986, Berlin 1986, S. 31–43, 48–67, oder in: Erich Honecker: Reden und Aufsätze, Bd. 11, Berlin 1987,

11 Erich Honecker: Mit dem Volk und für das Volk realisieren wir die Generallinie unserer Partei zum Wohle der Menschen, S. 100/101.
12 Ebenda, S. 101.

S. 328–341, 345–364, oder in: Dokumente zur Geschichte der SED, Bd. 3, 1971 bis 1986, Berlin 1988, S. 399–416, 422–447.

- Erich Honecker: Mit dem Volk und für das Volk realisieren wir die Generallinie unserer Partei zum Wohle der Menschen. Aus dem Referat auf der Beratung des Sekretariats des Zentralkomitees der SED mit den 1. Sekretären der Kreisleitungen am 12. Februar 1988, Berlin 1988, S. 6–30, 92–96.
- 70 Jahre Kampf für Sozialismus und Frieden, für das Wohl des Volkes. Thesen des Zentralkomitees der SED zum 70. Jahrestag der Gründung der Kommunistischen Partei Deutschlands, V., Thesen 34, 36, Berlin 1988, S. 85–86, 88–92.

Hinweise für den Propagandisten

Zielstellung

Studium und Diskussion sollen

- die Kenntnisse der Seminarteilnehmer über die Aufgaben bei der Realisierung des vom XI. Parteitag eingeleiteten qualitativ neuen Abschnitts der weiteren Gestaltung der entwickelten sozialistischen Gesellschaft in der DDR festigen,
- ihre Bereitschaft fördern, an der Bewältigung der Anforderungen der umfassenden Intensivierung, insbesondere an der beschleunigten Entwicklung und Anwendung der Schlüsseltechnologien mitzuwirken,
- das Wissen über die Aktivitäten der SED und der DDR für die Gesundung der internationalen Beziehungen seit dem XI. Parteitag erweitern,
- die Erkenntnis erhärten, daß die sozialistische Staatengemeinschaft der entscheidende Faktor bei der Abwendung einer nuklearen Katastrophe ist,
- die Überzeugung vertiefen, daß reale Möglichkeiten für einen breiten Durchbruch zur Abrüstung bei allen nuklearen, chemischen und konventionellen Waffen bestehen.

Schwerpunkte

■ **Wodurch wird der qualitativ neue Abschnitt der weiteren Gestaltung der entwickelten sozialistischen Gesellschaft in der DDR charakterisiert?**

- Die Gestaltung der entwickelten sozialistischen Gesellschaft ist ein historischer Prozeß tiefgreifender politischer, ökonomischer, sozialer und geistig-kultureller Wandlungen. Mit der ständigen Höherentwicklung des Sozialismus treten zugleich neue Fragen auf, die es zu lösen gilt.
- Der revolutionäre Wandel der Produktivkräfte erfordert eine noch wirksamere Verbindung der Vorzüge des Sozialismus mit den Errungenschaften der wissenschaftlich-technischen Revolution, wobei im Zentrum des neuen Abschnitts der gesellschaftlichen Entwicklung der DDR die beschleunigte Entwicklung und Anwendung der Schlüsseltechnologien steht (wesentliche Erfahrungen im Kampf um die Lösung dieser Aufgabe).

– Ausschlaggebend sind die weitere Vervollkommnung der sozialistischen Produktionsverhältnisse, die noch wirksamere Verbindung der Wissenschaft mit der Produktion, die wachsende Verflechtung aller gesellschaftlichen Bereiche und die neue Etappe der sozialistischen ökonomischen Integration.
– Wachsende Anforderungen ergeben sich daraus an Bildung und Qualifikation der Werktätigen.
– Die Wirtschaft ist das Hauptfeld der Auseinandersetzung zwischen den beiden Gesellschaftssystemen.

Abschließend sollte auf die sich hieraus ergebenden Schlußfolgerungen und Konsequenzen für das vorbildliche Handeln der Kommunisten sowie für die politisch-ideologische Arbeit in den Kollektiven eingegangen werden.

■ **Wie nahm die DDR mit ihrer Politik des ergebnisorientierten Dialogs und der Zusammenarbeit aktiven Einfluß auf die Gesundung der internationalen Lage?**

Dieser Schwerpunkt könnte mit einem **Kurzreferat** eingeleitet werden.
– Die umfassenden Programme für die Befreiung der Welt von allen Atomwaffen bis zum Jahre 2000 und für die Schaffung eines Systems der internationalen Sicherheit leiteten eine neue Etappe sozialistischer Friedenspolitik ein.
– Ausgehend von der internationalen Situation Mitte der achtziger Jahre, leisteten die SED und die DDR einen eigenen, konstruktiven Beitrag zur Gesundung der internationalen Lage und zur Sicherung des Friedens.
– Die Beziehungen zwischen der DDR und der UdSSR sowie den anderen sozialistischen Ländern erlangten eine neue Stufe.
– Mitte der achtziger Jahre gestalteten sich die Bedingungen für den Kampf um den Frieden günstiger, begann sich eine Wende zum Besseren abzuzeichnen.
– Der Vertrag über die Beseitigung sowjetischer und amerikanischer Raketen mittlerer und kürzerer Reichweite vom 8. Dezember 1987 markierte den Einstieg in die nukleare Abrüstung.

Es sollten Schlußfolgerungen gezogen werden, daß Dialogpolitik keinen Verzicht auf ideologische Auseinandersetzung bedeutet und ein hohes Maß an festen klassenmäßigen Positionen, an Prinzipienfestigkeit, Flexibilität und Kompromißbereitschaft erfordert.

Weitere Literatur für den Propagandisten

- Erich Honecker: Rolle des Sozialismus als Verfechter des Friedens heute bedeutender denn je zuvor. Rede auf dem Treffen von Parteien und Bewegungen, Moskau, 4. November 1987. In: Reden auf der Festsitzung und auf dem Treffen der Parteien und Bewegungen, Berlin 1987, S. 16–29.
- Erich Honecker: Getreu dem Vermächtnis des Roten Oktober auf dem Kurs unseres XI. Parteitages. In: Einheit, 1987, H. 10/11, S. 867–873.
- XI. Parteitag der SED, Berlin, 17. bis 21. April 1986. Michail Gorbatschow: Grußansprache an den XI. Parteitag der SED, Berlin 1987, oder in: Protokoll der Verhandlungen des XI. Parteitages der Sozialistischen Einheitspartei Deutschlands im Palast der Republik in Berlin, 17. bis 21. April 1986, Berlin 1986, S. 152–163.
- Kommuniqué der Tagung des Politischen Beratenden Ausschusses der Teilnehmerstaaten des Warschauer Vertrages. In: Neues Deutschland (B), 30./31. Mai 1987, oder in: Einheit, 1987, H. 7, S. 579–586.

Zeittafel 1971 bis 1987

1971

29. Januar	Der Ministerrat der DDR beschließt Maßnahmen zur weiteren Verbesserung der Arbeits- und Lebensbedingungen der Werktätigen.
3. Mai	16. Tagung des ZK der SED. Wahl Erich Honeckers zum Ersten Sekretär des ZK der SED.
15.–19. Juni	VIII. Parteitag der SED.
27.–29. Juli	XXV. Tagung des RGW. Annahme des »Komplexprogramms für die weitere Vertiefung und Vervollkommnung der Zusammenarbeit und Entwicklung der sozialistischen ökonomischen Integration der Mitgliedsländer des RGW«.
3. September	Abschluß des Vierseitigen Abkommens über Berlin (West).

1972

1. Halbjahr	Umwandlung der Betriebe mit staatlicher Beteiligung, privater Industrie- und Baubetriebe sowie industriell produzierender PGH in volkseigene Betriebe.
März	Die ersten »Schulen der sozialistischen Arbeit« entstehen im VEB Chemiekombinat Bitterfeld.
28. April	Gemeinsamer Beschluß des ZK der SED, des Bundesvorstandes des FDGB und des Ministerrates der DDR über die Verbesserung der Renten und der Sozialfürsorge, die Förderung der berufstätigen Mütter, der jungen Ehen und der Geburtenentwicklung sowie über die Verbesserung der Wohnverhältnisse der Arbeiter und Angestellten.
Mai	H. Franke und G. Pfeiffer vom VEB Elbtalwerk Heidenau beginnen, nach persönlich-schöpferischen Plänen zu arbeiten.
26. Mai	Die UdSSR und die USA unterzeichnen ein zeitweiliges Abkommen über einige Maßnahmen auf dem Gebiet der Begrenzung der strategischen Offensivwaffen (SALT I) und den Vertrag über die Einschränkung der Raketenabwehrsysteme (ABM).
6./7. Juli	6. Tagung des ZK der SED. Im Mittelpunkt stehen Fragen der Kulturpolitik. Das ZK beschließt die Bildung einer Kommission zur Überarbeitung des Parteiprogramms und einer Kommission zur Überarbeitung des Parteistatuts.
21. Dezember	Unterzeichnung des Vertrages über die Grundlagen der Beziehungen zwischen der DDR und der BRD.

1973

27. Januar	Unterzeichnung des Abkommens über die Beendigung des Krieges und die Wiederherstellung des Friedens in Vietnam in Paris.

27. März	Beschluß des Politbüros des ZK der SED und des Ministerrates der DDR über die Entwicklung des komplexen Wohnungsbaus in der Hauptstadt der DDR, Berlin, in den Jahren 1976 bis 1980.
3.–7. Juli	Erste Phase der Konferenz über Sicherheit und Zusammenarbeit in Europa (KSZE) in Helsinki.
12. Juli	Die Volkskammer beschließt das Gesetz über die örtlichen Volksvertretungen und ihre Organe.
28. Juli– 5. August	X. Weltfestspiele der Jugend und Studenten in Berlin.
1. August	W. Ulbricht, Mitglied des Politbüros des ZK der SED und Vorsitzender des Staatsrates der DDR, verstorben.
18. September	Aufnahme der DDR in die UNO.
18. September– 21. Juli 1975	Zweite Phase der KSZE.
11. September	Militärputsch gegen die verfassungsmäßige Regierung der Unidad Popular in Chile.
25. September	Gemeinsamer Beschluß des Politbüros des ZK der SED, des Ministerrates der DDR und des Bundesvorstandes des FDGB zur Verbesserung der medizinischen Betreuung der Bevölkerung und der Arbeits- und Lebensbedingungen für die Mitarbeiter des Gesundheits- und Sozialwesens.
2. Oktober	10. Tagung des ZK der SED. Sie behandelt das Wohnungsbauprogramm 1976 bis 1990.
30. Oktober	Beginn von Verhandlungen sozialistischer und kapitalistischer Staaten über eine gegenseitige Verminderung von Streitkräften und Rüstungen in Mitteleuropa unter Teilnahme der DDR in Wien.

1974

3. Januar	Weiterführung des sozialistischen Wettbewerbs unter der Losung »Aus jeder Mark, jeder Stunde Arbeitszeit, jedem Gramm Material einen größeren Nutzeffekt«.
28. Januar	Die Volkskammer verabschiedet das 3. Jugendgesetz der DDR.
25. April	Sturz der faschistischen Diktatur in Portugal.
29. April	Gemeinsamer Beschluß des Politbüros des ZK der SED, des Ministerrates der DDR und des Bundesvorstandes des FDGB über die Erhöhung des Mindesturlaubs sowie über weitere Maßnahmen zur Verbesserung der Arbeits- und Lebensbedingungen und zur Erhöhung der Einkommen verschiedener Beschäftigtengruppen.
23. Juli	Sturz der Militärjunta in Griechenland.
7. Oktober	Inkrafttreten der ergänzten und geänderten Verfassung der DDR.

12.–14. Dezember	13. Tagung des ZK der SED. Sie orientiert auf die wirksamere Erschließung der Intensivierungsfaktoren und unterstreicht die Notwendigkeit, auf jähe Wendungen in der internationalen Lage vorbereitet zu sein.

1975

1. Januar	Die DDR wird Mitglied des Genfer Abrüstungsausschusses.
26. März	Verabschiedung der ersten Delegierten zur Arbeit am DDR-Abschnitt der Erdgasleitung Orenburg–Westgrenze der UdSSR (Drushba-Trasse).
30. April	Mit der Einnahme Saigons durch die patriotischen Kräfte werden die Befreiung Südvietnams abgeschlossen, das Saigoner Regime gestürzt und die Volksmacht errichtet.
19. Juni	Die Volkskammer der DDR nimmt das Zivilgesetzbuch an.
30. Juli–1. August	Dritte Phase der KSZE. Sie endet mit der Unterzeichnung der Schlußakte von Helsinki.
7. Oktober	Unterzeichnung eines neuen Vertrages über Freundschaft, Zusammenarbeit und gegenseitigen Beistand zwischen der DDR und der UdSSR.

1976

3. Februar	Beschluß des Politbüros des ZK der SED über die Aufgaben zur Entwicklung der Hauptstadt der DDR, Berlin, bis 1990.
18.–22. Mai	IX. Parteitag der SED im neuerbauten Palast der Republik.
27. Mai	Gemeinsamer Beschluß des ZK der SED, des Bundesvorstandes des FDGB und des Ministerrates der DDR über die weitere planmäßige Verbesserung der Arbeits- und Lebensbedingungen der Werktätigen im Zeitraum 1976–1980.
1. Juni	Grundsteinlegung für das zweitgrößte Wohnungsbauvorhaben der DDR, Leipzig-Grünau.
29./30. Juni	Konferenz von 29 kommunistischen und Arbeiterparteien Europas in Berlin.
22. September	Auftakt für das Zentrale Jugendobjekt »FDJ-Initiative Berlin«.
29. Oktober	Erich Honecker wird von der Volkskammer zum Vorsitzenden des Staatsrates der DDR gewählt.

1977

10. Januar	Erika Steinführer aus dem VEB Kombinat NARVA Berliner Glühlampenwerk ruft zur Qualitätsarbeit bis zum Endprodukt unter der Losung »Jeder liefert jedem Qualität« auf.
16. Juni	Die Volkskammer beschließt das Arbeitsgesetzbuch der DDR.
23./24. Juni	6. Tagung des ZK der SED. Im Mittelpunkt steht die Durchführung der Beschlüsse des IX. Parteitages der SED auf dem Gebiet der Elektrotechnik und Elektronik.

November	In Vorbereitung des 30. Jahrestages der Gründung der DDR verpflichten sich Industriezweige sowie landwirtschaftliche Betriebe, stärker als zuvor die qualitativen Faktoren des Wachstums der Volkswirtschaft zu erschließen.

1978

6. März	Gespräch zwischen Erich Honecker und dem Vorstand der Konferenz der Evangelischen Kirchenleitungen in der DDR.
30./31. Mai	Die NATO-Gipfelkonferenz in Washington beschließt das Langzeitrüstungsprogramm der NATO.
6. Juni	Aufruf der Düngemittelwerker aus dem Stammbetrieb des VEB Petrolchemisches Kombinat Schwedt »Weniger produzieren mehr«.
6. Juli	Übergabe der einmillionsten in der DDR seit 1971 fertiggestellten Wohnung.
24./25. August	Erster Erfahrungsaustausch des ZK der SED mit Partei- und Wirtschaftsfunktionären sowie Wissenschaftlern in Berlin zur Entwicklung der vorhandenen und zur Bildung neuer Kombinate.
26. August–3. September	Erster gemeinsamer bemannter Weltraumflug UdSSR–DDR.
13. Oktober	Die Volkskammer beschließt das Gesetz über die Landesverteidigung der DDR (Verteidigungsgesetz).

1979

5. Februar	Der Hauptstadt der DDR, Berlin, wird vom Weltfriedensrat der Ehrenname »Stadt des Friedens« verliehen.
18. Juni	Unterzeichnung des SALT-II-Vertrages über die Begrenzung strategischer Offensivwaffen zwischen der UdSSR und den USA in Wien. Er wurde von den USA nicht ratifiziert.
20. Juli	Die Sandinistische Nationale Befreiungsfront in Nikaragua stürzt die Somoza-Diktatur.
August	Erstmals verpflichten sich Kombinate und Betriebe, den Plan um eine oder mehrere Tagesproduktionen zu überbieten.
25. September	Gemeinsamer Beschluß des ZK der SED, des Ministerrates der DDR und des Bundesvorstandes des FDGB über die weitere Erhöhung der Mindestrenten und anderer Renten.
5. Oktober	Unterzeichnung des Programms der Spezialisierung und Kooperation der Produktion zwischen der DDR und der UdSSR bis 1990.
8. November	Der Ministerrat beschließt die Verordnung über die volkseigenen Kombinate, Kombinatsbetriebe und volkseigenen Betriebe.
November	Eine Unterschriftensammlung zur Willenserklärung der DDR

	über eine Friedensinitiative der UdSSR unterzeichnen 96 Prozent der Einwohner der DDR über 14 Jahre.
12. Dezember	Eine Sondertagung der Außen- und Verteidigungsminister der NATO-Staaten in Brüssel beschließt, 572 amerikanische nukleare Mittelstreckenraketen ab 1983 in Westeuropa zu stationieren.
13./14. Dezember	11. Tagung des ZK der SED. Sie entwickelt Schlußfolgerungen für die weitere erfolgreiche Verwirklichung der Hauptaufgabe unter veränderten inneren und äußeren Bedingungen.
1980	
8. Mai	Der Ministerrat beschließt Maßnahmen zur Durchsetzung der Intensivierung in der Land- und Nahrungsgüterwirtschaft.
18. September	Konstituierung des Nationalen Rates zur Pflege und Verbreitung des deutschen Kulturerbes.
10. Oktober	Fertigstellung des Kraftwerkes Boxberg, des größten Wärmekraftwerkes auf Braunkohlenbasis in Europa.
5. Dezember	Das Treffen der führenden Repräsentanten der Teilnehmerstaaten des Warschauer Vertrages in Moskau bekräftigt seine Solidarität mit dem sozialistischen Polen, der PVAP und dem polnischen Volk.
1981	
11.–16. April	X. Parteitag der SED.
12. April	Das Gewerkschaftsaktiv des Kombinates VEB Carl Zeiss Jena beschließt die Weiterführung des sozialistischen Wettbewerbs unter der Losung »Hohes Leistungswachstum durch steigende Arbeitsproduktivität, Effektivität und Qualität. Alles für das Wohl des Volkes und den Frieden«.
30. Oktober	Tagung des Nationalrates der Nationalen Front der DDR. Sie wählt für den verstorbenen langjährigen Präsidenten des Nationalrates, Prof. Dr. Dr. Erich Correns, den parteilosen Wissenschaftler Prof. Dr. Lothar Kolditz in dieses Amt.
30. November– 23. November 1983	Verhandlungen zwischen der UdSSR und den USA in Genf über nukleare Mittelstreckenwaffen.
13./14. Dezember	»Berliner Begegnung zur Friedensförderung«. Rund 100 Schriftsteller, Künstler und Wissenschaftler aus der DDR, der BRD, aus weiteren europäischen Ländern sowie aus Berlin (West) beraten über die Bewahrung des Friedens.
1982	
Anfang Januar	Die Verpflichtung der Werktätigen in allen Bereichen der Volkswirtschaft, von den für 1982 geplanten Fonds an Energie und Rohstoffen Anteile an den Staat zurückzugeben, rückt in den Mittelpunkt des sozialistischen Wettbewerbs.

14. Juni	Das neuerbaute Chirurgisch Orientierte Zentrum der Berliner Charité wird übergeben.
11. November	Beschluß des Ministerrates der DDR über die Agrarpreisreform in der Landwirtschaft.

1983

4./5. Januar	Tagung des Politischen Beratenden Ausschusses der Staaten des Warschauer Vertrages in Prag.
11.–16. April	Internationale Wissenschaftliche Konferenz des ZK der SED »Karl Marx und unsere Zeit – der Kampf um Frieden und sozialen Fortschritt« in Berlin.
21.–23. Mai	Höhepunkt im »Friedensaufgebot der FDJ« sind das Friedenstreffen der Jugend sozialistischer Länder in Potsdam und die Pfingsttreffen der Jugend in allen Bezirken und Kreisen der DDR.
25. Oktober	Veröffentlichung der »Mitteilung des Ministeriums für Verteidigung der UdSSR«, der »Mitteilung des Nationalen Verteidigungsrates der DDR« und der »Erklärung der Regierung der ČSSR« über den Beginn der Vorbereitungsarbeiten auf den Territorien der DDR und der ČSSR zur Stationierung von Raketenkomplexen operativ-taktischer Bestimmung für den Fall, daß die NATO neue nukleare Mittelstreckenraketen aufstellt.
9. November	Festakt des Zentralkomitees der SED, des Staatsrates, des Ministerrates und des Nationalrates der Nationalen Front der DDR zum 500. Geburtstag von Martin Luther in der Deutschen Staatsoper.
22. November	Der Bundestag der BRD beschließt gegen den Willen der Mehrheit der Bundesbürger die Stationierung neuer nuklearer Mittelstreckenraketen der USA auf dem Territorium der BRD.
24./25. November	7. Tagung des ZK der SED. Sie hebt den Kampf für die Abwendung eines nuklearen Weltkrieges und für Abrüstung jetzt erst recht hervor. Der Intensivierung ist umfassender Charakter zu verleihen, und für ihre Entwicklung auf lange Sicht sind stabile Grundlagen zu sichern.

1984

17. Januar– 22. September 1986	Konferenz über vertrauens- und sicherheitsbildende Maßnahmen und Abrüstungen in Europa in Stockholm.
9. Februar	Am Arkona-Platz im Stadtbezirk Berlin-Mitte wird die zweimillionste seit 1971 in der DDR neugebaute bzw. modernisierte Wohnung übergeben.
17. Mai	Gemeinsamer Beschluß des Zentralkomitees der SED, des Bundesvorstandes des FDGB und des Ministerrates der DDR über Maßnahmen zur Verbesserung der Arbeits- und Lebensbedingungen für Familien mit drei und mehr Kindern.

22. Mai	Gemeinsamer Beschluß des Zentralkomitees der SED, des Bundesvorstandes des FDGB und des Ministerrates der DDR über die weitere Erhöhung der Mindestrenten und anderer Renten.
12.–14. Juni	Wirtschaftsberatung der Mitgliedsländer des RGW auf höchster Ebene. Sie beschließt die »Erklärung über die Hauptrichtungen der weiteren Entwicklung und Vertiefung der ökonomischen und wissenschaftlich-technischen Zusammenarbeit der Mitgliedsländer des RGW« und die Deklaration »Die Erhaltung des Friedens und die internationale ökonomische Zusammenarbeit«.
6. Oktober	Unterzeichnung des langfristigen Programms der Zusammenarbeit der DDR und der UdSSR in Wissenschaft, Technik und Produktion für den Zeitraum bis zum Jahre 2000.

1985

26. April	Auf ihrem Treffen in Warschau unterzeichnen die höchsten Repräsentanten der Parteien und Staaten der Teilnehmerländer des Warschauer Vertrages das Protokoll über die Verlängerung der Gültigkeitsdauer des sozialistischen Verteidigungsbündnisses.
5. Mai	Freundschaftsbesuch Erich Honeckers in der UdSSR anläßlich des 40. Jahrestages des Sieges über den Hitlerfaschismus und der Befreiung des deutschen Volkes.
19. Juni	Expertengruppen von SED und SPD unterbreiten ein Dokument »Rahmen für ein Abkommen zur Bildung einer von chemischen Waffen freien Zone in Europa«.
10. September	Das Politbüro des ZK der SED beschließt Maßnahmen für die Gestaltung ökonomischer Beziehungen der Industriekombinate mit den Einrichtungen der AdW sowie des Hochschulwesens auf der Basis von Wirtschaftsverträgen.
21. November	Treffen der höchsten Repräsentanten der Teilnehmerstaaten des Warschauer Vertrages in Prag. Michail Gorbatschow informiert über den Verlauf und die Ergebnisse des sowjetisch-amerikanischen Gipfeltreffens in Genf.
26. November	Sitzung des Demokratischen Blocks der Parteien und Massenorganisationen in Berlin. Die VdgB wird als Mitglied aufgenommen.

1986

15. Januar	Die UdSSR unterbreitet ein umfassendes Programm zur vollständigen Befreiung der Welt von Atomwaffen bis zum Jahre 2000.
März-	Im Kombinat Leuna-Werke »Walter Ulbricht« nimmt ein Kom-

	plex zur vollständigen Spaltung des Erdöls in helle Produkte den Dauerbetrieb auf.
	Im VEB Spurenmetalle Freiberg nimmt der erste Abschnitt einer neuen Produktionsstätte für Siliziumscheiben den Dauerbetrieb auf.
17.–21. April	XI. Parteitag der SED.
22. April	Gemeinsamer Beschluß des Zentralkomitees der SED, des Bundesvorstandes des FDGB und des Ministerrates der DDR zur weiteren Verbesserung der Arbeits- und Lebensbedingungen der Familien mit Kindern sowie zur Förderung junger Ehen.
2. Oktober	Die Eisenbahnfährverbindung DDR–UdSSR zwischen Mukran auf der Insel Rügen und Klaipeda in der Litauischen SSR wird in Betrieb genommen.
11./12. Oktober	Treffen zwischen Michail Gorbatschow und Ronald Reagan in Reykjavík.
21. Oktober	Eine gemeinsame Arbeitsgruppe der SED und der SPD legt in Bonn die von ihr vorbereiteten »Grundsätze für einen atomwaffenfreien Korridor in Mitteleuropa« der Öffentlichkeit vor.

1987

27. April	Die UdSSR unterbreitet in Genf den Entwurf eines Vertrages über die Liquidierung sowjetischer und amerikanischer Mittelstreckenwaffen in Europa.
25. Mai–26. Juli	Ausstellung »Wissenschaft und Produktion der DDR im Dienste des Volkes«.
29. Mai	Die Tagung des Politischen Beratenden Ausschusses der Teilnehmerstaaten des Warschauer Vertrages in Berlin schlägt die Aufnahme umfassender Verhandlungen über die radikale Reduzierung der Streitkräfte und konventionellen Rüstungen sowie der taktischen Kernwaffen in Europa bei Senkung der Militärausgaben vor und erläutert die Militärdoktrin des Warschauer Vertrages.
7.–11. September	Erich Honecker stattet der BRD einen offiziellen Besuch ab.
23. Oktober	Staatsakt zum 750jährigen Bestehen Berlins.
4./5. November	Internationales Treffen kommunistischer und Arbeiterparteien, revolutionär-demokratischer, nationaldemokratischer, sozialistischer bzw. sozialdemokratischer Parteien und nationaler Bewegungen anläßlich des 70. Jahrestages der Großen Sozialistischen Oktoberrevolution in Moskau.
8. Dezember	Mit der Unterzeichnung des Mittelstreckenabkommens in Washington wird der erste Abrüstungsvertrag abgeschlossen.

Inhalt

Vorbemerkung 5

Thema 1
Die historische Bedeutung der Gründung der KPD im Feuer der Novemberrevolution in Deutschland. Die SED – Bewahrerin und Fortsetzerin der revolutionären Kampftraditionen der KPD 7
Weshalb bedeutet die Gründung der KPD einen Wendepunkt in der Geschichte der deutschen Arbeiterbewegung? 8
Worin bestehen die historischen Leistungen der KPD? 13
Die Gründung der Deutschen Demokratischen Republik 23
Die SED – Fortsetzerin der Traditionen des Kampfes der KPD für Sozialismus, Demokratie und Freiheit 26
Die SED – Fortsetzerin der Traditionen des Kampfes der KPD für den Frieden 35
Die SED – Fortsetzerin der Traditionen der KPD bei der Entwicklung der Kampfgemeinschaft mit der KPdSU und der Freundschaft zur Sowjetunion 38
Literatur 39
Hinweise für den Propagandisten 41

Thema 2
Der VIII. Parteitag der SED. Der Kurs auf die Gestaltung der entwickelten sozialistischen Gesellschaft in der DDR und der Kampf für eine Wende vom kalten Krieg zur Entspannung (1971–1973) 46
I. Die Politik der SED zur Gestaltung der entwickelten sozialistischen Gesellschaft 46
II. Festigung des Bündnisses mit den Staaten der sozialistischen Gemeinschaft 57
III. Erste Schritte und Erfolge auf dem Kurs der Hauptaufgabe 59
IV. Fortschritte im Kampf für Entspannung und Sicherheit 65
Literatur 73
Hinweise für den Propagandisten 75

Thema 3
Ergebnisse und neue Anforderungen im Kampf um die Verwirklichung der Hauptaufgabe in ihrer Einheit von Wirtschafts- und Sozialpolitik. Der Beitrag der DDR für Frieden und Sicherheit in Europa (1973–1975) 78
I. Für ein rasches Wachstum der Volkswirtschaft und die weitere Verbesserung der Lebenslage des Volkes 78
II. Neue Anforderungen für die Realisierung der Hauptaufgabe 89
III. Erfolge im Kampf für Frieden und europäische Sicherheit, für die Stärkung des Sozialismus 95
Literatur 104
Hinweise für den Propagandisten 105

Thema 4
Das vom IX. Parteitag beschlossene Programm der SED – Grundlage unserer wissenschaftlichen Gesellschaftsstrategie. Die Wechselwirkung von starkem Sozialismus und sicherem Frieden (1976) 108
I. Der IX. Parteitag der SED 108
II. Das neue Parteiprogramm 113
III. Untrennbarer Zusammenhang von starkem Sozialismus und sicherem Frieden 124
IV. Die Partei – führende Kraft bei der Gestaltung der entwickelten sozialistischen Gesellschaft 129
Literatur 132
Hinweise für den Propagandisten 133

Thema 5
Das Ringen um die Entfaltung aller Potenzen des Sozialismus und um die Vertiefung des Entspannungsprozesses (1976–1979) 136
I. Für die allseitige Stärkung der DDR 136
II. Ringen um die Fortsetzung der Entspannung 146
III. Das Ringen um höhere Effektivität und Qualität der gesellschaftlichen Arbeit 152
Literatur 162
Hinweise für den Propagandisten 163

Thema 6
Der unbeirrte Kurs der SED auf die Erhöhung des Volkswohlstandes, auf Wachstum und politische Stabilität in der DDR angesichts der Zuspitzung der internationalen Lage (1979–1981) 166
I. Die Verschärfung der internationalen Lage 166
II. Schlußfolgerungen aus den veränderten inneren und äußeren Bedingungen 172
III. Für Abrüstung, Entspannung und gleichberechtigte Zusammenarbeit 182
Literatur 188
Hinweise für den Propagandisten 189

Thema 7
Die Verwirklichung der ökonomischen Strategie des X. Parteitages der SED. Die Internationale Wissenschaftliche Konferenz des Zentralkomitees der SED »Karl Marx und unsere Zeit – der Kampf um Frieden und sozialen Fortschritt« und ihre Rolle im Kampf gegen den Hochrüstungs- und Konfrontationskurs der aggressivsten imperialistischen Kreise (1981–1983) 192
I. Hoher Leistungszuwachs für die allseitige Stärkung des Sozialismus in der DDR 192
II. Entschieden gegen imperialistische Hochrüstungs- und Konfrontationspolitik, für eine Wende zur Abrüstung 207
Literatur 218
Hinweise für den Propagandisten 220

Thema 8
Die wachsende Bedeutung der umfassenden Intensivierung für die Fortführung der Einheit von Wirtschafts- und Sozialpolitik. Das Ringen der DDR um eine Koalition der Vernunft und des Realismus zur Abwendung eines nuklearen Infernos (1983–1985) 223
I. Nun erst recht entschiedener Kampf für den Frieden 223
II. Dynamischer Leistungsanstieg durch umfassende Intensivierung 228
III. Die DDR – starker und zuverlässiger Eckpfeiler des Friedens und des Sozialismus 238
Literatur 250
Hinweise für den Propagandisten 251

Thema 9
Der XI. Parteitag – Beginn eines qualitativ neuen Abschnitts bei der weiteren Gestaltung der entwickelten sozialistischen Gesellschaft in der DDR. Der Beitrag der DDR im Kampf für eine Wende in den internationalen Beziehungen, für Abrüstung, Sicherheit und dauerhaften Frieden (seit 1986) 254
I. Vor neuen Aufgaben mit dem Blick auf das Jahr 2000 254
II. Das aktive Eintreten der DDR für eine Wende zum Besseren in den internationalen Beziehungen 266
III. Je stärker der Sozialismus, um so sicherer der Frieden 279
Literatur 289
Hinweise für den Propagandisten 291
Zeittafel 1971 bis 1987 294